中华人民共和国教育部"新世纪优秀人才支持计划"项目
"民族地区教师多元文化教育研究"
（教技函〔2012〕80号）

宁夏高校重点项目
"宁夏师范学院职前教师多元文化教学能力培养研究"
（宁教高〔2012〕336）

多元文化背景下的
教师教育：
以宁夏为样本

薛正斌 ○ 著

中国社会科学出版社

图书在版编目(CIP)数据

多元文化背景下的教师教育：以宁夏为样本/薛正斌著.—北京：中国社会科学出版社，2016.8
ISBN 978-7-5161-8756-2

Ⅰ.①多⋯　Ⅱ.①薛⋯　Ⅲ.①中小学—教师教育—研究—宁夏　Ⅳ.①G635.12

中国版本图书馆 CIP 数据核字(2016)第 189875 号

出 版 人	赵剑英
责任编辑	郭　鹏
责任校对	季　静
责任印制	李寡寡

出　　版	中国社会科学出版社
社　　址	北京鼓楼西大街甲 158 号
邮　　编	100720
网　　址	http://www.csspw.cn
发 行 部	010-84083685
门 市 部	010-84029450
经　　销	新华书店及其他书店
印　　刷	北京明恒达印务有限公司
装　　订	廊坊市广阳区广增装订厂
版　　次	2016 年 8 月第 1 版
印　　次	2016 年 8 月第 1 次印刷
开　　本	710×1000　1/16
印　　张	21.5
插　　页	2
字　　数	341 千字
定　　价	78.00 元

凡购买中国社会科学出版社图书，如有质量问题请与本社营销中心联系调换
电话：010-84083683
版权所有　侵权必究

序

2015年11月14—15日,中国民族学人类学研究会教育人类学专业委员会第二次年会暨"文化多样性与教育"国际学术研讨会在中国广西南宁召开。会议期间,薛正斌博士邀我为他即将在中国社会科学出版社出版的学术专著《多元文化背景下的教师教育:以宁夏为样本》一书作序,我欣然应允,并期待能够早日阅读到他的学术专著。南宁一别后,回到北京没几天就收到薛博士寄来的书稿,拜读之后,感慨万千,聊发几言,权作序言。

我30余年的学术生涯主要在于构建中国本体教育人类学理论与实践以及学科的建构。教育人类学作为人类学和教育学相交叉的学科,"个案"和"田野"是学科建构和发展的立身之本,是从个案之中去折射大的社会背景和从田野中获取真实的数据,发现社会事实,从而更好地解构别人的理论和建构自己的理论。薛博士的专著既有个案,也有翔实的田野数据,因此,这是一本教育人类学研究领域中教师教育研究方向的田野扎实的民族志。该书是继我的博士研究生欧群慧的专著《云南省孟波镇中学多元文化教育民族志研究》之后,在教育人类学学术研究专著中的又一本关于教师教育研究的专著。这两本书,薛博士研究西北地区。欧博士研究西南地区。在不同的经济文化类型之下,多元文化教师教育会呈现出什么异同点呢?我想这得留给关心和有志于教师教育研究的人去认真体悟。因此,我相信薛博士的这本专著是一本教育人类学意义上的学术专著,我也期待更多中国本土的教育人类学研究专著相继出版,共同推进中国教育人类学本土化的发展。

薛博士的专著以宁夏回族地区为个案,从教育学、社会学、多元文化教育的视角,以文化人类学和教育学理论为依据,尝试着构建了教师多元文化教育的理论基础、多元文化背景下的教师能力标准和多元文化教师教育的课程体系，并重点阐释了教师教育在职前和职后两个阶段发展的路径。对于职前师范生来说，首先是建构多元文化教育课程体系；其次是改革传统课堂教学模式，创新多元文化教学实践模式，提高学生多元文化教学实践能力。对于职后教师多元文化教育，除了提高职前教师的多元文化能力之外，还要加强在职教师的多元文化培训，创新多元文化教师培训模式，如校本培训和专题培训、社区多元文化教师素养提升、校园文化的教师多元文化教育能力提高等模式。也就是说，该书主要对以下几个问题进行了深入的研究：第一，职前教师多元文化教育课程；第二，职前教师多元文化教学策略；第三，职前教师多元文化教育实践能力；第四，职后教师多元文化教育培训，并结合具体的案例进行了详细的阐述。

这是一本面向民族地区，培养中小学教师具备多元文化教学实践能力的重要专著。薛博士试图在理论和实践上凸显地方民族师范院校教师教育的特色化发展和内涵式发展。该书意在强调，多元文化教育不仅提高了教师培养的质量，而且丰富和发展了民族教育的理论与实践研究，同时也是提升民族地区教育质量，促进教育公平发展，促进民族地区社会和谐发展的重要举措。

"十年树木，百年树人"，教师是教育成败的关键要素之一。培养什么样的学生，在一定意义上取决于教师具备的素养。从严格意义上来说，教育不仅仅是教师的事情，还是"社区—学校—家长"之间的有效互动。可是，在一定意义上，教师是教育中最关键的要素。面对 21 世纪多种文化共存，我们该如何教导我们的后人，我们需要什么样的人来教导我们的后人，这些问题都是值得去深思。我相信，面对 21 世纪各种文明的冲突和共生，教育将起着重要的整合作用。而这一切的实现在于培养具备全球担当和多元文化素养的教师。因此，薛博士的专著将在未来的教师教育中发挥积极的作用。让我们将多元文化教育的种子埋在土里，期待着它能够早日生根发芽，惠及人类文明的传承。

滕星

中央民族大学教育学院教授

博士生导师

目 录

第一章 导论 …………………………………………………… (1)
  第一节 研究缘起与意义 ……………………………………… (1)
    一 问题的提出 ………………………………………………… (1)
    二 理论与实践意义 …………………………………………… (5)
  第二节 概念界定与研究内容 ………………………………… (7)
    一 核心概念界定 ……………………………………………… (7)
    二 主要研究内容 ……………………………………………… (14)
  第三节 相关理论基础 ………………………………………… (16)
    一 多元文化教育 ……………………………………………… (16)
    二 理解教育 …………………………………………………… (24)
    三 主体间性 …………………………………………………… (44)
  第四节 研究思路 ……………………………………………… (52)
    一 研究设计 …………………………………………………… (52)
    二 研究方法 …………………………………………………… (54)

第二章 多元文化背景下的教师能力解读 …………………… (56)
  第一节 多元文化背景下的教师教育研究趋势 ……………… (56)
    一 国外相关研究 ……………………………………………… (56)
    二 国内相关研究 ……………………………………………… (62)
  第二节 多元文化背景下的教师能力标准 …………………… (71)
    一 国内教师能力标准的启示 ………………………………… (71)
    二 国外教师多元文化能力标准 ……………………………… (77)
    三 多元文化背景下的教师能力标准建构 …………………… (81)

第三节 多元文化教育对教师素养的要求 …………………… (84)
  一 平等包容的教育理念 ………………………………… (84)
  二 主体间性师生关系 …………………………………… (91)
  三 理解教育渗透于学科教学 …………………………… (98)

第三章 回族多元文化背景下的教师能力现状调研 …………… (104)
 第一节 教师多元文化素养现状 …………………………… (104)
  一 现状分析 ……………………………………………… (104)
  二 存在问题 ……………………………………………… (118)
 第二节 多元文化教师教育现状 …………………………… (120)
  一 多元文化教育培养缺失 ……………………………… (120)
  二 多元文化教育培训缺乏 ……………………………… (121)
 第三节 多元文化教师教育存在的问题 …………………… (124)
  一 缺乏正确的多元文化教育观 ………………………… (124)
  二 缺乏多元文化教师教育 ……………………………… (126)
  三 缺失多元文化课程 …………………………………… (130)
  四 缺乏与地方社区和家庭进行文化交流 ……………… (132)

第四章 回族多元文化教育实践 ………………………………… (134)
 第一节 回族家庭教育 ……………………………………… (134)
  一 家庭文化资本 ………………………………………… (134)
  二 回族家庭教育的产生与发展 ………………………… (148)
  三 回族家庭文化资本对子女的影响 …………………… (153)
  四 提升回族家庭文化资本教育 ………………………… (157)
 第二节 经堂教育 …………………………………………… (161)
  一 经堂教育的产生与发展 ……………………………… (161)
  二 经堂教育制度与目标 ………………………………… (168)
  三 经堂教育的意义与不足 ……………………………… (171)
  四 宁夏经堂教育 ………………………………………… (173)
 第三节 回坊教育 …………………………………………… (174)
  一 回坊的形成与发展 …………………………………… (175)

二　回坊教育及其功能 …………………………………… (176)

第五章　回族多元文化教师教育课程建构 ………………… (180)
　第一节　多元文化课程目标与内容 ……………………… (181)
　　一　课程目标 ……………………………………………… (181)
　　二　课程内容 ……………………………………………… (184)
　第二节　回族多元文化课程组织 ………………………… (210)
　　一　国外多元文化课程资源开发 ………………………… (210)
　　二　回族多元文化课程资源开发原则 …………………… (217)
　　三　回族多元文化课程内容组织 ………………………… (220)
　　四　回族多元文化课程资源开发策略 …………………… (256)
　第三节　多元文化课程实施及其评价 …………………… (259)
　　一　课程实施 ……………………………………………… (259)
　　二　课程评价 ……………………………………………… (265)

第六章　回族多元文化背景下的职前教师培养 …………… (278)
　第一节　多元文化教师教育一体化建构 ………………… (278)
　　一　教师教育终身化 ……………………………………… (278)
　　二　教师教育一体化 ……………………………………… (279)
　　三　培养模式一体化 ……………………………………… (281)
　第二节　多元文化教学设计能力培养 …………………… (282)
　　一　教学设计 ……………………………………………… (282)
　　二　教学策略 ……………………………………………… (283)
　第三节　多元文化教学方法 ……………………………… (287)
　　一　对话教学法 …………………………………………… (287)
　　二　讨论合作教学法 ……………………………………… (289)
　　三　理解教学法 …………………………………………… (290)
　　四　探究教学法 …………………………………………… (291)
　　五　生成教学法 …………………………………………… (292)
　第四节　多元文化教学实践能力培养 …………………… (292)
　　一　教师教育实习现状 …………………………………… (292)

二　教育实习理论模式 …………………………………… (293)
　　三　教育实习模式创新 …………………………………… (295)
　　四　强化教育实习过程培养 ……………………………… (297)

第七章　回族多元文化背景下的在职教师培训 ……………… (298)
　第一节　教师多元文化培训课程 ……………………………… (298)
　　一　教师培训的必要性 …………………………………… (298)
　　二　教师培训目标 ………………………………………… (300)
　　三　教师培训课程构建 …………………………………… (301)
　第二节　多元文化教师培训模式创新 ………………………… (302)
　　一　校本培训模式 ………………………………………… (302)
　　二　专题培训模式 ………………………………………… (304)
　　三　校本课程模式 ………………………………………… (305)
　　四　校园文化模式 ………………………………………… (307)
　　五　社区文化模式 ………………………………………… (308)

结束语 ……………………………………………………………… (311)

附录　多元文化背景下的教师教育研究调查问卷 …………… (317)

参考文献 ………………………………………………………… (321)

后记 ……………………………………………………………… (336)

第一章 导论

第一节 研究缘起与意义

多元文化教育对教师的教育观念和教学实践能力提出了新的挑战，具有多元文化素养的教师不仅可以帮助学生掌握跨文化适应能力，而且对于优秀传统文化的保护和传承也起着非常重要的作用。

一 问题的提出

（一）全球化发展对教师多元文化素养的挑战

随着全球化、信息化和数字化的发展，世界各国之间的差距不断缩小，变为"地球村"，改变了以往世界各国、各民族以及不同文化之间互相隔离、互相孤立的局面。生存和发展的需要也使不同国家、民族和文化之间的交流日益频繁，不同民族、不同文化日益融合、交流和统一。与此同时，社会变迁和经济转型也使社会形态和文化类型逐渐呈现多元化、复杂化和异质化趋势，共同构成了世界文化的"百花园"。文化多样性已经成为各个国家、民族、地区的社会特征，多元文化成为社会发展中的一个重要趋势，各种文化在这种社会思潮下碰撞、冲突、沟通，最终达到融合、升华。这对具有传承、选择、创新文化功能的教育也产生了巨大影响和挑战，要求教育适应多元文化发展，适应不同族群、性别、阶级、文化、语言等差异的需求。多元文化是 21 世纪的一个基本特征。21 世纪，世界上任何一个国家都会遇到多元文化教育的问题。[①] 因此，

[①] 郑金洲：《基础教育改革与发展的世纪走向》，《华东师范大学学报》（教育科学版）2000 年第 9 期。

全球化时代多元文化对教育提出了新的挑战。

在多元文化社会中,教师的专业角色和责任发生了重大转变。教师将面对不同种族、宗教和语言的学生。教师在教学中应将多元文化因素主动地融入课程、教学方法和策略、考试、评价模式之中;同时,还要强调社会的共同核心价值。因此,有学者提出:"在民族文化多元化和技术复杂的世界里,培养能够与学生进行有效沟通的教师,是对教师教育的最后挑战。"[①]

(二)"多元一体"对教师多元文化素养的诉求

中国的"多元一体"的社会格局,具有多元文化社会特性,即文化的多元与民族的多样共存。1988 年,中国著名社会学家费孝通先生提出"中华民族多元一体格局"理论,强调文化和民族的平等与团结、国家一体与民族文化多元的和谐共处。该理论不仅是解释和构建中国特色多元文化教育体系的理论依据,而且也成为中国民族地区教育研究的指导思想和理论支柱。[②] 在多元文化教育背景下,实现各民族文化之间"各美其美,美人之美、美美与共,天下大同"的"多元一体格局",可以帮助少数民族既保持这些独具魅力的地方文化、民族文化,又能使他们更好地进入主流社会。教育具有传承和发展文化教育的功能,其关键在教师,教师是教育的实施者。多元文化背景下的教师需要对文化作出自己主动的反应和选择。教师不仅仅传递文化,更重要的是反思、更新文化。为此,不能没有教师对文化的理性分析,更不能没有教师对自身文化的感悟、体验和自觉。学校教育中的不同文化并存对教师的知识储备和专业素养提出了新的要求和挑战。

中国著名民族学家哈经雄、滕星在分析中国少数民族教育面临的问题时,认为民族地区师资紧缺,教师素质偏低,他们关注少数民族教师专业发展的特殊性,认为民族教育应与民族地区的经济、文化发展相适应并相互促进。教育能促使少数民族地区不断发展和完善,教师则是教

---

① [美] 席蔚华:《美国学校的多元文化教育》,《陕西师范大学学报》(哲学社会科学版) 2000 年第 3 期。

② 何喜刚、王鉴:《如何理解中华民族多元一体教育》,《民族教育研究》1999 年第 3 期。

育教学中不可忽视的重要因素之一。只有教师的素质提高了,才能提升学生的素质乃至整个民族的素质。①

(三) 民族地区对教师多元文化素养的需求

中国是由56个民族组成的多民族国家,各民族呈"大分散、小聚居"的居住特点。各民族在独具特色的生态环境与历史传统中孕育出了丰富多样的民族文化,文化的多样性是中国少数民族地区一个无法回避的现状。要发展少数民族教育,首先必须提高教师的多元文化素养,以传承和发展民族文化;要帮助学生正确认识和了解本民族的历史和文化,形成宽容、公正的文化观念;要适应民族学生的学习特点,提高少数民族学生学习成绩;要促进基础教育课程改革与课程文化建设,建立尊重多元文化的态度,形成跨文化教育知识和教育教学能力等。所以,在民族地区工作的教师都应具有多元文化素养,这也是少数民族地区教育特点对教师素养提出的要求。民族教育应与民族地区的经济、文化发展相适应,并能够相互促进。教育能够促进民族地区社会经济的发展,而教师又是教育教学中不可忽视的重要因素之一,只有教师的素质提高了,民族地区人口的整体素质才能得到提升。②

教师专业发展主要是教师个体的专业化提升,教师专业结构包括相关的学科专业知识、教育知识以及实施教学活动所需的知识、技能等综合素质。教师专业成熟是一个持续不断的发展过程,其中还包括教师的主体性发展。多元文化教育要求教师不仅要具备一般教师的专业知识素养,而且还应具备多元文化教学所需的态度、知识、技能等。这样教师才能成为多元文化的理解者、本土知识的传授者、多元文化教育环境的创设者和行动研究者;在强调主流文化学习的同时,也能注重少数民族文化的作用与价值,促进学生形成多元文化价值理念。

(四) 回族地区教育对教师专业的挑战

1. 移民子女教育

"十二五"期间,宁夏回族自治区生态移民35万人,国家投资105亿元。宁夏是回、汉民族长期杂居地区,存在着不同民族文化,其生

---

① 哈经雄、滕星:《民族教育学通论》,教育科学出版社2001年版,第464页。
② 同上。

活、习俗等差异较大。不仅有不同民族之间的文化差异，还有不同地区之间的文化差异，因而文化结构很复杂。宁夏生态移民主要来自宁夏中部干旱地区和南部山区，这里常年干旱，自然环境恶劣，基本不具备人类生存条件或不具备就地扶贫条件。将该地区群众整体迁出，搬迁到近水、沿路、靠城等条件较好的区域发展，可以恢复生态平衡。

移民子女之前的学校普遍存在师资紧缺、教师素质不高、教学质量低下、家庭教育缺失等多种不良因素，学生学习负担轻，学习完全是学生自己的事，几乎没有学习内容的拓展。到了移民区，生活、学习环境比以前好多了，却变得陌生了，尤其是学校生活，不像以前那样自由散漫、轻松，学习负担很重，每天都要写很多作业。他们突然迁移到了一个陌生环境，一部分学生难以适应。根据移民区学校的教师反应：移入学生普遍学习基础差，缺乏良好的学习习惯、卫生习惯，个别学生甚至打架斗殴、辍学，给班级管理带来了很大困难，影响了其他同学的学习。

2. 回族学困生教育

宁夏是一个回族聚集区，但幼儿园、中小学教师大部分是汉族，回族教师相对较少。与汉族学生相比，回族学生中的学困生数量相对较多，他们有的缺乏良好的学习习惯，不能很好地遵守学校的规章制度，不能按时上学，还有旷课、早退、打架等现象；有的学习态度不端正，不提前预习，上课不专心听讲，不能按时完成作业；有的随意辍学。这使中小学教师很纠结，有的老师认为这是回族学生的基础知识太差造成的；有的老师认为这是回族学生的能力素质所致；还有的老师认为这是回族学生的家庭教育造成的……

教育过程公平要求教师应根据不同的学生背景、知识水平、兴趣爱好、接受能力等，因材施教，实施有针对性的教学。回汉学生同在一个班级里，但中小学老师却忽视了他们来自不同的文化背景，有着不同的价值观等因素，教育教学工作一刀切，甚至经常以回族学困生为反面教育教材，警示、教育班级其他同学，对回族学生缺乏鼓励、引导教育。中小学教师没有思考、理解造成回族学困生的社区环境、家庭文化等深层原因：如受回族穆斯林的重商文化、家庭教育缺失等多种因素影响，这些学困生在上学之前就缺乏良好的学习习惯和入学准备等，到了高年级，随着学习内容和难度的增加，学生学习越来越跟不上，积重难返，出现了学习懈怠情绪，没有学习兴趣，导致他们逃学，上课捣乱，影响班级和其他同学的学习。

相关调查结果表明：宁夏中小学教师缺乏多元文化教育能力培养和培训，教师对回族学生的认识仅停留在简单的回族宗教禁忌方面，但对伊斯兰教深层的文化缺乏理解——甚至包括一些回族教师。回族重经商的观念、回族历史文化、回族家庭教育、回族传统生活方式等都会影响其子女的文化教育。在教育教学过程中，一些中小学教师缺乏基本的多元文化知识和实践技能，对回族学困生存在一些偏见、误解，导致教育效果低下，影响了他们的健康成长及合格公民的培养，在一定程度上影响了教育公平的实施，进而影响了地区的社会稳定与和谐。

基于上述原因，本书选取以此为研究对象。

二 理论与实践意义

在理论和实践上，本书为民族地区培养教师多元文化教学实践能力提供了参考和借鉴，凸显了地方民族师范院校教师的教育特色化发展、内涵化发展，丰富和发展了教师专业理论研究；同时，对提升民族地区基础教育质量、促进教育公平发展具有一定的理论意义和实践意义。

（一）理论意义

第一，为教师多元文化研究提供学理支持。

针对宁夏回族地区中小学教师缺乏多元文化教学实践能力问题，从多元文化教育、教育学、社会学视角，以多元文化教育、文化人类学和教育学理论为依据，构建了多元文化背景下的教师教育理论，丰富和发展了教师多元文化理论研究，为进一步研究多元文化背景下的教师教育提供学理支持。

第二，丰富和发展教师教育课程理论。

目前，民族地区师范院校教师教育多元文化课程缺失，师范毕业生缺乏相应的多元文化教学实践能力，影响了不同文化背景学生的正常学业和健康发展，在一定程度上影响了教育公平的实施。本书依据教师教育课程的相关理论，借鉴国内外的成功经验，结合宁夏回族多元文化，构建了回族多元文化背景下的教师教育课程体系，将回族多元文化资源融入课程体系之中，促进师范生形成相应的多元文化知识及其教学实践能力，进一步丰富和发展师范院校的课程建设研究。

第三，促进教育公平理论研究。

通过本书，可以提升教师的多元文化意识和教学实践技能，使其能够以相互尊重、理解、宽容和学习的态度面对不同文化的差异，公平对待不同民族、不同社会阶层以及不同文化背景的学生，为其提供平等的教育机会，使其获得最大化发展，并促进教育公平发展。从这个意义上讲，本书有助于进一步丰富和发展教育公平理论研究。

第四，繁荣和发展地方本土文化。

多元文化教育强调文化的异质性和多样性，渗透着对不同民族文化的传播、沟通、理解与尊重。在学校的多元文化教育过程中，教师起着关键性作用，能帮助保持和发展地方民族文化，促进民族文化多样化发展，推动文化繁荣。

（二）实践意义

第一，为解决多元文化教师教育问题提供决策理论依据。

本书从多元文化教育、教育学、社会学视角，以宁夏为研究样本，依据多元文化教育相关理论，借鉴国内外相关成功经验，结合地方回族文化，提出职前师范生多元文化课程、教学策略及教学实践能力培养；在职中小学教师的多元文化教育实践能力培训等方面的对策建议，提升教师多元文化教学实践能力，进而提高教育质量。因此，本书为地方政府解决多元文化教师教育问题提供了决策理论依据和具体践行的措施；同时，为其他民族地区解决教师多元文化教育问题提供了参考和借鉴。

第二，提高基础教育质量。

本书通过对宁夏多元文化背景下的教师教学实践能力问题研究，提出加强职前教师多元文化课程建设、多元文化微格教学平台构建、教学实践能力培养等对策建议；同时，针对在职教师的多元文化教学能力培训，也提出了一些切实可行的措施和方法。通过这些对策建议，可以使教师树立多元文化教育意识，提高多元文化教育能力，促进教师专业发展，从而提高教育质量，推进教育公平发展，进而提升民族地区整体公民文化素养。

第三，促进教师专业发展研究。

本书从多元文化教育视角探究教师专业素养的发展，从教师对多元文化教育的态度、知识素养、多元文化教育能力等方面对民族地区教师专业素养进行了探讨。尤其对职前教师的多元文化教育培养，根据相关课程理论，提出了多元文化背景下的教师教育课程应增开社会学、人类学等，还应开发和利用地方本土文化资源，采用融合、统整和整体改革模式，将回族风俗、宗教等文化资源融入多元文化课程体系之中，使教师形成相应的多元文化知识，消除对学生的歧视、偏见，形成文化多元理念，提高多元文化教学实践能力。

从目前相关研究文献来看，对多元文化教师教育的研究较少，对职前教师多元文化课程与教学能力培养的研究更少。因此，本书具有较强的理论意义和实践意义。

第二节 概念界定与研究内容

一 核心概念界定

核心概念是构筑研究过程的指南，也是研究的灵魂。本书中的主要概念包括：文化、多元文化、多元文化教育、多元文化教师教育。

（一）文化

"文化"的英文是 Culture，意为"栽培、培养"。到 17 世纪，被普遍隐喻为人类的培养和发展。在中国，"文化"一词最早见于《易传》中，"关乎人文，以化成天下"。后经汉代刘向将"人文化成"转为"教化之义"。其中"文"本义是指相互交错的纹理，后引申出多种含义。第一，各种象征符号。具体化为文物典籍、礼乐制度；第二，由伦理之说引出彩画、装饰、人为修养之义；第三，在前两层意义上，引申出美、善、德行之义。[①]"化"的本义是"改易、化育、生成、造化"之意，指事物形态或性质的改变，也引申为教行迁善之义。[②] 由此可见，中西方"文化"都蕴含着"培养、发展"之意，都是关于人与自

---

① 张岱年、方克立：《中国文化概论》，北京师范大学出版社1994年版，第1页。
② 同上书，第2页。

然、人与社会的关系,是人的存在方式。"由文化的角度观之,诸种生活价值就是被教化的自然;在这里,这些价值并没有那种孤立的含义,似乎是从幸福、联盟、美丽等高高在上的理念出发来衡量它们。相反,这些生活价值是我们称之为自然的这一基础的进一步发展,它们超越了自然的力量及其理念上的内容由此而变成了文化。"① "文化"一词的定义最早出现于泰勒(Tylor,E. B.)的《原始文化》(1871)一书,"文化或文明,就其广泛的民族学意义来讲,是一复合整体,包括知识、信仰、艺术、道德、法律、习俗以及作为一个社会的成员的人所习得的其他一切能力和习惯"。② 之后,人们对"文化"有各种不同的理解和观点。

1. 文化是人的价值观念

美国著名多元文化教育研究专家詹姆斯·班克斯(James A. Banks)把文化定义为:文化是社会群体生活的一种方式,它是在现代社会中一个人区别于他人的价值、标志、解释和观点,不是人类社会中的文物、物质材料或其他可触摸的实物。价值、规范和观点是用来区分各个种族的,如土著美国人、菲裔美国人和犹太裔美国人等,不是将他们所吃的食物或所穿的衣服作为区分标准,一个种族文化的本质应该是它独一无二的价值、信仰和标志。③ 另外,美国多元文化教育研究领域的著名学者尼托(Nieto)认为:"文化可以被理解为一系列综合因素,如共同的历史、地理位置、语言、社会阶级和宗教等,结合在一起的人口集团创造并赞同的不断变化的价值取向、传统、社会和政治态度、世界观。"④ 该观点不同于将文化仅仅理解为文学、礼节、艺术、音乐等传统的看法,避免了由此对文化进行好与坏、低级与高级等主观性评判。

《世界教育百科全书》将文化界定为:文化是指借助符号获得并流传的各种明确和模糊的行为模式,它构成了人类群体的各项成果,包括

---

① [德] 西美尔:《货币哲学》,陈戎女等译,华夏出版社2002年版,第361页。
② 夏建中:《文化人类学理论学派》,中国人民大学出版社1997年版,第20页。
③ Banks, J. A., *Multicultural Education: Theory and Practice*, Boston: Allyn and Bacon. 1988, p. 15.
④ Nieto, S., *Affirming diversity: The Sociopolitical Context of Multicultural Education*, New York: Longman. 1996, p. 135.

物化的成就；文化的基本核心是传统（即经过历史的演变和选择而保留下来的）观念，尤其是附属于观念的价值；文化系统一方面是行为产品，另一方面又是构成远期行为的必要条件。①

2. 文化是人的生活方式

本尼迪克特（Ruth Benedict）认为：文化是通过某个民族的活动表现出来的一种思维和行动方式，是一种使这个民族不同于其他任何民族的方式。② 格尔兹（Clifford Geetz）认为：文化是一种体现于符号中意义的历史性的传承模式，是一种以符号形式表达概念的传承体系，由此人们能够交流、保存和发展他们的生活知识和生活态度。③ 斯卡平（Scupin，R.）将文化视为生活方式，认为文化是"一个特定社会中代代相传的一种共享的生活方式，这种生活方式包括技术、价值观念、信仰以及规范"。这是目前"许多人类学家愿意接受的文化概念"。④ 在人类学视野中，生活方式成为文化定义中最为重要的一个内容。

中国学者也对文化的概念进行了界定。张岱年先生等认为，凡是超越本能、人类有意识作用于自然界和社会的一切活动及其结果，都属于文化；或者说，"自然的人化"即是文化。⑤ 并将其划分为广义文化和狭义文化。广义的文化着眼于人类与一般动物、人类社会与自然界的本质区别，关注人类卓立于自然的独特生存方式，涵盖了人类社会历史的全部内容。狭义的文化排除人类社会历史生活中关于物质创造活动及其结果的部分，注重精神创造活动及其结果。

《辞海》中文化有广义与狭义之分。广义文化是指人类社会历史实践过程中所创造的物质财富和精神财富的总和；狭义文化是指社会的意识形态及其相适应的制度和组织机构。文化是一种历史现象，每一个社会都有与其相适应的文化，并随着社会物质生产的发展而发展。作为意识形态的文化，是一定社会的政治和经济。在阶级社会中，它具有阶级

---

① 《世界教育百科全书》，贵州人民出版社1990年版，第523页。
② ［法］维克多埃尔：《文化概念》，康新文、晓文译，上海人民出版社1988年版，第5页。
③ ［美］约翰·R.霍尔、玛丽·乔·尼兹：《文化：社会学的视野》，周宪、许钧译，商务印书馆2002年版，第20页。
④ 庄孔韶：《人类学通论》，山西教育出版社2003年版，第21页。
⑤ 张岱年、方克立：《中国文化概论》，北京师范大学出版社1994年版，第4页。

性。随着民族的产生和发展，文化具有民族性，通过民族形式的发展，形成民族的传统。民族的发展具有历史的连续性，社会物质生产发展的历史连续是文化发展历史连续的基础。①

尽管对文化概念的定义不同，但都有一个共识：文化是人类社会生存、发展和实践中所创造的物质财富和精神财富的总和；文化是一群人区别于另一群人的标志（文化模式）。组成社会的人创造了所有文化并对人和社会产生影响。它是政治、经济和教育相互发展的结果，具有鲜明社会特征的社会想象。因此，本书主要从文化人类学的视角理解文化，更倾向于从生活方式层面运用这一概念。

（二）多元文化

1915年，美国学者客兰最早提出"文化多元论"（Cultural Pluralism）。作为一种社会思潮，"文化多元论"是在与"熔炉论"的争论中逐渐形成和发展起来的。② 但与"熔炉论"不同，"文化多元论"肯定了少数民族文化对美国的价值，肯定了少数民族文化的地位，强调了美国各民族文化的独立性，并且反对单一民族文化模式。该观点认为美国各个民族群体都始终存在，在美国民族社会中有权保持自身固有的文化特征和民族性，每一种文化作为一个整体，都为美国社会作出了贡献，美国文化是文化多元的综合。③ 因此，"多元文化论"是对多元文化的态度及价值判断。

尽管20世纪20年代"多元文化"一词出现。但直到20世纪60年代美国民权运动时期，多元文化作为一种明确的教育思想和社会思潮，才在教育实践界被广泛认同，主要指代两种文化现象：第一，殖民地和后殖民地社会的文化。在这种社会中，既存在着殖民国家的统治文化，特别是欧洲文化，也存在原居民的种族或民族文化，两种差异很大的文化并存。第二，不同的民族文化。具有不同社会和文化来源的民族虽然在一起共同生存，但各民族之间及其文化特性具有较大的差异。④ 20世

---

① 辞海编辑委员会：《辞海》，上海辞书出版社1979年版，第3510页。
② 靳淑梅：《多元文化主义的困境及对教育的启示》，《教育评论》2009年第1期。
③ 庄国土：《多元文化或同化：亨廷顿的族群文化观与东南亚华族》，《南洋问题研究》2003年第2期。
④ 郑金洲：《教育文化学》，人民教育出版社2000年版，第218页。

纪60—70年代之后，随着社会经济文化的发展，人们对多元文化有了新的认识。尽管西方发达国家实现了现代化，经济呈现国际化或一体化发展趋势，但是，文化的发展却不同于经济，随着国家现代化程度的提高，文化的发展反而出现复杂化和多样化。不仅原有的文化差别未能缩小，而且还出现了新的文化差别；不仅各种亚文化未能归于社会主流文化，又出现了各种各样的"反文化"；不仅个体未完全归属于某一群体文化，而且个体因参与不同的社会活动，而将不同的文化共存于自身。① 多元文化的态势日益明显：多元文化的含义开始由仅关注宏观层面的种族、民族差异，逐渐发展到涵盖微观层面的价值规范等差异，开始越来越多地与"文化"自身的含义相对应，即多元文化指的是人类群体之间价值规范、思想观念乃至行为方式上的差异。②

随着人们对文化认识的深入，多元文化的含义逐渐扩大。人们认识到，任何一个国家都存在着多元文化，无论是殖民地国家还是世界上的发达地区和国家，都存在着统治文化与被统治文化的分野。而且价值体系、思想观念上的差异不但存在于民族之间，还存在于各个社会阶层、地域、年龄、性别、小群体和宗教之间。至此，多元文化含义开始由"宏观文化"的差异发展到"微观文化"的差异，多元文化不再是多元民族的代名词。

随着时代的发展，尽管多元文化概念的内涵已经扩大，但本书的重点是关于民族地区多元文化背景下的教师教育问题，因而本书中的"多元文化"一词不仅仅是多元民族的文化，还包括不同社会阶层和群体的文化，其中主要是回族多元文化背景下的教师教育。这种多元文化观认为社会是由不同民族组成的，社会成分的多元化决定了文化的多元性，各种文化都有其独特的价值，并无优劣贵贱之分，因而各种文化都是有平等的生存权和发展权。

（三）多元文化教育

多元文化教育（Multicultural Education）是20世纪50—60年代美国民族复兴运动的产物，是少数民族要求教育平等而提出来的。文化多

---

① 郑金洲：《多元文化教育》，天津教育出版社2004年版，第2—3页。
② 郑金洲：《多元文化激荡中的教育变革》，《学术月刊》2005年第10期。

元主义认为，在一个多民族国家，每个民族群体都应保留本民族的语言和传统文化，并融入国家的主流文化之中。因此，多元文化教育从一开始就与种族教育、民族教育等密切相关。随着社会的发展，多元文化教育的内涵不断丰富和发展，涉及种族、族群、社会阶层、宗教集团、性别差异、特殊群体等。在内容上涵盖教育领域中的课程、教学、学生、教师、社区等方面。因此，多元文化教育包括性别教育、种族教育、民族教育、阶层教育、宗教教育、特殊教育等。

多元文化教育在实质上是为了保证弱小集团人群接受平等教育的机会，促进人们对不同多元文化的理解。对多元文化教育的界定是一个颇具争议的问题，目前还没有统一的界定，不同文化背景的学者从不同视角提出了不同的观点。

美国多元文化教育协会（National Association for Multicultural Education，简称 NAME）将多元文化教育的内涵界定为：多元文化教育是一个哲学概念，它建立在自由、正义、公平的基础之上，强调在多元化社会中建立学生的责任感；强调学校在发展民主社会中的作用，尊重教师和学生的文化差异，通过提高社会公平消除学校和社会中的歧视；多元文化教育是一个过程，在此过程中保证所有学生达到他们所能达到的最高学业成绩。通过教授学生关于文化、少数族裔的历史及其贡献等知识，帮助学生形成积极的民族意识，为其适应多元化社会做好准备。

著名美国多元文化教育学者詹姆斯·班克斯认为，多元文化教育由五个维度构成：课程内容整合、知识建构过程、消除歧视、强化学校文化和社会结构。[①] 多元文化教育的基本目标是：使属于不同文化、人种、宗教、社会阶层的集团，学会保持和平与协调相互之间的关系，从而达到共生。因而多元文化教育的内容包括如下内容：一种概念或思想。主张所有学生不论社会阶层、种族、民族、宗教、性别等，在学校都能获得平等的学习机会；一场教育改革运动。试图通过教育制度改革，使不同社会经济地位、种族和文化群体的学生在学校都有均等的机

---

① ［美］詹姆斯·班克斯：《文化多样性与教育：基本原理、课程与教学》（第五版），荀渊等译，华东师范大学出版社 2010 年版，第 74 页。

会享受学业成功,这种改革的范围包括整个学校或教育环境,是一个持续的教育过程。① 著名英国学者詹姆斯·林奇(James Lych)从民族教育学的角度指出:在多民族社会中,多元文化教育是为满足各少数民族群体或个体在文化、意识和自我评价方面的需要而进行的一场教育改革运动,其目的是帮助所有不同文化的民族群体学会如何在多元文化社会中积极和谐地生活,保持群体之间的教育均衡发展以及在考虑各民族差异的基础上促进相互尊重和宽容。②

中国学者郑金洲先生认为:"多元文化教育是以教育中存在的文化多样性为出发点,使具有不同文化特征的学生都享有同等机会的教育;这种教育是在尊重不同文化且依据不同的文化背景、文化特征的条件下实施的,目的在于帮助学生形成对待自身文化及其他文化的得当方式及参与多元文化的能力。"③

综上所述,虽然对多元文化教育内涵的表述不同,但其具有以下重要共同点:第一,强调不同文化群体的差异性,即将不同种族、民族、性别、社会阶层等群体视为不同的文化群体。第二,充分尊重和理解这种差异性,并致力于创设一定的教育环境,运用恰当的教育方式让所有学生都得到平等的教育机会,并得到全面发展。

(四)多元文化教师教育

多元文化教师教育是适应美国社会日益多元化的现实而产生的,通过对教师进行多元文化教育,使教师具备多元文化意识、多元文化知识和多元文化教育实践能力,使教师能够采取恰当的教学方法,提高教育质量,保证来自不同种族、文化背景的学生在学校中学到所需的知识和技能,使其将来能够在多元化的社会中幸福生活。美国多元文化教育理论家盖伊(Geneva Gay)认为,多元文化教师教育应该包含以下四个方面:第一,教师应该了解有关民族和文化多样性方面的各种理论及概念。第二,教师应该研究多元文化教育的哲学假设和价值观,了解多元文化教育的可行性。第三,掌握有关各民族、种族的

---

① 郑金洲:《多元文化教育》,天津教育出版社2004年版,第29页。
② 哈经雄、腾星主编:《民族教育学通论》,教育科学出版社2001年版,第576页。
③ 郑金洲:《多元文化教育》,天津教育出版社2004年版,第29页。

大量知识，特别是少数民族价值体系、学习方式、交际方式等。第四，掌握对少数民族学生的教育技巧以及教授多元文化内容的教学方法。盖伊还指出，教师多元文化教育培训质量直接关系到少数民族的教育质量。

教师教育是对职前教师培养和职后教师培训的统称，是传统师范教育基于终身教育理念的一种体现和延伸，是对从事教师工作的人进行正规和非正规、职前和在职、定期和不定期的培养与培训，使其成为一个合格的教师。

因此，本书中教师教育包括职前教师培养和在职教师培训两个方面。其目的是提高教师的多元文化教育教学实践能力，正确对待和处理不同文化背景的学生，尤其是存在成绩不良、学业失败等问题的学困生，使所有学生都获得最大化发展和全面发展。

二 主要研究内容

本书通过对宁夏回族地区中小学教师多元文化素养的现状调研，从多元文化视角探讨教师多元文化素养的内涵、发展理念、发展路径等相关理论和实践问题，以丰富和发展教师专业理论，提高教师多元文化素质，提高民族地区基础教育质量，从而提升民族地区整体人口素质。

第一，多元文化教育理论研究。

本书试图从多元文化教育、主体间性和理解教育，建构多元文化教师教育的理论基础；同时，依据多元文化课程理论与美国多元文化课程资源开发的实践个案，提出多元文化背景下教师教育课程资源开发的原则、实施、评价等。在此基础上，提出多元文化教师教育一体化发展的构想，建构职前教师多元文化培养与在职教师培训模式。

第二，多元文化背景下的教师教育课程研究。

由于中国教师教育课程在组织形式和教学内容上高度统一，大多数以主流文化为中心，很少涉及少数民族文化知识，民族地区师范院校教师教育多元文化课程缺失，造成师范生缺乏对地方民族文化的正确认识，缺乏解决文化冲突的专业知识和技能，不能适应其风俗习惯、宗教信仰、价值观等问题。宁夏是一个回汉等多民族杂居地区，地方师范院校很有必要设置教师多元文化课程。因此，可以借鉴美国多元文化教师教育的成功经验，结合地方实际情况，建构多元文化教师教育课程体系，主要包括在基础课程中增开人类学、文化人类学等课程；同时，在通识课程中增开相关专题课程，将回族风俗、宗教等文化课程资源融入课程体系中，加强多元文化教育的开放性和民主性，促进教师形成相应的多元文化教育知识，正确对待少数民族的风俗习惯、宗教信仰、价值观等问题，提高多元文化教学实践能力，促进其教师专业发展。

第三，多元文化背景下的教师教学策略研究。

在民族地区多元文化社会环境中，同一教室里可能有不同族群和文化背景的学生坐在一起学习。这就要求教师必须运用多元文化教学策略进行教学，为班级教学营造一个多元、和谐的环境。多元文化教育的目的是培养学生对不同文化形成积极的态度、掌握正确的认知和进行人际沟通的技能。教师多元文化教学策略研究应包括：多元文化相关问题的教学设计能力、正确引导学生形成课堂讨论所需要的技巧能力、协助不同群体学生合作学习的能力、多元文化教学方法等。

第四，多元文化背景下的教师教育实践能力研究。

目前，中国地方民族师范院校的教师教育实习仅局限于课堂，要求师范生运用所学课程中的知识和教学方法，进行教学实践。但他们主要协助、指导教师完成常规性教学任务，没有时间探讨、思考学生的文化背景对其学习的影响。而多元文化教育要求教师将所学多元文化理论知识恰当地运用于实践，能够真正地解决多元文化教学实践问题。在教育实习中学习、了解不同民族的学生文化背景知识，有效地与学生家庭沟通，吸收、利用社会和家庭资源，对学生实施良好的教育。所以，要加强师范生的多元文化教育实践研究。

第五，多元文化背景下的教师培训模式研究。

针对目前民族地区中小学教师多元文化培训缺失问题，结合地方实际，提出校本培训、专题培训以及基于社区文化、校园文化和校本课程的教师多元文化教育能力提高模式，更新教师教育理念，丰富和发展其多元文化教育智慧。

第三节 相关理论基础

一 多元文化教育

多元文化教育理论吸取了人类学、哲学、社会学、民族学、心理学等学科的思想和方法论，思考、研究教育实践问题。它将文化定义为一种生活方式，即某一集团成员赞同的民族传统、生活习惯、宗教道德和审美价值、种族、阶层、语言特点、服装、音乐风格以及人类生活其他许多形式的总和。多元文化观舍弃了人与人之间在身体、性格、能力、语言等方面的具体差别，超越了以往从狭窄的角度理解他人的局限，并能从中发现文化的独特性。因此，多元文化教育要求教师对具有不同种族、肤色、语言和其他许多特点的人采取宽容态度，认识和尊重文化差别，不应将自己的道德、政治、审美和其他价值强加于他人或贬低、侮辱他人。

（一）形成与发展

20世纪20年代多元文化在西方产生。但多元文化教育起源于20世纪60年代美国的民权运动。虽然美国、加拿大、英国、法国、澳大利亚等西方国家的历史文化、政治、经济等因素不同，但多元文化教育都是以一种相关但表现形式不同的方式渐进发展、完善。多元文化教育形成和发展至今大致历经了三个阶段：产生阶段、发展阶段和深化阶段。

1. 产生阶段

20世纪50年代末60年代初，非洲裔美国人在很多方面受到歧视，诸如就业、住房、受教育等，引发了黑人民权运动。与此同时，很多被高度同化了的非洲裔美国人发现他们仍然不能融入主流社会之中，因为皮肤颜色而失去很多机会。因此，他们寻找通过多元文化主义实现自己的理想。当时主要表现为反对"白人中心主义""白人文化中心主义"。他们向政府提出了自己的主张和要求，如非洲裔美国人要求控制自己社会内的教育机构、要求包括学校在内的各种教育机构反映他们自己的民族文化、要求学校有更多的非洲裔美国教师和管理人员、要求教科书体现非洲裔美国人的历史和文化等。作为时代的回应，所有的教育机构对黑人民权运动做出了反应，开始研究并设置了特定的种族课程。受黑人民权运动的影响，其他有色人种族群，如墨西哥裔、亚洲裔、波多黎各裔等，也提出了改变政治、经济和教育上不平等状况的要求。随之研究、学习墨西哥裔美国人和亚洲裔美国人的课程也进入学校课程体系。有色人种族群的教育改革运动，使一些曾经否定本民族文化的白色人种族群也宣扬民族自豪感，使一些具有本民族文化的内容进入课程。从此，同化主义、民族熔炉等主张逐步让位于文化多元主义，多元文化教育初见端倪。这一时期被认为是多元文化教育发展的第一个阶段——产生阶段。

多元文化教育初始阶段研究课程比较单一，课程内容和体系比较单一，表现为单一的种族课程，即一个种族群体成员只能教授关于该种族群的课程。如亚裔美国人研究的只是亚裔美国学生所需要的课程，黑人研究只是非洲裔美国学生需要的课程。在加拿大，这一时期发生了"平静革命"，即1960—1966年让·勒萨热领导的旨在对魁北克的政治、经济、社会、教育等所进行的一系列改革。在这一历史背景下，该地区各级政府对教育的投入急剧增加，同时也建立了省级教育机构，对15岁以下儿童实行免费教育，提高了法语和法兰西文化的地位。因此，展开了法语浸润式教育在双语教育中的尝试。1965年，在魁北克的圣—兰巴特英语社区开始尝试"法语浸入式教学"，不但为法语的教育和发展开辟了广阔空间，而且推动了全加拿大的双语教育进程。[①]

2. 发展阶段

随着美国种族群体的日益增加，不同种族纷纷要求学校课程应加入他们本民族的历史文化、风俗、民俗等内容。课程研究者开始提供此类种族研究课程，如当时的少数种族音乐课程、历史与文化课程等。这些课程都是以比较研究的视角整合到课程体系之中，这个时期美国多元文化教育发展为第二个阶段——发展阶段。从课程内容看，政治观点较少，多从比较的视角审视不同种族文化。这种研究课程开始变得更加学术化、概念化和全球化。在当时，课程研究者通过比较、归纳和分析，

[①] 陈晓莹：《融合·发展——加拿大多元文化教育解读》，民族出版社2008年版，第89页。

产生了一些有用的概念和理论。但随着这些种族课程的推广、深入，教育研究者发现，再完美的种族课程也不能达到行之有效的教育改革效果，还需更加全面、广泛地推行教育改革。多元文化教育研究者开始反思种族研究课程，并且认为研究的范围应更加广泛、深入。多元文化教育不仅仅是种族和民族教育，还应考虑其他一些群体，如妇女、儿童、残疾人、宗教团体、不同阶层和不同地区文化差异的群体等。1988年，加拿大正式颁布了加拿大多元文化法案，指出所有加拿大人有权参与加拿大的社会、政治、经济和文化生活，并努力加强保护加拿大的多元文化遗产。多元文化教育研究的对象变得更加广泛，内容更加具体。由此，西方乃至世界各国掀起了一场声势浩大的教育改革运动。多元文化教育的目标是尽可能为个体和群体提供平等的教育机会，促进社会结构的变革，增强人的尊严感、民主意识等，拓展更广泛的服务领域。

3. 深化阶段

多元文化教育研究专家詹姆斯·班克斯认为，多元文化教育是一个制度化的过程。在此过程中，多元文化教育的元素逐渐渗入课程与整个教育环境之中。这一时期为多元文化教育的第三个阶段——深化阶段。由于多元文化教育的深化阶段是一个渐进的过程，因此，发展比较缓慢。1994年国际教育大会上通过的《行动纲领》明确提出："教育必须发展承认并接受存在于各种个人、男女、民族和文化之中的价值观的能力，并发展同他人进行交流、分享和合作的能力。多元文化社会和多元文化世界的公民，应能承认他们对形势和问题的解释根植于他们个人的生活、他们的社会历史以及他们的文化传统。其结果是，没有一个人或群体掌握了解决问题的唯一答案，而且问题或许都不止一种解决方式。"[1] 由此可见，多元文化教育的核心是：为相互宽容、理解而教育以及构建和平、民主的思想文化体系。随着信息化、数字化时代的发展，多元文化教育也进入了全球化时代。多元文化教育具有世界性、开放性、包容性和前瞻性，倡导理解课程观、后现代课程观与融合课程观。从整个世界范围来看，民族问题已成为21世纪人类社会共同面临的主要问题，每个多民

---

[1] 赵中建：《教育的使命——面向21世纪的教育宣言和行动纲领》，科学教育出版社1996年版，第194页。

族国家都面临世界多元一体化，各个国家民族教育、社会问题不再只是单个国家的民族教育事业、社会事业，而是与世界密切相关，是世界民族、社会问题的一部分，需要全世界各国相互学习、相互借鉴才能解决。①

(二) 理论与实践

美国是个多民族国家，这一特殊国情要求美国必须重视多元文化教育研究，并在多元文化教育理论和实践方面取得了丰硕的研究成果。美国多元文化教师教育理论与实践经历了产生、发展和深化三个阶段，代表了多元文化教师教育制度的形成和发展。

1. 多元文化教育对教师的要求

1971年5月12—14日，在芝加哥召开了以"迈向文化多元主义的教育和教师教育"（Education and Teacher Education for Cultural Pluralism）为主题的研讨会，探讨了在多元文化社会背景下教师培训者的培训和培训机构的问题。这次会议认为应积极采取行动将多元文化教育纳入教师教育，同时动员社区、学校和大学参与多元文化教师培训。在美国联邦所有关于教育规划的决策中，应考虑多元文化教育，使各少数民族有一席之地；师资培训计划将不再以现有的整体性形式出现，而要力图使文化多元成为美国学校及教育培训的一个中心、关键性因素。会议结束后，整理、汇集了与会人员提出的100多项建议，归纳、汇总为31项建议，推荐给所有的师资培训机构，以实施文化上的多元教育。②其中与师资培训关系密切的有以下十个方面。

第一，在所有联邦教育规划决策层的人员选拔上，应考虑多元文化因素，使少数族群及其社区能在这些规划中有其适当的社会地位。第二，学校教学中的所有学习材料，如教材、视听材料等，应适当地体现少数民族的需求。第三，设立相关机构，促进各类教师培训计划运用多元文化材料及其教学策略。第四，成立有关文化多元学习材料的咨询团体，成员由社区、学校的高等教育人员组成。第五，标准化

---

① 邵晓霞:《从运动到制度化：多元文化教育发展的历程》，《教育与教学研究》2011年第11期。

② 弓巧平：《美国人学多元文化教育发展研究》，河北大学2004年硕士学位论文，第21—22页。

考试只用于教学诊断和改进个别儿童的目的，不再是将儿童排除正规教育经历的依据。第六，负责教师培训的机构，要尽力为多元文化材料的准备提供经费上的保证和帮助，并促使这些材料在学校中得以应用。第七，新聘任的教师要对多元文化有一定的了解，认识到自己肩负改进所有族群儿童教育的使命。第八，教育学院和大学应展开合作，共同培训多元文化教师，以适应教学的需要。第九，为确保多元文化教育目标的达成，对教师培训计划的评价要做到公开化，家长、学生、职业团体和社区领导人应参与相关评价。第十，重新整合各大学中的师资培训计划，加强大学服务学校及社区中的未来职前教师和在职教师的多元文化教育培训。①

1972年，美国教师教育院校协会（AACTE）召开了有关多元文化教育的第一次会议，指出教师教育应把多样性作为宝贵资源加以发展，而不仅仅是容忍或是期望融合，这对传统教育提出了挑战。②

随着越来越多不同民族的学生出现在同一个教室里，研究者对多元文化教育的研究也不断深入，并将多元文化作为一种教育理念深入每位学生和教育者的心中。

2. 制定多元文化教师标准

从1976年开始，全国教师教育认证委员会（NCATE）在全美国的中小学、大学以及教师机构的教师教育计划中，提倡进行多元文化教育，想要获取教师培养资格的机构在培养规划中应更好地实施多元文化教育。1977年，全国教师教育认证委员会修订了这一标准，并建议教师教育规划的各阶段必须进行多元文化教育，将教师教育计划与多元文化教育结合起来，并使这一理念深入教师教育者的心中。

3. 改革教师教育课程

进入20世纪80年代，美国对许多教师教育课程进行了修订，增加了多元文化教育、文化多元论、多元民族意识、人际关系等内容。课程内容的更新，不仅包括对一个民族或一种文化的研究、传播、学

---

① Rivlin, H. N. and Fraser, D. M., *Education and Teaeher Education for Cultural Pluralism*, In Stent, M. D., et al., (eds) *Cultural Pluralism in Education. A Mandate Change*, New York: Meredith Corp, 1973, pp. 153 – 158.

② 靳淑梅：《美国多元文化教师教育发展综述》，《外国教育研究》2008年第12期。

习，而且丰富了研究的内容，保证每个种族的儿童都能接受高质量、平等的教育。工作重心在于课程内容和实施策略上。80年代之后，美国全国教师教育认证委员会对教师教育标准进行了修订，要求承担80%教师培养的全美教师教育机构，在多元文化教育中实施课程改革，并认为这是取得教师资格的必备条件。[①] 在多元文化教师教育课程中主要有多元文化教育、文化多元论、多元民族意识、人际关系等课程，目的是让职前教师能够深刻理解文化的多元性；了解少数民族的生活方式；消除个人偏见；尊重文化多元性，并在教学工作中保持和促进文化的多元发展。

在这一阶段，很多学者对多元文化教育进行了研究，多元文化教育在取得实质性进展的同时，多元文化教师教育也得到了长足发展。

(三) 多元一体文化

中国的"多元一体"的社会格局，具有多元文化社会特性，即文化的多元性与民族的多样性共存。1988年，中国著名社会学家费孝通先生提出了"中华民族多元一体格局"理论，强调文化和民族的平等与团结、国家一体与民族文化多元和谐共处。该理论不仅是解释和构建中国特色多元文化教育体系的理论依据，而且也成为中国民族地区教育研究的指导思想和理论支柱。[②] 在多元文化教育背景下，实现各民族文化之间"各美其美，美人之美、美美与共，天下大同"的"多元一体格局"，可以帮助少数民族既保持这些独具魅力的地方文化、民族文化，又能使他们更好地进入主流社会。

教育具有传承和发展文化教育的功能，其关键在教师，教师是教育的实施者。在多元文化背景下，教师需要对文化作出自己主动的反应和选择。教师不仅仅传递文化，更重要的是反思、更新文化。为此，不能没有教师对文化的理性分析，不能没有教师对自身文化的认同和自觉。学校教育中的不同文化并存对教师的知识储备和专业素养提出了新的要

---

① Banks, J., Multicultural Education. Historical Deveopment, Dimensions and Practiee, *Handbook of Research on Multicultural Education*, New York: Macmillan Publishing, 1996, pp. 14 - 26.

② 何喜刚、王鉴:《如何理解中华民族多元一体教育》,《民族教育研究》1999年第3期。

求和挑战。

中国著名民族学家哈经雄、滕星在分析中国少数民族教育面临的问题时，认为民族地区师资紧缺，教师素质较差，他们关注少数民族教师专业发展的特殊性，认为民族教育应与民族地区的经济、文化发展相适应并相互促进。教育能促使少数民族地区不断发展和完善，教师则是教育教学中不可忽视的重要因素之一。只有教师的素质提高了，才能提升学生的素质乃至整个民族的素质。[①]

教师是教育中的主导因素，在实施多元文化教育过程中，如果教师没有转变教育理念，难以采取恰当的教育教学方法，整个多元文化教育改革就很难实现预期的目标。因此，在多元文化教育研究中，多元文化教师教育是一个非常重要的方面。

多元文化教育理论将教师专业发展视为一种在特定多元文化背景下进行的特殊活动，主要揭示多元文化背景下的教师专业发展，分析和理解教师专业发展的多元文化内涵及其对多元文化教育教学活动的影响。

（四）多元文化教育公平

各个民族具有不同的风俗习惯，文化背景、价值观念和宗教信仰之间存在许多差异。多元文化教育认为世界存在差异与多样的文化，这些差异多样的文化之间彼此互为动力和机制。差异多样是促进文化内在的发展动力，赋予多元文化生命力。多元文化是一种文化理念、政治诉求和思维方式，不仅提供了对差异多样的处理观念和方法，而且还探究揭露差异多样与不平等背后的深刻哲学和政治内涵。多元文化认为要以尊重、理解、包容的态度面对各种文化差异，倾听不同的声音与历史，秉持平等、交往理念，采取多元的思维方式处理差异多样文化之间的相互关系以及批判地看待社会主流文化与其他亚文化。因此，多元文化背景下的教师教育要求培养教师的社会正义，保证对每一位学生实施公平、公正的教育。社会正义不是一个永恒、静止的概念，而是反映社会和经济条件不断变化的动态概念。

多元文化教育追求社会平等和公正，认为教育是每个人普遍享有的权利，强调教师应具备多元文化教学能力，公平对待不同民族、不同

---

① 哈经雄、滕星：《民族教育学通论》，教育科学出版社2001年版，第464页。

社会阶层以及不同文化背景的学生,为他们提供平等的教育机会,使其获得最大化发展。多元文化教育强调要以相互尊重、理解、宽容与学习的态度面对各种不同文化的差异,坚持平等、交往、整合的理念,公正、平等、差异、多元和宽容成为多元文化的核心词汇。① 对于回族地区,只有充分认识到回族穆斯林的宗教信仰、回族历史、价值观等文化,了解回族学生的思维方式和认知方式,才能够根据差异选用合适的教育教学策略,提高教育质量。② 如果教师缺乏多元文化教育的相关知识,就不具备进行多元文化教育教学的实践能力,更不知道如何解决教育教学中出现的多元文化问题。针对回族学困生教育,一些教师没有充分认识和理解回族从商的文化传统,不了解回族家庭教育、"经堂教育"和"回坊教育"对其学习的影响。如果教师具备一定的多元文化教育能力,就会充分利用回族伊斯兰教传统文化教育资源,激发学生的学习积极性,树立正确的学习目的,使回族学生在学习中找到回族的独特性和优越性,不仅吸收主流文化知识,同时,从主流文化知识中感受到民族的认同与发展,从而激发其学习积极性,树立正确的学习目的。

多元文化教育,可以使教师具备多元文化知识、多元文化意识和多元文化教育实践能力,面对来自不同种族、不同文化背景的学生,能够采取不同方法施教,保障少数族裔学生在学校教育中获得很好的知识和技能。这就要求教师要了解有关民族和文化多样性方面的各种理论及概念;研究与多元文化教育相关的哲学假设、价值观和思想,了解多元文化教育的可行性;掌握有关各民族、种族的大量知识,特别是少数民族价值体系、学习方式、交际方式等;掌握对少数民族学生的教育技巧和教授多元文化内容的教学方法。

因此,应从多元文化视角理解教师的专业发展,借鉴多元文化的理念和思维方式,尤其是多元文化的批判性思维,探讨多元文化背景下的教师专业发展内涵、素养和标准。

---

① 李纯:《多元文化视域中的教师专业发展研究》,西南大学 2009 年博士学位论文,第 4 页。
② 赵琳琳:《美国多元文化教师教育理论和实践研究》,福建师范大学 2010 年硕士学位论文,第 62 页。

二 理解教育

(一) 理解教育概念

理解教育这一概念,来源于国际理解教育的兴起和发展。

国际理解教育(Edueation for International Understanding)既是一场教育实践运动,又是一种教育理念。国际理解教育是以世界教育改革和发展的广阔背景为视角,以实现世界和平与提高人类幸福为最终目的,以全球性的问题为主题,以跨国、跨文化和国际合作为特征,旨在发展学习者的各种知识、技能和态度,以便和睦共存于"地球社会"的一种教育理念。国际理解教育的概念具有丰富的内涵和外延,有广义和狭义之分。

广义的理解教育即国际理解教育,包括异文化理解教育、开发教育、环境教育、人权教育、和平教育在内的全球教育,它立足于广阔的视野,内容涉及产生于国际领域、引起国际社会普遍关注的一些全球性问题,旨在培养地球市民所必需的知识、态度和能力。[1]

联合国教科文组织(UNESCO)第18届大会一致通过了《关于教育促进国际理解、合作与和平以及教育与人权和基本自由相联系的建议》,倡导进行国际理解教育。该建议针对的是国际社会各民族的权利、和平、人权、开发、资源、环境等世界范围问题的严重性,强调通过国际协作解决这些问题的必要性。在某种意义上,这一观点可以看作狭义的国际理解教育。[2]

在学界,研究者对国际理解教育概念有各种不同的定义。有学者认为,国际理解教育就是以各国普遍关注的"人权、和平和民主"为宗旨,以促进国际理解为目标,通过各种教育手段和措施,培养具有国际理解品性和能力的人,促使文化之间的相互尊重和相互理解,共同发展。[3]

还有学者认为,国际理解教育是指世界各国在国际社会组织的倡导

---

[1] 钟启泉、李雁冰:《课程设计基础》,山东教育出版社2000年版,第385页。
[2] 杨秀玉:《为理解而教育 为理解而对话——全球化视野下的国际理解教育特征解析》,《现代教育科学》2006年第2期。
[3] 余新:《国际理解教育发展的研究》,《外国教育研究》2002年第8期。

下，以"国际理解"为理念而开展的教育活动。其目的是增进不同文化背景、不同种族、不同宗教信仰和不同区域、国家、地区的人们之间相互了解与相互宽容；加强他们之间的相互合作，以便共同认识和处理全球社会存在的重大共同问题；促使"每个人都能够通过对世界的进一步认识来了解自己和了解他人。将事实上的相互依赖变成为有意识的团结互助"。

日本学者大津和子根据自己的研究和教育实践，将国际理解教育定义为："国际理解教育是维护自己的人权并尊重他人的人权。包容异质文化，培养跟世界人民'共生'的人的教育。"①

尽管对"国际理解教育"概念的定义不同，但其初衷与目的都是一致的，即旨在通过教育途径培育人类"真正理解"的理念，倡导彼此宽容与友善，使世界持久和平的种子播撒在人类心灵的深处；同时，国际理解教育也旨在以"理解"为基石构建人类相互交流与合作的桥梁。这不仅有利于妥善解决威胁人类生存的全球性问题，而且也有益于推动不同民族通过对话与合作，共同发展，携手走向共同的进步与繁荣。

理解教育是通过教育方式增进世界人民对各国、各民族不同政治、经济、文化、学术以及包括教育在内的各种制度的相互了解、相互尊重与相互沟通，最终实现人权、国际和平与人类共存的目的。其目的是增进不同文化背景、不同种族、不同宗教信仰和不同区域、国家、地区的人们之间相互了解与相互宽容；加强相互之间的合作，以便认识和处理全球社会存在的重大共同问题；促使"每个人都能够通过对世界的进一步认识来了解自己和了解他人，将事实上的相互依赖变成为有意识的团结互助"。②

（二）理解教育产生的背景与发展过程

1. 理解教育产生的背景

第一，国际化发展的需要。

进入20世纪以来，特别是80年代以后，全球化现象日益明显。

---

① ［日］太田满：《20世纪90年代以来日本教育国际化的动向——以国际理解教育为中心》，《外国教育研究》2002年第8期。

② 联合国教科文组织：《教育——财富蕴藏其中》，联合国教科文组织中文科译，教育科学出版社1996年版，第34页。

"全球在经济、科学、文化和政治方面的相互依赖关系正日益加深,这种关系是在自由主义贸易理论推动下出现的经济和金融边界的开放所造成的。"① 全球化现象具有全球互联的本质复杂性和不可预测性特征,将各国、各民族的命运紧紧联系在一起。所以,不同文化、不同区域、不同民族、不同群体之间,相互依存成为全球社会的共同价值观念。

21 世纪是以经济全球化为核心,包含经济、文化、科学、政治、思想观念、人际交往、国际关系等方面的全球化,它正在成为世界发展的客观进程和必然趋势,每个国家和民族都不可避免地被卷入这一进程中。所以,理解教育在国际化中起着越来越重要的作用。如何在教育、科研、文化与科学技术各个领域中开展国际交流与合作,并为这些领域的发展作出具有国际影响的贡献,成为各国际成员国在国际化时代下新的历史使命。这就要求各民族国家公民不仅要具有国际责任感、国际知识、国际交往能力以及对多元文化、多元制度的深刻理解,而且还要保持本民族国家文化的个性。因此,面向世界的本国教育已经成为当今各国的目标之一。② 目前,世界各国为实现国际化人才的培养目标,在中小学开展国际理解教育已成为各国的选择:美国提出要培养具有全球能力的公民;日本在 20 世纪 80 年代提出培养"国际化的日本人"的口号;英国提出要培养"世界公民";韩国从 20 世纪 60 年代就依托联合国教科文组织联系学校项目。

第二,多元文化发展的要求。

在人类文明发展历程中,因地理环境差异产生了各种各样的区域文化,形成了不同的生产和生活方式。在初期,由于地理环境的制约,人类不同群体之间的交流严重缺乏,一些在特定区域内相对强大的群体,多以自我为中心;即使在交通发达的今天,不同国家、不同民族、不同群体之间的误解、矛盾和纠纷依然存在,而且层出不穷。增强国际间的交流、理解与合作是当今国际社会最重要的课题之一。

"二战"之后,随着交通、通信的快速发展,人们在经济、社会、

---

① 余新:《国际理解教育发展的研究》,《外国教育研究》2002 年第 8 期。
② 徐辉、王静:《国际理解教育研究》,《西南师范大学学报》(人文社会科学版) 2003 年第 6 期。

文化等方面的国际交往日益频繁，国际之间越来越相互依存；世界规模的竞争更加激烈，各种摩擦和矛盾也日益尖锐。全球性问题不断涌现，国际之间理解与合作的必要性日益突出。国际之间的理解与合作的基础关键在于人与人之间的相互理解、相互交流和相互尊重。理解教育的目的是增加不同文化背景、不同种族、不同宗教信仰和不同区域、国家、地区人们之间相互了解和相互宽容；加强他们之间相互合作，以便共同认识和处理全球社会存在的重大共同问题；促使每个人都能够通过对世界的进一步认识来了解自己和了解他人。因而理解教育是面向21世纪新的教育理念，是推进世界和平的重要教育内容。[①]

另外，20世纪后半叶至今，随着经济贸易全球化发展、信息化缩短人们之间的时空距离、国际移民数量不断剧增等，出现了各种流行全球的语言、服饰、饮食、娱乐及体育等文化现象。这些为理解教育的生存与发展提供了有利条件，理解教育作为一种教育理念，赢得了众多国家与国际组织的认同。

第三，国际社会面临的挑战。

随着新技术和交通工具的迅速发展、经济协作的加强、多极化新联合体的形成以及地球环境、能源、人口、难民等全球性问题的增多，更加深了国家之间相互协作与相互依赖的关系。目前，人类所面临的挑战已远远超出了个人乃至一个国家的范围。如大气变化、臭氧层的破坏、酸雨、水污染、动植物物种的灭绝、森林被毁、战争、文化冲突与摩擦以及恐怖袭击等，这一切都严重威胁着人类的生存。要解决这些全球性问题，就必须发扬全球合作精神，推进国际间的协调与合作。任何国家的经济发展和生存都不可能脱离国际社会，国际化是每个国家都面临的重大课题。但是，国际间的协调与合作的基础在于人与人之间的互相理解和尊重。所以，理解教育在其中扮演着十分重要的角色。理解教育既重视培养人们具有丰富的本国文化知识，又尊重其他民族文化传统的教育。[②]

---

① 徐辉、王静：《国际理解教育研究》，《西南师范大学学报》（人文社会科学版）2003年第6期。

② 同上。

第四，国内社会发展的需要。

全球化使各类异质文化蜂拥而至。在国际多元文化大背景下，中国教育既要顺应这一趋势，又要保持个性；既要展望国际又要弘扬本土；既要理解他者又要发展自我，以达到共生共荣的目的。为此，理解教育已成为国家教育政策。《国家中长期教育改革和发展规划纲要（2010—2020）》提出："加强中小学、职业学校对外交流与合作。加强国际理解教育，推动跨文化交流，增进学生对不同国家、不同文化的认识和理解。"其目的是"培养大批具有国际视野、通晓国际规则、能够参与国际事务和国际竞争的国际化人才"，以"适应国家经济社会对外开放的要求"。"加强国际交流与合作"，并"提高交流合作水平"。这是中国在国家文件中首次正式提出的国家教育政策，要求包括中小学在内的各级各类教育机构要积极推进理解教育，即为了培养青少年在对本民族主体文化认同的基础上，尊重、了解其他国家、民族、地区文化的基本精神及风俗习惯，学习、掌握与其他国家、民族、地区人民平等交往、和睦相处的修养和技能，探讨全人类共同价值观念，增进不同宗教信仰和文化背景的民族、国家、地区人民之间的相互理解与宽容，培育出能够参与国际合作与竞争的21世纪人才。①

理解教育是在国际交往日益密切的背景下，为增进民族、国家、地区之间的相互理解与宽容，促进人类与自然和谐相处，培养学生认同与弘扬中华优秀文化，尊重、了解其他国家、民族、地区文化的基本精神及风俗习惯，初步学习、掌握与其他国家、民族、地区人民平等交往、和睦相处的修养与技能，形成从全人类利益、全球观点考虑问题的思维方式，探讨全人类共同价值观念的教育实践。所以，在中小学实施理解教育既是适应教育国际化发展的强烈需求，也是深入实施素质教育的迫切需要。

2. 理解教育的发展过程

理解教育产生于20世纪中期，"二战"后被确立为教育的重大主

---

① 邹慧明、刘要悟：《在多元中融通 在理解中共生——多元文化背景下的国际理解教育》，《大学教育科学》2014年第5期。

题。最先在联合国教科文组织的倡导、推动下，获得迅速发展和广泛传播。① 理解教育是当代国际教育新理念之一，也是教育国际化思潮的一个重要组成部分。其目的是增进不同文化背景、不同种族、不同宗教信仰和不同区域、国家、地区的人们之间相互了解和相互宽容；加强他们之间的相互合作，以便共同认识和处理全球社会存在的重大共同问题；促使每个人都能够通过对世界的进一步认识来了解自己和他人。随着国际政治、经济形势的变化，理解教育主要历经了以下几个发展阶段：起步时期（20世纪40—50年代）、发展时期（20世纪60—80年代）与繁荣时期（20世纪90年代至今）。

（1）起步时期

20世纪40年代是理解教育的起步时期。1945年，联合国教科文组织成立，肯定了理解教育在促进人类理解与实现世界和平中所做的贡献。1948年，国际公共教育大会发表了《关于发展青年人之间国际理解和国际组织的教育之建议》，鼓励加强对成人进行国际理解教育及国际组织知识的普及，并呼吁在全世界青少年中开展理解教育。

1945年，联合国教科文组织在章程中规定，教育应在不同文化和种族之间促进人们的相互理解，应依靠教育领域的国际合作促进和平，这被视为联合国教科文组织的伦理使命。② 各国应采取行动，通过教育使其成员了解其他国家或民族的文化，把本国文化放在世界文化背景下来理解，促进受教育者形成对于人类文化统一性的认识，意识到适用于各民族成员基本相同的生活条件和愿望，产生自己所肩负的国际主义义务的责任感。

1950年，国际公共教育大会指出，教育者应认识理解教育思想普及的重要性，提倡推广各国教师之间的互派活动。随后，联合国教科文组织先后推出《教师的国际相互交流》（1950）、《国际理解教育的几个定义》（1952）、《联合学校计划》（1953）、《国际理解与合作的教育原则及方法》（1955）、《向青年人宣传有关和平、相互尊重和理解思想的

---

① 张华：《课程与教学论》，上海教育出版社2001年版，第423页。
② 联合国教科文组织国际教育发展委员会：《教育——财富孕育其中》，教育科学出版社1996年版，第285页。

方法》（1962）等报告，明确提出了在世界范围内开展理解教育，具体阐述了教师开展国际交流活动的意义、方式以及理解教育的原则目标、计划实施等内容。

在此章程的指引下，1948 年 6 月 28 日，国际公共教育大会第 11 届会议提出，各国教育部和其他教育当局应鼓励培养青少年的国际理解精神，并对有关以促进世界和平为己任的国际组织教学提供帮助。由于成年人担负着作为父母和公民的责任，因而需要通过广泛的成人教育，提高他们对国际组织有关知识的了解。[1]

在 1950 年的国际公共教育大会第 13 届会议上，与会委员一致认为：教师和教育者之间的国际交流，可以促进不同民族和文化的理解，是提高教育标准的最有效实践方法。鉴于这些交流对国际理解教育的重要性，会议倡导各国要继续促进教师的国际相互交流计划和到国外非终身任职的安排。[2]

理解教育研究主要是通过联合国教科文组织（UNESCO）进行的。1950 年，联合国教科文组织提出八项理解教育的目标，其着重点在于培养各国国民之间的相互理解与友好感。[3] "二战"后，联合国教科文组织以世界规模推进理解教育，强调全球的视点、多元文化理解、世界性相互依存关系，引进和平、人权、开发、环境等问题，并在"1974 年建议"[4] 中提出如下教育指导原则[5]：各级各类教育都应具有国际维度和全球意识；对所有民族及其文化、文明、价值观与生活方式（全国内各民族文化及他国的民族文化）应理解与尊重；认识到各民族之间及各国国民之间的世界性相互依存关系正在日益强化；同他人沟通的能力；不仅懂得权利，而且懂得个人、社会集团及国家各自应有的义务；理解国际团结和国际合作的必要性；为个体参与解决社区问题、国际问题乃至世界问题做好准备。

---

[1] 《全球教育发展的历史轨迹——国际教育大会 60 年建议书》，赵中建等译，教育科学出版社 1999 年版，第 78—79 页。
[2] 同上书，第 91 页。
[3] 钟启泉、李雁冰：《课程设计基础》，山东教育出版社 2000 年版，第 389—390 页。
[4] 全称为《关于促进国际理解、合作与和平的教育以及关于人权与基本自由的教育的建议》。
[5] 钟启泉、李雁冰：《课程设计基础》，山东教育出版社 2000 年版，第 387 页。

1947年，联合国教科文组织将国际理解的核心观念确定为：理解国际重大问题、尊重联合国和国际关系、消除国际冲突的根源、发展对他国的友好印象，这凸显了国际理解教育应立足于民族、国家和文化差异，并通过教育消除隔阂、促进共存、维护和平的特点。①

（2）发展时期

在20世纪60—70年代，理解教育迈入发展时期。1972年，联合国教科文组织国际教育发展委员会在其经典教育报告《学会生存——教育世界的今天和明天》中指出：教育有一个使命，就是帮助人们不把外国人当作抽象的人，把他们看作具体的人。因为他们有自己的理性、痛苦、快乐，教育的使命就是帮助人们在各个不同的民族中找出共同的人性。②

1974年，第18届联合国教科文组织大会通过了《关于促进国际理解、合作与和平的教育以及关于人权与基本自由的教育的建议》，从新的国际政治、经济形势角度对理解教育进行了解读，并进一步制定相关指导原则，理解教育在各国的学校逐步得到推广。从内容上看，它既是联合国教科文组织倡导的和平与合作教育、国际理解教育精神的体现，又是在新的政治、经济和科技相互依赖的条件下，对国际理解教育的深化和发展。在此建议的倡议下，许多国家中小学乃至大学都实施了国际合作学校教育，以消除种族、宗教歧视，促进各民族的交往，为人类个体发展提供更为有利的国际环境。③

1981年，联合国教科文组织委员编写了理解教育指引，认为理解教育的主要目标是培养一种具有国际理解意识的公民，使其具备认识自己国家和具有国民自觉意识、理解其他国家和民族及其文化、认识国际相互依存关系与全球共同存在的问题、树立国际协调和国际合作态度等

---

① 周汶霏:《跨文化交际视野下的国际理解教育》，山东大学2010年硕士学位论文，第5页。
② 联合国教科文组织国际教育发展委员会:《学会生存》，华东师范大学比较教育研究所译，教育科学出版社1996年版，第191—192页。
③ 邹慧明、刘要悟:《在多元中融通 在理解中共生——多元文化背景下的国际理解教育》，《大学教育科学》2014年第5期。

的意识与能力。①

各国积极推广和实践理解教育，尤其以日本为代表。日本在1961年出版的《国际理解教育基础》，标志着理解教育在日本的开展。在1974年《关于教育、学术、文化的国际交流》报告中，进一步强调了理解教育的重要性。20世纪80年代以来，日本第三次教育改革将理解教育的原则作为基本指导原则之一，并落实到具体的课堂教学与教材之中。

（3）繁荣时期

在20世纪末至今，随着冷战结束，科技飞速发展，国际政治、经济领域发生了巨大变化，理解教育被赋予新的内涵，迈入繁荣时期。

1994年，联合国教科文组织召开了"第44届国际教育大会"，主题是"国际理解教育的总结与展望"，指出教育的目标是培养"各种文化之间的相互尊重和相互接受"，主要包含作为理解教育手段的外语教学、媒体与理解教育的关系以及宗教作用视角下的宽容与理解等内容，并提出生态环境保护、多元文化共存、经济竞争与合作等新形势下理解教育的新内容。其中心内容是"为和平、人权和民主的教育"，大会确立了新时期"国际理解教育"及相应的"和平文化"的内涵。大会通过了《第44届国际教育大会宣言》及相应的《为和平、人权和民主的教育综合行动纲领》，为世界各国在新时期开展理解教育指明了方向。②

1996年，德洛尔的报告《教育——财富蕴藏其中》中提出了"学会认知、学会做事、学会生存、学会共存"四个终身教育体系支柱，其中"学会共存"是其核心。③

2001年，全民教育与学会共存大会再次倡导跨文化理解、持久和平、全球化生存。④ 随着理解教育研究的逐步深入，理解教育的内涵也

---

① 周汶霏：《跨文化交际视野下的国际理解教育》，山东大学2010年硕士学位论文，第5页。
② 《全球教育发展的历史轨迹——联合国教科文组织国际教育大会建议书专集》，赵中建等译，教育科学出版社2005年版，第454页。
③ 联合国教科文组织国际21世纪教育委员会：《教育——财富蕴藏其中》，教育科学出版社1996年版，第76—87页。
④ 国际教育大会第46届会议：《为了学会共存的全民教育：内容和学习策略》，《全球教育展望》2001年第11期。

日趋多样化。但其共同点都是以教育为途径，增进不同文化背景、种族、宗教信仰或不同国家、地区人们之间的了解与沟通，加强相互合作，共同认识和处理全球存在的重大共同问题。

（三）理解教育的目标与内容

1. 理解教育目标

根据联合国教科文组织的《第 44 届国际教育大会宣言》，在青少年中开展理解教育是为了青少年在对本民族文化认同的基础上，了解别国历史、文化、社会习俗的产生、发展和现状；学习与其他国家人们交往的技能、行为规范和建立人类共同的基本价值观；学习正确分析和预见别国政治、经济发展状况及其对本国发展的影响；正确认识和处理经济竞争与合作、生态环境、多元文化共存、和平与发展等方面的国际问题；培养善良、无私、公正、民主、热爱和平、关心人类共同发展的情操；担负起"全球公民"的责任和义务。

2. 理解教育的内容

教育目的决定教育的主要内容，理解教育的目标也为理解教育的内容规定了大致框架。实际上，国际理解教育要求各国在各年级课程中引入国际公民意识等方面的教育，即教学中应包含：促进和平的各种条件；不同形式的冲突及其原因、后果；人权的伦理、宗教和哲学基础，人权的渊源、发展的方式以及人权如何转变为国家准则和国际准则；民主的基础及其各种体制模式；种族歧视问题以及反对性别歧视和所有其他形式的歧视和排斥的斗争历史。同时，还要特别关注文化发展的问题、每个民族的历史以及联合国和其他国际机构的作用。另外，强调要加强词汇、阅读和写作表达的外语教学。因为外语学习可以使公民获得准确的信息，清楚地认识他们生活的环境，表达自己的需要，并参加社会环境中的各项活动，这些可为深层理解其他文化提供工具。

综上所述，理解教育的具体内容涵盖以下五个方面。第一，民族文化、精神的弘扬及传承教育；第二，全球化的胸怀与视野教育；第三，世界各国共同发展、相互依存关系的理解教育；第四，对和平、人权、公正、开发、环境等重大国际问题的正确世界观教育；第五，国际沟通与交往的实践能力教育。

（四）理解教育内涵

理解教育概念具有丰富的内涵与外延。"二战"后，随着世界格局的不断变化，联合国对理解教育的概念名称也几经变更：由"国际理解教育"（1947）、"世界市民性教育"（1950—1952）、"世界协同社会生活的教育"（1953—1954）、"国际理解与国际合作教育"（1955）、"国际理解与和平教育"（1969—1970）、"国际合作与和平教育"到"关于国际理解、国际合作及国际和平的教育及人权与基本自由的教育的建议"（1974）。但是，人们通常普遍采用"国际理解教育"这个名称。① 虽然理解教育的概念在不断地变化，但其思想内涵是相同的，即教育必须适应时代的要求，帮助每一个人通过对世界的进一步认识来了解自己和他人，使其懂得尊重他人及其文化、思维和行为方式、民族历史和精神价值等，在达成理解与共识的基础上，平等主动地与他人交往、交流与合作，增进不同文化背景、种族、宗教信仰或不同国家、地区之间人们的了解与沟通，加强相互合作，共同认识和处理全球存在的重大共同问题，从而深刻认识到世界相互依存的客观性及其合理性，促进世界和平。因此，理解教育的内涵主要包括以下几个方面。

1. 培养理解精神

理解教育以实现国际理解为目标，通过各种教育手段和措施促进不同文化之间的相互理解、相互尊重以及相互合作；通过对不同民族、国家、文化等差异的理解教育，消除隔阂，促进合作，最终培养出具有国际视野和国际理解能力、了解国际规则并能参与国际事务和竞争的国际化人才的教育。

1948 年 6 月，在日内瓦召开了国际公共教育大会第 11 届会议，会议通过了《青年的国际理解精神的培养和有关国际组织的教学》，其中第 24 号建议提出：为了使儿童和青少年做好准备，能有意识地积极参与建设一个多元、和平、安全及人人享有更完满生活的世界社会，所有教育应有助于学生认识和理解国际团结；所有教育机构的生活安排，应有助于培养学生的责任感和社会合作精神，培养学生对世界共同体的责

---

① 钟启泉、李雁冰：《课程设计基础》，山东教育出版社 2000 年版，第 386 页。

任感，以此为公民责任感的延伸；各国教育部和其他教育当局应培养青年的国际理解精神。①

1968年7月，国际公共教育大会第31届会议通过的《作为学校课程和生活之组成部分的国际理解教育》第64号建议指出，理解教育的目的不仅是传授知识，而且应致力于发展有利于国际理解和尊重人权的态度和行为。② 为此，倡导将理解教育融入各门课程、教学辅助手段和教材、教学法和课外活动、教师培训、教育研究和实验活动以及国际交流各个方面，将理解精神渗透到学校课程和生活之中。在遭受了"二战"的灾难之后，人们认识到战争起源于人的思想，所以必须在人的思想中树立和平信念。这是联合国教科文组织对理解教育的目标要求，为此，确立了维护世界和平的理解教育理念。在许多国家，对青少年的理解精神培养已达成共识。

国际教育大会曾多次涉及理解教育主题。例如，1948年第11届会议通过的《青年的国际理解精神的培养和有关国际组织的教学》第24号建议、1949年第12届会议通过的《作为发展国际理解工具的地理教学》第26号建议、1968年第31届会议通过的《作为学校课程和生活之组成部分的国际理解教育》第64号建议、著名的"1974年建议"以及1994年第44届会议通过的《国际理解教育的总结与展望》的宣言（第80号）等。这些建议和宣言的基本内容，就是希望通过各级各类教育和各科教学，使学生学会对他人和其他文化的欣赏、尊重、理解和宽容，以促进国际的团结与合作。③

2. 创建和平文化

国际理解是指人类跨国界、种族和文化的理解，其目的是促进合作和维护世界和平，其原则是求同存异，促进不同国家、不同民族、不同文化、不同群体之间的相互了解和尊重。

1974年，第18届联合国教科文组织大会通过了《关于促进国际理

---

① 赵中建：《全球教育发展的历史轨迹——联合国教科文组织国际教育大会建议书专集》，教育科学出版社2005年版，第72—73页。
② 同上书，第312页。
③ 赵中建：《"学会共存"——国际社会关注的教育新理念》，《教育参考》2011年第10期。

解、合作与和平的教育以及关于人权与基本自由的教育的建议》（简称"1974年建议"）。该建议明确界定了国际理解教育的内涵，并进一步明确了理解教育的内容，突出了"道德教育、价值教育、公民教育，改变东西方对峙的国际环境"等内容。大会认为，理解教育理念不应只停留在主权国家之间的理解和合作上，必须认识到世界各国在人口、粮食、资源、环境、能源等问题上的相互依赖性，应加强学生的世界共同体意识教育。

"1974年建议"是理解教育发展的第一个里程碑，从教师教育、教材开发、课程与教学、国际交流与合作及政府行为等方面提出了实施理解教育的具体方案，使和平和人权具体化，并力图通过某种形式的教育形成持久和平的国际理解，从而使理解教育由理念转化为行动方案。在美、苏关系紧张的背景下，这一时期的理解教育致力于和平文化的创建，既顺应了世界各国人民渴望和平的心声，也期望通过理解教育，促进世界和平。

3. 推动和平、人权和民主发展

1994年10月召开的第44届国际教育大会，首次以《宣言》和《为和平、人权和民主的教育之综合行动纲领》的形式对理解教育进行了总结和展望，强调和平、人权和民主的教育最终目标。这两个文件针对当时社会不宽容、暴力和不平等特征，提出创建和平文化和进行理解教育的重要性和必要性；同时，也提出了一些基本的指导原则，并要求各国根据国情将其转化为具体策略、改革方案和行动计划，为世界各国在新时期开展理解教育指明了方向。

20世纪80年代后期，随着冷战逐渐结束，世界局势趋于缓和，理解教育也从政治的阴影中走出。但地区冲突、民族矛盾、种族问题、宗教争端等日趋紧张，使世界很不安宁。在这一背景下，国际理解教育开始倡导并践行"建设体现有各种文化、意识形态和信仰之间的相互尊重和相互接受的精神"的"和平文化"，致力于人权和民主的推进。由此，国际理解教育迈上了一个新台阶。

4. 促进理解、尊重和共同发展

《为和平、人权和民主的教育之综合行动纲领》提出：多元化社会和多元文化世界的公民，承认他们对形式和问题的解释应根植于其个人生活、社会历史及其文化传统；其结果是没有一个人或群体掌握了解决问题的唯一答案，而且对每一个问题或许有多种解决方式。因此，人们应该相互理解、相互尊重，并以完全平等的地位进行磋商，以期寻求一种共同的基础。这样，教育就必须加强个人的特性，并鼓励那些能增强个人和民族之间的和平、友谊和团结的各种思想及解决方法。①

综上所述，在多元文化的大背景下，理解教育凸显"理解"与"共生"，在学会理解的基础上达到共生共荣的发展目标。理解教育由"培养国际理解精神、创建和平文化"到"促进和平、人权和民主、强调理解、尊重和共同发展"的演进，从主要由联合国教科文组织提出建议、制定纲领和行动方案到其他国际组织积极介入、各国政府承诺重视和付诸行动的转变，表明了国际理解教育逐步深入民心，并不断向纵深发展；同时，也表明了当今国际社会在经济、政治、文化全球化和一体化背景下对理解教育需求的紧迫性日益增强。②

（五）哲学基础

1. 认识论解释学

从笛卡儿时代到19世纪末20世纪初，西方哲学主要是研究终极绝对、客观真理、理性至上、主客二分等认识论内容。这一时期的解释学也受其影响，著名的有以施莱尔马赫和狄尔泰为代表的认识论解释学。施莱尔马赫思考理解的两个相关主题是：理解何以可能发生，理解达成后又是什么样的。他认为理解不可能自动发生，它的发生是由"解释学循环"来支撑的，这种支撑一直持续到理解的达成。达成是再现一种意义，"重新认识作者和他的听众之间的原始关系"。③ 这种再现的最大值是"比作者理解他自己更好地理解作者"。④ 施莱尔马赫提出了解

---

① 赵中建：《全球教育发展的历史轨迹——联合国教科文组织国际教育大会建议书专集》，教育科学出版社2005年版，第454页。
② 叶澜：《中国教师新百科·中学教育卷》，中国大百科全书出版社2002年版，第112页。
③ ［德］施莱尔马赫：《诠释学讲演》，洪汉鼎译，见洪汉鼎主编《理解与解释——诠释学经典文选》，东方出版社2006年版，第56页。
④ Gadamet, H. G., *Truth and Method*, Translated by Joel Weinsheimer, Donald G. Marshall, Continuum International Publishing Group, 1999, p. 169.

释学循环论,对理解作出了重大贡献。之后,狄尔泰在施莱尔马赫研究的基础上,通过阐明经验、表达和理解三者之间的关系,拓展了解释学循环理论。

狄尔泰认为:经验很宽泛,基本上与生活的外延相同。单一的经验能改变一个人的理解。与施莱尔马赫不同,他认为:理解不应致力于摆脱个人的经验,追求达到一种超经验的客观知识,理解应回到经验之中。经验不但不妨碍历史理解的客观性,客观理解历史的可能性反倒由经验提供和保证,"关于心理生命的知识,只有在对我们的自我的把握中才能直接给予我们。如果我们缺乏这种把握,我们就不能获得关于他人的情感和倾向的知识。因为在我们和其他心理生命统一体之间没有直接的沟通,没有心灵的读解,只有基于他人身体行为的把握。在这种推理中,我们把我们自己的心理状态赋予这些行为"。[①]狄尔泰认为:经验的客观化、具体化就是表达,理解就在于重新发现个人经验与表达之间的亲近关系,使所表达的遥远世界在目前看起来像真的一样。"理解指通过呈现于感觉中的表现认识其心理生命的过程。"[②] 狄尔泰继承了施莱尔马赫的两个观点:一是认为人与人之间没有质的差别,只有程度上的差别。这样,他们之间可以自由地相互进入;二是精神世界和历史是人自己创造的,是人的本质的客观化。所以,它和人的心理生命有某种同构性,这种同构性使人可以完全进入这个自己创造的世界,洞察其意义。基于此,狄尔泰主张,理解就是通过进入他人的内心世界,重新体验他人的心境,从而再现他人的内心体验和作品的原意。进入他人生命表达追溯其生命关联的过程,实际上是一个自我移情的过程,一个模仿的过程,一个重新体验的过程。理解的本质和真实过程是:在他人生命表达的引导下,在自我意识中重新体验他人的体验,在"你"中重新发现"我"。这样看来,理解他人的过程实际上是一个自我理解的过程,而在自我理解的过程中,内部经验起着十分重要的作用。狄尔泰强调,表达离不开重建那

---

① Dilthey, W., *Selected Workers*: Introduction to the Human Sciences, R. A. Malckrell et al. (eds.), Princeton: Princeton University Press, 1989, pp. 375 - 376.

② 李超杰:《理解生命——狄尔泰哲学引论》,中央编译出版社 1994 年版,第 96 页。

个遥远的情境,即表达具有情境性、历史性。狄尔泰认为,这种历史性也是人的历史性,它表明:人不是通过反省而是通过生命的客观化来认识自身的,"人是什么,只有历史能告诉他"①;不存在永恒的人类本质,历史给了人共同的人性,但这种共同人性又随历史而改变。"一切理解始终都是相对的,永远不可能被完成。"②

2. 本体论解释学

从本体论解释学来看,海德格尔认为,理解本质上是一种"在(being)"的方式。虽然"在世"这种存在方式可以认知,但它主要不是主体和客体之间的认知关系,而是经由理解的人类存在,这种理解在行为、意识或无意识的所有水平上都起作用。这样,理解就是人类存在本身的基本规定或存在方式。只要理解,自我与世界就一同出现,因为理解不是指向世界中的客体或事物,而是一种自我理解,也只有把理解当作自我理解,人们才有可能认识世界中的客体或事物。只要活着,人很难不是在理解之中,过去是这样,现在是这样,将来仍是这样,理解就是这样既"瞻前"又"顾后",永远不可能有终极性和限定性的理解。对海德格尔来说,本质上我们都是行动者,我们的在世是一种行动力量,构成了我们特有的"存在能力(ability-to-be)"或"成为行动者的能力"。这样,理解就不仅仅局限于一种客观判断或知识诉求的能力,我们既理解自我,又理解与世界的关系。例如,某老师接手一个新班,他与这个班的关系就构成了他的教育理解:调动自己的经验,理解这个班以前的经验,筹划这个班发展的多种可能性,担心某些学生学习会有困难等,这就构成了他的存在。揭示这种存在的过程,就是他对这个班的不断理解的过程。因此,海德格尔使理解离开认识论领域,进入了本体论和存在哲学领域,即理解是本体论。③

伽达默尔继承了海德格尔的本体论解释学,对解释学进行了重构,并努力将其"平民化""城市化"。伽达默尔认为,理解不是人

---

① 李超杰:《理解生命——狄尔泰哲学引论》,中央编译出版社1994年版,第105页。
② 同上书,第105—106页。
③ 成中英:《世纪会面》,见成中英《本体诠释学》(第二辑),北京大学出版社2003年版,第2页。

类存在的孤立活动,而是我们生活经验的基本结构,它通向"在",是"在"在人类经验中得以揭示和隐蔽的手段。史密斯(Smith, W. A.)勾勒了伽达默尔哲学解释学的基本要素:亚里士多德关于实践和实践智慧的讨论;解释学本质和对话;解释学对话的"我—你"特征;关注解释学对话的主题,而非对话者的主观性;传统的作用;偏见的重要性。①

第一,理解存在偏见。

理解是有偏见的,是在特定情境进行的。海德格尔提出:先有、先见和先把握。伽达默尔将这三方面的内容融为一体,不再作结构上的区分,将其统称为"偏见"。② 他认为,人总是在历史中理解历史,理解者和被理解者都处于特定的社会历史情境或语言之中,情境或语言中渗透着已经理解过的意义,没有这些已经理解过的意义,新的理解是不可能发生的,理解者总是带着自己的"偏见"进入理解活动的。"没有经过语言的表达,就不能达到理解。"③ 与笛卡儿认识论相反,偏见不是理解过程中要消除的障碍,而是理解发生的条件。基于此,理解过程不是在理解活动之前就已经存在的意义的重建,而是意义的生成。对文本的理解不再是客观的,其意义不再是独立于理解活动而存在,它永远对新的理解开放;对人的理解也是一样,任何一个理解者都不能完全进入、模仿和重新体验他人的心境,因为理解不是"进入"另一个人以体验他的经验,而是就他所说的东西达成一致。伽达默尔的经验是一种解释学经验,按照成中英的解读,所谓解释学经验就是"主体的人对方法之为真理的说明,或曰对方法性能达到真理(价值)的说明"。④ 因而经验是离不开主体的,它没有狄尔泰所说的那种经验宽泛,而主体是具有言说与行动能力的。所以,"理性生物的谈话能力能达到多远,诠释学经验也

---

① Smith, W A., Intersubjectivity and Community: Some Implications from Gadamer's Philosophy for Religious Education, *Religious Education*, 1993 (88), p. 3.
② 殷鼎:《理解的命运——解释学初论》,生活·读书·新知三联书店1988年版,第257页。
③ 成中英:《世纪会面》,见成中英《本体诠释学》(第二辑),北京大学出版社2003年版,第3页。
④ 同上书,第3—4页。

就能达到多远"。①

第二,理解是相互的。

理解既是相互理解,也是自我理解。相互理解负载的是一种共同追求,一种实践合理性的变形,一种对他人实际考虑的明智判断。理解不仅仅是对所说某事的理解,它还包括一种共同性,通过这种共同性,双方进入一种彼此商讨建议,即提出建议和采纳建议,因而具有重要的意义。② 理解的结果是实现一种"更高形式的普遍性",它既不是被观察的客体,也不是正在观察的主体,而是作为第三者生成中的意义。在相互理解的同时,理解的情境参数迫使理解者思考"这说明了什么?""我如何立足?""我是否愿意或能够应对,为什么?"等问题,他们总是在评价自己所处的情境意义,总是在各种原则和习惯中选择、行动、修正选择、继续行动。这实际上是理解者在理解他自己,把自己投射到他的可能性上。相互理解和自我理解是共时的。

第三,理解具有张力。

理解充满了张力。理解是一种视界融合,"因为解释者和传统都得到了提升,分享的是更高水平的普遍性。视界融合既消解了解释者狭隘的偏见,因为它们有碍于获取传统的独特信息;又消解了潜隐在传统中的时代错误。与此同时,视界融合保存、拓展了解释者和传统共有的东西。消解表明了双重否定,解释者和传统都被改变了"。③ 而视界是情境化、开放、被唤醒和批判检验的,不同的视界在融合过程中相互质疑、挑战、抵制和拒斥,"对他人意见或某个文本的每一次理解尽管有一切可能的误解,仍可从相互理解关联中进行把握并试图克服不一致的意见而达到理解"。④

因此,理解不是再现,而是创造和主体之间的对话。意义的理解

---

① [德]伽达默尔:《答〈诠释学和意识形态批判〉》,洪汉鼎译,见洪汉鼎主编《理解与解释——诠释学经典文选》,东方出版社2006年版,第405页。
② [德]伽达默尔:《答〈诠释学和意识形态批判〉》,洪汉鼎译,见洪汉鼎主编《理解与解释——诠释学经典文选》,东方出版社2006年版,第511页。
③ Ingram, D., Hermeneutics and Truth, *Journal of the British Society for Phenomenology*, 1984, Vol. 15, No. 1.
④ [德]伽达默尔:《答〈诠释学和意识形态批判〉》,洪汉鼎译,见洪汉鼎主编《理解与解释——诠释学经典文选》,东方出版社2006年版,第514页。

既不能局限于作者的意思,又不能局限于行为者的意图,这是理解的本质。理解的最高境界在于阐明无意识的动机。相反,理解就是超越个体的有限视域,勾勒出各种意义路线,从而使历史传承物开口说话。正如阿佩尔强调的,诠释学的意义向度是同理想的解释共同体无尽的对话相关联。[①] 对话是两个平等伙伴之间的对话,每个对话参与者都以平等的关系开始对话,没有哪一个体拥有比其他人更多的权威,没有哪个人的真理诉求必然比其他人的更合法,他们可以相互质疑,相互回应。伽达默尔认为,文本也是对话积极、平等的参与者,不能对文本进行冷静、客观的分析,因为文本也具有自己独特的观点或"视界"。

第四,理解具有循环结构。

首先,从狭义文本理解来看,要理解整体,必须先理解部分;反之,要理解部分,就必须先理解整体。理解发生在部分与整体的往返运动中。其次,有些熟悉的东西是我们已经理解的"整体",有些不熟悉的东西是使我们感到惊奇的"新的部分",它们之间的连续相互作用构成了理解的循环结构。理解发生在完全熟悉和完全不熟悉之间,其实质是经验或文本与我们之间不断熟悉的过程。因为只有适度的差异和距离才能激励理解,完全熟悉则没有差异和距离,完全不熟悉则有太大的差异和距离,这两个极端都不能产生理解,前者不用理解,后者理解不了。柏拉图的《美诺篇》中美诺的困惑表达了相同的意思:"一个人不能学习他知道了的,这是因为如果他已经知道,他就没有必要再学习它了;同样,一个人也不能学习他不知道的,这是因为如果他不知道它是什么,他就不知道要找寻什么。"[②] 上述两种表现构成了"解释学循环"。伽达默尔强调,"解释学循环"不像形式逻辑所批判的那样——不是一种恶性循环,而是一种产生理解、生成意义的循环。由此可见,从施莱尔马赫到伽达默尔体现的是哲学范式、解释学范式和理解范式的转换,即从认识论到本体论。

---

① [德]伽达默尔:《答〈诠释学和意识形态批判〉》,洪汉鼎译,见洪汉鼎主编《理解与解释——诠释学经典文选》,东方出版社 2006 年版,第 404—405 页。

② Gallagher, S., *Hermeneutics and Education*, Albany: State University of New York Press, 1992, p. 194.

3. 批判解释学

哈贝马斯认为伽达默尔等人有理想主义倾向，其立场需要往认识论方向退回一些，但这种退回并不是简单重复先前认识论的一些东西，所以，在理解范式之前加上"循环"。它们两者主要有以下三方面的区别。

第一，使理解得以发生的传统和反思。

伽达默尔认为，传统是发生着、一直变化着、互动的，因而不能用二元论的思维来看待传统。这样，反思只可能是连续历史中的反思，不可能有历史之外或纯粹客体化的反思。他认为谁要在"我—你"这种关系的相互性之外去反思自己，那他就改变了这种关系、破坏了这种关系的道德联结。① 但哈贝马斯认为，传统是断裂的，因为那些已经"被显现出来的偏见结构，不再可能以偏见的形式发挥作用"。② 因此，哈贝马斯提出了"深度解释学"，认为反思是暂时的断裂，是主体暂时割断自己与自己生活或历史的联系，超越当下的生活或历史，以"分化"或受控制的"疏远"的角度看待自己的生活或历史，达到反思"唤起"的效果，从而实现意识形态批判。

第二，理解中的权威和偏见。

伽达默尔认为，伟大作品、教师等权威缘于知识和自由认识，而不是依靠武力，真正的权威不需要以权威的面目表现出来，它并不依赖教条的力量，而是依靠教条接受生存……权威的统治仅仅因为它是被人自觉地承认并接受。③ 但哈贝马斯从比较宏观的社会层面上认为，伽达默尔提出的权威理论不能解释社会用以维持其权威的制度；而且从传统中获取的偏见通常也束缚着人们的心灵。因此，偏见并不总是受欢迎的，需要有一种解放性的反思。即权威总是不好的，"权威只是一种教条的力量"。④

---

① Gadamet, H. G., *Truth and Method*, Translated by Joel Weinsheimer, Donald G. Marshall, Continuum International Publishing Group, 1999, p. 324.
② ［德］哈贝马斯：《评伽达默尔的〈真理与方法〉》，《哲学译丛》1986年第3期。
③ ［德］伽达默尔：《论解释学反思的范围和作用》，见伽达默尔《哲学解释学》，夏镇平、宋建平译，上海译文出版社1994年版，第34页。
④ 同上书，第33页。

第三，理解存在的语言。

伽达默尔坚定地认为："可以被理解的存在只有语言（Being that can be understood is language）。"① 哈贝马斯认为，伽达默尔的语言观有些语言理想主义，语言只是社会的一种制度，不是一种元制度，表示普遍性、宏大叙事。如果所有制度都是由语言呈现的，但劳动、支配问题等社会事实是不能被还原为语言结构的，要分析它们，就必须超越伽达默尔所说的解释学分析，因为"语言也是统治社会势力的媒介；它服务于有组织的权力关系的合法化……语言也是意识形态的"。②

总之，相对于伽达默尔的哲学解释学，哈贝马斯的批判解释学既有继承，又有批判。就继承而言，哈贝马斯也认为理解是自我理解和相互理解的统一，解释学"就是在文化传统内，保证个体和团体可能的、以行动为取向的自我理解以及不同个体和团体之间的相互理解。它使无限制的共识形式和开放主体间性的类型成为可能，而这些形式和类型是交往行动所要依靠的"。③ 就批判来说，哈贝马斯认为，伽达默尔理解的普遍性朝本体论方向走得远了一些，他试图以折中的方式把伽达默尔的立场往认识论方向拉回一点，让理解在一定程度上"循环"。

三 主体间性

（一）概念

主体间性概念最早是由德国哲学家胡塞尔提出的，其德文为 Inter-subjektivitat，英文译为 Inter-subjectivity。理论界对 Inter-subjectivity 的中文翻译有很多种，除"主体间性"外，还译为"主体际性""交互主体性""主观际性""共主体性"等。④

---

① Gadamet, H. G., *Truth and Method*, Trans. Joel Weinsheimer, Donald G. Marshall. Continuum International Publishing Group, 1999, p. 432.
② ［德］哈贝马斯：《评伽达默尔的〈真理与方法〉》，《哲学译丛》1986 年第 3 期。
③ Habermas, J., *Knowledge and Human Interests*, Trans. J. J. Shapiro. Boston：Beacon Press，1971, p. 176.
④ 刘友女：《主体间性视野下"和谐教育"之建构》，《教育评论》2007 年第 2 期。

主体是具有主体性的人，即具有主动性、自主性和创造性的人。人的主体性既是人的本质体现，也是人的价值追求，是人在实践中建构和发展的。人是否是主体是对人的本质的判断，人是否具有较高主体性则是对人的发展程度的判断。人无论是具有较高还是具有较低的主体性都是主体。①

在理论界，不同的哲学思想流派从不同的视角界定主体间性，没有达成普遍的共识，因而主体间性概念没有统一的定论。莱西的《哲学词典》中解释为："一个事物是主体间的，如果对于它有达于一致的途径，纵使这条途径不可能独立于人类意识……主体间性通常是与主观性而不是与客观性相对比，它可以包括在客观性范围中。"②

"主体间性指在主体与主体的关系中确定存在，存在成为主体之间的交往、对话、体验，从而达到互相之间的理解与和谐。主体间性是超越主体性，克服其片面性，把与客体对立的主体转化为与主体交往的主体即交互主体，从而使主体成为真正的主体，即自由的主体，也使世界成为真正的人的世界。"③

张耀灿先生提出："主体间性是主体间关系的规定性，指主体与主体之间的相关性、统一性和协调性。主体间性是两个或多个个人主体的内在相关性，它以个人主体为基础。"④ 倪梁康先生认为："交互主体性"意味着相对于自我而言的他我以及自我与他我的关系，即"交互主体性"又涉及"我"与"你"或"我"与"他"的关系问题。⑤

有学者认为，主体间性研究的是主体之间的关系，这种关系是建立在民主、平等与和谐的基础上相互尊重、理解和沟通的主体与主体之间的交往对话关系，民主平等是主体间性的基础前提，交往对话是主体间性的本质属性。⑥

---

① 郝文武：《师生主体间性建构的哲学基础和实践策略》，《北京师范大学学报》（社会科学版）2005年第4期。
② 陈建涛：《论主体间性》，《人文杂志》1993年第4期。
③ 杨春时：《从客体性到主体性到主体间性——西方美学体系的历史演变》，《烟台大学学报》2004年第4期。
④ 宋德如、姚计海：《中小学生师生关系发展特征研究》，《心理科学》2007年第4期。
⑤ 孙清萍：《建构在主体间性视角下的师生交往关系》，《教育广角》2006年第11期。
⑥ 宋德如、姚计海：《中小学生师生关系发展特征研究》，《心理科学》2007年第4期。

综上所述，主体间性是指主体与主体之间的相互性和统一性，它是不同主体在语言和行为上平等交往、双向互动、主动对话和相互理解与融合的关系，是不同主体取得共识，通过共识表现的一致性。

(二) 内涵

1. 主体间性内涵

20世纪德国哲学家胡塞尔创建了现象学，其中主体间性理论是现象学的核心概念。主体间性同主体性最大的不同在于：作为主体性哲学的认识论哲学，局限于认识论，仅仅关注主客体关系，忽视了本体论，忽视了存在的本质主体与主体之间的关系。在主体间性哲学中，存在被认为是主体之间的存在，孤立的个体性主体变为交互主体。主体间性即交互主体性，是主体间的交互关系。主体间性不是反主体性，不是对主体性的绝对否定，而是对主体性的扬弃。主体间性具有哲学本体论和方法论的意义。主体间性首先涉及人的生存本质，生存不是主客二分基础上的主体征服、建构客体，而是自我主体与对象主体的交互活动。主体间性还涉及自我与他人、个体与社会的关系，主体间性不是把自我看作原子式的个体，而是看作与其他主体的共在，主体间性即交互主体性，是主体与主体间的共在关系。主体间性哲学因时代需要而产生，适应现代社会的发展。[①]

主体间性理论是对个人主体性的一种超越。它超越了在传统主客二元对立模式关系中的个人主体性理念，把主体性放在主体与主体关系之中。因此，主体不再是孤立的单子式存在，不再是认识与被认识、征服与被征服的关系，作为主体的个体不再排斥其他主体的存在，将其他主体看成是认识和征服的客体对象，而是强调每个主体都是关系中的主体，都具有不可替代性，主体之间是平等、共同存在的关系。但每个主体在社会中的作用和角色不同，正是因为这些差异的存在，主体间性才提倡主体之间的交流和理解。主体间性消除了同样作为主体的自我与他人之间的对立，从而使人与人之间通过交流、沟通、对话达成共识。

---

① 郭英、刘宪俊：《师生交往：彰显教育主体间性的基本途径》，《四川师范大学学报》2006年第5期。

主体间性不是反主体性，而是注重主体之间的交互关系。多尔迈《主体性的黄昏》一书中说："事实上，依我之见，再没有什么比全盘否定主体性的设想更为糟糕的了，因为真实的原因在于……我们无法采取一种有意宣布它无效的形式，来开辟超越现代性的通道。"①

从"中心论"到"主体—主导论"，从"双主体论"到"主体间性论"，从主体性教育到主体间性教育，并非哲学概念的简单移植，而是主体教育思想的不断发展、完善。"主体间性"理论视域下的教师与学生的关系是一种"我—你"交互主体性的交往关系，"我"与"你"相互承认、信任、尊重、对话和交流。教师与学生双方是平等主体，是相互独立的精神个体，充分发挥其民主性、创造性、合作性、主动性等特点，不仅能够在语言层面上你问我答，而且能在思想、情感上进行实质性的碰撞、沟通与理解，使课堂成为一个和谐共生的"思想场域"。教师的职责由过去的"独奏"式讲授变成了"伴奏"与"合奏"式。教师和学生主体间的灵肉交流活动，包括知识、内容的传授，生命内涵的领悟、意志行为的规范，学生自由地生成新知识、思想。学习是一个愉快交往的过程；课堂教学成为一种主体间意义交往的生命实践活动。

2. 主体间性内涵的理解

为了更好地理解主体间性的内涵，应从以下几个方面来思考。

第一，产生主体间性的各方均为主体，并具有主体性，主体与主体之间都应当承担相应的主体责任。例如，在师生关系中，教师对学生提出的要求和教导对于学生来说，只能是客体施加的作用，而真正决定学生个人行为方向的是：主体性学生对教师所施加影响的判断、吸收和实践。

第二，主体与主体之间必须承认并认识到对方的主体性，任何一方不得用自己的主观要求去衡量、要求对方，而应在尊重对方主体性的前提下发挥个人的主体性。在教学实践中，有的学生埋怨老师教得不好、处事不公等，这些都是因为学生忽略了教师的主体性，把教师当作授课

---

① ［美］弗莱德·R. 多迈尔：《主体性的黄昏》，万俊人等译，上海人民出版社1992年版，第1—2页。

的客体，盲目的要求，其实质是两个主体之间缺乏足够的交流和理解。

第三，主体间性承认每个主体之间的个体差异，不能用同样的标准要求所有的主体。因此，主体与主体之间要相互了解，不仅要了解自己，还要了解他人，这样才能在双方及多方的交流中实现充分地理解和沟通，并达成共识。

第四，主体间性的关系不是一开始就能够建立的，只有当主体之间有切实有效的沟通之后，才能建立起真正的主体间性关系。主体间性关系意味着主体之间通过充分地沟通，形成和谐的共同体。

（三）理论

德国哲学家胡塞尔最早建构了主体间性理论。之后，他的学生海德格尔继承和发展了胡塞尔的主体间性理论，改造了胡塞尔的先验自我，用人的存在即"此在"来区别传统哲学上的主体概念。哈贝马斯在批判传统哲学中"主体"概念的基础上，提出主体性只有在主体之间的相互交往中才能构建起来，交往必须至少具有两个主体才能进行。而且任何处于交往活动的人，只能通过语言才能达到沟通和理解。

1. 胡塞尔的主体间性理论

主体间性理论最早是德国著名哲学家、现象学奠基人埃德蒙德·胡塞尔提出的。他认为，现象学的任务就是发展"生活世界的纯粹本质学说"，而生活的纯粹本质是"先验的自我"（纯粹自我）。先验自我在认识上是先于一切客观存在的，是所有对象和一切客观事物产生的源头，他人、世界及一切的知识观念都是自我的建构，"都是由我决定的"。[①] 胡塞尔从主体自我的可能性出发，通过"先验的还原法"使外在世界、他人意识的存在都完全被清除掉，整个世界只剩下"自我意识"。这样，主体性哲学思想被胡塞尔推向了极致；同时，也使他陷入了唯我论的困境。因为自然界存在多个主体，而不同的主体有不同的观念和认识，谁也无法否认他人的存在。为了走出唯我论的困境，解决自我与他人的存在问题，胡塞尔提出了主体间性理论。他认为，"一种成功的现象学哲学在开始时只能是唯我论，而只有在它建立在一种唯我论

---

① 罗安佳：《思想政治教育的主体间性转向及其实现方式》，《世纪桥》2010年第2期。

的基础之上之后,才能逐渐达到主体间性"。①

为了克服先验主体的片面性,胡塞尔主张用主体间性概念来限制自我,并力图打破自我与他人的界限。他的交往主体性首先是指"主体间"的交互关系,涉及自我作为主体能否以及如何认识另一主体——"他者","他者"的操作如何对自我成为有效事实。而且各主体之间存在着共通性,从而使客观的世界先验成为可能。胡塞尔提出的主体间性理论,首先,使先验现象学摆脱了"唯我论"的假象;其次,他认为,研究主体间性能为把握人类生活于其中的世界提供本质性的解释和说明。②

他通过"移情"和"共存"的方法把他人的先验构造出来,认为每个个体都是一个"自我",并且这些"自我"共同处在一个世界中,这样"我"能感知的对象也是"他人"能感知的对象,对于"我"来说的客观存在对于其他人也是客观存在的,世界既是"我"的,也是"你"的、"他"的,这样就使"单个主体"走向"复数主体","唯我论的自我学"转向"主体间性的现象学"。

2. 海德格尔的主体间性理论

继胡塞尔现象学之后,胡塞尔的学生海德格尔继承和发展了胡塞尔的主体间性理论,建立了存在论哲学。他改造了胡塞尔的先验自我,用人的存在,即"此在"来区别传统哲学上的主体概念。海德格尔以"此在"为基础,从"此在"中引出他人的存在。他认为,世界上的"此在"绝不只有"我"一个,还有其他任何非人的事物,"我"只能与他们并存,他人和"我"共同处于一个世界之中。海德格尔的主体间性理论关注自我的主体存在与其他人、其他事物的"共在",自我作为"此在"不仅与物有关系,而且与他人有关系,与他人"共在"。人是"此在"的人,人也是"共在"的人。海德格尔认为,作为"此在"的人存在不是一种独立的意识主体,而且与世界中的其他人和事物不可分割,是在与世界中的他人和事物发生各种关系过程中不断活动

---

① 周文莉、王军:《新课改背景下的中学生师生关系调查》,《学校管理与发展》2009年第9期。

② 倪梁康:《现象学及其效应——胡塞尔与当代德国哲学》,生活·读书·新知三联书店1994年版,第139—156页。

的存在。"共在"是一种把自我与其他人和其他事物同时显现出来的存在方式。关于"此在"和"共在"的关系，海德格尔说："此在的世界是共同的世界，他人的世界之内的自在存在就是共同存在"，"此在之独在也是在世界中共在……独在是共在的一种残缺的式样，独在的可能性就是共在的证明"。①

海德格尔认为，人的存在是领悟性的，只有通过"此在"才能使存在的意义获得显现。作为"此在"的人不是独立存在的先验主体，而是"共同的此在"，即"共在"。他认为，"此在"是具体生活环境中的人，自我作为"此在"是"在世之中"，是身处于他人之中的。海德格尔认为，"世界向来已经总是我和他人共同分有的世界。此在的世界是共同世界。'在之中'就是与他人共同存在"。②

海德格尔的"共在"理论论述了一种多个主体共同存在的新思想，通过论述"此在"与"共在"关系来分析和解决个人与他人之间的生存关联和生存意义。如果说胡塞尔的主体间性是纯认知、思辨、单向构成的，海德格尔的"共在"理论则是生存论、相互交流和实践意义上的。与胡塞尔主体间性理论相比，海德格尔的主体间性理论更加深入，不仅分析了自我与他人的相互关系，还看到了自我与他人、与多个主体在"共在"中的统一。

3. 哈贝马斯的主体间性理论

哈贝马斯认为，随着科学技术的发展，现代社会走上了工具化道路，人们的生产劳动逐渐成为了流水线作业，在生产劳动过程中人们变得和机器一样，也成为生产的工具，人与人的关系逐渐转变为人与物，甚至是物与物的关系，从而使现代资本主义社会面临人性扭曲、社会关系异化等各种社会问题。合理交往范式的实质是从以"主体性"为中心转向以"主体间性"为中心，交往行为是一种主体间性、交互主体性，而不是一个人的独白。因此，他认为应从工具理性转向交往理性，建立合理的交往范式，解决这一系列社会问题。

---

① 郝文武：《教育民主的主体间性本质和方式》，《教育理论与实践》2009年第2期。
② [德]海德格尔：《存在与时间》，陈嘉映、王节庆译，生活·读书·新知三联书店1987年版，第146—152页。

哈贝马斯在批判传统哲学中"主体"概念的基础上，提出主体性只有在主体间的相互交往中才能构建起来，交往必须发生在至少两个主体之间，多在人的社会化和个性化过程中。"'自我'是在与'他人'的相互关系中凸显出来的，这个词的核心意义是主体间性，即与他人的社会关联。唯有在这种关联中，单个的人才能成为与众不同的个体而存在。离开了社会群体，所谓自我和主体都无从谈起。"① 他认为，在世界中我与他人互为主体，平等交往，主体之间的交往不仅是可能的，而且也是现实的。存在的本质就在于交往，交往构成存在的质的规定性和一切历史内涵。②

任何处于交往活动的人只能通过语言才能达到沟通和理解的目的，交往行为是以语言为中介的互动。③ 而且对话者的言语要真实、真诚、正确，这样处于言语对话中的人才能相互理解，通过言语沟通活动才能进行下去。他认为，合理交往的目标就是达成某种共识，并最终达成共识。除了语言之外，还需要社会成员遵守一定的规范，而这种规范意识只能在主体间性中形成。

海德格尔的学生伽达默尔以存在哲学建构了哲学解释学。他认为，世界是我们通过语言和交流的合作而生存于其中的构架，实践则是一种参与和分享，一种与他人有关并依据活动共同决定着共同利益的过程。这些"对话""原初性理解""谈话集体中沟通彼此的主体间性"等，支持着我们的生存，也支撑着实践理性。伽达默尔强调对世界的阐释是主体与文本的对话以及达到的"视域融合"。④ 在日常生活中，人与人之间的结构是对话性的，语言和交流的合作是主体间交流的基本方式，因为语言的本质也在于对话。所以，伽达默尔的解释学理论就是努力在对话和交往中理解他人。⑤

---

① 钟启泉：《儿童心目中的教师》，《全球教育展望》2009年第3期。
② [法]让·华尔：《存在哲学》，翁绍军译，生活·读书·新知三联书店1987年版，第30页。
③ 王淑娟：《从"主体间性"看新课程中的师生关系》，《教学与管理》2009年第2期。
④ [德]伽达默尔：《真理与方法》，王才勇译，辽宁人民出版社1987年版，第168页。
⑤ [德]伽达默尔：《哲学解释学》，夏镇平、宋建平译，上海译文出版社1994年版，第55页。

第四节 研究思路

一 研究设计

通过问卷调查和访谈，再加上分析研究，可以全面了解宁夏回族多元文化背景下的中小学教师教学能力和培训现状，为构建回族多元文化背景下的教师能力标准、构建回族多元文化教师教育课程体系、创新职前教师培养和职后教师培训模式提供依据，提出有针对性的对策建议，以提升中小学教师的多元文化教育能力。

（一）调查样本

宁夏回族自治区是中国回族的主要聚居区，回汉民族杂居，具有多元文化教育的代表性和典型性。受经济、人力等因素限制，本研究选取固原市的原州区、泾源县和西吉县，中卫市的海原县，吴忠市的利通区和同心县的中小学教师作为研究对象，以上 4 县 2 区虽然是回族主要聚居区，但多与汉族杂居。鉴于本研究需要，采用分层随机抽样的方法，按照县城、乡（镇）和村三个层面，从 4 县 2 区中选取样本学校，再分别从小学、初中和高中三个年级段抽取样本教师。由于目前农村没有高中，只有初中和小学，这样抽取样本学校共计 42 所，其中县城 14 所，乡村 28 所，城乡学校比例为 1:2。

本研究中的样本教师只限于中小学教学一线的专任教师，不包括学校管理人员、教辅人员及工勤人员。目前，县城中学规模较大，一般学生都在 6000 人以上，教职工 300 人左右。由于每一所学校的教师基本情况相似，因而没有必要让所有一线教师都参与问卷调查和访谈。而乡（镇）和村级中小学规模较小，中学一般有 600—800 名学生；村级小学一般只有十几名或几十名学生，最大的小学也只有百名学生。与汉族教师相比，回族教师相对较少。因此，样本乡（镇）和村级中小学教师全部参与问卷调查；县城样本中学的一线回族专任教师全部参与调查，汉族教师按照 50% 选取其中的部分教师，但必须包含不同年级的教师；县城样本小学教师全部参与问卷调查。

(二) 调查工具

1. 调查问卷

为了准确了解中小学教师对多元文化社会和多元文化教育的态度、多元文化知识及其教学能力的状况，笔者对宁夏回族自治区样本中小学教师进行了问卷调查和访谈，主要内容包括教师对多元文化和多元文化社会的态度、对回族多元文化教育的态度、回族多元文化背景下教师的知识和技能、教师培训现状等。本研究采用问卷调查法，调查问卷在参照中国台湾学者江雪龄1995年编制的教师社会多元文化观的态度量表以及中国澳门学者田野的博士论文《多元文化与幼儿教育——澳门幼儿课程发展模式研究》、中国大陆学者王艳玲的《多元文化背景下的教师能力》、孟凡丽的博士学位论文《多元文化背景中地方课程开发研究》等相关问卷的基础上，由笔者编制而成。

问卷内容由两部分构成：第一部分是教师的个人基本资料，第二部分是问卷的主要内容。其中个人基本资料包括：所在学校、教师的民族、所教班级学生是否由不同民族构成、教师年龄、学历、教学经验、了解和认识多元文化教育的主要来源等。第二部分主要内容包括：教师对多元文化社会的态度以及对民族与民族地区教育的态度，教师的多元文化教育知识、教育技能与培训需求。此外，问卷还包括一个开放题。每个问题有从"极同意"到"极不同意"五个程度不同的选项，填答者根据自己的意见，任选其中一项。本研究将"极同意"和"同意"归为"同意"类别；将"极不同意"和"不同意"归为"不同意"类别。

2. 访谈

通过访谈法了解回族地区教师多元文化教育现状，包括教师的教学、生活、个人对伊斯兰教的信仰和态度等。根据前期理论研究结论及对教师工作的实际了解，编制访谈提纲；同时，在具体的访谈过程中，笔者根据访谈者的回答，适当进行追问或调整访谈问题，最大限度地获得相关信息，为后期的研究奠定基础。

为了提高访谈的有效性和质量，笔者结合实际情况，采取了方便性抽样方法，更容易找到访谈对象。对访谈者的抽样要求较低，只要在回族地区工作且愿意接受访谈的中小学教师即可。被访谈者大部分是通过亲戚朋友介绍或本校的毕业生联系。但是，访谈者的样本选取考虑了不同的区域、教师的族别、学生的民族构成和学段等影响因素，并做了适当的平衡。笔者对上述部分被访谈者也进行了多次深度访谈，其中主要是笔者的亲戚、朋友和部分学生，保证了所获资料的真实可靠。

本研究的访谈主要是在教室、教师办公室或教师家中进行的。通常都是笔者提前联系预约，并征得对方的同意，与访谈者约定地点和时间，告知对方访谈的主题和意图。一般访谈时间为30分钟至90分钟不等。同时，还对个别访谈对象采用录音方式收集资料信息。访谈结束后，笔者及时整理。

最后，整理所有的访谈资料，并平衡不同样本县、区的教师族群、地域、任教学段、学科等。如果在同一个县、区或同一所学校访谈的教师较多，就选择有代表性的访谈资料进行分析。本研究中所有参与访谈的教师没有显示具体的学校名称，访谈姓名都是化名。

除了对教师的问卷调查和访谈外，笔者还走进社区，观察社区与学校和教师的互动情况，了解回族多元文化背景下的教师真实生活、日常教育活动等，感受地方多元文化氛围。

（三）数据处理与分析

本研究问卷调查采取集体施测的方式，对42所样本学校的一线教师共发放问卷800份，回收有效问卷792份，回收率为99%。有效问卷716份，占总问卷的90.4%；76份为无效问卷，占总问卷的9.5%。其中小学教师414份，汉族教师303份，回收有效问卷301份；回族教师111份，回收有效问卷108份。中学教师386份，其中汉族教师283份，回收有效问卷281份；回族教师103份，回收有效问卷102份。

因此，本次问卷有效。对问卷调查获得的数据资料采用SPSS（17.0版）软件进行分析处理，主要采用频度分析统计方法。

二 研究方法

本研究采用量化和质性研究相结合的方法，主要包括文献研究法、田野调查法和跨文化比较研究法。

第一，文献研究法。

通过多种渠道广泛查阅、搜集近年来国内外与教师多元文化教育相关的文献资料和研究成果，获得全面、真实、准确的文献资料，包括专著、外文著作、论文及学位论文、外文网络资源等,并对其归纳、整理,进行深入的分析研究。不仅了解多元文化教师教育研究的成果及最新进展;同时,为本次研究提供了翔实的资料和有力的论据。

第二,调查法。

通过样本学校中小学教师多元文化教育现状的问卷调查研究,收集相关原始资料。在参照中国台湾学者江雪龄、中国澳门学者田野、中国大陆学者王艳玲和孟凡丽等相关问卷的基础上,编制了调查问卷和访谈提纲。

第三,田野调查法。

深入宁夏回族地区中小学课堂,通过实地考察、了解课堂教学中多元文化教育及其教师专业发展的现状、存在的问题,收集第一手真实的原始资料。通过观察、实物分析等方法获取样本学校教师在自然教育生活情境下的多元文化教学实践能力。其中主要通过访谈法,准确了解本地区教师多元文化教学现状及存在的问题以及本地区学校文化、教师文化、课程与教学发展特点、教师教学情况、教师专业发展现状等。

第四,跨文化比较研究法。

跨文化比较研究(Cross-cultural Comparative Research)是指对两种或两种以上不同社会文化进行比较分析的一种研究方法。美国是个多种族国家,学校教育中存在不同种族和文化背景的学生,客观上需要多元文化教育,并在这方面取得了很多研究成果,积累了丰富的实践经验。美国与中国民族地区学校多元文化教育有相似之处。因此,通过中美职前教师多元文化教育在理论和实践方面的对比研究,能对中国中小学教师流动问题提供一定的借鉴和参考。

第二章 多元文化背景下的教师能力解读

第一节 多元文化背景下的教师教育研究趋势

一 国外相关研究

国外多元文化教师研究主要以美国为代表。美国的教师教育源于19世纪20年代，旨在提高教师质量，为每一位儿童提供合格的教师。20世纪50年代中期，美国公立学校反种族隔离与民权运动使教育开始关注多元种族群体。到了60年代，美国越来越关注贫困人群，对贫困人群进行各种教育补偿，通过在职培训对教师进行多元文化教育。随着民族复兴运动的发展，美国对多元文化教育进行了大量研究，并取得了一些成果，但仅限于从多样性的学生出发，并没有意识到培养多样性的教师在多元文化教育中的地位和作用。直到80年代，研究者开始转变视角，逐渐认识到教师在多元化教育中的主要作用。所以，多元文化教师教育研究得到重视，开始注重提高教师的多元文化教育能力，涌现出了许多有价值的文献著作。国外多元文化教师教育研究可概括为以下几个方面。

（一）教师多元文化角色研究

英国学者詹姆斯·林奇认为，一个多元文化社会的教师是一位公正的主席和研究者。以教师为程序的公正（或中立）主席，不仅是人文学科课程计划的中心概念，也是一种解放性的教育，它强调培养儿童的判断能力，而不是强迫他们顺从。在这种文化背景下，教师通过反思其专业技能，精细化其教学技巧；通过系统研究自己的教学，逐渐消除失误，达到成功。① 美国学者吉鲁（Giroux. H. A.）则认为，教师是"转化性知识分子"。② 其主要内涵包括：将学校教育直接涉入政治领域中，将教师视为一个批判者，使知识问题化，让批判性思考和行动成为社会事业的一部分，帮助师生形成深刻而坚定的信念，以抵抗社会、文化、政治和经济中的不公平、不正义现象。

（二）教师多元文化态度研究

詹姆斯·班克斯认为，教师对来自不同族群学生所持的态度和期望会直接影响其学业成就。因此，教师的多元文化态度应作为多元文化学校的评价标准之一。③

斯里特和格兰特（Sleeter. C. E. & Grant. C. A.）强调，培养教师的多元文化信念及行动是多元文化课程改革的重要课题。多元文化教育不是呼吁改变学校的历程，而是提升教师对多元文化教育的关心、能力以及对不同文化背景学生的观点和期望。④ 詹姆斯·林奇认为：在多元文化教育背景下，教师要对多元文化有较深层次的认识，应秉持教育机会均等理念，保持文化的敏感性，以积极、正面的态度接纳和欣赏不同文化背景的学生，主动抵制文化的偏见与歧视，并坚持终身学习理念。⑤ 彭特托（Ponterotto J. G.）等人研究发现：教师对多元文化的自觉程度越高，其责任感与义务感越强，而且教师会有意识地在课程设计与教学活动中融入多元文化教育理念。⑥

（三）教师多元文化素养研究

詹姆斯·班克斯强调，多元文化教师要注意自己的日常态度和行

---

① ［英］詹姆斯·林奇：《多元文化课程》，黄政杰等译，台湾师大书苑有限公司1996年版，第32页。

② ［美］吉鲁：《教师作为知识分子——迈向批判教育学》，朱红文译，教育科学出版社2008年版，第154页。

③ ［美］詹姆斯·班克斯：《多元文化教育概述》，李苹绮译，台北心理出版社1998年版，第168—170页。

④ Sleeter, C. E. &Grant, C. A., *Making Choices for Multicultural*; *Five Approaches to Race Class and Gender* (2nd. ed.), Columbus, OH: Merrill, 1994, p. 1.

⑤ ［英］詹姆斯·林奇：《多元文化课程》，黄政杰等译，台湾师大书苑有限公司1996年版，第21—22页。

⑥ Ponterotto J. G and others., Development and Initial Score Validation of the Teacher Multicultural Attitude Survey, *Educational and Psychological Measurement*. 1998 (58), pp. 1002 – 1016.

为:"教师要具有一定的影响力,要有足够的知识与技能去解释族群文化;充实各族群的历史文化知识;注意自己对不同族群的态度、行为及语言;利用多种不同的方式传递不同族群的文化特征;正视学生中存在的种族差异,对学生表现出来的种族态度要保持敏感;慎重选择教材,剔除有种族歧视、偏见等内容的教材;选择课外书籍或视听材料补充教材的不足,增强学生对其他族群的认识;从了解自己的文化开始,进而与来自其他文化背景的学生分享不同文化;避免在概念、内容及各科教学活动中渗入偏见的成分;对少数族群的学生要有较高的期望,激发他们的上进心;力争取得少数族群学生家长的合作与支持,提倡合作性学习,以促进族群间的整合;在学校的正式和非正式的群体中,保持其相互之间的平等,创造整合的气氛。"[1]

詹姆斯·林奇认为,多元文化对教师提出了一些新的诉求,要求教师必须具有多元民族的态度和价值,对学生的不同文化及各民族、群体的文化与历史因素有充分了解,能从多元文化的观点来看待社会的诸多问题;教师需能代表社会文化的多样性,将年龄、性别、宗教、社会阶层、民族、种族、语言等因素结合而成的文化,主动地融入教学策略、课程、教学方法、教学材料、考试和组织模式之中;同时,要强调或增强社会中的共同核心价值。[2] 他提出多元文化背景下的教师应具备如下素质:教师要明确自己的责任是教育所有学生,因而要坚信每个学生都有学习的潜力;教师要谨慎地运用学生资料袋中的各项资料,慎重采纳同事提出的其他意见,尤其注意不要形成先入为主的成见;在课堂教学中,要尽量给每位学生同等参与讨论的机会;要经常仔细自我检查,反省自己是否在对待不同文化、不同性别的学生上有差别,如采用能力分组教学,不断检视学生在分组中的位置,随时变动;要尽量公正地评价学生的学习过程和结果;在实施奖励时,切记要做到公平、公正、公开,不可因学生来自不同的种族或群体、男性或女性、社会阶层不同等

---

[1] Banks, J. A., *Multicultural Education: Theory and Practice*, Boston: Allyn and Bacon. 1988, pp. 204 – 205.

[2] [英]詹姆斯·林奇:《多元文化课程》,黄政杰等译,台湾师大书苑有限公司1996年版,第73—74页。

而有不同的对待；要常常了解学生的意见，检查自己是否有偏差，随时检视，随时修正。①

（四）多元文化教师教育课程研究

20世纪60年代，西方倡导多元文化及多元文化教育思潮。80年代之后，逐渐形成了政府的法规和学校的政策，并很快转向学校课程改革，主要包括多元文化课程目标、设计、模式等研究。

1. 多元文化课程目标研究

德国多元文化课程论研究者托比亚斯·吕尔克尔（Tobias Lure-Kerr）认为："课程改革的目标应把面向实际经验的课程与具有现代化科目的课程结合起来，只有这样的课程引入学校，多元文化教育才能实现。"② 英国学者杰夫怀特（R. Jeffcoate）提出，多元文化课程的目标在于尊重他人、尊重自我。在尊重他人、尊重自我的目标下，又包含认知、技能和情意要素。詹姆斯·林奇认为多元文化课程的目标是：帮助所有不同文化背景的民族群体学会如何在多元文化社会中积极和谐地生活，保持群体之间教育成就的均衡以及在考虑各民族差异的基础上促进相互尊重和宽容。③ 美国多元文化教育代表人物詹姆斯·班克斯认为，多元文化教育及其课程目标应该是：帮助学生培养其所需的知识、态度和技能，使其能够参与民主自由的社会；帮助学生跨越族群文化界限提升自由、能力和技能，使他们参与其他文化团体的活动；能够使来自不同人种、民族、社会集团的学生都能接受均等的教育，提高所有学生的成绩。④

2. 多元文化课程设计研究

詹姆斯·林奇认为，多元文化教育课程设计应建构在"多元文化社会的伦理任务"与文化、社会和经济规律基础之上，其目标是通过

---

① 郑金洲：《多元文化教育的西方探索与中国实践》，《教育文化论坛》2009年第1期。

② [德]托比亚斯·吕尔克尔：《多元文化教育：课程及其改革战略》，《教育展望》（中文版）1993年第1期。

③ [英]詹姆斯·林奇：《多元文化课程》，黄政杰等译，台北师大书院1996年版，第19—29页。

④ [美]詹姆斯·班克斯：《多元文化教育概述》，李苹绮译，台北心理出版社1998年版，第168—170页。

"工作者、公民、个人再加上尊重他人的基本伦理所组合而成"。[①] 德国多元文化教育专家托比亚斯·吕尔克尔认为：课程设计是一个渐进的过程，应在此过程中逐步实现一体化目标。并提出了多元文化课程设计的三种方法：第一，以经验为中心的课程；第二，语言教学；第三，更多融入少数民族创作的文学作品。[②] 詹姆斯·班克斯则认为，课程设计并不是要增加一门或数门关于少数民族文化的课程，也不是要把所有少数民族文化内容都纳入现有的课程体系之中。仅仅在教材中附加一些有关少数民族文化内容是不够的。因此，要打破原有的学科结构，将多元文化课程融入学校整体课程体系之中，以社会问题和历史事件为核心，探讨各少数民族的观点、经验和感受。还要考虑少数民族学生的认知风格，帮助其感受成功的体验。另外，关于少数民族文化课程是对所有民族学生设计的，而不是为某一个特定民族设计的。[③]

3. 多元文化课程模式研究

针对主流文化中心课程对少数民族学生的消极影响，有些课程尽管涉及他们的经验和文化，但并没有反映出其梦想、希望和前景。为此，詹姆斯·班克斯提出了课程整合的四种模式，更好地将族群文化内容整合到课程与其他教材之中。它们是：第一，贡献途径。集中在英雄、假日等文化因素方面；第二，附加途径。在原课程中加入不同的内容、概念、主题和观念，但保留原课程结构；第三，转化途径。改变原课程结构，使学生能够从种族群文化团体的观点理解不同的概念、问题、事件和主题；第四，社会行动途径。学生在重要的社会议论上作出决定，并采取行动，以协助解决问题。并认为通过一套能够提升多元文化素养的转化课程，旨在帮助学生认识、关怀社会，并使所有团体都能体验文化的民主性以及文化所赋予的能力和力量。[④]

---

① ［英］詹姆斯·林奇：《多元文化课程》，黄政杰等译，台湾师大书苑有限公司1996年版，第12页。
② ［德］托比亚斯·吕尔克尔：《多元文化教育：课程及其改革战略》，《教育展望》（中文版）1993年第1期。
③ ［美］詹姆斯·班克斯：《多元文化教育概述》，李苹绮译，台北心理出版社1998年版，第123—127页。
④ James A. Banks, *Approaches to Multicultural Curriculum Reform*, in James Lynch, *Multicultural Education in A Global Society*, the Falmer Press, 1997, p. 234.

詹姆斯·林奇依据英国多元文化教育，提出了多元文化课程的模式策略：第一，平行式策略。在原有课程中加设一个单元；第二，附加式策略。在原有课程中加设组合单元；第三，普及式策略。在已有的科目知识结构内部重新编排与设计；第四，教材制作策略。置于上述策略之中，由以知识技术为基础的途径到较广泛的情意目标；第五，其他策略。如全国性种族群及人文学科课程计划，也可能包括地区性的教材制作、咨询策略及研究与行动研究策略。[1]

（五）教师多元文化培养研究

多元文化研究者认为，教师的多元文化实践能力是在对多元文化教育的体验过程中形成的，因而试图把学校教学的日常活动与多元文化教师的培养直接联系起来。一些研究者强调服务性学习（Service-learning），认为这是真正将多元文化课程教学目标融入课堂体验之中。所以，将服务性学习视为准教师在多元化教学环境中获取可靠学习经验的一种教学手段和教学策略。

波伊与斯里特（Boyle-Balse, M. & Sleeter, C. E.）认为，通过社区服务性学习，促使准教师反思在真实学习情境中与学生互动时的服务体验，从而使他们去探索文化理解。[2]

罗尔斯和斯威克（Rowls, M. & Swick, K.）描述了服务性学习的四个目标：第一，帮助准教师研讨各种多元文化教学文本及其教育；第二，让准教师通过直接融入学校情境来丰富对课程与课题的理解；第三，通过综合大学的指导与培训，使准教师获取并实践教学策略；第四，把服务性学习视为一种教学策略。[3]

爱德华兹和库曼（Edwards & Kuhlman, W.）指出，服务性学习体验的关键在于反思，为促进准教师形成批判性思考，要求他们以方便记忆的方式写作反思日记，主要包括三部分：第一，服务学习行动的描

---

[1]　[英]詹姆斯·林奇：《多元文化课程》，黄政杰等译，台湾师大书院有限公司1996年版，第85—125页。

[2]　Boyle-Base, M. & Sleeter, C., *Community–based Service Learning for Multicultural Teacher Education*, Educational Foundations, 2000（14），p. 36.

[3]　Rowls, M. & Swlek, K., Designing Teacher Education Course Syllabli That Integrate Service Learning, *Journal of Instructional Psychology*, 2000（27），pp. 187–196.

述;第二,事件分析;第三,学习教学过程相关的多元文化含义。服务性学习提供了联系多元文化培训课程与教学实践的桥梁,使准教师在理论与实践的联系过程中学会正确看待多样化课题,并经由这种亲身经历和教学体验进行批判性反思,从而形成比较客观和公正的文化理解。[1]

(六) 教师多元文化培训研究

经过近半个世纪的发展,美国多元文化教师培训形成了一个比较成熟的模式,提出了培训内容、目标等,强调培训的多维愿景,即面对种族和多元文化社会,对教育质量问题进行重新认识和反思。总结出从理解、接受到判断三个发展阶段,以此将教师专业成长分为:接受、发展和关联三个阶段。其中接受阶段指向建立一个关于种族多元化的信息库;发展阶段强调创造一个多元文化教育的个人哲学;关联阶段将注意力集中在课堂上,与学生共同完成多元文化教学任务。[2]

二 国内相关研究

国内关于多元文化教育的研究起步较晚,始于 20 世纪末。自 20 世纪 90 年代开始,多元文化教育理论被引入中国,受到研究者的关注,开展了一系列的理论研究,主要包括国外多元文化教育理论的引进、介绍及评论。中国港台及大陆学者纷纷编著并撰写论文,在介绍国外研究成果的基础上,进行了相关多元文化教育的理论研究和实践探索。国内多元文化教师研究主要体现在教师多元文化态度、角色、文化素养等方面的研究。

(一) 教师多元文化态度研究

教师多元文化态度是课程开发与教学设计的重要影响因素之一。牟秀玲采用问卷、访谈、观察等研究方法,对幼儿教师的多元文化意识进行了调查研究,研究结果显示:大部分幼儿教师对多元文化教育认识比较模糊、对多元文化教育的态度不够明确。[3] 王鉴和万明钢对乌鲁木齐市

---

[1] Edwards, S. & Kuhlman, W., *Culturally Responsive Teaching: Do We Walk Our Talk? Multieultural Education*, 2007 (14), p. 49.
[2] 王鉴、万明钢:《多元文化教育比较研究》,民族出版社 2006 年版,第 188—189 页。
[3] 牟秀玲:《幼儿教师多元文化意识培养之研究》,华东师范大学 2005 年硕士学位论文,第 18 页。

中小学教师进行了多元文化教育态度调查研究，得出结论：中小学教师对多元文化教育所持态度不明显，甚至一些教师对多元文化教育的看法自相矛盾。在教学实践中，教师教育行为与多元文化理念相脱节。[①] 中国台湾学者江雪龄编制了教师社会多元文化观的态度量表，提出教师要有推己及人的爱心，能敏感于学生的需要，以开明合理的态度对待学生。[②]

（二）教师多元文化角色研究

随着社会经济文化的发展、社会结构的变迁，多元文化教育问题对传统教师职业角色提出了新的挑战，教师不再扮演真理和知识权威传授者的角色，教师角色被赋予了新的内涵。在多元文化教育情境中，教师不仅是多元文化的理解者、本土知识的专家、所有学生的关怀者，而且还是多元文化教育环境的创设者和行动研究者。[③]

新课程改革要求教师角色从适应维持型转向批判反思型。批判反思型教师文化强调教师要发挥专业自主的潜能和批判反思的精神，自觉投入教育改革之中，实现提升教育质量的作用，进而促进教育与整个社会的公正和民主。其基本特征包括开放性、创新性和建构性。[④]

（三）教师多元文化素养研究

1. 多元文化教育视角下的教师素养

中国澳门学者田野认为，多元文化教育要求教师具有多元文化信念、知识和素养，教师多元文化素养对学生的学习和发展产生了很大影响。第一，教师要了解自己的信念和价值观以及影响其信念和价值观形成的文化、历史和经验背景，才能主动、有效地实施多元文化教育。第二，教师要掌握社会文化情境的脉络，因为儿童的学习和发展离不开其成长的社会环境。第三，多元文化教育是终身教育的主题，是一个教师终身学习的课题和专业成长的方向。因此，教师要深刻认识多元文化教育的内涵和意义，掌握教学策略和技巧，才能有效实施

---

① 王鉴、万明钢：《多元文化教育比较研究》，民族出版社2006年版，第39页。

② 江雪龄：《迈向二十一世纪的多元文化教育》，台湾师大书苑有限公司1996年版，第61—69页。

③ 章光洁：《多元文化社会中的教师角色及其对教师教育的启示》，《西南师范大学学报》2002年第6期。

④ 李纯：《从适应维持楚文化到批判反思型文化——论多元文化背景中教师文化的转向》，《当代教育科学》2010年第5期。

多元文化教育。①

在多元文化教育研究中，教师素质问题是一个非常重要的方面。依据多元文化视角，潘旭娟认为，多元文化教师应具备知识、态度和能力素养。在知识方面，教师应具有相关的学生文化知识、文化对学生发展影响的知识和教材文化的知识。在态度方面，教师应具有文化观照的态度、文化反思的态度、尊重和欣赏异文化的态度、文化和谐的态度。在能力方面，教师应该具有文化识别能力、跨文化交往能力、文化协调能力和多元文化教学能力。②

依据多元文化教育的视角，特古斯认为，多元文化教师素质结构包括：知识与技能、过程与方法、态度与价值观。这些素质结构之间具有相互依赖性和包容性，其中知识与技能是基础素质，过程与方法是核心素质，态度与价值观是优先素质。③ 白亮认为，跨文化教师应具备知识、情感和行为素质，对不同文化秉持积极正面的态度；同时，教师还需要掌握多元文化教学方法。④ 李纯认为，多元文化教师素养应重视教师对知识的价值判断与动态建构，而不是对知识的静态掌握与保持中立；重视教师的批判与行动能力，而不是无条件地接受和顺从；重视教师关怀的情感和态度甚于知识的掌握；重视凸显公正与民主的文化理解，而不是限定与专制的文化霸权。⑤ 从多元文化理论研究视角，王丹丹通过分析师范生应具备的多元文化素养，从知识、态度和技能三个维度对重庆、贵州、云南和四川地区的师范生的多元文化素养培养现状进行了调查研究，发现师范生在培养多元文化素养方面存在不足，并提出了提高师范生多元文化素养的有效途径及措施。⑥

---

① 田野：《多元文化与幼儿教育：澳门幼儿课程发展模式》，华东师范大学 2002 年博士学位论文，第 26 页。

② 潘旭娟：《民族教育中教师多元文化素质的培养及对策研究》，西南大学 2011 年硕士学位论文，第 24 页。

③ 特古斯：《多元文化教育视野中少数民族教师素质的重建》，《民族教育研究》2007 年第 5 期。

④ 白亮：《多元文化视野中的教师教育》，《民族教育研究》2008 年第 5 期。

⑤ 李纯：《多元文化视域中的教师专业发展》，西南大学 2009 年博士学位论文，第 32 页。

⑥ 王丹丹：《西南民族地区师范生多元文化素养培育策略研究》，西南大学 2012 年硕士学位论文，第 21 页。

2. 多元文化教师专业素质分类

陈美如对多元文化教师的专业素质进行了层次划分,提出多元文化课程的教师专业诉求,并将其分为基本诉求、教学观和教学技巧。① 其中基本诉求包括三种基本素养:第一,多元语言;第二,相互尊重;第三,专业养成和支持。教师应积极参与多元文化学校教育的建构,增加多种语言和文化的训练,并进行多元文化理论和实践研究。多元文化教师的教学观是以学生为本。在教学中,特别要注重批判、质疑现行知识和制度,通过讨论、批判、分析,教师才能协助学生超越不合理的知识、社会关系及价值,鼓励学生运用自己的经验或理论视野,对教材进行批判性的讨论、转换。

教学技巧是指多元文化的教学技能,具体包括以下几个方面:第一,通过书籍、媒体及社会的事实,理解多元文化;第二,具有同理心②,能从学生的角度思维其问题与需要;第三,学习不同语言和非语言之间的沟通系统和互动技巧;第四,具有根据学生的文化背景、现存基本学科要求,规划课程及教学设计的能力;第五,在教学中能有效提供足够的资源与安全的环境,供学生学习;第六,对弱势族群具有感受性,并能与其父母合作,帮助儿童学习;第七,发展能使多样文化有效存在的技巧;第八,能将多元文化的概念融入学生的学习评鉴,并建立学习档案;第九,能与其他教师协同合作,共同规划、发展多元文化课程;第十,具备教师管理和教学规范的技巧,避免问题的发生,并能帮助儿童系统地解决问题。③

另外,靳淑梅在国外研究成果的基础上,从知识目标、态度及情感目标、实践技能目标三个方面总结分析,全面、具体地阐明了多元文化教育理念下教师的培养目标。④ 智洁论述了教师个性塑造的理论基础,

---

① 陈美如:《多元文化课程的理念与实践》,台湾师大书苑有限公司 2000 年版,第 165—166 页。
② 换位思考,在人际交往过程中,站在对方立场,理解他人的情绪和想法。
③ 同上书,第 165 页。
④ 靳淑梅:《多元文化教育理念下教师的培养目标及其启示》,《外国教育研究》2009 年第 3 期。

探讨了多元文化教师的成长问题。①

(四) 多元文化教师教育课程研究

1. 国外多元文化课程理论介绍

已有许多学者大量翻译了西方有关多元文化课程的理论专著，全面系统地介绍了詹姆斯·班克斯、詹姆斯·林奇等著名多元文化教育专家有关多元文化课程目标、课程开发模式、课程内容选择等理论和观点。如中国港台学者翻译了詹姆斯·班克斯的《多元文化教育概述》（李苹绮，1998）、詹姆斯·林奇的《多元文化课程》（黄政杰，1996）等；中国大陆学者钟启泉等主编的《课程设计基础》（2000）中有专门章节论述了多元文化与课程问题，介绍了国外的理论研究与实践探索以及多元文化教育的论争。《民族教育学》（王鉴，2002）中也有国外多元文化课程专章介绍。

2. 国外多元文化课程理论与实践评述

有关国外多元文化课程理论与实践的介绍和评论主要以论文为主。如《美国多元文化教育发展历史评述》（万明钢，1993）、《论美国多元文化教育理论的演变及其对课程改革的影响》（万明钢，1993）、《当代西方国家对多元文化教育的几种认识》（王鉴，1994）、《国外多元文化教育研究发展初探》（余晓莹，1994）、《美国多元文化课程设计原则综述》（万明钢，1995）、《费尔南德斯多元文化课程改革管窥》（张希希，1996）、《美国多元文化教育中的一个敏感问题——对少数民族学生的测验与评定》（万明钢，1996）、《"多元文化教育"的理论范型和实践模式探析》（张华，1998）、《美国多元文化教育中的"授权"评价方法及其启示》（周敏，1999）、《90年代美国多元文化教育的理论与实践述评》（韩骅，2000）、《当前美国多元文化教育的课程设计》（余海波，2001）、《美国的多元文化：理论与课堂中的应用》（宋吉缮，2002）、《美国多元文化教育流变及课程转向研究》（王凯，2002）、《西方少数族群教育研究述评》（王鉴，2002）、《美国多元文化教育初探》（高向斌，2002）、《国外多元文化课程开发模式的演进及其启示》（孟凡丽，2003）、《澳大利亚多元文

---

① 智洁：《学校多元文化教育背景下的教师个性反思》，《涪陵师范学院学报》2006 年第 3 期。

化教育述评》(徐继存、秦志功)、《澳大利亚的多元文化主义政策》(王鉴,2004)、《学会用多元文化视角进行教学:美国中小学教师教育中的必修课》(孙传远,2007)等文章。

另外,还有一些硕士、博士论文对国外多元文化课程理论进行了介绍和评论。如《文化的理解与融合:多元文化课程发展的探讨》(吴兵,2001)系统介绍并评论了詹姆斯·班克斯、詹姆斯·林奇、托比亚斯·吕尔克尔等研究者的多元文化课程理论,《多元文化课程理论研究》(李庶泉,2004)则对国外多元文化课程的渊源、理论张力、对立范式、问题及走向进行了阐述。

综上所述,国外多元文化教师教育课程研究主要涉及以下几个方面:第一,介绍国外多元文化教育发展历史;第二,介绍不同国家多元文化课程实践模式;第三,综述国外多元文化课程设计原则;第四,国外多元文化教育与课程模式研究;第五,多元文化课程教学问题探讨;第六,多元文化课程评价的述评。

(五)教师多元文化培养培训研究

1. 职前教师多元文化培养研究

中国台湾学者江雪龄认为,多元文化教育课程必须是认知与情意并重,课程内容应包括:第一,了解自己;第二,了解我身处的(社会文化)环境;第三,成为一位有教学成效的教师应该具备的技巧。除了应具备对各种文化和学生的认知外,还要实地参观、集体创作等,这也是多元文化教育训练非常重要的工作。[①]

王辉认为,多元文化教师培养应加深教师对多元文化教育的理解;丰富多元文化背景下的职业经历;丰富自己的文化,培养正确的多元文化理念;尊重文化差异;重视家庭宝贵的资源;培养文化敏感性;明确自身文化的身份和地位;为学生的多样性做好准备。[②]

孟凡丽认为,民族地区教师教育应凸显多元文化教育理念,将培养跨文化教师作为培养目标的重要组成部分,将教师多元文化知识及其教

[①] 江雪龄:《迈向二十一世纪的多元文化教育》,台湾师大书苑有限公司1996年版,第34页。

[②] 王辉:《多元文化教育与多元文化教师》,《通化师范学院学报》2004年第6期。

育实践能力纳入培养目标。应设置课程，把培养教师多元文化知识和能力的内容纳入教师教育课程体系中，并落实到自己的教学实践之中。①

2. 职后教师多元文化培训研究

中国台湾学者林素卿提出了多元文化师资培训的方法：提供跨文化的经验；熟悉多元文化教育的课程设计与教学。②

王新俊论述了多元文化视野下的教师人生，主要包括课堂上的教师和课堂下的教师，其成长特征有：在找寻自我中定位教师角色；在反思中积累实践性知识。多元化教育背景下的教师具有前瞻性形象：擦亮文化多元的眼睛；磨炼反思的实践性品格。③

关于多元文化教师培训课程研究。果红和熊继华从多元文化教育视角出发，认为民族地区的师资培训应体现多元化课程观和目标价值。④因为民族地区教师多元文化特色课程培训，不仅可以弥补职前教师培养过程中只关注教育的统一性和普遍性带来的不足，还可为民族地区中小学开设民族文化类课程奠定坚实的理论基础。提出构建民族地区师资培训"多元一体化教育"的新格局，目的是使受训教师从多元文化教育视角去理解"外来与内在""西学与中学""现代与传统""一体化与本土化"有机结合的教育理念。

3. 教师多元文化培养培训研究

张学强认为，多元文化教育背景下民族地区教师文化品性的培育不是一个独立的过程，而应融入教师专业化发展进程之中，包括教师自我培育、教师群体的协作支持及相关的教师培养与培训体系的支撑。⑤

结合多元文化教师的职前培养和职后培训，欧群慧提出以下几点：师范院校的分类设置；扩大民族学生在师范院校中的招生比例；师资培

---

① 孟凡丽、于海波：《国外多元文化背景下教师教学能力培养的探索及启示》，《高等教育研究》2008年第2期。

② 林素卿：《从新住民女性议题谈多元文化教育师资之培育》，《研习资讯》1995年第10期。

③ 王新俊：《美国多元文化教师教育研究》，西北师范大学2010年硕士学位论文，第38—40页。

④ 果红、熊继华：《多元文化教育视角下民族地区教师培训课程的目标价值探究》，《世界教育信息》2007年第7期。

⑤ 张学强：《多元文化教育的实质与民族地区教师的文化品性》，《民族教育研究》2009年第3期。

训部门对于多元文化教师的培养目标设立和课程改革等；民族地区学校应形成自己的办学特色；民族地区中小学应成为多元文化教师培训的主要基地；改革教育评价制度政策等。①

（六）美国多元文化教师教育研究

1. 美国多元文化教师教育内容

王鉴的《美国多元文化教育背景下的教师培训》介绍了美国多元文化背景下的教师教育特点及其新模式，并提出了多元文化师资培训的建议性模式。②

孙传远的《学会用多元文化视角进行教学：美国中小学教师教育中的必修课》认为，目前美国中小学校少数族裔等弱势群体学生数量的上升与少数族裔中教师数量的减少形成鲜明对比，产生了很多问题。提出要在教师教育过程中培养教师的多元文化意识，使其学会用多元文化视角进行教学，并将其视为必修课。③

张学强、富婷的《多元文化教育的教师——美国的经验及启示》主要介绍了美国采取多种措施，提高教师队伍的多元文化教育素养，具体内容包括：美国教师角色的转变、少数族裔教师队伍建设、以多元文化为导向的教师培养与培训等。④

刘晶波的《这样做，你才能胜任——美国多元文化教育模式中的教师培训》主要介绍了培训教师的三个方面：培养教师的多元文化意识；指导教师选择适当的材料，设计、组织教育活动；避免性别角色定位和性别歧视。⑤

关于美国多元文化教师教育的实习方式，靳淑梅、孙启林的《美国多元文化背景下中小学教师教育实习方式述评》主要介绍了美国多

---

① 欧群慧：《云南省黎明市孟波镇中学多元文化教师民族之研究》，中央民族大学2009年博士学位论文，第1页。
② 王鉴：《美国多元文化教育背景下的教师培训》，《外国中小学教育》2007年第10期。
③ 孙传远：《学会用多元文化视角进行教学：美国中小学教师教育中的必修课》，《外国中小学教育》2007年第3期。
④ 张学强、富婷：《多元文化教育的教师——美国的经验及启示》，《外国教育研究》2009年第3期。
⑤ 刘晶波：《这样做，你才能胜任——美国多元文化教育模式中的教师培训》，《早期教育》2003年第5期。

元文化背景下中小学教师教育的实习方式,包括实地实习(Field Experiences);服务性学习(Service Learning)和现实性的途径(Realistic Approach)三种形式。①

2. 美国多元文化教师教育历史与现状

赵琳琳、谌启标的《美国基于多元文化的教师教育改革新动向》主要介绍了美国多元文化取向的教师教育历史、存在的问题及改革的新趋势。② 靳淑梅的《美国多元文化教师教育发展综述》介绍了美国多元文化教师教育兴起的历史背景、发展历程及其特征。③

相关多元文化教育的专著很少,有吴明海主编的《中外民族教育政策史纲》中介绍了 20 世纪 70 年代至 80 年代美国多元文化教师教育的历史发展过程。④

郑金洲的《多元文化教育》对多元文化教育的含义、目标、课程、教学等方面进行了全面介绍。

另外,在一些有关美国教育、美国文化、教育学的分支学科以及比较教育的论著中,也对多元文化教育有所涉及。如史静寰主编的《当代美国教育》,从美国种族与文化多样性的社会背景出发,通过对中小学的一些实例分析探讨了多元文化教育的有关问题;张人杰主编的《中外教育比较史纲》(现代卷),从全球化视角论述了多元文化教育的背景、理论、实践模式等。

综上所述,多元文化教育始于国外,20 世纪 50—60 年代,多元文化教育被引入中国,经过几十年的本土化发展,在理论与实践研究方面取得了丰硕的成果。研究内容逐渐丰富,研究方法日趋多样化,研究领域不断拓展。但还存在一些不足,多元文化教育研究主要集中在课程开发和教学方面,而且主要是介绍国外的研究成果。关于多元文化教师的研究还不够系统,尤其是对少数民族教师培养培训研究较少。目前,还没

---

① 靳淑梅、孙启林:《美国多元文化背景下中小学教师教育实习方式述评》,《外国中小学教育》2008 年第 9 期。
② 赵琳琳、谌启标:《美国基于多元文化的教师教育改革新动向》,《外国中小学教育》2008 年第 7 期。
③ 靳淑梅:《美国多元文化教师教育发展综述》,《外国教育研究》2008 年第 12 期。
④ 吴明海:《中外民族教育政策史纲》,中央民族大学出版社 2006 年版,第 6 页。

有相关多元文化教师教育研究的专著。因此，本书将试图以此为切入点，以宁夏回族自治区为样本，对多元文化背景下的教师教育进行研究。

第二节 多元文化背景下的教师能力标准

一 国内教师能力标准的启示

目前，中国正式颁布的全国性关于教师能力标准主要有：《教师资格证标准》《中小学教师教育技术能力标准（试行）》《教师教育课程标准（试行）》（中华人民共和国教育部 2011 年 10 月颁布）和《教师专业标准》（中华人民共和国教育部 2011 年 12 月颁布）。基于研究目的，下面主要讨论教师学历和能力要求，期望对多元文化背景下的教师能力标准建构能够有所参考和启示。

（一）教师资格证标准

1986 年的《义务教育法》第三十条提出："教师应当取得国家规定的教师资格。"之后，先后颁布了《教师法》《〈教师资格条例〉实施办法》《教师资格证书管理的规定》等法律规章，对教师资格证书制度作出了相关规定。2000 年 9 月 23 日，中华人民共和国教育部颁布了《〈教师资格条例〉实施办法》，标志着教师资格证书制度在全国开始全面实施。[1]

教师资格证书制度包括：教师资格证书管理、鉴定和发放制度。其中教师资格证书管理制度是核心内容，包括：学历和能力要求、教师资格考试和教师使用制度三个方面。[2] 1993 年颁布了《中华人民共和国教师法》，对取得各级各类教师资格的要求作了详细规定：幼儿园教师要具备幼儿师范学校毕业及其以上学历；取得小学教师资格，应当具备中等师范学校毕业及其以上学历；取得初级中学教师、初级职业学校文化专业课教师资格，应当具备高等师范专科学校或其他大学专科毕业及其以上学历。《中华人民共和国教师法》对教师整体学历要求较低。除学历之

---

[1] 朱旭东、李琼：《教师教育标准体系研究》，北京师范大学出版社 2011 年版，第 285 页。

[2] 同上书，第 292 页。

外，对教师资格的其他标准表述很笼统。因此，2000年9月中华人民共和国教育部颁布的《〈教师资格条例〉实施办法》进一步明确了教师其他标准，尤其对申请者的教育教学能力要求很具体、明确，如教育教学所需的基本素质和能力、普通话水平、身体和心理健康状况等。"教师资格证书是所有入职教师都必须拥有的基本条件，它并不能表明教师的专业发展水平。"①

（二）中小学教师教育技术能力标准

2004年，中华人民共和国教育部颁发了中国第一个中小学教师专业能力标准《中小学教师教育技术能力标准（试行）》。其借鉴了西方发达国家的相关标准及国内相关研究成果，规范了中国中小学教师教育技术能力标准。该《标准》主要内容包括：意识与态度、知识与技能、应用与创新和社会责任四个维度。教师在应用教育技术进行教育教学活动时，会涉及这四个方面：活动受意识与态度影响，并对今后的意识与态度产生影响；知识与技能为活动开展提供了认知基础；活动本身属于信息技术应用；任何教育教学活动都具有道德和伦理等社会责任感。②

如上，中国中小学教师教育技术能力标准体系由四个能力维度构成，其中包括14个一级指标和41个绩效指标。《中小学教师教育技术能力标准（试行）》是按照教师能力维度划分的，虽然"有助于对各个成分的评价，但由于任何基于技术的教师专业实践都会涉及社会责任感的各个方面，所以这一标准不利于教师参照对教学行为进行评判……"③

（三）教师教育课程标准

2011年10月，为贯彻落实教育规划纲要，深化教师教育改革，全面提高教师培养质量，建设高素质专业化教师队伍，中华人民共和国教育部正式颁布了《教师教育课程标准（试行）》（教师〔2011〕6号）。它是中国第一部关于教师教育课程的国家标准，是国家对基础教育课程

---

① 朱旭东、李琼：《教师教育标准体系研究》，北京师范大学出版社2011年版，第182页。

② 何克抗：《中小学教师教育技术能力标准（试行）》，《中国电化教育》2005年第2期。

③ 朱旭东、李琼：《教师教育标准体系研究》，北京师范大学出版社2011年版，第167页。

的基本规范和要求，是制定教师教育课程方案、开发教材与课程资源、开展教学与评价以及认定教师资格的重要依据。该《标准》也是国家管理和评价课程的基础，体现了国家对不同阶段的学生在知识与技能、过程与方法、情感态度与价值观等方面的基本要求，规定了各门课程的性质、目标、内容框架，提出了教学和评价建议。[①]

《教师教育课程标准（试行）》由教师教育课程的基本理念、课程目标、课程设置和实施建议四个部分组成。其中"教师教育课程目标"对多元文化背景下的教师能力标准有一定的参考价值。

《教师教育课程标准（试行）》的课程目标可分为：幼儿园、小学和中学职前教师教育课程目标，每个部分的目标都是由目标领域、目标和基本要求三个层级构成，从抽象到具体。其中目标领域包括：教育信念与责任、教育知识与技能和教育实践与体验，建立了教师教育课程标准的支撑框架，每个领域都是依据已经达成的专业知识和相关的政策文本而制定，而且每个阶段的目标都很具体，三个阶段既有共性也有差异；同时，在内容上，三大目标"教育信念与责任、教育知识与技能和教育实践与体验"相互支撑（见表2—1）。

表2—1　　　　　　幼儿园职前教师教育课程目标框架[②]

目标领域	目标	基本要求
教育信念与责任	具有正确的儿童观和相应的行为	
	具有正确的教师观和相应的行为	
	具有正确的教育观和相应的行为	
教育知识与能力	具有理解幼儿的知识和能力	
	具有教育幼儿的知识和能力	
	具有发展自我的知识与能力	
教育实践与体验	具有观摩教育实践的经历与体验	
	具有参与教育实践的经历与体验	
	具有研究教育实践的经历与体验	

---

① 钟启泉：《为了未来教育家的成长——论中国教师教育课程创新的课题》，《教育发展研究》2011年第18期。

② 中华人民共和国教育部：《教育部关于大力推进教师教育课程改革的意见》，中华人民共和国教育部网站2011年10月8日。

《教师教育课程标准（试行）》以教师专业发展为主线，针对中国教师教育中存在的突出问题，汇集了中国师范院校多年来课程改革实践的成果，并反映了中国新时代对教师教育改革的诉求。为了促进教师专业发展，提出要实现从"教书匠"的训练走向"教育家"的成长，从"定型化"教学转向"情景化"教学，从"技术性"实践转向"反思性"实践，从"理论的实践化"转向"实践的理论化"。[①]

教师教育强调教师对学生的影响、指导，要求教师理解学生，了解学生的差异及其需求，然后才能施教，促进不同学生的全面发展。因为每个学生都是一个特殊的个体，他们既有共同的特征，又表现出在基础、思维及能力等方面的巨大差异。教师必须改革传统教育教学方法，关注每个学生的特殊性，承认差异，尊重差异，使其都能得到全面发展。

（四）中小学教师专业标准

1. 教师专业标准概述

1993 年颁布的《中华人民共和国教师法》规定，教师是"履行教育教学职责的专业人员"。但是，该法律以及此后的法律文本、相关政策，都没有对教师作为专业人员的基本要求作出明确规定。为了促进中小学教师专业发展，建设高素质中小学教师队伍，2011 年 12 月 12 日，中华人民共和国教育部颁布了幼儿园、小学和中学《教师专业标准（试行）》，它是中国关于中小学教师专业要求的第一份国家政策文本。该《标准》是国家对合格中小学教师的基本专业要求，是中小学教师开展教育教学活动的基本规范，是引领中小学教师专业发展的基本准则，是中小学教师培养、准入、培训、考核等工作的重要依据。[②]

《教师专业标准（试行）》以"学生（幼儿）为本、师德为先、能力为重和终身学习"为核心理念，基本内容由"3 个维度、10 多个领域和 60 余条基本要求"三个层级构成。其中 3 个维度包括：专

[①] 钟启泉：《为了未来教育家的成长——论中国教师教育课程创新的课题》，《教育发展研究》2011 年第 18 期。

[②] 中华人民共和国教育部：《关于印发〈幼儿园教师专业标准（试行）〉、〈小学教师专业标准（试行）〉和〈中学教师专业标准（试行）〉的通知》（教师〔2012〕号），中华人民共和国教育部网站 2012 年 9 月 13 日。

业理念与师德、专业知识、专业能力。领域和基本要求的内容因学段而不同，但总体结构是一致的。各个维度确立了4—6个不等的领域；在每个领域之下，又提出了3—6项不等的基本要求。其中幼儿园教师专业标准有14个领域，62条基本要求；小学教师专业标准有13个领域，58条基本要求；中学教师专业标准有14个领域，61条基本要求（见表2—2）。

表2—2　　　　　　　　　　　教师专业标准

维度	领域		
	幼儿教师	小学教师	中学教师
专业理念与师德	职业理解与认识	职业理解与认识	职业理解与认识
	对幼儿的态度与行为	对小学生的态度与行为	对中学生的态度与行为
	幼儿保育和教育的态度与行为	教育教学的态度与行为	教育教学的态度与行为
	个人修养与行为	个人修养与行为	个人修养与行为
专业知识	幼儿发展知识	小学生发展知识	教育知识
		学科知识	学科知识
	幼儿保育和教育知识	教育教学知识	学科教学知识
	通识性知识	通识性知识	通识性知识
专业能力	环境创设与利用	教育教学设计	教学设计
	一日生活的组织与保育		
	游戏活动的支持与引导		
	教育活动的计划与实施	组织与实施	教学实施
			班级管理与教育活动
	激励与评价	激励与评价	教育教学评价
	沟通与合作	沟通与合作	沟通与合作
	反思与发展	反思与发展	反思与发展

其中"专业理念与师德"维度，从教师对待职业、学生（幼儿）、教育教学和自身发展四个方面，确定了"职业理解与认识""对学生（幼儿）的态度与行为""教育教学的态度与行为""个人修养与行为"

等 4 个领域，提出了 18 项基本要求。其目标是培养具有良好职业道德和专业精神的合格教师。这既是对"学生为本"理念的细化，如尊重学生、关爱学生、教书育人等，也是对"师德为先"理念的细化，如依法从教、爱岗敬业、为人师表等。

"专业知识"维度，除了幼儿教育没有"学科知识"外，小学和中学教师专业知识依据学生身心发展及教育教学规律，确立了教师知识的四个领域："一般教育知识""学科知识""学科教学知识"和"通识性知识"，并提出了有关教师专业知识的基本要求。在学科知识方面，教师不仅要知道所教学科的内容，而且要"理解所教学科的知识体系、基本思想与方法""了解所教学科与其他学科的联系"等，以保证教师教学活动思路清晰、重点突出；在学科教学知识方面，提出"掌握针对具体学科内容进行教学的方法与策略"等，要求教师能够把一般教育知识与学科知识有机结合起来；在通识性知识方面，提出"具有相应的自然科学和人文社会科学知识""具有相应的艺术欣赏与表现知识"等，保证教学活动以"学生为本"。

"专业能力"维度，从"教学设计""教学设计""评价"等 6 个方面，提出了教师专业能力的基本要求，涵盖了教师应有的基本能力：第一，教学能力。《教师专业标准（试行）》对教师专业能力的要求是以教学能力为中心，涉及教学的设计、实施和评价等。第二，开展班级管理和其他教育活动的能力。这是一个合格教师必须具备的能力。第三，人际交往能力。教育教学工作的对象是有情感、思想的学生，教师必须能有效地与学生交流；另外，与同事、家长、社区等沟通与合作的能力也是有效开展教育教学的基本保障。第四，自我发展能力。在终身学习社会中，教师要不断提升自身的专业水平，才能适应教育教学工作的需要。

《教师专业标准（试行）》在结构上既保持整体性，又根据不同学段的特殊性而有所区别。但没有具体提及教师要关注不同家庭文化背景的学生，只是笼统地归纳为"个体差异"。其中在幼儿园教师标准中，在对幼儿的态度和行为上，要求教师要"信任幼儿，尊重个体差异，主动了解和满足有益于幼儿身心发展的不同需求"。在幼儿发展的知识上，要"了解幼儿在发展水平、速度与优势领域等方面的个体差异,掌握对应的策略与方法","了解有特殊需要幼儿的身心发展特点及教育策略与方法"。在小学教师标准中,在对小学生的态度和行为上,要求教师要"信任小学生,尊重个体差异,主动了解和满足有益于小学生身心发展的不同需求"。在小学生发展的知识上,教师要"了解不同年龄及有特殊需要的小学生身心发展特点和规律,掌握保护和促进小学生身心健康发展的策略与方法"。在中学教师标准中,只有一条相关内容。教师要"尊重个体差异,主动了解和满足中学生的不同需要"。①

由此可见,《教师专业标准(试行)》强调学生的差异性,但没有具体涉及学生的文化背景差异问题,如不同身心的发展水平、不同年龄学生的身心发展特点、个体差异及学生的不同需要等。

二 国外教师多元文化能力标准

国外多元文化背景下的教师能力标准研究可归纳为:态度、知识和技能三个方面,主要围绕教师价值观及其能力标准结构进行研究。因此,多元文化背景下的教师能力标准应以教师能力的结构和内容为参考指标。

(一) 多元文化背景下的教师能力结构②

多元文化背景下的教师能力核心是其文化价值观,是充分发挥教师其他方面知识的前提,它包括:教师对自身文化的意识、对差异性学生文化所持的态度、对民族文化的态度和社会文化的态度。多元文化背景下的教师首先要有正确的社会价值观,才能够对课程进行文化分析,采用文化敏感教学策略。因此,多元文化背景下的教师能力结构可以归纳为:态度、知识和技能。

1. 态度

态度即教师的文化价值观。国内外相关研究认为,教师的文化价值

---

① 《关于印发〈幼儿园教师专业标准(试行)〉、〈小学教师专业标准(试行)〉和〈中学教师专业标准(试行)〉的通知》(教师〔2012〕号),中华人民共和国教育部网站2012年9月13日。

② 王艳玲、荀顺明:《多元文化背景下的教师能力——以中国西部少数民族地区为例》,人民教育出版社2013年版,第28—55页。

观主要包括：对自身文化的意识、对学生文化的态度、对少数民族文化的态度和对社会文化的态度四个方面。

2. 知识

多元文化教育研究者持建构主义知识观，认为知识是有价值、局部、阐释性和暂时的。知识不是永恒不变的，而是被分享和建构的。而且对于多样化的学生群体，那些基础知识是教师必须知道和掌握的。此外，还包括教师的态度、知识和信念，即教师对待和处理学生差异性所需要的知识。

3. 技能

在多元文化背景下，教师应具备文化敏感型（适应型）教学技能。倡导教师改革教学模式，对少数民族学生抱有高期望值，课堂教学要适度反映学生的民族文化并适应学生的学习风格，提倡关爱学生，挖掘其潜能，减少歧视和偏见。

（二）多元文化背景下的教师能力标准内容[①]

依据多元文化背景下的教师能力结构，学者们提出了多元文化背景下教师能力标准结构的具体参考指标：态度、知识和技能。

1. 态度

态度领域主要表现为要有正确的社会文化价值观。主要包括：教师对自身文化的意识、对差异性学生文化所持的态度、对民族文化的态度和对社会文化的态度。

第一，教师对自身文化的意识。

教师要意识到自己是在特定的生活阶层、民族和性别中的个体，了解并避开个体文化身份潜在的局限和偏见；要意识到自己作为教师的文化身份；要将自己视为学习共同体中的一员；在思维方式、与他人互动的方式上要体现出个体差异性尊重。

第二，教师对差异性学生文化所持的态度。

多元文化教育认为，所有学生具有的经验、知识、技能都是有价值的，都应得到同等的重视和尊重；教师要公平对待与尊重各民族学生；

[①] 王艳玲、苟顺明：《多元文化背景下的教师能力——以中国西部少数民族地区为例》，人民教育出版社2013年版，第53—54页。

要对文化和语言多样化的学生抱有积极的态度；要将学生多样化、差异性视为全体学生有价值的学习资源；要对所有学生抱有高期望，相信所有学生都能实现学业成就。

第三，教师对民族文化的态度。

要积极学习和理解学生中人口较多民族的历史文化；要认可学校教育对保存和发展民族传统文化的意义；要积极对待所教学生的民族文化对其学习的可能性影响。

第四，教师对社会文化的态度。

应理解个人的观点及其生活经验的反映，意识到现存世界中观点和视角的多样性；应尊重和肯定文化的差异性和多样性，认识到那些不同于主流文化的思维方式、谈话方式和行为范式也是有价值的；应了解民族、文化、语言、家庭背景等社会文化因素对教学和学习过程的影响以及这种影响是如何发生的。

2. 知识

知识领域主要表现为教师要能够对课程知识进行多元文化分析。主要包括：关于文化本身的知识、学生经验与民族文化、学科知识与民族文化、课堂教学与民族文化。

第一，关于文化本身的知识。

文化本身知识是指要理解文化的意义（The Meaning of Culture）以及文化对学生学习和学校教育的影响，学校和课堂发挥"文化"（Cultures）功能的方式，把握不同于自己本身的民族、种族文化的本质以及文化在社会化、互动和交流中的作用。

第二，学生经验与民族文化。

应了解学生中人口较多的少数民族的历史文化；了解学生的校外生活；知道在教学中如何利用学生中人口较多的少数民族的历史文化；应了解学生对特定学习内容的已有知识和观念；了解学生的文化价值观和所教学科知识之间潜在、可能的冲突领域。

第三，学科知识与民族文化。

应了解学科知识中所蕴含的民族文化价值，善于从民族文化中挖掘有价值的教学资源来充实教学内容；应调整教学内容，使课程和教学适应文化、民族、语言多样化学生的独特需求。

第四，课堂教学与民族文化。

应知道在教学中如何传承民族文化，如何利用所在社区丰富的文化、社区教育资源等。

3. 技能

技能领域主要表现为使用敏感性教学的策略。主要包括：使课堂文化包容所有学生、给每位学生平等参与的机会、增强学生个人和文化的长项、选择恰当的教学方法、合理评价不同文化背景下学生的学业成绩、与家长和社区沟通的能力。

第一，使课堂文化包容所有学生。

教师应能根据不同文化族群和社会阶层学生的特殊要求，使用恰当的课程和教材，选择有效教学方法；教师需要能根据学生的文化经验设计教学，并将文化多样性的议题融入或统整于课程之中；教师应该帮助学生将其已有的知识和观念与当前的学习联系起来。

第二，给每位学生平等参与的机会。

教师对教学内容的解释与举例应当顾及文化的多样性与差异性；教师的课堂提问、作业布置等要考虑学生的文化背景差异；教师的表扬、鼓励要涵盖文化多样性的学生。

第三，增强学生个人的和文化的长项。

培养学生的兴趣；利用学生的语言资源，将语言作为一种学习资源；使用学生生活中的例子和类比；使用恰当的教学材料；利用社区资源，包括社区成员和家长，帮助学生在校内和校外生活之间建立桥梁；开展多样化的教学活动，为学生提供多种学习路径。

第四，选择恰当的教学方法。

教师在教学中能采用与学生文化相关的教学方法。

第五，学生的学业成绩评价。

合理评价不同文化背景下学生的学业成绩，主要内容包括：公平地评价学生的学习过程和结果，对学生评价时采用综合性标准，从而有效评估不同文化背景下学生的学习成效，避免个人期望的干扰。

第六，与家长和社区沟通的能力。

能采取恰当的方式与不同民族的家长和社区沟通。

三 多元文化背景下的教师能力标准建构①

依据多元文化背景下教师能力结构,借鉴相关研究成果,笔者认为,多元文化背景下的教师能力标准内容应包括:态度与责任、知识与理解、技能与实践三个维度。其中"态度与责任"是价值导向;"知识与理解"是基础;"技能与实践"是目标。

(一)态度与责任

态度与责任包括:对自身文化的意识、对学生文化的态度、对民族文化的态度和对社会文化的态度四个领域。

第一,对自身文化的意识。

应意识到自己是特定的社会、民族和性别中的个体,不断反思可能的偏见,并努力摒弃偏见;在思维方式、与他人互动方式上体现出对个体差异的尊重。

第二,对学生文化的态度。

应对每一位学生抱有高期望,相信他们都能学好,并向他们传达这种期望;相信每一位学生的知识、经验都是有价值的,并给予同等的重视;关心各民族学生,对每位学生有耐心和爱心;公平对待各民族学生;对学生的差异抱有积极的态度,并将其视为有价值的课程资源;尊重学生家庭背景、能力、观点、才能和兴趣的差异,并帮助他们学会相互尊重。

第三,对民族文化的态度。

应尊重学生的民族文化和习俗,引导学生摒弃不良习俗和生活习惯;认可学校教育对传承和弘扬优秀民族文化的价值;肯定少数民族学生学习本民族优秀传统文化的意义;努力在学校教育中传承优秀的民族文化;努力在学校教育中开展民族团结教育;不触犯民族禁忌。

第四,对社会文化的态度。

应肯定民族文化的差异性、多样性对于丰富社会文化的价值;努力了解民族、文化、语言、家庭背景等社会文化因素对教学和学习过程的

---

① 王艳玲、苟顺明:《多元文化背景下的教师能力——以中国西部少数民族地区为例》,人民教育出版社 2013 年版,第 231—233 页。

影响以及影响是如何发生的。

(二) 知识与理解

知识与理解包括：中国民族教育政策、少数民族学生的历史与文化、学生及其发展、课程内容的文化分析和教育教学知识。

第一，中国民族教育政策。

要了解中国民族教育政策；懂得如何维护和保障各民族学生平等受教育的权益。

第二，少数民族学生的历史与文化。

了解学生中人口较多少数民族的历史文化；了解各民族历史上的杰出人物及其事迹；了解各民族在过去和现在对中国社会发展的贡献；了解各民族的优秀文化传统；了解各民族的风俗习惯及民族禁忌；了解少数民族学生所居住的地理环境及其对学生心理的影响。

第三，学生及其发展。

认识到课堂上的学生在经验、能力、先前的学习水平以及语言、文化等方面存在的差异；了解社会、宗教、民族、文化和语言等诸多因素对学生学习和发展的影响；知道如何根据学生的特长和需要设计教学，具备为学生提供差异性教学和个性化帮助的知识和技能；了解学生的学习困难，并知道如何提供有针对性帮助；认识到学生学习起点和途径的差异，为每一位学生提供恰当的支持。

第四，课程内容的文化分析。

了解学科知识中蕴含的文化价值及可能的文化偏见；知道如何将民族文化整合到课堂教学之中，并在教学中传承优秀的民族文化；了解学生已有的知识和观念与当前教学内容的联系，并努力在教学内容和学生生活经验之间建立联系；了解学生的文化价值观和所教学科知识之间可能的冲突。

第五，教育教学知识。

掌握多种促进所有学生充分参与的教学策略；灵活调整教学内容和教学方法，使教学适应不同民族学生的特点和需求；知道学校教育中如何利用所在社区的文化和人力资源。

(三) 技能与实践

态度与责任包括：民族语言，普通话与口语表达，营造安全、全纳的课堂氛围，促进教学中的平等，使用文化相关的教学策略，合理评价学生的学习，争取家长支持七项内容。

第一，民族语言。

在学生母语是少数民族语言的地区，任教学前班和小学低段的教师应能够用当地学生的少数民族语言和普通话开展双语教学；应了解少数民族学生学习普通话的困难，积极帮助少数民族学生学习普通话。

第二，普通话与口语表达。

普通话水平应达到相应的等级要求，并不断提高普通话水平；口头表达清晰，易于被学生和家长理解。

第三，营造安全、全纳的课堂氛围。

创建并维持让学生觉得有身体、智力、情感安全的学习环境；消除课堂中的歧视与偏见。

第四，促进教学中的平等。

教学设计应考虑到学生学习能力和学习需求的多样化，并努力满足学生的需求；在解释教学内容或举例时，应考虑到学生民族文化的多样性与差异性；课堂中应包容多种视角、观点和经验，倾听每一位学生的声音；应促进课堂内外的平等，并且在与每一位学生的互动中体现出公平；应能够根据民族学生的心理特点采取有针对性的教育。

第五，使用文化相关的教学策略。

能够使学科知识对学生而言易于接受、有意义并具有文化相关性；能够根据学生的知识水平、生活经验设计并开展教学；教学应能发挥学生的特长，并满足学生的特殊需求；能够结合当地生产生活实际进行教学，使用学生生活中的例子；教学活动丰富多样，使用多样化的教学策略和方法；能够使用多媒体教学设备辅助教学，帮助学生更好地学习。

第六，合理评价学生的学习。

应具有正确的教育质量观，发现和赏识每一位学生的闪光点和每一点进步；采用多元化的评价标准和多样化的评价方式，公平地评价学生的学习过程和结果；引导每一位学生进行积极的自我评价，并帮助学生学会正确地评价他人，发现他人的优点。

第七，争取家长支持。

能够采取恰当的方式与学生家长沟通，争取家长的支持；能够利用社区的人力物力资源辅助学校教育；与社区建立积极地联系，帮助学生在学校生活和校外生活之间搭建桥梁。

第三节　多元文化教育对教师素养的要求

大多数研究者和教师认为多元文化背景下的教师能力是：普通教师的专业能力加上多元文化教学能力。实际上，这种观点是受传统定势思维的影响，从表面上看似乎正确，但实质上是不正确的。多元文化背景下的教师能力是一种综合能力，并非各种能力的相加。实施多元文化教育要求教师必须具备一定的素养。根据多元文化教育的相关理论，教师应树立平等包容的教育理念，构建平等的主体间性师生关系，并将理解教育渗透到学科教学之中。

一　平等包容的教育理念

必须帮助所有教师清楚地认识到，多元文化教育是一种理念，是让所有不同文化背景的学生接受平等的教育，培养发展更为积极的态度与文化价值取向。教师应对多元文化知识有所认识与了解，并发展他们对文化差异的正确认识及尊重多元文化的态度，使他们形成设计多元文化教学情境的能力。

多元文化教育需要教师树立平等包容的教育理念，不仅要有积极、正确的文化观和民族观，更重要的是发展教师多元文化教育的理念、知识与能力，将教师培养成"多元文化人"。

（一）多元文化教育理念内涵

《辞海》对"理念"的解释有两条：一是"看法、思想和思维活动的结果"；二是"观念"（希腊文 Idea），通常指思想，有时亦指表象或客观事物在人脑中留下的概括形象。[1] 理念与观念关联，上升到理性高度的观念叫"理念"。

教育理念是教师自己确认并信奉与专业有关的思想、观点和假设。教师的多元文化理念是教师在多元文化教育活动中对个体与社会发展过

---

[1] 辞海编辑委员会：《辞海》，上海辞书出版社1979年版，第1367页。

程中价值的极度信服和尊重以及对多元文化教育工作所具有的情感体验。多元文化教育中最基本的理念是公平、平等、包容、民主。文化没有高低优劣之分，不同的文化有不同的特色，对不同的文化都应以平等的视角看待，要将平等、公平的多元文化理念贯穿于一切教育活动之中。因为这些不同的文化都是世界文化的组成部分，应平等对待不同文化背景的人。

1. 公平、平等的多元义化教育理念

中小学教师应理解多元文化深层理念，深度透视社会文化多元价值，形成公平、平等的多元文化教育理念，才能对多元文化教育持积极态度，并将平等公平的理念渗透到多元文化教育教学实践之中。他们会认为各民族的文化都有其自身的价值，都应该得到尊重和重视；在教学中能公正、平等地对待每一位学生；认为与不同民族的学生、老师相处可以学到很多东西等。

为了将公平、平等的多元文化教育理念落实到具体的教学实践活动之中，教师在教学中应做到以下几点：第一，教师对多样性的文化持一种公平平等的态度；第二，教师应平等对待学生的文化差异性；第三，教师对所有的学生都应该抱有相同且较高的期待，以激发他们的上进心；第四，教师应给予每位学生平等参与课堂的机会，使其在课堂中都有机会发表自己的言论和看法；第五，教师应该以公平平等的态度处理在教学中遇到的多元文化问题；第六，教师对每个学生应该给予公平、合理的评价。[①]

具体而言，应提升中小学教师的多元文化教育教学能力，以改变他们的教育方式和教学手段，营造民主的课堂环境，为班里的每一位学生提供公平公正的教育，关注回族学生的学习需求，要多赞赏和鼓励回族学生，激发他们在课堂上积极发言，使其认识到自己与其他同学并无差异，避免歧视，在轻松自由的氛围中学习，提高教育质量。

2. 民主宽容的多元文化教育理念

具有民主、宽容理念的老师应努力营造安全和相互尊重的环境，透

[①] 王丹丹：《多元文化教育背景下的教师专业素养》，《当代教育论坛》（综合研究）2011年第9期。

过个人的反省与批判思维，去除各种偏见，建立更多适合学生现在以及未来的社会角色与责任。首先，教师在教学中要树立民主理念，理解和尊重不同文化背景下学生所表现出来的文化特质，并让他们接触和学习不同的文化，建立文化多样性理念。其次，教师应具有包容和欣赏不同文化的态度以及跨文化的适应能力。民主、宽容的多元文化理念不仅是开展多元文化教育的重要前提，也是多元文化社会得以存在和发展的基础。

教师多元文化教育理念是教师多元文化教学的基础，在很大程度上影响其教学行为。为了更好地将民主、宽容的教育理念贯穿于多元文化教学实践之中，教师需要具有足够的耐心和爱心，将民主和宽容融入每一件事、每一个学生。同时，在多元文化教育情境中，教师要营造一个安全活跃的学习环境，允许、尊重学生的不同思想观点，让每一个学生都有表达自己意见的权利。

3. 文化敏感性

文化敏感性（Cultural Sensitivity）是教师对所在文化环境的一种感知和应答，意味着教师对文化差异的宽容态度、对差异多样文化进行判断和鉴别的理性认知以及对文化活动的积极参与。[①] 教师文化敏感性对具有不同文化背景的学生会产生重要影响。如果教师具备一定的文化敏感性，就会对不同文化背景的学生差异很敏感，而且也会重视学生身上表现出的文化差异。

（二）教师应树立多元文化教育理念

1. 教师多元文化教育理念的重要性

美国多元文化著名研究学者詹姆斯·班克斯在对多元文化教师素养论述中，强调了多元文化教师理念的重要性：第一，教师要具有一定的影响力，有足够的知识与技能去解释族群文化；第二，充实各族群的历史文化知识；第三，注意自己对不同族群的态度、行为及语言；第四，利用多种不同的方式传递不同族群的文化特征；第五，正视学生中存在的种族差异，对学生表现的种族态度要保持敏感；第六，慎重地选择教

[①] 唐智芳：《文化视域下的对外汉语教学研究》，湖南师范大学 2012 年博士学位论文，第 63 页。

材，剔除有种族歧视、偏见等内容的教材；第七，选择课外书籍或视听材料补充教材的不足，增强学生对其他族群的认识；第八，由了解自己的文化开始，进而与来自其他文化背景的学生分享不同文化；第九，尽量选用有一致观点的教材，避免选用在某些问题上有冲突认识的材料；第十，避免在概念、内容及各科教学活动中渗入偏见的成分；第十一，对少数族群的学生要有较高的期望，激发他们的上进心；第十二，力争取得少数族群学生家长的合作与支持；第十三，提倡合作性学习，以促进族群间的整合；第十四，在学校的各正式和非正式族群中，相互之间应保持平等，营造和谐共处的氛围。[①]

由于各个民族具有不同的风俗习惯，文化背景、价值观念和宗教信仰之间存在差异，如果教师缺乏多元文化相关的各种知识，就不会正确解决教育教学实践中遇到的多元文化问题。以回族多元文化教育为例，如果教师不了解回族多元文化，尤其是不知道回族"重商教育"的文化传统，就不会理解这一文化传统对学生学习目的的影响，不能很好地认识和解决回族学生问题，提高教育教学质量。只有当教师树立多元文化教育理念，具备多元文化教育能力，了解回族穆斯林的宗教信仰、回族历史、价值观等文化，了解回族学生的思维方式和认知方式，才能够根据差异选用恰当的教育教学策略，才会从回族伊斯兰教文化传承的角度激发学生的学习积极性，使回族学生在学习中找到自己民族的独特性和优越性，不仅吸收主流文化知识，而且从主流文化知识中能感受到民族的认同与发展，从而激发其学习积极性，树立正确的学习目的，提高教学质量。

2. 教师多元文化教育理念的培养

多元文化背景下的教师教育培养目的是：增进教师对文化多元性的历史洞察；理解各少数民族的生活方式，特别是与学校教育有关的行为和态度；认识和消除个人偏见；帮助教师形成多元文化社会所需的知识与能力。多元文化教育要求教师能够检视个人的生活与行为，尤其是教师的教育教学行为偏见，强调教师对教材及其自身偏见的觉察，从而帮

[①] 王丹丹：《西南民族地区师范生多元文化素养培育策略研究》，西南大学 2012 年硕士学位论文，第 4—5 页。

助教师公正、平等地对待所有的学生，以实现多元文化教育的观念与理想。①

目前，教师对多元文化社会、多元文化教育认识不到位。民族地区师范院校职前教师培养忽略了民族文化的渗入，不利于培养学生对异文化的包容、欣赏态度，不利于民族传统优秀文化的交流传承。因此，要加强教师对多元文化教育的学习和理解，在教师教育课程体系中，应增设多元文化教育的相关内容，培养教师具有多元文化理念，掌握多元文化的基本知识和教学基本技能，帮助教师在多元文化社会与不同文化背景中扮演不同的角色，采取恰当的教育教学方法，公平对待不同文化背景的学生，在教学中关注他们的学习风格、学习习惯等差异，并以多元视角引导和教育学生去分析和解决问题。

总之，只有当教师具有了多元文化教育理念，才能从多元文化视角看待不同文化背景的学生，在此基础上重新审视学校教育，把不同民族文化融入学校的教学过程之中，在教学中关注其学习风格、学习习惯等差异，正确引导、培养具有民族多样性的学生，使其从多元文化视角发现、认识和解决问题，促进少数民族学生形成自我身份认同与民族认同，使其健康全面发展。

（三）教师应树立多元文化教育价值观

多元文化背景下的教师能力核心是其文化价值观，是充分发挥教师其他方面知识的前提：包括教师对自身文化的意识、对差异性学生文化所持的态度、对民族文化的态度和社会文化的态度。多元文化背景下的教师首先要有正确的社会价值观，才能够对课程进行文化分析，并采用文化敏感教学策略。

态度是个人对某一客体所持的评价与心理倾向，即个人对环境中的某一对象的看法，并由此所激发的一种特殊的反应倾向。态度作为一种心理现象，即指人的内在体验，又包括人的行为倾向。态度一般是潜在的，主要通过人们的言论、表情和行为来反映。态度既是一种内在的心理结构，又是一种行为倾向。

价值观代表着一个人对周围事物的看法和行为倾向，即个人对某一事

---

① 薛正斌：《从回族学困生看教师多元文化教育》，《现代教育论丛》2014年第4期。

物的善恶、是非和重要性的评价。从性质上说，价值观是态度的核心。因为一个人的态度总是取决于态度对象对他个人的社会意义，这种社会意义的大小，决定了态度对象所具有价值的大小。因此，人们的价值观不同，所产生的态度也不同。一个人的价值观对他的态度明显具有一种工具性功能，对能够满足个人的需要、对人有利的事物，便产生肯定的态度；对不能满足人们的需要又对人不利的事物，则会产生否定的态度。所以，态度实质上是反映了客观事物与一个人主观需要之间的关系。

国内外相关研究认为，教师的文化价值观主要包括：对自身文化的意识、对差异性学生文化所持的态度、对民族文化的态度和对社会文化的态度四个方面。

第一，对自身文化的意识。

教师要意识到自己是特定的社会、民族和性别中的个体，不断反思可能的偏见，并努力摒弃偏见；在思维方式、与他人互动的方式上体现出对个体差异的尊重。

第二，对学生文化的态度。

教师要对每一位学生抱有高期望，相信他们都能学好，并向他们传达这种期望；要相信每一位学生的知识、经验都是有价值的，都应得到同等的重视和尊重；要关心各民族学生，对每位学生有耐心和爱心；要公平对待各民族学生；要将学生多样化、差异性视为有价值的课程资源；要尊重学生家庭背景、能力、观点、才能和兴趣的差异，并帮助他们学会相互尊重；要对所有学生抱有积极、高期望的态度，相信他们都能成就自己的学业。

第三，对民族文化的态度。

教师要尊重学生的民族文化和习俗，引导学生摒弃不良习俗和生活习惯；要认可学校教育对传承和弘扬优秀民族文化的价值；要肯定少数民族学生学习本民族优秀传统文化的意义；要努力在学校教育中传承优秀的民族文化；要努力在学校教育中开展民族团结教育；不要触犯民族禁忌。

第四，对社会文化的态度。

教师要肯定民族文化的差异性、多样性对于丰富社会文化的价值；要理解个人的观点及其生活经验的反映，意识到现存世界中观点和视角的多样性；要尊重和肯定文化的差异性和多样性，认识到那些不同于主流文化规范的思维方式、谈话方式和行为范式也是有价值的；要努力了解民族、文化、语言、家庭背景等社会文化因素对教学和学习过程的影响以及这种影响是如何发生的。

（四）多元文化教育对教师角色的要求

多元文化教育追求社会平等和公正，认为教育是每个人普遍享有的权利，强调教师应具备多元文化教学能力，公平对待不同民族、社会阶层以及不同文化背景的学生，为他们提供平等的教育机会，促进教育公平发展。多元文化强调要以相互尊重、理解、宽容与学习的态度面对各种不同文化的差异，坚持平等、交往、整合的理念，公正、平等、差异、多元和宽容成为多元文化的核心词汇。

因此，多元文化教育要求教师必须具有多元民族的态度和价值观，充分了解不同民族、群体文化背景的学生及其历史文化，能从多元文化的观点和视角思考社会诸多问题。教师不再是知识的权威和真理的传授者，而应树立新的角色：关怀者、对话者和创造者。[1]

第一，关怀者。

关怀是人的一种基本能力，在人与人相互交往时能够转换成一种行为模式；教师有责任关怀来自不同文化和语言背景的所有学生，教师要尊重、关注每个不同民族文化背景的学生，使其得到心灵上的温暖。

第二，对话者。

教师要树立平等、民主的师生关系，采取合作教学方法。这样师生才能在对话中分享不同的文化，建立新型的师生观。对话不仅指师生双方之间的言谈，而且也指双方内心世界的思想交流，双方应相互真诚地倾听、接纳。对话不是为了消除差异、排除异己，而是为了更好地理解和珍视差异这一资源。

第三，创造者。

教师是多元文化教育环境的创设者。学校和教室的文化环境也可能形成不利于学生的学习障碍，教师要充分理解学生的文化背景，不断寻找相关信息，将其整合到自己的课堂教学与课程之中，致力于创设多元文化的教育环境。

---

[1] 《美国多元文化教师教育对中国的启示》，新浪博客 2012 年 5 月 14 日。

面对多元文化背景的学生群体，教师需要理解学生不同的学习方式，并为学生创设适当的学习机会，以适应多元化的学习者。这样才能使不同民族性格、文化特性的学生和谐相处，使其都能得到全面发展。因此，要更新教师的多元文化教育理念，以有助于提高教学质量。

二 主体间性师生关系

教育是一种有目的、有计划、有组织培养人的社会实践活动，教师与学生是构成教育活动的最基本要素。教师与学生在教育过程中的地位和关系问题一直是教育学主要的理论和实践问题。多元文化教育要求教师树立平等的师生关系，下面主要探讨主体间性师生关系建构的必要性、内容及其原则。

（一）主体间性的师生关系建构的必要性

师生关系（Teacher-student Relation）是教师和学生在教育、教学过程中形成的相互关系，包括彼此所处的地位、作用和相互对待的态度等。学校中的教育活动是师生双方共同的活动，是在一定的师生关系维系下进行的。师生关系既受教育活动规律的制约，又是一定历史阶段社会关系的反映。良好的师生关系是提高学校质量的保证，也是社会精神文明的主要方面。[1]

受主客二元对立思维的影响，传统师生关系是一种主客体关系，把教育主体活动的所有对象都视为客体。因此，建立主体间性师生关系，改变以往教育过程中教师对学生的控制，对于实现教育主体之间的理解与合作、对话与沟通具有重大的理论价值和现实意义。

1. 现代教育发展的要求

《教育——财富蕴藏其中》中指出："教师和学生要建立一种新的关系，从'独奏者'的角色过渡到'伴奏者'的角色，从此不再主要是传授知识，而是帮助学生去发现、组织和管理知识，引导他们而非塑造他们。"[2]

要将主体间性理论引入教育活动中，建构主体间性视域下的新型中

---

[1]《中国大百科全书》，中国大百科全书出版社1985年版，第320页。
[2] 杨超有：《论师生关系紧张的成因与消除策略》，《教育与职业》2006年第17期。

小学师生关系,实现教师和学生在地位上的平等,充分发挥学生在教学活动中的主动性和积极性,增强学生在学习中的主体意识,为培养全面发展的人提供重要条件。

教育是学生在教师创设的学习生活环境中,经过知、情、意、行等身心活动,达到自我发展的一个过程,其核心目标是培养和发挥学生的主体性。实现这一核心目标的关键是建立平等民主、相互尊重的新型师生关系,即教师是教育行为的主体,学生也是学习和发展的主体。[①] 教师启发引导、学生实质参与、师生平等互动。

2. 基础教育课程改革的要求

2001 年,中国颁布了《基础教育课程改革纲要(试行)》,指出:"学生是学习和发展的主体",倡导改革传统教学模式,以转变学生的学习方式,由原来单一、被动的学习方式转变为以充分调动和发挥学生主体性为特征的多样化学习方式。"新课改"对教师提出了新的要求:"教学过程是师生交往、积极互动、共同发展的过程……在这个过程中教师与学生分享彼此的思考、经验和知识,交流彼此的情感、体验与观念,丰富教学内容,求得新的发现,从而达到共识、共享、共进,实现教学相长和共同发展。"[②]

在传统教学中,教师只关注传授知识,忽视了学习主体学生的发展。"新课改"要求教师转变角色,成为学生学习的促进者、引导者、合作者和参与者,要求师生之间以平等为基础,通过对话交流合作完成教学活动。因此,要建立主体间性师生关系,使教师和学生在教育活动过程中互为主体,通过交往与对话实现师生间的沟通、理解。

3. 培养全面发展人的需求

传统主客体师生关系强调知识的传授和掌握,忽视了学生的情感态度、价值观培养。而主体间性师生关系要求教师与学生在教育交往实践中相互作用,师生之间不仅仅是知识的传递,更是情感、人格的碰撞和相互的影响,教育活动是师生双方秉持平等、合作共享、对话交流与沟

[①] 郭文安:《主体教育思想发展的回顾与前瞻》,《教育研究与实验》2006 年第 5 期。
[②] 岳伟、王坤庆:《主体间性:当代主体教育的价值追求》,《华东师范大学学报》2004 年第 6 期。

通的过程。同时，主体间性师生关系倡导教师主体与学生主体在交往过程中实现共同性。这样不仅有助于形成师生双方的思想意识，更有助于培养师生双方独立、开放与合作精神。

（二）主体间性师生关系建构

中国主体间性师生关系经历了教师单一主体、学生单一主体和主体间性的师生关系三个阶段。其中主体间性的师生关系符合教学规律性和科学性。在此关系中，师生之间的平等交流，能够充分发挥双方的主动性、自主性和创造性，有效提高多元文化教育效果。

1. 师生主客体关系——教师单一主体

在中国，封建儒家文化强调师道尊严，"一日为师，终身为父"。所以，中国古代和近代的师生关系多以教师为中心，教师可以对学生进行训斥、责罚，甚至打骂，学生必须无条件地接受和服从。教师对学生的支配、学生对老师的服从构成了师生主客体关系。

在西方，赫尔巴特把教学过程分为五个步骤：第一，预备。目的是唤起学生头脑中相关旧概念，引起对新知识的兴趣；第二，提示。即讲授新教材；第三，联想。即对新旧知识进行比较，建立相互联系；第四，总结。得出结论；第五，应用。把学到的知识用于解答问题或练习。在教材问题上，传统教育学派主张以教材为中心，重视间接经验。在教学形式上，认为班级教学是主要的教学组织形式。[①] 在这一教学模式中，教育是教师把知识传授给学生的传播过程。教材是传播的内容，班级是传播的具体形式。这种传播方式就决定了师生是一种主客体关系，学生对教师必须保持一种被动的状态，教师与学生之间就是支配与被支配的关系："教师教，学生被教；教师无所不知，学生一无所知；教师思考，学生被思考；教师讲，学生温顺地听；教师制定纪律，学生遵守纪律；教师作出选择并强加于学生，学生唯命是从；教师选择学习内容，学生适应学习内容；教师把自己作为知识权威和专业权威，与学生自由相对立；教师是教育过程的主体，学生只是纯粹客体。"[②]

---

① 阮志孝：《传播学视野下的传统教育学派与现代教育学派》，《现代远程教育研究》2006年第2期。

② 王树人：《关于主体、主体性与主体间性的思考》，《江苏行政学院学报》2002年第2期。

由此可见，在师生主客体关系中，过分夸大了教师的作用，忽视了学生在教育教学中的主动性、独立性。强调教师对知识的绝对权威性，强调教师在教学中的主体性地位，否认了学生在学习中的主动性。老师把学生视为知识容器，采用灌输方法，把知识灌输到学生这一"容器"之中，学生的个性和创造力得不到重视和发展，甚至被压制。因此，教师成为知识传递者，而学生则是被动地接受教师的塑造、教导和控制。

2. 师生主客体关系的主体性——学生单一主体

杜威把教学过程分为暗示、问题、假设、推理和验证五个步骤。主张从学生的心理系统出发，以活动为中心，根据学生的兴趣组织活动。主张教学应从学生的活动和经验出发，让学生在做中学；学校应当利用真实的生活情景，以社会环境为中心，反对班级教学。因此，教学必须以学生为中心，否定了教师的主导作用。[①] 这种教学模式认为，学生是教育教学的主体和中心，在教育教学活动中，学生是主体，所有的教学手段和措施都应围绕学生展开，为学生创造一个良好的学习环境，教师的工作和任务是促进学生健康成长。在这种师生关系中，教师的教学相较于学生的学习来说处于从属地位。学生中心论者在强调学生主体地位的同时，否认和弱化了教师的作用，将教师和学生的关系对立起来。

在这种师生主客体关系中，第一，片面强调学生的学习主动性，认为学生才是教学过程的中心和主体，忽视了学生本身不成熟的特性，学生不具备成年人健全的道德标准体系以及成熟的判断力，不具备专业课教师的专业知识水平和学习经验；第二，忽视了教师在教学过程中的作用，教师在教学中的作用是非常重要的，教师和学生的关系是相互影响的。如果认为教师在教育教学中居于从属地位，起辅助性作用，会削弱教师的启发引导作用，忽视人类长期积累总结的间接经验学习，往往使学生的学习陷入一种自发性、盲目性的探索过程。[②]

3. 主体间性的师生关系建构

主体间性视域下的师生关系，是在人与人的主体间性关系中建构

---

① 阮志孝：《传播学视野下的传统教育学派与现代教育学派》，《现代远程教育研究》2006 年第 2 期。

② 靳运红：《主体间性视域下中学师生关系研究》，河北师范大学 2011 年硕士学位论文，第 9 页。

的。因此，在主体间性的师生关系中，教师和学生是平等的，通过相互交流、相互理解，师生可达成共识。在此教学活动中师生都具有主动性、自主性和创造性，即主体间师生关系是在师生相互理解、相互尊重的前提下，以民主、平等为主要特征，通过师生之间的交流、对话生成新的知识价值，促进师生共同完善其人格，建立和谐共处的师生关系。①

主体间性师生关系强调学生在教学过程中的主体地位，认为学生在学习和成长过程中具有独立意识和主观能动性。教师不再是课堂的唯一主体，学生与教师具有同等重要的位置；教师不再是支配者、征服者，学生也不再是被动的接受者；教学不再是教师的单向活动，而是师生之间积极互动的过程。②

从知识的角度来看，教师和学生只是知识的先知者与后知者的关系。因而教师不能以知识的权威者自居，对学生产生偏见、歧视，造成师生之间的对立关系。同时，教师和学生在人格上面也是独立的，每一个学生都有自己丰富的情感思想，需要教师的理解和尊重。所以，在主体间性的师生关系中，教学是一个创造、生成性过程，学生不再是知识的接收器。这就改变了传统的教师传授知识、学生接受知识的教学模式，建立了师生交往、互动合作的教学模式，师生能够平等交流、真诚沟通。学生不仅能够获得活的知识，并在启发、探索中获得主体性发展。

多元文化背景下的教学强调知识是建构的，而不是灌输的。在主体间性的师生关系中，学生不再是被动地接受知识，而是主动地进行知识建构，通过对话、交流、合作和探究形式自主建构知识，在此过程中可以充分发挥学生的创造力、潜能、天赋等，陶冶其情感，促进其个性的全面发展。

（三）师生主体间关系建构的原则③

多元文化教育的核心要求教师具备公平、平等的教育理念，并将这

---

① 靳运红：《主体间性视域下中学师生关系研究》，河北师范大学 2011 年硕士学位论文，第 9 页。
② 同上。
③ 郝文武：《师生主体间性建构的哲学基础和实践策略》，《北京师范大学学报》（社会科学版）2005 年第 4 期。

一理念贯穿于教育教学活动之中。主体间性师生关系是自为的，而不是自在的。主体间关系中的主体性不同于主客体关系中的主体性，强调师生平等交往。因此，要建立师生平等交往原则，从而建构师生主体间关系。

1. 自我确认原则

主体都是有意识的作用者，无意识的作用者只是作用物而不是主体。凡对象都是主体的对象，也都是意识到的对象或意识所指的对象。在人际关系或社会关系中，每个人能否意识到自己和对方都是主体，是形成主体间关系、发挥和提高各自主体性的关键。在教育活动中，无论是教师和学生都把学生当作客体；还是教师把学生当作主体，学生把自己当作客体；或者教师把学生当作客体，学生把自己当作是主体，都很难形成师生主体间性关系，难以发挥和提高学生的主体性。只有教师和学生都把自己和对方当作主体，师生关系才能真正成为主体间性关系，教育教学活动才能真正确立学生的主体地位，形成、发挥和提高学生的主体性。

2. 指导学习原则

教育的存在条件是学习，教育的发展过程是学习，教育的最终目的也是学习，教育是主体间的指导学习。这种教育本质观从根本上确立了学生的主体地位。每个人都是需要不断完成的存在，青少年更是如此，他们不能完全自主完成，是需要教师指导的主体。学习的本质是学习者主体自己的学习，任何人都不能代替他人学习。教育的根本目的是提高学生的主体性。发展学生是教育的终极目的和归宿。在主体间性师生关系中，教师根据社会与人的发展规律、需要、目的，系统指导学生自觉主动地学习知识，发展能力、体力，形成技能和良好思想品德，是受教育者与自然、社会、学校等环境相互作用的自我建构；是自我教育、自我选择、自我设计、自由发展的实践；也是师生平等交往、相互理解、融合、促进和共同提高的过程。

3. 研究性教学原则

建构主义哲学认为，知识是主客体相互作用的产物，是客观反映与主观建构的统一。虽然刺激反应、客观反映和主观建构都需要思考，但刺激反应强调刺激本身对知识形成的作用，客观反映强调思维与刺激的对应关系，主观建构则强调智慧对刺激选择、加工和知识的创造作用。实际上，教师和学生从来都不是知识的容器和输出、输入知识的机器，都有知识建构和创新的潜能，知识能否建构和创新的关键在于人的认识理念和实践方式。在师生主体间性关系中，师生能够在平等交流、主动对话和相互理解的基础上，形成研究性教学和研究性学习。

4. 人文关怀原则

以人为本，注重发挥人的潜能是现代教育的最高目标。人类发展历史和现实实践证明，每个正常的人都具有很大的发展可能性。如果一个人能自尊、自爱、自立、自主和自强，也能受到他人的尊重、信任、关爱、理解、支持和鼓励，其潜能就会得到最大化发挥，并变成现实能力。"罗森塔尔实验"等许多研究充分证明，一个人能否自尊、自信、自强，教师是否把学生当作主体来教育，其效果是大不一样的，甚至有天壤之别。挖掘潜能需要调动积极性和发挥主动性，调动积极性和发挥主动性就是挖掘潜能，其目的和过程是一致的。教育的目的在教育活动之中，而不在教育活动之外，教育活动之外没有教育目的。

5. 独特共在原则

人与社会互为基础，相互促进。人是社会的人，社会是人的社会，社会和个人的关系是既对立又统一的。在主体间性社会关系中，社会与个人互为目的和手段，个人无论是目的还是手段都是主体，不是客体目的和客体手段。教育既重视实现社会目标，又重视满足个人需要，以促进人的社会化和个性化统一发展；既不是轻视个人发展的"社会本位教育"，也不是脱离社会发展的"个人本位教育"。通过师生主体之间的教育交往活动，能够培养师生正确处理人类、国家、民族、社会、集体与个人关系及其长远利益和现实利益，成为具有较高主体的社会成员，成为具有显明个性和高度社会化的人，成为社会化和个性化统一的人。

6. 全面发展原则

主体性强调学生主体的德、智、体等全面发展，培养学生主体不仅要有理性、情感，要有科学精神、科学知识和科学能力，还要有人文精神、人文知识、正确价值观和行为能力，德才兼备；既重视知识的接受、继承，又强调知识的创新、发现、发明；既强调智力、能力、理智和理性的形成和发展，也重视需要、兴趣、情感、意志、态度、理想、信仰等作为理性发展动力的非智力、非理性的形成和发展；既强调认识能力的形成和发展，又重视实践能力的形成和发展；既坚持以人为中心、以人为本，又重视人与自然和谐发展，社会与经济可持续发展，使学生成为面向现实、面向世界、面向未来的主体。

三 理解教育渗透于学科教学

多元文化教育以文化理解为前提，在教学过程中渗透着多元文化教育的根本理念。首先，教师要理解学生的不同文化背景，平等对待、尊重不同的文化，并在教学中给予学生人文关怀。其次，多元文化教学要以学生的生活为切入点，将课程内容与学生的生活世界联系起来，引导学生认知和理解课程内容，树立对自身民族文化的认同感和对主流文化、其他民族文化的理解。

（一）作为理解者的教师和学生

1. 作为理解者的教师

知识和经验有很大的相关性，知识来自经验，是经验的提炼整合。在学校教育中，课程是知识的载体，课程知识是用某种教育哲学和学习理论，对学生、社会和学科的经验予以筛选并逻辑化的结果。但在教育现场中，经验一旦知识化之后，就不能或不用回到真实、原始的经验。理解是一个意义生成、建构的过程，因此，在教育理解中，教师既是理解者，也是建构者。这种建构超出了知识范围，建构者所建构的是一种经验，并非一种知识。

假定教师是知识管理者，他会把知识和学生当作客体，自己则成为知识的旁观者。这样，学生是不可能自主获得知识，他们已有、正在获取的知识都是教师给予的。当然，师生之间是有知识距离的，但教师放大了自己在知识掌握、传递和评价中的重要性，只把自己看成经验的存在，而忽视了学生也是一个经验的存在。学生是人，也是经验的存在，不是教师的认知客体。

现实世界不是纯粹客观的自在之物，而是主体价值关涉的。因为只有经过个体行动并加以解释过的现实世界才是有意义的。这种由主体解释过的现实就是一种经验、一种建构。教师作为经验的建构者，应将课程知识与自己和学生的经验结合起来，重视经验，用鲜活的经验重构教参和教材。因为教参和教材都是特定情境下的产物，具有未完成性，教师应将师生之间的知识差距变为共有知识，引领学生进行有意义的经验建构。

2. 作为理解者的学生

学界对学生有不同的观点，有学者认为，学生是生活世界中的人，也是文化中的人，还是时代中的人。① 学生既是发展的人，也是独特的人；学生既是教育活动的主体，也是责权主体。② 但这些观点都是积极的，认为学生是人，教师要把学生当作人看待。

在传统教育观念中，教师认为学生是没有经验的，即使有，也是残缺的，可以忽略不计，是均质化对待所有的学生。将学生进入学校之前的经验割断，教师把学生视为"空的容器"。③ 其实，每个人都是经验的存在者，学生也不例外。学生进入学校时，不同的学生具有不同数量和性质的经验，这些经验就构成了他们在学校学习的基础。由此可见，学生的经验是生成的，在理解教育中，学生不仅是经验拥有者，还是经验建构者。学生始终处于生成和重构经验的过程中。因此，在教育现场中，教师要把学生看成一定经验的拥有者及其经验建构者，让学生真正成为自我，建构自己的经验。杜威说："自我并不是某种现成的东西，而是通过行动的选择逐步形成的东西。"④

3. 师生主体间性

教师希望学生与人为友，首先自己就要与学生为友。目前，中国绝大多数孩子都是独生子女，家庭亲属关系日趋简单化，孩子与同龄人的交往减少。由于缺乏交友机会，部分青少年形成了孤僻的性格。⑤ 目前"四、二、一"的家庭阵营，使孩子们得到太多的关爱，甚至是溺爱，不少独生子女以"自我"为中心，难以与他人和集体相融。学生过分强调自我，远离集体，对周围的事漠不关心，难以在多元社会中与他人

---

① 郭元祥：《新课程背景下学生观的重建》，见熊川武等主编《教育研究的新视域》，辽海出版社2003年版，第322—328页。

② 王本陆：《面向21世纪的学生观》，《课程·教材·教法》1998年第10期。

③ 桑标：《关注教师心理健康》，《文汇报》2003年11月9日第9版。

④ ［美］杜威：《民主主义与教育》，人民教育出版社2001年版，第368页。

⑤ 《2000年中国环境状况公报》（摘录），《环境教育》2001年第4期。

和睦相处。因此，教师应主动与学生交朋友，师生之间才能相互尊重、理解和信任，才能民主平等对话，尊重对方的选择，彼此理解，友好相处。

虽然强调"学生是教育的主体"，但是在这个需要理解、学会相处的情境中，理解教育是教师与学生之间的理解，"生存"是"共同"的，所以互动的双方是没有主、客体之分的，师生都是中心，都是主体。

理解教育是以文化合作与生活理解为核心的教育，可以消除误解、增进理解，使教师与学生更好地理解自己与他人，从而获得更好地发展。理解教育主要包括三个方面：一是理解学生，教在心灵；二是理解教师，勤学奋进；三是理解自己，塑造人生。"理解学生，教在心灵"，是指作为教师要善解人意，解读学生心灵，激励学生的情感因素，取得教学效果的最大化；"理解教师，勤学奋进"，是指学生应尊重教师的劳动成果，体谅教师的苦衷，熟读精思，奋发进取；"理解自己，塑造人生"，是指师生应在理解双方的基础上更加深刻地理解自己，不断规划和实现自己的美好人生。[①]

（二）理解教育的实施途径

国际理解教育是实现不同国家、不同民族、不同文化、不同群体之间的相互理解和尊重，促进国际交流与合作，维护国际和平的教育。其目的是培养具有国际视野和国际理解能力、了解国际规则并能参与国际事务和竞争的国际化人才。这也是实施多元文化教育的目标。

从理论层面看，有效的国际理解教育是一种具有普适性的教育理念，可以独立成为一种课程内容，也可以贯彻于其他课程之中；从实践层面看，国际理解教育尝试培养的是一种文化理解和包容力，实质是一种跨文化交际教育，强调多元共生的和谐价值观体系。[②]

学校具有其他机构无可比拟的优越性，是实施国际理解教育的最佳场所，可以通过课程或教学改革培养和促进国际理解精神。例如，1989

[①] 熊川武：《"理解教育"的实质、步骤与发现》，《教育科学研究》2005年第10期。
[②] 周汝霏：《跨文化交际视野下的国际理解教育》，山东大学2010年硕士学位论文，第1页。

年，日本文部省出台了一系列改革措施，注重培养学生的民族意识与自我意识，提升对文化与传统的尊重和对国际的理解。不仅要重视尊重本国文化与传统的态度的培养，而且要加深对世界文化和历史的理解，培养日本人在国际社会中生活的素质。其目的是"培养学生作为一个生活在国际社会中的日本人，具有自我意识、丰富的人性和社会性"。他们认为，在国际化的进程中，为了培养下一代日本人，学校教育必须从现在做起，培养学生尊重不同国家人民的文化与生活方式，并培养学生重视本国文化与传统。"旨在培养学生理解如何在社会中生活，理解并热爱我们的国土与历史，具备建设一个民主、和平的国家与社会所必需的基本公民素质"。[①]

所以，可以通过学科渗透、开设校本课程、开展国际文化交流、创办国际课程班以及相关网络平台建设等多种途径实施国际理解教育，要讲求实效，并将理解教育渗透于学科和校本课程开发之中。

（一）理解教育渗透于学科教学

学科渗透是实施理解教育的重要途径之一。由于理解教育概念自身的广泛和多面性，开发具有适用性和针对性的课程模式比较困难，而将国际理解教育作为一种教育理念，融入既有课程内容之中，对于理解教育的具体课程实施具有一定的参考价值。[②] 中小学各学科中都有丰富的国际理解教育资源，要充分挖掘、科学整合国家课程中能够作为国际理解教育载体的内容，注重不同学科教学中国际理解教育渗透方法的探索与实践，成立研究与实施学科渗透的学校机构，开发和实施学科渗透，使其进入校本课程，形成国际理解教育的学科教学渗透机制。

由于各门具体学科知识体系、教学方法本身等存在很大差异，因而在这些学科课堂教学中渗透国际理解教育的方式也各异。应根据语言、社会科学、自然科学、艺术等不同课程的特征，有针对性地渗透国际理解教育的理念。要立足于课堂，在日常教学中有机渗透理解教育的思

[①] Lynne Parmenter, Structuring Students' Knowledge Base of the World: The Effect of Internationalization on the Japanese School Curriculum, *Educational Journal*, Summer 1999, 127 (1), pp. 13–35.

[②] 周汶霏:《跨文化交际视野下的国际理解教育》，山东大学2010年硕士学位论文，第5页。

想，提升学生国际理解能力和人文素养，培养学生文化认同的意识，提高跨文化沟通能力。如在人文学科的教学过程中，整合本国学科发展与世界文明的发展，从整个世界或地球的角度关注人类在社会、经济、文化、科学等诸多方面的发展和进步，理性分析国与国、民族与民族、文化与文化之间的冲突，多关注那些为改善人类生活环境、为人类构筑福祉的国际机构的发展，多关注那些为人类的自由、公正、人权以及为捍卫神圣的科学而进行的抗争或斗争等。①

但要注意，理解教育理念要渗透于学科教学之中，并不能因此改变学科教学的中心任务。因为学科教学的中心任务是围绕教学大纲展开的。

（二）研发理解教育的校本课程

校本课程的研发和实施，也是实施国际理解教育的重要保障之一。除了在学科教学中渗透国际理解教育理念，还要重视基于国际理解教育的校本课程开发。与学科渗透式的国际理解教育教学相比，基于国际理解教育的主题课程将直接服务于国际理解教育的目标。如《国际礼仪》《中西方文化差异》《走进美感》等。重视基于国际理解教育的校本课程开发，可以弥补学科教学中国际理解内容的不足，丰富国际理解教育的形式与材料。

国际理解教育着眼于对个体态度与意识的培养，强调以宽容、理解和欣赏的态度对待多元、相互依存的世界中的各种现象；全球教育强调在全球化背景下，解决人类共同面临的世界性问题。因此，国际理解教育有一个共同的课程目标——从多角度呈现教学内容，这种方法可以深化并丰富学生对国际问题、其他民族及其文化的理解，包括文化多样性的学习、人权的学习、多元的课程观、消除偏见等内容。

从学校文化层面看，校本课程的开发和实施有利于学校办学特色，有利于造就一支专业素质和理论水平较高的教师队伍；从课程文化角度看，校本课程的研发可以缩短"理想课程"和"现实课程"之间的距离，使课程向综合性、多样性方向发展，让教育充满时代气息；从学生发展视角看，校本课程的研发有利于促进学生的全面发展、自主发展和

---

① 吕朝阳：《在中小学实施国际理解教育的实践与思考》，《教师博览》2013 年第 3 期。

个性发展，有利于学生基本素质的全面养成。例如，在小学阶段，可以开发与传统文化、风俗习惯、重大节日、国际礼仪、生态环境等方面相关联的校本课程；在初中阶段，可以开发与国情了解、国际人权、多元文化、信息交流等方面相关联的校本课程；在高中阶段，可以开发与和平、人权、发展、环境、人口、贫困以及文化多元和社会公正等相关联的校本课程等。

第三章　回族多元文化背景下的教师能力现状调研

在多元文化环境中，由于民族地区的特殊性、学生的文化差异、教师自身的发展等诸多因素影响，教师需要具有多元文化教学能力。所以，当务之急是要了解教师对社会文化多样性和多元文化教师的态度和认识，了解教师是否具有多元文化知识及教学实践能力，是否有多元文化教育方面的培训及其存在的问题等。以上这些方面的现状调查可以为民族地区多元文化教师职前培养与职后培训提供依据，进而更好地促进民族地区的教师专业发展，提高民族地区基础教育质量。

第一节　教师多元文化素养现状

一　现状分析

（一）背景情况

参加问卷调查的大部分教师年龄在55岁以下，其中小学教师老龄化比较严重，36—55岁的教师占55%。中学教师呈现年轻化，教师队伍结构合理，初中教师主要集中于26—45岁，占初中样本教师人数的71.9%；高中教师集中于26—55岁，占高中样本教师人数的83.6%。大部分教师的学历在大专以上，约占样本教师总数的91.5%。教龄为3—5年的教师占35.8%，教龄在16年以上的教师占23.4%。被调查的教师主要集中在5年以下和16年以上，占调查样本教师人数的72.4%。

在被调查的样本教师中，男女教师所占比例分别是44.3%和55.7%；汉族与回族教师的比例分别是73.3%和26.7%；从教师任教学段看，高中、初中和小学教师分别占16.2%、30.3%和53.5%；城区和农村教师分别占

68.9%和31.1%。在教师职称方面,小学教师的职称结构不合理,其中小教高级和小教一级教师比例分别是36.6%和43.5%,共计占小学教师总数的80.1%。而小教二级和小教三级教师共计占样本小学教师总数的4.9%。未定职级的教师占样本小学教师总数的14.9%。从一个层面反映出小学教师老龄化现象十分严重(见表3—1)。

表3—1　　　　　　　被调查教师的基本信息　　　　　　（单位:%）

性别	男	44.3	任教学科	语文	30.4
	女	55.7		数学	29.6
民族	汉	73.3		英语	16.5
	回	26.7		政治	2.7
学历	本科及以上	67.4		物理	3.1
	大专	24.1		历史	2.1
	中专	8.2		地理	2.4
	其他	0.3		化学	3.7
学段	高中	16.2		生物	2.9
	初中	30.3		音乐	1.6
	小学	53.5		体育	3.7
学校所在地	城区	68.9		美术	1.3
	乡镇	20.1			
	乡村	11			
年龄	25岁以下	5.1	教龄	3年以下	13.2
	26—35岁	31.6		3—5年	35.8
	36—45岁	23.5		6—10年	14.9
	46—55岁	28.5		11—15年	12.7
	55岁以上	11.3		16年以上	23.4
小学职称	小教高级	36.6	中学职称	中教高级	14.5
	小教一级	43.5		中教一级	26
	小教二级	4.5		中教二级	49.2
	小教三级	0.4		中教三级	0.7
	未定职级	14.9		未定职级	9.6

（二）教师对多元文化和多元文化社会的态度

关于教师多元文化教育态度与多元文化教育的关系问题，美国多元文化研究专家詹姆斯·班克斯认为，学校成员对来自不同文化背景的学生持正向的态度和期望，这是多元文化课程有效实施的基础。庞尼特的研究发现：教师对多元文化的自觉意识越高，越有责任感和义务感，并且会有意识地在课程设计和教学活动中融入多元文化。在国内，目前关于多元文化背景下的教师对社会文化多元性的态度已经有很多研究。本研究是在前人研究的基础上，对此做进一步的分析研究（见表3—2）。

表3—2　　教师对多元文化和多元文化社会的态度　　（单位:%）

教师对多元文化和多元文化社会的态度	极同意/同意	中立	不同意/极不同意
人际间的民族文化差异并不影响彼此的友谊和了解	78	13.1	8.9
喜欢与不同族群的人相处	58.5	37	4.5
生活在多民族社会，要学会互相包容和尊重	96.6	3.4	0
少数族群应保存自身文化，学会和谐相处	93.4	5	1.6
信仰自由是多元文化社会特色之一	86	10.4	3.6
从不同文化背景族群那里学到很多东西	81.3	13	5.7
与文化背景不同的族群相处是件困难的事	21.5	20.1	58.4
少数族群应放弃自身文化传统，融入主流社会和文化	19.7	23	57.3
住在单一民族地区比多民族地区好	24.1	32.4	43.5
多元族群社会应展示文化的多样性和丰富性	86.3	7.9	5.8

调查结果显示：教师对多元文化和多元文化社会普遍持积极、乐观的态度。在被调查的教师中，78%的教师认为，"人际间的民族文化差异并不影响彼此的友谊和了解"；58.5%的教师认为，"喜欢与不同族群的人相处"；96.6%的教师认为，"生活在多民族社会，要学会互相包容和尊重"；81.3%的教师认为，"从不同文化背景族群那里学到很多东西"；86.3%的教师认为，"多元族群社会应展示文化的多样性和丰富性"（又见表3—2）。

但是，还有21.5%的教师认为，"与文化背景不同的族群相处是件困难的事";20.1%的教师对此持中立态度。19.7%的教师认为,"少数族群应放弃自身文化传统,融入主流社会和文化";另有23%的教师持中立态度。24.1%的教师认为"住在单一民族地区比多民族地区好"(再见表3—2)。

访谈:某乡镇中学张老师说,她长期在回族地区学校任教,不仅学习和了解了很多回族风俗文化知识,而且将这些与自己的教育教学实践结合起来,提高了教学质量,受到了学生和家长的好评。她经常与回族同事一起吃饭,受其文化环境影响,她也改变了自己的饮食文化风俗。例如,回族宰杀动物必须要请阿訇[①]"念"[②],这样才符合穆斯林的饮食习俗和规范。阿訇"念"过的动物肉吃起来有味,香。虽然张老师是汉族,但她喜欢买回族"念"过的牛羊肉。她说这样的肉有"香味"。

综上所述,多元文化背景下的教师对多元文化的态度是积极的,对文化的多元性也是认可的。教师普遍认为多民族环境对他们已习以为常;生活在多元文化社会要相互包容;信仰自由是多元文化社会的特征之一;可以从不同文化背景的族群那里学到很多知识;少数族群应保存自身文化,学会与其他民族和谐相处;多元族群社会应展示文化的多样性和丰富性;反对少数族群放弃自身文化传统,融入主流社会和文化。但是,教师缺乏对多元文化的深层次理解,忽视了多元文化教育的价值,在教育教学实践中缺少多元文化教育的意识和实际行动,没有很好地将多元文化知识及其理念渗透到教育教学实践之中。因此,部分教师认为"住在单一民族地区比多民族地区好""与文化背景不同的族群相处是件困难的事"等。这些为开展回族多元文化背景下的教师多元文化知识和技能培训提供了重要依据。

在回族多元文化背景下,教师对多元文化社会的态度是积极的,被调查的样本教师普遍对宁夏回族多元文化教育习以为常;认为回族应保存其自身的伊斯兰教传统文化,并认为宁夏回族地区应展示文化的多样性和丰富性;全部教师认为不论学生背景如何,都应知道文化的多样性。这反映出教师长期处于多元文化社会中,但是对多元文化社会及多

---

① 是伊斯兰教教职称谓,波斯语的音译,意为"伊斯兰学者、宗教家和教师"。
② 意思是:以普慈特慈的真主之尊命……真主至大。然后下刀屠宰。

元文化知识懂得的不多。

（三）教师对回族教育的态度

调查的详情如下表（见表3—3）。

表3—3　　　　教师对回族多元文化教育的态度　　　　（单位：%）

教师对回族教育的态度	极同意/同意	中立	不同意/极不同意	汉族教师	回族教师
教师在回族学生组成的学校任教得益良多	73.5	21.1	5.4	77	70.4
为满足回族学生学习的需要，应采取不同教学方法	85.3	10.9	3.8	86.4	83.7
加强对回族文化的了解有助于与回族学生相处	91.7	5.7	2.6	92.5	89.8
教师有责任了解回族学生的文化背景	85.2	6.4	8.4	83.1	87.5
鼓励回族学生为自己的文化而骄傲不是教师的责任	35	21.5	43.5	35.1	36.5
学生的民族文化差异越大，教学就越有挑战性	83.8	9.1	7.1	89.5	77.9
为满足回族学生学习的需要，教师需扮演更多的角色	75	12.6	12.4	78.6	72.4
从回族文化背景家庭学生那里学到很多知识	21.5	44	34.5	25.3	16.8
要做一名好教师，必须了解回族学生的文化习俗	86.2	8	5.8	88.1	85.8
教学生不同民族文化知识只会引发课堂内的冲突	13.5	22.1	64.4	14	13.7
所有学生都应该知道回族地区文化的多元性	73.5	20.1	6.4	74.8	72.8
了解回族文化知识对我所教科目没有帮助	18.3	23.4	58.3	23.4	14.5
只要教学方法得当，回族学生也能取得好成绩	92.6	5.3	2.1	89.5	94.6
教育、教学方法应与回族学生的文化特性相符	82.6	11.7	5.7	85.7	80.1

调查结果显示：教师对回族教育持积极态度。91.7%的教师认为，"加强对回族文化的了解有助于与回族学生相处"；86.2%的教师认为，

"要做一名好教师，必须了解回族学生的回族文化习俗"；85.2%的教师认为，"教师有责任了解回族学生的文化背景"等（又见表3—3）。

从教师的民族方面来看，汉族与回族教师对回族教育都持积极态度，但汉族教师与回族教师之间差异明显。例如，针对"教师在回族学生组成的学校任教得益良多"，汉族教师与回族教师的赞同率分别是77%和70.4%（再见表3—3）。以上数据说明回族教师熟知回族穆斯林文化，习以为常，没有新的内容可学习，而汉族教师缺乏回族穆斯林文化，需要了解回族文化知识。"只要教学方法得当，回族学生也能取得好成绩"，汉族教师与回族教师的比例分别是89.5%和94.6%（再见表3—3）。反映出汉族教师比回族教师更关注多元文化教育，可能是回族教师了解本民族的文化，更多地关注教育教学理论方面的知识和技能，轻视了回族穆斯林文化对学生学习和发展的影响。

1. 教师对自身工作环境的认同

调查结果表明：大多数教师对自身的工作环境持认同态度。73.5%的教师认为，"教师在回族学生组成的学校任教得益良多"；83.8%的教师认为，"学生的民族文化差异越大，教学就越有挑战性"。其中汉族教师占89.5%，而回族教师占77.9%，汉族教师赞同这一看法的比例高于回族教师（再见表3—3）。因为与回族教师相比，汉族教师缺乏相应的回族多元文化背景知识，所以挑战性较大。

访谈：某县城中学姚老师说，他是当地土生土长的，在回汉民族杂居地区成长起来的汉族教师，在他成长、学习的环境中充满着多元文化气息，在日常生活交流中获取了很多关于回族生活风俗习惯文化。上大学时离开回族聚居区，大学毕业后又回到家乡工作。因此，他熟知回族的文化生活习俗，在回族地区学校任教，没有陌生、不适应的感觉，也没有明显感到有什么文化差异。但他对回族的历史文化缺乏深层理解，缺乏相应的多元文化教学策略，在某种程度上影响其教育教学效果。

2. 教师对了解学生文化背景的态度

调查结果表明：大多数教师认为有必要了解学生的文化背景知识。86.2%的教师认为，"要做一名好教师，必须了解回族学生的文化习俗"；85.2%的教师认为，"教师有责任了解回族学生的文化背景"；

91.7%的教师认为,"加强对回族文化的了解有助于与回族学生相处"(再见表3—3)。

访谈:某县城小学黄老师说,她是民族师范学校毕业的,他们在入职前都要进行培训,但培训内容没有涉及回族教育。她第一次接触回族学生时,有很多担心。在后来的教学工作中,向学校的其他同事请教教育教学中遇到的问题,了解回族学生的风俗、生活方式等知识,逐渐适应了多元文化教育环境。因此,她认为很有必要对中小学教师进行民族地区教育理念和教学方法方面的培训。

3. 教师对回族学生的期望

调查结果表明:教师对回族学生普遍抱有较高的期望值,并持有积极、乐观的学生观。21.5%的教师认为,"从回族文化背景家庭学生那里学到很多知识";75%的教师认为,"为满足回族学生学习的需要,教师需扮演更多的角色";92.6%的教师认为,"只要教学方法得当,回族学生也能取得好成绩"。其中汉族教师(89.5%)赞同比例低于回族教师(94.6%),反映了回族教师对回族学生抱有较高期望;同时,也说明了回族教师熟知回族学生的文化背景(再见表3—3)。

4. 教师对教学适应回族学生特点的认同度

调查结果表明:绝大多数教师赞同教学要适应回族学生的特点。其中82.6%的教师认为,"教育、教学方法应与回族学生的文化特性相符";75%的教师认为,"为满足回族学生学习的需要,教师需扮演更多的角色。"85.3%的教师认为,"为满足回族学生学习的需要,应采取不同教学方法"。

多元文化教育要求教师具有宽容、民主的精神,营造安全、支持的学习环境,尊重学生的想法,让每一个同学都有表达自己思想、意见的权利。从访谈中了解到,部分教师缺乏责任意识,尤其是农村教师,缺乏多元文化教育中最基本的民主与宽容态度与教学理念。

访谈:某县城小学教师白老师说,她是回族,又是在宁夏中卫市海原县长大的。海原县是回族聚居区,回族多元文化浓厚,她在海原县教书12年,熟知回族的历史文化知识,有一定的多元文化教育教学能力。她对回族文化也很感兴趣,经常给新来的教师传授一些回族文化知识、风俗习惯等。白老师没有系统地学习多元文化、回族文化风俗等方面的知识，但是她能够教学相长，对回族多元文化知识持开放的态度。

综上所述，参与问卷调查的教师对回族多元文化教育基本持认同态度。大部分教师认为有责任了解学生的文化背景，并根据不同文化背景学生的学习需要，扮演多种角色，注意与学生交流沟通的方式，采取不同的教学方法。大部分教师认为，在不同文化背景学校任教对其自身具有挑战性，并受益很多，而且认为学校课程只关注多元文化是不够的。虽然一部分教师在自己的教学实践中注意了解学生的文化背景，并从学生身上学习多元文化知识，但是，也普遍反映了教师自身缺少必要的多元文化教育知识和技能，缺乏对多元文化的认识，对在课堂上教授学生多元文化知识是否会引发课堂内的冲突等问题似是而非。如92.6%的教师认为，"只要教学方法得当，回族学生也能取得好成绩"；18.3%的教师认为，"了解回族文化知识对我所教科目没有帮助"（再见表3—3）。因此，教师亟须进行多元文化教育知识和技能方面的培训。

（四）回族多元文化背景下的教师知识

调查结果详如下表（见表3—4和表3—5）。

表3—4　　　　　回族多元文化背景下的教师知识　　　　（单位:%）

回族多元文化背景下的教师知识	极同意/同意	中立	不同意/极不同意
了解回族的历史文化	73.5	19.1	7.4
了解回族学生的家庭背景及其社区文化	71.6	25.5	2.9
了解所教班级中回族学生的学习特点	79.8	16.5	3.7
在备课时会考虑回族学生的民族特性	78.3	15.4	6.3
在教育教学中会注意回族禁忌	98.5	1.5	0
目前我国教材中缺乏回族文化内容	36.5	25.1	38.4
在教育教学中会给每位学生平等参与的机会	91.6	8	0.4
自己熟知所教学科中哪些部分与回族特性有关	82.6	13.3	4.1

表 3—5　　教师的族别、性别和教龄与其多元文化知识　　（单位:%）

回族多元文化背景下的教师知识（极同意/同意）	总体	民族		性别		教龄（年）		
		汉族	回族	男	女	小于5	6—15	大于16
了解回族的历史文化	73.5	69.8	75.6	75.3	72.5	63.3	70.8	79.6
了解回族学生的家庭背景及其社区文化	71.6	71.2	74.5	73.1	70.3	70.6	72.5	80.4
了解所教班级中回族学生的学习特点	79.8	77.6	82.3	79.6	81.5	75.4	80.2	86.5
在备课时会考虑回族学生的民族特性	78.3	82.6	76.5	76.9	80.3	36.8	40.5	83.1
在教育教学中会注意回族禁忌	98.5	99.1	95.3	97.7	98.4	60.3	75	99.6
目前我国教材中缺乏回族文化的内容	36.5	30.1	38.5	35.8	37.5	35.8	37.5	34.2
在教育教学中会给每位学生平等参与的机会	91.6	92.8	89.5	90.3	93.6	97.5	90.8	89.4
自己熟知所教学科中哪些部分与回族特性有关	82.6	75.8	89.6	80.4	84.3	57.1	63.4	85.7

调查结果显示：绝大多数教师认为，要做一位好教师，必须了解学生的文化差异。回族和汉族教师都对此持肯定态度，他们认为，只有做到对不同文化背景学生特点的认识，并因材施教，有针对性的解决他们在学习中遇到的各种问题，教师才能更好地指导、帮助学生的发展。

大多数教师具备回族多元文化背景下所需的教育知识，但回族教师对回族学生的民族文化和学习特点的了解明显高于汉族教师。而汉族教师的回族多元文化教育知识是随着教龄的增长而增加。这反映出汉族教师的多元文化教育知识的获得，在很大程度上是通过自己的教育实践积累的。

1. 了解回族的历史文化

民族地区的教师要做好教育教学工作，首先要了解学生，尤其是了解学生的文化背景。调查数据显示：73.5%的教师认为，自己"了解回族的历史文化"；71.6%的教师认为，"了解回族学生的家庭背景及其社区文化"。针对教师上述两个观点的比例，意味着还有近30%的教师对此观点持中立或反对态度（又见表3—4）。

访谈：某乡镇初级中学刘老师说，他毕业于民族地区某师范学院数学与计算机学院，但学校没有开设民族教育、多元文化教育等方面的课程，所以没有接受过多元文化教育。从访谈中了解到：虽然刘老师已经任教多年，但这是他第一次听说多元文化教育概念。在他的同事中有很多老师也不知道多元文化概念，也没有接受过相关方面的教育。

2. 了解回族学生的学习特点

调查结果表明：79.8%的教师"了解所教班级中回族学生的学习特点"；78.3%的教师"在备课时会考虑回族学生的民族特性"。以上两项有20%的教师持中立或反对态度（又见表3—5），反映了教师多元文化知识欠缺。在回族地区，很多教师在进入学校之前，没有接受过任何关于民族多元文化教育方面的知识，而且在职后也很少接受相关的培训，对多元文化知识的学习完全处于自发自为的状态。

另外，年龄越大、教龄越长的教师，越是了解回族学生的学习特点，在备课时，会考虑回族学生的学习特点。而且随着教师的年龄和教龄的增长，他们逐渐对回族的文化习俗也了解得更多了。例如，教龄在5年以下、6—15年和16年以上的教师对"了解所教班级中回族学生的学习特点"的赞同比例分别依次为：75.4%、80.2%和86.5%；对"在备课时会考虑回族学生的民族特性"的赞同比例分别依次为：36.8%、40.5%和83.1%（再见表3—5）。

访谈：某县城回民中学魏老师说，他2012年毕业于陕西师范大学，同年聘任到某回民中学，他既高兴又担忧，高兴自己终于有了一份固定的工作；担忧的是在回族地区教书，怕自己难以胜任教学工作。在来回民中学之前，他没有接触过相关多元文化教育方面的知识。他是在陕北长大的，对回族的风俗、习惯等不是很了解，尤其是对学生的学习习惯、思维方式、认知和心理特点等不知道。到了回民中学，得到了李老师的帮助，他们两人是搭档，都给两个相同的班级带课，魏老师教语文，李老师教英语。而且李老师就是本地回族，她时常给魏老师讲一些回族方面的文化传统、宗教信仰以及回族学生的心理特点及其学习风格、教学方法等。

3. 对教材知识的文化分析

调查结果表明：82.6%的教师认为，"自己熟知所教学科中哪些部分与回族特性有关";其中汉族和回族教师的比例分别是 75.8% 和 89.6%。表明回族教师对教材进行文化分析能力比汉族教师强。36.5% 的教师认为,"目前我国教材中缺乏回族文化内容";25.1% 的教师对此保持中立态度;38.4% 的教师对此持反对意见,认为中国课程并未缺失多元文化教育内容和教学(再见表 3—5)。对此持肯定意见的教师可能更多地感受到课程中主流文化的内容多一些。对此持反对意见的教师可能认为课程内容尽可能体现不同文化的特色。

另外,随着教师的教龄增长,他们对教材的文化分析能力持续不断提高。例如:针对"自己熟知所教学科中哪些部分与回族特性有关",教龄在 5 年以下、6—15 年和 16 年以上教师的赞同比例分别依次为:57.1%、63.4% 和 85.7%(再见表 3—5),教师教龄越长,他们更容易将课程内容与回族文化联系起来;男教师和女教师的赞同比例分别是 80.4% 和 84.3%(再见表 3—5),说明女教师善于将教材内容与学生的社会生活经验紧密联系在一起。

访谈:某农村中学哈老师说,他是中学历史老师,在历史教学中会结合回族文化举例或补充内容。例如,在讲述郑和、杜文秀等英雄人物传说时,他会联系回族的一些民间故事,拓展与此相关的历史传说,比如赛典赤等。

4. 公平对待并尊重学生

调查结果显示:绝大多数教师能够公平对待并尊重学生。有 91.6% 的教师认为,自己"在教育教学中会给每位学生平等参与的机会";98.5% 的教师认为,自己"在教育教学中会注意回族禁忌"(见表 3—5)。教龄越长的教师会更加注意回族禁忌。78.3% 的教师认为,"在备课时会考虑回族学生的民族特性"(再见表 3—5)。以上这些反映出教师能够理解和尊重不同文化背景的学生,具有多元文化教育态度。但 6.3% 的教师则表示在心理上会有些排斥(再见表 3—5)。这说明教师不具有多元文化教育的理念,对学生的不同文化背景不了解,难以将课堂教学还原为学生的生活世界。

另外,教龄在 5 年以下、6—15 年和 16 年以上的教师,对"在教育教学中会注意回族禁忌"的赞同比例分别依次为:60.3%、75% 和 99.6%;对"了解回族的历史文化"比例分别依次为:63.3%、

70.8%和79.6%（再见表3—5）。反映出随着教师教龄的增长，他们更加注意少数民族禁忌，尊重不同文化背景学生，在自己的教育教学实践中很好地落实多元文化教育。

访谈：某村级小学杨老师说，她在教育教学工作中没有遇到文化差异造成的困惑，也没有学习多元文化教育方面的知识。后来，调入一所偏远的村级回族小学任教。在去学校工作之前，她有些担心。到了学校之后，感到那里的经济文化落后，学生的文化基础知识比较薄弱。只要她去集市，就给孩子们买些水果。学生在课间吃着她买的水果，开心地与她聊天。她还自己掏钱给家庭经济困难的学生买作业本⋯⋯孩子们第一次问杨老师是汉族还是回族，杨老师说她是汉族，学生们感到很吃惊。后来，孩子们常常带着怀疑的眼神，问这个相同的问题——老师您真的是汉族？

这些孩子很喜欢杨老师。一次，杨老师有病请假了，学生家长打电话说孩子们要来看望她，杨老师拒绝了。她说路太远，孩子小，不安全。后来，家长三番五次地打电话，说家长带孩子们一定要来看望杨老师。最后没办法，杨老师只好答应了他们的请求。

（五）回族多元文化背景下的教师教学能力

多元文化背景下的教师教学能力主要包括：教师与学生沟通技能、教师的教材开发技能、教师采用针对性教学方法的技能、教学中传承民族文化的技能以及运用民族语言的技能、与学生家长沟通的技能等。调查结果显示：大多数教师具有多元义化背景下的教学能力（见表3—6）。

表3—6　　　　　回族多元文化背景下的教师技能　　　　（单位:%）

回族多元文化背景下的教师技能	极同意/同意	中立	不同意/极不同意	汉族教师	回族教师
在教学中能够适当将回族学生的文化结合起来	78.9	18	3.1	76.3	82.6
会结合回族学生的民族特点举例或补充内容	72.8	24.9	2.3	68.5	74.3
采取不同的教学方法，以满足回族学生的需要	74.7	15.5	9.8	78.6	68.4

续表

回族多元文化背景下的教师技能	极同意/同意	中立	不同意/极不同意	汉族教师	回族教师
能有效解决不同民族学生之间的隔阂	89.6	5.4	5	93.5	86.4
删减或变通教材中不符合回族文化内容的表述	66.1	19.3	14.6	70.1	63.4
在教学策略和方法上体现出对回族学生的关注	78.3	18.1	3.6	83.4	73.6
教学中充分利用本地或学生家庭中的回族文化资源	74.9	21.1	4	67.3	84.9
在教学中努力传承回族穆斯林的优秀文化	72.5	23.8	3.7	69.8	75.1
能够与回族学生的家长交流	87.4	6.7	5.9	89.5	83.6
能够根据回族学生的民族特点进行沟通	88	7.4	4.6	90.6	86.4
在我的课堂上每一种民族文化都能获得承认和发扬	69.8	18.7	11.5	73.5	66.2

为了保证每个学生都能获得学业成功，教师有责任了解文化背景不同的教育对象，并根据不同学生的文化背景因材施教。这与教育长期倡导的教学原则有关。但是，还有一部分教师对此持中立态度，尤其是中学教师，对此保持中立的大约占16%（又见表3—6）。

1. 与不同民族学生沟通的技能

调查结果显示：88%的教师认为，自己"能够根据回族学生的民族特点进行沟通"；89.6%的教师认为，"能有效解决不同民族学生之间的隔阂"（再见表3—6）。但是，针对以上两种观点，还有20%以上的老师对此观点持中立或反对态度，说明他们不具有平等民主的多元文化教育理念。多元文化教育强调教师要包容、理解不同文化背景的学生，这其中就包含着要建立平等的师生关系，师生之间才能平等交流、对话。

针对"能够根据回族学生的民族特点进行沟通"，汉族教师与回族教师的比例分别是90.3%和86.4%；"能有效解决不同民族学生之间的隔阂"，汉族教师与回族教师的比例分别是93.5%和86.4%（再见表3—6）。以上数据与访谈中了解的情况相同。一方面，汉族教师认为自己不是很了解回族穆斯林文化，在教育教学过程中更加尊重回族穆斯林生活习俗，善于和学生沟通交流；另一方面，并非说明回族教师缺乏与学生沟通、交流的技能，而是他们认为自己是回族，了解回族的风俗习惯，有时可能忽视了自己的教师身份，正面引导学生的少，强调学生纪律规范方面的较多，可能家长和学生有一些意见。

访谈：某乡镇小学姚老师说，她以前不在回族地区生活，也没有读过关于回族历史文化的书，不了解回族的风俗习惯。在日常教学中，她常常利用课间、课外活动等时间，与回族学生聊天、拉家常，和他们打成一片。孩子们七嘴八舌，什么话都告诉她。例如，家里请阿訇"念锁"①的事；村子里发生的鸡毛蒜皮等，包括女孩子出嫁，男孩子成家……姚老师在无意间了解了很多关于回族的文化风俗习惯。所以，姚老师对回族的历史文化知识大多都是在日常教学实践中了解的，都是同事和学生经常提及的一些常识性知识。

2. 教材及课程开发的技能

调查结果显示：66.1%的教师"删减或变通教材中不符合回族文化内容的表述"，其中汉族和回族教师所占的比例分别是70.1%和63.4%。74.9%的教师在"教学中充分利用本地或家庭中的回族文化资源"，其中汉族和回族教师所占比例分别是67.3%和84.9%。72.8%的教师认为自己在教学中，"会结合回族学生的民族特点举例或补充内容"。但是，还有27.2%的教师持中立或反对意见（再见表3—6）。这说明教师不具备如何实施多元文化教育的能力和技巧，不会适时地将不同民族文化融入教学之中，满足不同文化背景学生的需要。教师也不知道如何运用相关资源和素材。教师缺乏多元文化知识以及将多元文化理念融入教学实践的能力，不会经常检视自己对不同文化背景学生的态度或偏见。

3. 采取针对性教学方法的技能

调查结果显示：78.3%的教师"在教学策略和方法上体现出对回族学生的关注"；74.7%的教师会"采取不同的教学方法，以满足回族学生的需要"。其中汉族和回族教师所占比例分别是78.6%和68.4%。

---

① 是回族为了纪念先故而在家里举行的一项重大活动。

78.9%的教师"在教学中能够适当将回族学生的文化结合起来";72.5%的教师认为"在教学中努力传承回族穆斯林的优秀文化";69.8%的教师认为,"在我的课堂上每一种民族文化都能获得承认和发扬";72.8%的教师"会结合回族学生的民族特点举例或补充内容";但是,还有27.2%的教师持中立或反对意见(再见表3—6)。

以上数据说明部分教师缺乏多元文化教育理念,在教学实践过程中,没有对不同文化背景的学生采取相适应的教学方法和策略,不会将相关教育素材和资源融入教学实践,课堂教学方法单一,缺乏对学生的正确引导,学生难以在情感上对教学内容产生共鸣。

4. 与家长沟通的技能

调查结果显示:87.4%的教师"能够与回族学生的家长交流";但是,还有12.6%的教师持中立或反对意见(再见表3—6)。这说明部分教师忽视了家庭教育在学生教育中的作用,教师缺乏多元文化教育能力,没有充分利用多元文化相关的教育素材和资源,仅限于学校书本教学,没有很好地将学校与家庭文化教育结合起来。

访谈:某农村小学李老师说,以前在回族地区生活,上中学时,班里就有回族学生,因而了解回族的基本风俗和宗教信仰。如:知道回族信仰伊斯兰教,忌讳对他们说与猪有关的话题。后来当了教师,长期与回族穆斯林在一起生活、工作,经常参与回族的婚事、丧事、节日庆典等活动,对回族风俗了解得更多了,更加尊重回族的风俗。例如,农村小学没有自来水,一般都是吃井水,他不用自己的水桶打水,而是用回族老师的水桶。

二 存在问题

根据对样本学校教师的多元文化素养的调查和访谈分析,得出回族多元文化教师素养方面存在以下几方面的问题。

(一) 教师多元文化教育意识淡薄

调查结果表明:教师基本对社会文化多样性和多元文化教育持积极认同的态度,但大多数教师对其内涵认识还停留在表层,缺乏深层的理解,多元文化教育意识淡薄。通过对样本学校的教师访谈,发现个别教师对多元文化教育的认识还存在一定的偏差,对回族多元文化教育资源的开发存在异议。部分教师认为有些选修课是关于民族文化、多元文化教育内容,其内容与考试无关,对提高学生的成绩没有帮助,反而会增加教师和学生的负担等。这种认识偏差导致教师倾向于应试教育,教学追求分数,这不利于学生跨文化意识、多元文化教育知识和能力的培养。教育中忽略了民族文化的渗透,不利于民族传统优秀文化的交流传承,不利于培养学生对多元文化的包容、欣赏态度。大部分教师期望学生在学好课程知识的同时,能以自身的文化为骄傲,形成跨文化的适应能力,包容和欣赏不同文化,并与不同文化背景的人和睦相处。但是,大多数教师缺乏对多元文化教育深层的理解,缺乏将多元文化理念渗透于教学实践之中的能力,影响了教学效果。

(二) 教师缺乏多元文化教育知识

通过问卷调查和访谈,发现回族地区样本学校教师对社会文化的多样性和多元文化教育持一定的认同态度。但是,教师对不同文化背景的学生了解较少,普遍缺乏多元文化教育知识。在长期的历史发展过程中,回族形成和积淀了自己民族独特的文化,生活在这种文化环境之中,回族学生自然带有回族独特的文化气息。在有回族多元文化的课程或教学活动的学校里,大约有20%的教师不知道如何将回族文化融入教学实践(再见表3—6),以满足不同文化背景学生的需要,也不知道如何运用相关资源与素材。由此可见,教师缺乏多元文化知识结构以及对文化资源选择的能力,难以将多元文化资源融入教学之中,造成学生将所学内容与熟悉的地方性文化知识和学生的现实生活难以联系起来。

访谈:某乡镇中学李老师说,"2007年我调入一所乡镇中学,学校以回族学生为主,汉族学生较少。初到这所学校,我与学生关系很密切,时常与他们聊天、拉家常,有时也给他们买些小礼物,同学们也很喜欢我。有一天,一位同学来到我的办公室,给我两大包油香和馓子。那位学生走后,我发现怎么每两个油香中间夹了三四片羊肉,就问同宿舍的黄老师是否是孩子粗心,把羊肉夹在油香中间了?黄老师大笑着告诉我没有拿错,那是给你最好的礼物。回族有个风俗,对一般客人,只给油香,不加肉。只有尊贵的客人才夹肉"。

(三) 缺乏恰当的多元文化教学方法和策略

尽管78.3%的教师在教学策略和方法上注重对回族学生的关注;

74.7%的教师会采取不同的教学方法,以满足回族学生的需要;72.8%的教师会结合回族学生的民族特点举例或补充内容;78.9%的教师在教学中能适当地将学生的回族文化结合起来等,但还有相当一部分教师不能很好地将相应的多元文化教育理念融入教学实践之中(再见表3—6)。除了教师缺乏相应的多元文化教育知识,没有真正理解多元文化教育理念之外,教师还缺乏恰当的多元文化教学方法和策略。在教学实践过程中,很多教师不能根据不同文化背景的学生采取恰当的教学方法和策略,也没有融入自己对多元文化教育的理解,教学方法单一,很少涉及多元文化思想的碰撞和交流,缺乏对学生的正确引导,影响了教学效果。

第二节 多元文化教师教育现状

一 多元文化教育培养缺失

调查数据显示:62.1%的教师认为,"学校有必要开设地方课程或校本课程";25.4%的教师认为没必要;12.5%的教师认为无所谓。有57.2%的教师认为,所在"学校应有多元文化的课程或活动"。尽管有62.1%的教师对地方课程和校本课程持肯定态度,但仍有37.9%的教师没有认识到地方课程或校本课程的重要性。对国家、地方和学校三级课程不了解。三级课程的实施,不仅摆脱了以往传统僵化单一的课程管理体制,而且妥善处理了课程的统一与多样之间的关系,这有助于教材的多样化,还有利于满足少数民族地区的社会经济、文化发展以及学生发展的需求。这也是民族地区实施多元文化教师教育的一个主要依据(见表3—7)。

表3—7　　　　职前教师多元文化教育课程现状　　　　(单位:%)

职前教师多元文化教育课程	极同意/同意	中立	不同意/极不同意
学校有必要开设地方课程或校本课程	62.1	12.5	25.4
学校应有多元文化的课程和活动	57.2	10.3	32.5

目前，中国民族地区多元文化背景下的师资培养课程体系基本与其他高校趋同，教师缺乏多元文化教育相关知识、技能等方面的培养，没有形成正确的多元文化理念，缺乏认识不同的文化群体、尊重不同的文化差异。以新疆师范大学为例，基本与国家其他师范院校的课程设置相同，唯一不同的是开设《民族问题概论》和《新疆地方史》两门地方课程。其中《民族问题概论》专门研究民族问题及其发展规律，包括世界各国的民族问题和民族政策；国内民族问题的基本方针、政策和指导思想；新疆不同文化、民族风俗习惯及信仰等。《新疆地方史》以马列主义的历史观、民族观、宗教观、文化观为指导，再现了新疆多元一体形成和发展的历史。[①] 因此，民族师范院校教师教育应增加多元文化课程，丰富教师的多元文化知识，改变教师知识结构，帮助提高实施多元文化教育的能力。这就要求应对教师进行多元文化教育。

访谈：某教育局局长认为，由于民族地区师范学院缺乏多元文化课程，师范生缺乏对回族多元文化的教育理念及其教学实践能力，不愿意到偏远的回族地区学校工作，这使教育局很纠结。教育局没办法，只好把年龄较大的老教师派到最偏远的民族学校；男生分配到交通相对方便的学校；女生分配到公路沿线交通方便的学校。另外，一些新教师不适应回族地区的生活环境、教育教学环境，容易对回族学生及其民族文化认同产生偏差，影响其教学效果，因而教师成就感低，导致教师队伍不稳定，加剧了教师的流动性。

二 多元文化教育培训缺乏

（一）教师了解回族多元文化教育的途径

调查结果显示：59.9%的教师认为，回族多元文化教育知识和技能主要来源于自己的教育教学实践经验积累；17.9%的教师认为是通过典型教育事件获得的；13.5%的教师认为是通过教育书籍获得的；3.6%的教师认为是通过自己的同事获得的；1.4%的教师认为是通过教科书

[①] 蔡向颖：《新疆少数民族地区多元文化教师教育研究》，新疆师范大学2012年硕士学位论文，第32页。

获得的。由此可见，教师的回族多元文化教育知识和技能主要靠自学方式以及与同事的交流获得，其中主要是教师自己的教育教学实践经验的积累和阅读相关书籍，这反映出教师接受回族教育相关培训严重不足（见表3—8）。

表3—8　　教师了解回族多元文化教育知识和技能的途径　　（单位:%）

内　　容	百分比
教育书籍	13.5
工作经验	59.9
培训课程	3.7
同　　事	3.6
教育事件	17.9
教 科 书	1.4
其　　他	0

所以，回族地区中小学教师的多元文化教育实践能力的获得、发展主要依靠实践经验的积累。大多数教师都是在教育实践中遇到回族多元文化教育问题时，才开始学习相关多元文化教育知识和技能。

（二）回族地区教师的多元文化教育培训现状及需求

调查结果显示：有89.7%的教师认为，"自己在回族文化知识及其教育技能方面的培训不足"，有10.3%的教师对此持中立和反对意见。说明多元文化知识和技能培训问题还没有引起教师的重视。与汉族教师相比，回族教师觉得自己所受相关培训严重不足，反映出回族教师更倾向于认为自己培训不足。而且年龄越大、教龄越长的教师，认为培训越是欠缺。例如，5年以下、6—15年、16—20年和20年以上教龄的教师认为，"自己在回族文化知识及其教育技能方面的培训不足"赞同的比例分别依次为：73.6%、78.1%、77.6%和82.5%。

仅有14.5%的教师曾经接受过回族教育方面的培训，这意味着有85.5%的教师没有参加过相关培训。反映出大部分教师没有在培训中学习多元文化教育方面的知识，说明教师培训缺乏关于多元文化教师素养的内容。多元文化教育理念还没有成为大多数中小学教师的自觉意识，因此，很有必要对教师进行相关方面的培训（见表3—9）。

表3—9　　　　　教师接受回族多元文化教育培训现状　　　　（单位:%）

极同意/同意		自己在回族文化知识及其教育技能方面的培训不足	曾经接受过回族教育方面的培训
总体		89.7	14.5
教龄	5年以下	73.6	13.8
	6—15年	78.1	10.8
	16—20年	77.6	10.5
	20年以上	82.5	10
性别	男	77.1	13.3
	女	79.3	17.6

绝大多数教师认为在多元文化知识和技能方面培训不足，对多元文化的认识主要来自教师的实践经验，很少有教师认为来自自己的专业课程。教师对多元文化教育的认识都是"自在"的，接受问卷调查的教师认为，自己的多元文化知识来自教学实践经验，而不是来自相应的专业课程。反映出职前教师教育课程体系缺乏多元文化课程，导致师范生的多元文化教育实践能力缺失。

目前，教师培训大多采用统一模式，以短期培训为主，培训内容相似，主要包括师德师风教育、教学能力和教育行为培训、新课程新课标培训、信息技术能力培训、青年教师培养等，很少涉及教师多元文化教育实践技能的培训。培训者也只是照本宣科，教师培训变执行任务。所以，教师培训效果不理想，甚至流于形式，教师能力并没有通过培训得到有效提高。而且民族地区的教师培训忽视了民族地区教师多元文化的特殊性，几乎没有相关教师多元文化培训内容。

从访谈中了解到，教育主管部门、教师培训中心的负责人教育观念落后，认为民族文化传承、教师的民族教育相关知识和技能与学科教学、升学率无关，因而没有引起足够重视。教师培训主要内容与学生的分数、学校的升学率有关，其目的是加深教师对教材的理解，提高学校的升学率。他们认为，教学能力和教学水平是指对教材知识的掌握和传授能力，因而民族教育相关的培训不属于提高教师的教学能力、教学水平的范畴。这种对民族教育理解的偏差和认识不到位，是造成教师培训内容缺乏多元文化教育的重要原因，影响了民族地区中小学教师的专业发展。

第三节 多元文化教师教育存在的问题

一 缺乏正确的多元文化教育观

（一）教师缺乏对多元文化教育积极理解的态度

回族地区大多数教师对多元文化、多元文化社会的态度比较积极、乐观。这与王艳玲在云南、贵州和四川三省；孟凡丽在新疆乌鲁木齐市；廖辉在四川凉山盐源县以及李纯在贵州省贵阳、黎平和台江三地所做的"教师多元文化意识与多元文化教育的态度"的调查结论基本一致。

在调查中发现，中小学教师对多元文化教育理念基本上持认同态度，认为在民族学校工作获益很多，喜欢在具有多元文化特色的学校任教；认为各民族的文化都有其自身的价值，应该得到尊重和重视；在教学中能够公正、平等地对待每一个学生；与不同民族的学生、老师相处可以学到很多知识。但是，在实际教学过程中，回族地区中小学教师缺乏对多元文化教育理念的理解，缺乏对社会文化多元性价值的理解，在多元文化教学实践中，教师缺乏将平等、公平的教育理念渗透到自己教学实践中的能力。这种对多元文化理念上的认同与实践中的落差，反映出中小学教师缺乏对多元文化社会的认识。

从整体上来看，回族地区样本中小学教师对回族多元文化教育态度是积极的，而且对回族学生普遍抱有积极的期望，并认识到要根据回族学生的特点选择恰当的教学方法。这与前文四位学者所做的"教师多元文化意识与多元文化教育的态度"的调查结论基本一致，反映出回族地区的教师对民族教育工作普遍抱有积极、理解的态度。但是，部分教师对回族文化及回族地区教育工作持消极甚至不正确的态度。例如，19.7%的教师认为，"少数族群应放弃自身文化传统，融入主流社会和文化";24.1%的教师认为"住在单一回族地区比多民族聚居地区好"（再见表3—2）。35%的教师认为，"鼓励回族学生为自己的民族文化而骄傲不是教师的责任";18.3%的教师认为，"了解回族文化知识对我所教科目没有帮助";13.5%的教师认为，"教学生不同民族文化知识只会引发课堂内的冲突";22.1%的教师保持中立态度（再见表3—3）。反映出教师对民族教育的消极看法、误解，这会影响其教学效果和教育行为。因此，中小学教师培训应帮助教师树立正确的多元文化教育观。

访谈：某乡镇中心小学孙老师是新聘任的特岗教师，教语文，教学非常认真、负责，对学生的要求也很严格，学过的生字、生词一定要会写，上过的课文要求背诵。她认为自己是本地回族，对这里的家长和孩子比较了解：农村回族学生的家长接受文化教育较少，大多数家长长期在外打工，缺乏对孩子的家庭教育；一些回族孩子调皮，不爱学习，甚至有的孩子不想上学，认为自己不是读书的料，家长也没办法，只好听从孩子的意见。孙教师认为要严加管教学生，才能树立起自己的权威，唬住他们，提高教学质量，保证义务教育的顺利完成。因此，孙老师上课总是板着脸，手里提着一把尺子。她忽视了师生之间的平等，缺少与学生之间的沟通、交流。结果适得其反，学生在课堂上不积极配合，使她难以按时完成课堂教学任务。有的学生有时还调皮捣蛋，搞恶作剧。学生不喜欢她，给她起绰号，甚至连班干部都向校长请求更换孙老师。后来，校长找她谈话，孙老师也向学校的老教师请教，使她重新认识了回族孩子及其家庭文化教育，改变了她以往的教育理念和教学态度，走进学生，平等对待他们，试着和学生接触，像朋友那样与他们谈心，学生逐渐接纳了她，师生关系变得融洽，课堂教学效果明显提高了。

（二）多元文化教师教育理念缺失

调查结果表明，回族多元文化背景下的教师，受民族地区多元化文化环境影响。绝大部分教师在态度上认同文化的多样性，接纳不同的文化，在行为上也能采取积极策略，表示喜欢与不同族群的人相处，并注意从不同文化背景的族群那里学到很多知识；他们认同多元文化教育观念，认为自己有责任了解不同学生的文化背景；他们认为学校课程应重视多元文化教学，教师需扮演不同角色，采取不同的教学方法，以满足不同文化背景学生的需求。虽然一些教师还没有清楚地认识到以上这些方面的重要性，但在其教学实践中包含了多元文化教育的成分，这种多元文化教育的态度及其"自在"的教育行为，为多元文化背景下开展课程建设、多元文化教育改革等提供了重要的前提和基础。

问卷调查的大部分教师认为，自己对多元文化的认识和了解主要是通过自己的教育实践经验和教育事件，来自专业课程和教育书籍的很少，这反映出教师的多元文化教育观念是自觉形成的。多元文化背景下的教师教育需要有相应的多元文化政策支持，也说明了民族地区师范院校开设多元文化课程的必要性和重要性，这将为开展多元文化背景下地方课程改革提供重要保障。但是，长期以来，中国教师教育受高校统一化模式管理影响，民族高师院校与其他师范性高校课程设置同质化现象严重，缺乏相关多元文化课程设置，导致师范生缺乏多元文化知识及其教学实践能力，教师尽管在态度上认可进行多元文化教育的必要性，但缺乏相关多元文化教育的实践能力。

教师对多元文化社会、多元文化教育认识不到位。民族地区教师教育忽略了多元文化教育，不利于培养学生对异文化的包容、欣赏态度，不利于民族优秀传统文化的交流、传承。应该培养学生在学好课程知识的同时，在思想上有所觉悟，能以自身文化为骄傲，具有包容和欣赏不同文化的态度，具有能够与不同文化背景的人和睦相处的能力以及跨文化的适应能力。

教师仅仅对社会文化多样性及多元文化教育持认同、积极态度是不够的，应将多元文化教育融入教学实践过程之中；同时，教师要树立多元文化教育理念，这样才能培养学生尊重、理解不同的文化，从不同的角度审视自身的文化，并包容不同的文化，从而掌握跨文化的适应能力。

二 缺乏多元文化教师教育

(一) 教师缺乏多元文化教育知识

调查结果显示，大多数教师具备回族多元文化背景下的教育教学实践知识和技能。73.5%的教师认为，自己"了解回族的历史文化"；79.8%的教师认为，"了解所教班级中回族学生的学习特点"（再见表3—4）。但是，部分教师缺乏回族多元文化教育相关的知识。例如，有

26.5%的教师对"了解回族的历史文化"、20.2%的教师对"了解所教班级中回族学生的学习特点"持中立态度或反对观点。即有1/4以上的教师不了解回族的历史文化（再见表3—4、表3—5）。

教师对回族的历史文化知识都有所了解，尤其是回族教师，他们对回族文化的了解多于汉族教师，对回族文化的认同更高，对异文化教育也很敏感。处于回族地区的汉族教师，无论是生长在民族地区的还是工作之后来到民族地区的，他们对本地区各民族文化知识都有所了解，只是了解的程度不同而已。

了解民族历史文化知识是培养教师多元文化素养的基础。多元文化背景下的教育要求教师了解不同民族的历史文化知识，在教学实践中才能将民族文化内容适切地整合于学校课程之中。但目前中小学教师没有主动学习有关回族文化或多元文化相关的内容，他们的回族文化基础薄弱，对回族教育理解不深刻。

由于教师缺乏多元文化教学方面的知识，不会运用相关的素材与资源，缺乏将多元文化的理念与多元文化知识融入教学实践的技能，学生对自己熟悉的民族文化表现出高涨的热情时，老师不会很好地引导，不会对不同民族、地域的学生进行不同特色化教育。课堂教学以讲述等单一的教学形式为主，学生无法对多元文化教材进行批判性的解读和理解。因此，教师应创设民主、尊重、包容的学习环境，在课程的设计与教学中要多考察学生的民族文化背景、学习风格与沟通方式，将学生的母文化作为学习的桥梁，让知识与学生的生活经验联系起来，通过师生及学生同伴在合作与对话中从自身不同的经验中建构自己的知识。

访谈：某乡镇中学王老师说，在班级管理方面，在回族斋月期间，作为老师应避免让学生进行消耗体能的活动，体育课会带一些轻便的器材如毽子等，让他们自由活动，想玩就玩，想休息就休息。其他课程也一样，内容也会少一点，进度也会减慢，课后作业布置也要适量。开斋节期间，一些回族同学请假，还有一些同学不请假，这时不能因为学生不请假就批评他们。一些年轻老师不懂回族的文化习俗，不知道何时严格要求，何时宽容，不了解回族学生的文化生活背景知识，有时还容易触碰到比较敏感的问题。所以，学生更喜欢本地老师。从2006年开始，宁夏"闭斋节""古尔邦节"放假 3 天，现在就不存在节日与上学之间的冲突了。

（二）教师缺乏多元文化教学能力

调查结果显示：大部分教师在教学策略和方法上体现出了对回族学生的关注；会采取不同的教学方法，以满足回族学生的需要；能够结合回族学生的民族特点举例或补充内容，并在教学中适当地将学生的民族文化结合起来等。但还有部分教师缺乏多元文化教育知识及教学方法和策略，不能很好地将多元文化教育理念融入教学实践之中。

民族地区的教师需要具有多元文化相关的知识和教学技能，尤其是多元文化教育相关教学设计与教学策略的知识，如设计多元文化课程方法、对话教学法、理解教学法、探究教学法、生成教学法等，才能够很好地整合教材，采取恰当的教学方法，满足不同文化、族群和社会阶层学生的特殊需求。

教师教学内容与学生的生活经验相脱离。教师应善于开发和利用课程资源，在选择教学内容时注重文化的差异性及与此相关的内容，充分利用课外书籍补充教材内容的不足，增强学生对其他族群的认识，引导不同族群的学生相互尊重，促进不同观点的自由表达。

多元文化教育与教师的民族没有关系，关键是对回族文化不了解，尤其是对回族学生特点不了解。在回汉民族聚居区长大的汉族教师，比较了解回族文化的特点，会灵活采取不同的教学方法。

访谈：某县城小学李老师说，他在小学德育教学中试着将回族文化与教学内容结合起来，根据回族学生的民族特点举例或补充内容。例如，伊斯兰教规定：禁止穆斯林吸烟、喝酒等不良行为。回族学生家庭从小就灌输这一思想，使其养成良好的行为习惯。回族闭斋从黎明至日落，戒饮食。断绝一切饮食，其目的是让穆斯林体验饥饿和干渴的痛苦，使有钱人真心救济穷人。行善，养成坚韧、刚强的品质；向善，净化心灵。因此，斋戒具有协调人际关系、规范道德言行、改善社会风尚的良好作用。回族有个风俗，在已故老人的忌日时，都要"念锁"，教育孩子要感恩，表示对父母和祖辈的感恩之情。因此，要充分挖掘这些宝贵资源，使德育教育贴近学生的生活实践，要有针对性地规范其基本道德行为教育，公民道德与政治品质的教育，世界观与人生观、理想教育等，对学生进行爱祖国、爱人民、爱劳动、爱科学、爱社会主义教育。

（三）教师缺乏多元文化教育培训

调查结果显示，59.9%的教师主要是通过工作经验了解回族文化；13.5%的教师是通过阅读书籍了解回族文化；仅有3.7%教师通过培训课程获得相关知识，这与"教龄对教师多元文化教育知识与技能的影响成正比"这一观点相互印证（再见表3—8），说明民族地区教师的多元文化知识及教学实践培训严重不足，教师的多元文化教育技能主要来自教师的教学经验积累和自我摸索。这也与廖辉在四川凉山彝族自治州的调查结论基本一致：大部分教师对多元文化的认识和了解，一般停留在对自己的专业培训，这是一种"自在"行为。[①] 所以，目前民族地区中小学教师培训对多元文化教育知识和技能的关注不够，缺乏相关培训。

89.7%的教师认为自己缺乏回族文化知识及其教育技能方面的培训；85.5%的教师没有参加过相关多元文化方面的培训（再见表3—9）。这说明，虽然民族地区的教师有对多元文化的积极态度和对文化多元性的认可，但是对多元文化社会和多元文化方面的知识了解得不多，缺乏跨文化交往能力，部分教师缺少多元文化的知识以及将多元文化理念渗透于教学实践的能力。尽管教师对多元文化教育的态度是积极的、正向的。但是，目前一些教师难以适应多元文化教育对教师提出的要求，反映了教师对多元文化教育非常需求，这为多元文化教师教育的实施提供了基础和前提。

教师培训是提高教师专业发展最有效的途径之一，教师的教学信念主要来自师资培育课程，若课程中缺乏多元文化观念的培养，教师就很难反省教学的不适切性。[②] 对于教师在职培训方面，问卷调查中的大多数教师认为，有必要进行多元文化知识和技能培训，他们普遍反映

[①] 廖辉：《教师多元文化教育态度的个案分析》，《教学与管理》2005年第10期。
[②] 陈忆芬：《师资培育中的多元文化教育之研究》，秀威资讯科技股份有限公司2003年版，第33页。

多元文化知识和技能比较欠缺,愿意了解多元文化教育。但是,目前教师培训大多是关于教育基本理论和基础知识,缺乏对教师教学实践的培训,对教师的实践教学指导性不强,也缺乏对多元文化方面的培训。

因此,除了多元文化背景下的地方课程开发外,要加强对多元文化教育培训,尤其是对教师的多元文化知识和能力培训。回族地区的教师培训应考虑回族地区教师的工作环境,尤其是学生文化背景的特殊性;针对回族地区教师技能缺失,如教师对教材的文化分析能力、课程资源开发能力、采取多种教学方法满足回族学生需要能力等,开展专题培训。这些培训可以纳入"国培计划"。[1]

访谈:某县城小学王老师说,自从参加工作以来,没有参与过相关回族多元文化教育培训,关于回族多元文化知识都是自己在教育实践中不断积累的。他刚开始工作不久,就遇到了回族多元文化教育问题。那是开学不久的一天,有几位同学没有请假,旷课一天。第二天,他很生气,严厉地批评了那几位学生。后来,从其他教师那里得知那天是开斋节,有的教师不上新课,布置一些作业,让学生复习,等回族学生一起学习新的教学内容;有的学校还给回族学生放一天假。教学经验丰富、了解回族文化风俗的教师,在开斋节那一天,一般不会上新课。因为开斋节相当于春节,对于回族穆斯林来说,是一年中最主要、最隆重的节日,家庭成员都要团聚、庆贺,一些回族学生不到校上课。如果老师按照正常进度上课,这些回族学生就会缺课,跟不上教学进度,影响后面的内容学习,还不如等他们回来一起上课。但是,从2011年开始,就不存在这个问题了。在每年开斋节,宁夏回族自治区所有企事业单位都放假三天。[2]

三 缺失多元文化课程

相关调查研究结果发现,目前中国多元文化背景下的师资培养培训

---

[1] 蔡向颖:《新疆少数民族地区多元文化教师教育研究》,新疆师范大学2012年硕士学位论文,第29页。

[2] 李静:《宁夏政府办公厅安排开斋节放假》,《宁夏日报》2011年8月17日第5版。

课程体系趋同，在民族地区的师范院校教师教育体系中，缺乏多元文化相关的课程设置，有关多元文化教育的理论和实践涉及很少。以新疆师范大学为例，与其他地区高师院校相比，只多开设了《民族问题概论》和《新疆地方史》两门地方课程。这两门课程注重对教师政治观念的重塑和培养，倾向于意识形态领域，较少涉及教师如何将这些观念落实到具体教育实践中的能力培养。这两门课程的教学更关注学生的知识记忆，知识性问答成为考核的唯一方式。"多元文化背景更需要未来的教师用一种发展的眼光看待世界上的民族问题和文化问题，它需要的不仅是知识，更需要一种分析、思考问题和善于在工作中科学对待文化差异的能力。"①

由于各个民族具有不同的风俗习惯，文化背景、价值观念和宗教信仰之间存在差异，而地方民族师范院校没有相关的多元文化教育课程，师范生缺乏相关的多元文化知识，不具备在不同文化之间进行交流的能力，不具备多元文化教师的基本能力，不知道如何解决在多元文化教学中遇到的问题，导致师范毕业生不能适应与自己文化迥然不同的学校教育工作。

由此可见，中国民族地区师范院校的多元文化教师教育体系并未建立，特别是多元文化教师教育课程很匮乏。因此，教师教育要结合民族社会文化的多元性，从理念、课程等方面改革教师教育人才培养模式，在培养课程体系中增设多元文化教育相关内容，培养教师具有多元文化理念、知识及教学实践能力，帮助师范生在多元文化社会与不同文化背景中扮演不同角色，公平对待不同文化背景的学生，并以多元视角引导和教育学生去分析和解决问题。

多元文化背景要求教师以发展的眼光看待民族文化问题，不仅要有相关的多元文化知识，更需要一种分析、思考问题的能力——善于在教育教学中正确对待文化差异的能力。因此，多元文化背景下教师培养和培训课程体系要突破现有的课程设置和内容的限制，开发相应的多元文化教师培训策略，对现有的课程内容和科目进行改造，使其

---

① 孟凡丽：《多元文化背景中地方课程开发研究》，中国社会科学出版社2008年版，第150页。

渗透于多元文化教育知识和能力的培养中，提升教师的多元文化素养。

四 缺乏与地方社区和家庭进行文化交流

中小学课程是由国家统一开发编写的，教师依据国家教材对学生进行教育。学校脱离了社区文化，课程脱离了学生的生活世界。因而回族地区中小学教师对社区文化缺乏了解，学生对脱离自身生活的课程缺乏兴趣，造成学校的"文化孤岛"现象，不能与社区的文化进行交流、渗透。学校的围墙不仅将学生和教师与社区隔开，而且也成为空间文化围墙，阻碍了师生与外界社区的文化交流、沟通。74.9%的教师在教学中充分利用本地或学生家庭中的回族文化资源，但是，还有25.1%的教师对此持中立或反对态度；87.4%的教师能够与回族学生的家长交流，仍有12.6%的教师持中立或反对态度；88%的教师能够根据回族学生的民族特点进行沟通，但12%的教师持中立或反对态度（再见表3—6）。

71.6%的教师认为要"了解回族学生的家庭背景及其社区文化"，由此发现，还有28.4%的教师持中立或反对态度（再见表3—4、表3—5）。说明教师将学生的学习归结为学校教育，忽视了学生的家庭文化教育，没有认识到家庭教育对学生发展的重要性。

虽然中小学教师的学历较高，接受过高层次、系统的学校教育，但他们在社区中处于孤立的地位，从周一到周五在学校忙于教育教学工作，周末基本都回县城了。老师很少与地方社区之间进行文化交流，没有真正融入地方社区文化之中，没有充分发挥教师在促进社区多元文化建设中的主要作用。

由于教师缺乏对回族学生的文化了解，对回族学生容易产生误解、出现认识偏差。老师也希望有机会能够深入了解回族文化，更多地参与回族社区活动，使学校与社区和学生家庭互动起来，充分发挥社区在培养多元文化教师中的作用。

通过引导教师主动亲近和认知社区文化，在与社区文化的互动中，可以形成认同和对自我文化的认知。通过民族文化的学习，不仅增强民族自尊与自信，而且从中能找到自己的文化限制，并通过与他族文化的沟通、对话，摆脱固有的偏见，拓展理解的视野，丰富和发展自身文化与他族文化。其最终目的是提升教育效果，促进回族学生的学业成就。① 因此，民族地区的教师要从不同族群历史文化知识的学习中树立起多元文化的意识与思维。

综上所述，目前，回族地区中小学教师对多元文化教育持有一定的认同态度；同时，民族师范院校教师教育缺乏相关的多元文化课程，职前师范生缺乏对多元文化教育知识的学习和了解，职后教师也没有进行相关多元文化教育学习，造成部分教师多元文化知识欠缺，多元文化教育意识淡薄，教师普遍缺乏将多元文化教育知识及理念融入教学实践之中的能力。

---

① ［美］詹姆斯·班克斯：《多元文化教育概述》，李苹绮译，台北心理出版社1998年版，第91页。

第四章 回族多元文化教育实践

回族信仰伊斯兰教。伊斯兰教文化不仅是一种宗教、社会意识形态，而且也是回族穆斯林的生产和生活方式，具有民族性特点。教育一般包括学校教育、社会教育和家庭教育，通过这些教育使人成为合格的国家公民，掌握社会生活的基本知识和技能。回族家庭教育、"经堂教育"和"回坊教育"具有双重文化性，在某种程度上包含了学校教育、社会教育和家庭教育的作用，不仅使回族穆斯林成为合格的国家公民；同时，也使回族后代成为合格的穆斯林。

第一节 回族家庭教育

在回族家庭教育中，《古兰经》规定，穆斯林必须以"六大信仰""五项基本功课"为核心，学习和领会伊斯兰教的生产方式、生活习惯、礼仪修养、处事态度等。这种以伊斯兰教文化为核心的回族家庭教育，在回族文化的形成、发展过程中起着举足轻重的作用，承载、传递和发展了伊斯兰教文化。其中家庭父母，尤其是穆斯林妇女，她们最重要的任务是教育孩子遵守和保持伊斯兰教规。[①] 因此，回族非常重视家庭教育。

一 家庭文化资本

回族家庭文化教育具有双重性，对其子女的学习产生了很大影响。因此，依据布尔迪厄文化资本理论，探讨家庭文化资本，可为诠释回族

---

① [美] 白蓓莉：《中国穆斯林妇女问题探析》，《回族研究》1995 年第 4 期。

家庭文化对其子女教育影响提供理论基础。

(一) 文化资本概念

1. 文化

人们从文化形成的主体、过程、结果，或从载体、表现、内容等视角认识文化。因此，文化概念非常复杂，关于文化有很多种定义。《辞海》中将文化定义为："从广义讲，指人类历史实践过程中所创造的物质财富和精神财富的总和，从狭义讲，指社会的意识形态及与之适应的制度和组织机构。"① 由此可见，文化侧重于群体的价值观念、精神财富，文化资本侧重研究可以带来价值的"资本"或财富，它与物质资本、社会资本属于同一等级概念。

2. 资本

马克思认为，资本是能够带来剩余价值的价值，是一种社会生产关系，它体现的是资本家和工人之间的剥削关系。而布尔迪厄 (Pierre Bourdieu) 把资本概念扩展到除经济领域以外的所有领域，不管它们是物质的、社会的、文化的还是符号的。他认为，资本是物化或具体化积累的劳动，当这种劳动在个体性即排他性的基础上被行为者占有的时候，就能以具体或活劳动的形式占有社会资源。布尔迪厄把资本划分为经济资本、文化资本和社会资本三种形式。其中以文化资本概念最为重要。

3. 文化资本

文化资本是由法国社会学家布尔迪厄于20世纪70年代初提出的，最早出现于他对儿童的不同学校学习成绩的研究，这些学生的社会起源虽然相似，但其家庭教育不同。通过研究，他发现，家庭继承的文化资本的熟练程度与类型可以更好地解释学生在学校的成功。例如，法国多数高等教育的学位都被教授的子女获得，很少被农民或工人的子女获得。

研究者对文化资本概念有不同的界定，布尔迪厄认为，文化资本是指借助不同的教育行动传递的文化资产。② 他认为文化资本与经济资本

---

① 辞海编辑委员会：《辞海》，上海辞书出版社1979年版，第3510页。
② [法] 布尔迪厄、J.C. 帕斯隆：《再生产：一种教育系统理论的要点》，邢克超译，商务印书馆2002年版，第40页。

一样,行动占有者可以将其投资于各种市场并能够取得相应的回报(或利润)。布尔迪厄的文化资本的核心是理解文化资本与家庭出身背景之间的关系。在《继承人》著作中,他更加明确地阐述了这个问题:"人们看到既非天赋也非个人因素的情况下,当前的学业成功与失败是如何在实际上取得早期引导的,归根结底,这是家庭环境作用的结果。这样,来自家庭出身的文化习惯和才能,在最初指导的作用下,影响成倍增加。"①

有学者认为,文化资本是以人的能力、行为方式、语言风格、教育素质、品位与生活方式等形式表现出来的,包括文化能力、文化习性、文化产品在内的文化资源的总和。②

综上所述,文化资本是世代相传的一般文化背景、知识、性情以及技能。如个体的语言能力、行为习惯以及对书籍、音乐等的品位。它涉及与文化或文化活动有关的有形以及无形的资产。在一定程度上,这些文化资本可以转化成经济资本,并可以通过教育证书的形式予以制度化。

(二)文化资本形式

法国社会学家布尔迪厄在其著名论文《资本形式》中,第一次正式提出"文化资本"理论,并进行了系统论述。他在研究过程中指出,人们往往重视经济资本、社会资本的作用和价值,却忽略了文化资本的价值。因此,他根据资本在不同场景所起的作用,将资本划分为三种基本形态:经济资本、社会资本和文化资本,这三种资本各自都具有相应功能和制度形式,并在一定条件下可以相互转化。布尔迪厄将文化资本分为:个体化(具体化)文化资本、客观化文化资本和体制化文化资本三种形式。他认为这三种形式在一定条件下可转化为经济资本、社会资本等财富形式。③ 其中文化资本是布尔迪厄文化资本理论体系的核

---

① [法]布尔迪厄:《文化资本和社会炼金术》,包亚明译,上海人民出版社1997年版,第193页。
② 姚俭建、岑文忠:《文化资本的积累机制探微》,《上海师范大学学报》(哲学社会科学版)2004年第3期。
③ [法]布尔迪厄:《文化资本和社会炼金术》,包亚明译,上海人民出版社1997年版,第192页。

心，也是理解、研究和发展布尔迪厄文化资本理论的基础。

1. 个体化文化资本

个体化文化资本是一种身体化的形式，以具体化或形体化的状态存在，即以精神和身体持久的"性情"形式而存在，在人们身心中根深蒂固。它是与个人的身体直接联系的文化资本，存储于个体身上的文化知识、文化修养、文化鉴赏能力等，包括家长的谈吐、仪态举止、家庭的文化氛围、父母对子女的教育期望、教养方式、亲子交流等。这种文化资本积累开始于孩童时代，具有个体性、独特性和符号性。

由此可见，个体化文化资本是指个体通过家庭文化背景、知识、性情、技能等方式传承，并通过先天和后天的培养，形成内化于个体身上的学识修养，体现为能力、学识、修养、信心等多种形式。个体化文化资本形成与家庭文化资本密切联系，个体化文化资本形成必须要经过长期的积累。因为积累过程包含了劳动力的变化与同化，而且必须由投资者身体力行才能获得。积累的形式包括文化、教育、修养等方式。

个体化的文化资本具有个体性、独特性和符号性特征。第一，个体性。"是转换成个人有机组成的外来财富，是转化成个人习性的外来财富……它无法通过馈赠、买卖、交换进行当下的传承。"[①] 第二，独特性。"文化资本的获得总是带有最初条件的印记，在这一过程中遗留下来的或明或暗的印记，决定了文化资本区别于其他文化资本的特征。"[②] 第三，符号性。由于在传承和获取社会条件方面的文化资本比经济资本带有更多的隐秘性，因此，"文化资本往往首先作为一种符号资本而起作用，是一种能获得社会认可的社会权威"。[③]

个体化文化资本尽管无法通过馈赠、买卖和交换的方式进行当下的传承，但可以通过家庭教育传承并积累。布尔迪厄认为，个体化文化资本的传承和积累遵循以下规律：第一，文化资本的传承和积累主要取决于家庭所拥有的文化资本；第二，一个人的文化资本最初和最快速积累的先决条件，都是从孩子出生就开始了，那些拥有丰富文化资本的家庭

---

① [法]布尔迪厄：《文化资本和社会炼金术》，包亚明译，上海人民出版社1997年版，第189页。
② 同上书，第190页。
③ 同上书，第189—211页。

后代具有先天优势,一个人能否延长其获取资本的时间,主要依赖于其家庭提供的自由时间。不同家庭出身的个体在获取文化资本方面是不同的。他认为,个体化文化资本是最重要的,是其他两种形式文化资本的基础。①

2. 客观化的文化资本

客观化的文化资本以客观形式存在,即以文化商品的形式存在,如书籍、服饰、绘画、古董、雕塑、文物等知识载体和文化表现形式,它是文化观念、文化能力的客观化,是理论留下的痕迹或具体体现,或是对这些理论的判断。但是,这些客观化的文化资本只有通过"身体化"的过程才能发挥作用。例如,文学、绘画、纪念碑、器械等。②

客观化的文化资本通过文化产业实现,文化产业是文化资本的经济运营活动,产出具有文化价值和经济价值的文化产品。在物质方面,客观化文化资本是可以传承的。例如,绘画可以一代又一代传承下去,这与经济资本的传承是相同的。

3. 体制化的文化资本

体制化文化资本取决于文化制度的确认,通过学术资格这一形式实现,是通过制度化形式形成的学术资格和文化能力证书。任何人都可以通过努力占有体制上认可的文化资本,它能给予拥有者一种文化、约定俗成、长期不变、得到合法保障的价值。文化资本通过体制化呈现其社会价值和社会功能,并在一定程度上可转化为经济和社会资本。③

体制化的文化资本是以机构化、制度化的形式存在,如学历文凭、资格证书、行业执照等,是经过某种制度确认的文化资本。布迪尔厄认为,扩展的高等教育创造了巨大的文凭市场,在今天,高等教育市场对社会阶层结构的再生产仍具有决定性意义。教育文凭对获得理想的职业变得越来越重要,父母为了孩子受到良好的教育而愿意更多地投资教育,成为他们

---

① 王洪兰:《家庭文化资本的传承研究》,华中科技大学2006年硕士学位论文,第4页。
② 陆娜:《家庭文化资本对小学生发展的影响研究》,山东师范大学2013年硕士学位论文,第14页。
③ 王洪兰:《家庭文化资本的传承研究》,华中科技大学2006年硕士学位论文,第4页。

在职业市场上"获利"的关键,这一投资过程包含了经济资本向文化资本的转化。文化资本正在变成越来越重要的社会分层基础。

以上这三种文化资本形式有一定的内在联系,可以相互转化,个体化文化资本的积累,既需要通过体制化文化资本得到合法确认,也需要通过客观化文化资本来表现。

(三) 文化资本理论

文化资本理论是法国社会学家布尔迪厄提出的。他认为,行为者在不同的场域追求着不同的符号资本,资本是一种积累的劳动。他将资本划分为:以金钱为符号、以产权制度化形式存在的经济资本;以社会声望和社会头衔为符号、以社会规约制度化形式存在的社会资本;以文凭和学衔为符号、以学位制度化形式存在的文化资本。而且不同形态的文化资本之间是可以相互转换的。[①] 其中经济资本是根本和基础,文化资本和社会资本最终要通过经济资本来实现。

布尔迪厄说,"在剔除了经济位置和社会出身的因素影响后,那些来自更有文化修养的家庭的学生,不仅有更高的学术成功率,而且在几乎所有领域,都表现出了与其他家庭出身的学生不同的文化消费和文化表现类型"。[②] 布尔迪厄认为,个人在进入学校系统之前,就已经从家庭中获得了不同数量与类型的文化资本,这些文化资本进而通过学校的作用转化为学生的学习成绩。

布尔迪厄认为,文化资本是通过"再生产"的方式世代相传,他与 J. C. 帕斯隆 (Jean Claude Passeron) 在《再生产》一书中提出了文化再生产理论,认为文化资本再生产有两种主要方式:第一,在人们对此还未形成意识的早期就全面展开了;第二,从较晚的时期开始,以一种系统速成的学习方式进行。[③] 实际上,这两种方式就是第一阶段的家庭教育和第二阶段的学校教育。第一种文化资本再生产是在家庭场所中进行的,通过家长有意识的引导、传授,但更重要的是家庭的环境、背

---

① 薛晓源、曹荣湘:《全球化与文化资本》,社会科学文献出版社 2005 年版,第 3—22 页。
② [法] 布尔迪厄、[美] 康华德:《实践与反思——反思社会学导引》,李猛、李康译,中央编译出版社 1998 年版,第 212 页。
③ 李全生:《布迪厄的文化资本理论》,《东方论坛》2003 年第 1 期。

景所产生的潜移默化的影响。经过这个阶段,家庭文化资本得以传承,使其后代逐渐形成了与家庭背景相符合的气质、品位等"惯习",家庭的文化资本得到再生产。

布尔迪厄认为,家庭背景较好的学生,凭借从父母那里继承的最有社会价值的文化活动模式,可以获得较好的学习成绩,而来自下层阶级家庭背景的学生则更多地依靠学校获得文化资本。如果他们想获得更多的文化资本,必须通过自己更加突出的思维能力、努力才能弥补其先天文化资本不足的缺陷。

儿童的可塑性最强,在这个时期形成的一些观念、习惯是很难更改的。由于儿童可塑性较大,而且幼儿时期的印象"都有极大极长远的影响"。如同水源,稍加引导,便可导入他途,使河流的方向发生根本改变。① 因此,约翰·洛克(John Locke)特别强调儿童早期教育的关键作用,越是早期的教育越要慎重从事。

文化资本在家庭中的形成,靠的是代际传递,即前辈人对后代人有意识地进行文化传承或无意识的耳濡目染。儿童通过家庭生活,使家庭的文化资本得以传承,逐渐形成了与家庭背景相符合的气质、品位等"惯习"。布尔迪厄认为应将"惯习"放置在特定的场域中理解。"惯习"是深刻存在性情倾向系统之中,作为一种技艺存在的生成性能力,可看成某种创造性艺术。

由此可见,"惯习"代表一套内化了的能力,一套感知、思考、欣赏和行为方式系统。它被个人拥有和感觉,但却是历史、结构和社会的产物,特别是早期社会化的经历对于"惯习"的形成至关重要。② 因此,在教育视野中不能忽视对孩子的"惯习"形成教育。作为孩子所沿袭与传承的文化资本具有父辈相关的社会结构。例如,一些人的饮食和生活习惯、日常行为、思维方式等都能够在不自觉、无意识的状态下透露出其家庭出身。"惯习"概念解释了这一现象,即"社会行动者既不是由外部起因决定的物质粒子,也不是执行一种完全理性的内部行动

---

① [法]约翰·洛克:《教育漫话》,傅任敢译,教育科学出版社1999年版,第46页。
② [法]布尔迪厄:《文化资本和社会炼金术》,包亚明译,上海人民出版社1997年版,第192页。

计划、只受内部原因引导的单子。社会行动者是历史的产物,是整个社会场的历史产物,是特别的次场内某条通道中积累的体验的历史产物"。① 文化资本生产和再生产的最初因素是与社会出身、家庭培养密切相关,文化资本总是被烙上最初获得状态的烙印。例如,从人的口音、饮食习惯、生活起居等日常生活方式都能透露出其家庭出身,无论怎样竭力掩饰,都无法彻底抹去个体最初的社会文化身份,无法避开获得其身份的社会位置潜移默化给予的一切。而在这个最初印痕中起决定作用的就是家庭传承。② 家庭是孩子获得文化资本积累的第一场所,也是重要的一个场所,不同家庭环境为孩子提供着不同的文化资本。

个体通过家庭获得文化资本的过程实质上是个体社会化的过程,是一个人的性情、行为习惯等内化的过程。因此,家庭是社会稳定的细胞,是儿童获得文化资本的主要场所,家庭文化资本差异致使不同层次的家庭孩子在教育获得上也存在差异,并通过其成绩和学习表现体现出来,并实现家庭文化资本的再生产。这种再生产通过以下形式形成:第一,在态度观念上,文化资本丰富的家庭往往更能认识到文化资本的重要性,因而比较重视孩子文化资本的获取,从小就为子女奠定了基础;第二,实际上,家庭文化资本对早期儿童就产生潜在的影响。具有一定文化资本的家长在子女接受正式教育之前,充分利用自身条件,提前教给孩子一定的知识、技能等,使其在接受学校教育起点上处于优势地位。在孩子接受教育过程中,家长也可凭借自身的文化资本优势,给予子女在学习等方面的辅导,从而使其有更好的条件获得文化资本。

(四) 家庭文化资本

根据布尔迪厄文化资本理论,从家庭文化概念、特点、类型、文化传承等方面建构家庭文化资本。

1. 家庭文化资本概念

布尔迪厄认为,文化资本是积累的劳动,家庭文化资本是家庭成员

---

① [法] 布尔迪厄:《文化资本和社会炼金术》,包亚明译,上海人民出版社1997年版,第183页。

② 同上书,第195页。

之间通过相互交流和实践积累起来的,其表现为家庭占有文化资本(如学历、文化商品以及实践中所表现出的文化知识、文化技能、文化修养等)的多少以及这种文化资本距离学术领域要求的远近并具有相对较稳定的态势,能对学生的成长起到至关重要的指引、促进作用,甚至也可能是阻碍作用。①

家庭文化资本,是指一个家庭所具有的性情、兴趣、文化氛围、态度行为等相关的优势。通过父辈等相关成员的文化程度(如学历证书等体制化文化资本)、职业成就和层次表现出来,也可以通过家庭中的书画、器物(客观化文化资本)等表现出来。②

综上所述,家庭文化资本是家庭成员通过相互交流和实践所积累起来的,占有特定的社会资源,如学历、文化商品以及实践中所表现出的文化知识、文化技能、文化修养等,并具有相对较稳定的态势,表现在家庭和社会实践活动中,对学生的成长起至关重要的指引、促进作用,但有的时候是阻碍作用。③

2. 家庭文化资本类型

家庭文化资本范围很广,包括家长的文化知识、文化修养、文化鉴赏能力,也包括家庭的书籍、绘画、古董等物品的拥有量,还包括家长的学历、受教育程度。根据布尔迪厄对文化资本的分类,笔者将家庭文化资本分为:个体化的家庭文化资本、客体化的家庭文化资本和体制化的家庭文化资本。

第一,个体化(身体化)的家庭文化资本。

个体化的家庭文化资本是以具体状态存在的身体化资本。"具体的状态,是以精神和身体的持久'性情'的形式表现的。"④ 因此,也称为"身体化家庭文化资本"。这种文化资本可以借助家庭环境获得,但需要

---

① 马连奇:《农村家庭文化资本与初中英语学习效果关系的研究》,西南大学 2008 年硕士学位论文,第 8 页。
② 王洪兰:《家庭文化资本的传承研究》,华中科技大学 2006 年硕士学位论文,第 12 页。
③ 孙银莲:《家庭文化资本对学生成长的影响》,《湖南师范大学教育学院学报》2006 年第 7 期。
④ [法]布尔迪厄:《文化资本和社会炼金术》,包亚明译,上海人民出版社 1997 年版,第 192 页。

行动者通过投入时间学习积累知识和技能，才能内化成为身体的一部分。

个体化的家庭文化资本指储存于家长身上的文化知识、文化修养、文化鉴赏能力、家庭的文化氛围、教养方式、亲子交流等，包括家庭文化氛围、父母对孩子的教育期望、家长的教养方式以及亲子之间的对话交流等。① 另外，也包括父母的良好生活习惯，如讲卫生、穿衣风格等；父母的阅读习惯，包括父母的阅读数量、频率等；孩子课外阅读习惯；父母是否有陪同孩子读书的习惯等。以上这些文化资本主要是通过各种教育活动获得的。

第二，客体化的家庭文化资本。

客体化的家庭文化资本主要包括家庭的书籍、绘画、古董、工具书等文化产品的拥有数量。具体包括：参加文化课程和才艺补习课程，如音乐、美术以及绘画等培训活动；文化旅行，如参加各种展览诸如美术展、书法展、艺术展等，参观博物馆、科技馆以及美术馆等；艺术素养熏陶，如喜欢听西方古典音乐以及欣赏歌剧、芭蕾舞等；此外，还包括语言能力。② 家庭教育设施包括：家中课外书籍、报纸、杂志和工具性图书的数量；家中是否拥有书桌、电脑、独立的学习空间等。

一般来说，父母的文化鉴赏能力、文化修养、受教育程度越高，家里的书籍、字画和古董就越多，越注重对子女的家庭教育及教养方式，家庭文化氛围就越浓厚，其子女的发展就会优越于文化资本薄弱的家庭。

第三，体制化的家庭文化资本。

体制化的家庭文化资本包括家长的学历、受教育程度等。家长获得的文凭可被认为是一种体制化形式的文化资本，具有一定的符号意义。

3. 家庭文化资本特点

家庭文化资本传承是在稳定中发生着变化。上一代人继承了父辈的文化资本；同时，又通过学习形成了自己新的文化资本，增加了原有的家庭文化资本厚度。这种新生文化资本在新一代那里又成为继承性文化资本，依此类推，新一代在上一代家庭文化基础之上，继续丰富和发展

---

① 高飞：《农民工家庭教育资源现状研究》，《中国家庭教育》2005年第3期。
② 马菱：《进城农民工孩子家庭文化资本研究》，华东师范大学2010年硕士学位论文，第28页。

家庭文化资本。由于家庭文化资本传承的曲折性和复杂性,其传承具有不确定性、漫长性和持久性特点。

第一,不确定性。

家庭文化资本传承具有相对稳定性,就像人的血脉那样代代相传;同时,也面临着诸多挑战,使家庭文化资本的传承具有不确定性。家庭文化资本不确定性主要受以下两方面的影响:家庭自身的变故与外界环境强有力的影响。如"富不过三代"的说法。对于一个家庭来说,无论父母或子女,如果出现交通死亡等意外变故,会导致整个家庭文化资本传承过程的中断。从外界环境影响来说,如果一个社会遭受严重打击,如自然灾害、人为灾难等,家庭文化资本传承遭到中断的不仅是一个家庭,而且是整个社会。因此,受家庭自身及社会因素的影响,家庭文化资本传承呈现出不确定性特点。[①]

第二,漫长性。

家庭文化资本的传承和积累是一个十分漫长的过程。作为一种无形财富,它必须经过子女的逐渐内化才能完成。因此,家庭文化资本从传递到子女的最终获得,一般需要十几年或几十年的时间。有句俗语"三代培养一个贵族",说明了家庭文化资本传承和积累的漫长性。

布尔迪厄对个体化文化资本积累曾做过分析,他认为:"因为文化资本的积累是一种具体化、实体化的过程,这一过程包含了劳动力变化和同化,所以极费时间,而且必须由投资者亲力亲为,就像肌肉发达的体格或被太阳晒黑的皮肤,不能通过他人的锻炼来获得那样,因而,所有委托性效应都被排除在外了。"[②] 所以,文化资本积累是一种自我内化、潜移默化的过程,其传承过程十分漫长,这个时间长度既不能简化为受教育的时间长度,也不能简化为早期家庭教育。

第三,持久性。

家庭对子女发展的影响是深远的,通过家庭文化资本传承,子女所获得的惯习、性情、兴趣、价值观念、工作态度等会逐渐内化成自身的

[①] 王洪兰:《家庭文化资本的传承研究》,华中科技大学2006年硕士学位论文,第31—32页。

[②] 布尔迪厄:《文化资本和社会炼金术》,包亚明译,上海人民出版社1997年版,第1、196页。

文化资本，将会在子女身上保留一生，影响着他们的言行举止，是无法抹去的家庭痕迹。父母对孩子的性格、生活习惯、交往方式等都有很大的影响。每一代人的生活都会影响下一代人的生活。①

(五) 家庭文化资本传承

1. 家庭文化资本传承

家庭文化资本的传承主要是指家庭中父辈的知识、兴趣爱好、生活惯习、处世态度、价值观念等各个方面对子女的影响和传递以及子女对父辈这种无形财产的继承。这种影响和继承对父辈和子女来说，既可能是自觉的也可能是无意识的。

个体通过家庭获得文化资本的过程是一个人逐渐社会化的过程，是一个人的性情、兴趣、价值等逐渐被内化的过程，它能转换成具有文化价值的财富。同时，通过学校延长其文化资本的积累优势。个体通过学校教育获得的文化资本，既累积了家庭文化资本的厚度，也增加了个体的文化资本，通过个体的学习成绩、获得的文凭和证书得以证明，并对其以后的职业产生影响。②

法国学者布尔迪厄认为，文化资本是社会各阶级和个体所拥有的知识、技术、气质以及文化背景的总和，是一种有别于经济资本和社会资本、基于对文化资源占有的资本。拥有较多文化资本的父母，通常会更加重视子女接受教育的状况，可以通过言传身教和家庭文化氛围，使子女养成良好的学习习惯等，进而使其子女能够接受更多、更好的教育。③

在现代社会中，除了学校教育之外，家庭教育是"文化资本"获得的主要途径之一。家庭对于文化资本获得的影响贯穿了个体整个生命历程，在学校教育阶段之前就已经在发挥作用。拥有不同文化资本的家庭，其后代在文化资本获得上的条件差异很大，为学校教育奠定了不同的文化基础。因此，家庭已经具有的文化资本对后代文化资本的获得与传承影响非常大。

家庭文化资本的传承是一个动态过程，包括传递、生成、转换与确认三个环节。在传递环节中，言传身教是实现家庭文化资本传递的有效

---

① 周晓虹：《中国中产阶层调查》，社会科学文献出版社 2005 年版，第 8、252 页。
② 王洪兰：《家庭文化资本的传承研究》，华中科技大学 2006 年硕士学位论文，第 5—6 页。
③ 刘生全：《教育批评的教育基础刍议》，《北京师范大学学报》2001 年第 2 期。

方式;在生成环节中,子女不仅继承了原有家庭的文化资本,而且依据周围的环境和自己的兴趣,进行自我选择和自我定向,形成新的文化资本;但是,无论何种文化资本,要获得社会的认可并具有社会价值,都必须经过转换与确认环节。①

父母的知识、学历等文化资本是在家庭中积蓄起来的。父母可以通过文化资本在家庭内的传承,帮助子女获得相应的乃至更丰富的文化资本。文化资本丰富的家庭更能认识到文化资本的重要性,因而比较重视文化资本的获取,从小就为子女打好基础;家庭文化资本可以在早期对后代产生潜在的影响,具有一定文化资本的家长在子女接受正式教育之前,利用其自身的条件提前教给孩子知识、技能等,使孩子在接受学校教育的起点上处于优势;在受教育的过程中,家长也可以凭借文化资本的优势给予子女在学习等方面的辅导,从而使其子女有良好的条件获得文化资本。家庭文化资本丰富的子女具有一种隐蔽性的优势。

家庭文化资本的传递不是一厢情愿的事情,仅父母单方面的绞尽脑汁是徒劳的,需要子女的配合和接受才能完成。文化资本是一种无形的财富,不像钱财那样可以直接给予下一代。从传递到子女继承、生成自身文化资本的过程中,子女并不是简单地通过模仿,被动地继承文化资本,而是通过积极学习、思考内化到自己身上,这包含了子女对文化的筛选和自我选择。②

2. 家庭文化资本传承内容

从传承的内容上可将家庭文化资本划分为:智力文化和优秀品质资本两大类。其中智力文化资本是家庭传承给子女的语言、惯习、智力、性情等;优秀品质方面的文化资本是家庭传承给子女的毅力、勤奋、勇敢、信心、坚强等。

每个家庭文化资本的传承依赖其家庭文化资本的含量和层次,不同家庭文化资本的父母在对智力文化资本和品质文化资本的态度和选择倾向上也是不同的。具有丰厚文化资本家庭的父母,在文化资本传承内容

---

① 王洪兰:《家庭文化资本的传承研究》,华中科技大学 2006 年硕士学位论文,第 27—34 页。

② 同上书,第 26—27 页。

上往往经过慎重考虑和选择，在智力文化资本方面，更注重子女高雅兴趣的培养，除了传授或配合学校完成孩子的知识学习外，还注重培养孩子的书画、舞蹈、围棋、古筝、钢琴等高雅兴趣和性情；在品质文化资本上，更注重孩子的能力和果断、自主、开朗的性格培养。这些品质文化资本更多与现代社会文化因素相关。

而没有丰厚文化资本的家庭，尤其是低文化程度、较低职业层次或成就的家庭，在智力文化资本传承能力上非常有限；在品质文化资本传承上，更注重刻苦、顺从、忍耐、勤劳等品质，这些文化资本更贴近中国传统文化，且传承具有自发性。他们很少考虑对孩子的书画、舞蹈、围棋、钢琴等高雅兴趣和性情的培养；他们也缺乏对孩子的果断、自主、自信培养，甚至会利用家长权威进行压制。其原因主要是经济资本压力和他们对此认识不到位。

从历史宏观视角来看，不同社会时期家庭文化资本传承的内容也是不同的，这种不同往往与当时的社会变迁、历史条件相关。

从孩子家庭文化资本的形成可划分为：继承性文化资本和获得性文化资本。前者是通过父母的言传身教获得的，通常父母教什么，孩子就学会什么，尤其是孩子很小的时候。所以，子女的生活方式、价值观念、生活态度等都与父母密切相关。一个社会的文化传统之所以能代代相传下去，除了学校教育之外，在很大程度上是依赖家庭文化资本的传承功能。后者是通过子女自身努力获得的。因此，一个家庭可能一代代拥有丰厚的文化资本，但每一代与下一代人之间的文化资本内容不可能完全相同。在继承父辈文化资本的同时，又通过自身努力形成了自己新的文化资本，从而不断充实家庭文化资本的厚度。这种新的文化资本会在下一代那里又成为继承性文化资本，下一代在此基础之上继续发展。所以，父辈、子辈和孙辈三代家庭文化资本的传承内容，在稳定中发生着变化。布尔迪厄也谈道："家庭文化资本与个人及生物特性之间有着无数种方式的联系，并且从属继承性传递，这种传递总是被掩盖得面目全非，甚至被隐蔽得无影无踪。"[1]

---

[1] [法]布尔迪厄：《文化资本和社会炼金术》，包亚明译，上海人民出版社1997年版，第1、196—200页。

二 回族家庭教育的产生与发展

从回族家庭教育的历史过程来看,主要经历了唐代至元末明初的形成时期、元末明初至清末发展时期、清末至新中国成立前和新中国成立后的进一步发展几个阶段。

(一) 形成时期①

唐代至元末明初是回族家庭教育形成时期。在盛唐时期,随着海上"香料之路"和陆上"丝绸之路"的商业发展,伊斯兰教文化传入中国。遵循穆罕默德"学问虽远在中国,亦当求之"的训示,阿拉伯帝国开始关注中国,遣使者东来。当时以使臣、经商者、手工业者、留学生、援唐官兵和传教士身份来到中国。唐代对外政策开放,这些来华的回族先民组建家庭,进行家庭教育。此阶段是回族形成时期,家庭教育成为回族先民最重要、最基本的教育形态。当时的情形有以下几种。

第一,受当时社会政治、经济及交通条件的限制,这些来自阿拉伯、波斯和中亚各地的回族先民,来华时基本不带家属。为了长期留居中国,他们必须与当地的蒙古人、突厥人特别是人口较多的汉族女子结婚,组成家庭。伊斯兰教是伴随着回族先民进入中国而传入的,因而回族先民的身上具有显明的伊斯兰教文化烙印。在这些新组建的家庭中,家庭成员的文化背景截然不同,差异较大。要过正常的家庭生活,就要使拥有不同文化背景的妻子信仰伊斯兰教,认同回族穆斯林的生产生活方式、风俗习惯等。而作为新的穆斯林,要恪守信仰,举行宗教礼仪,必须学习《古兰经》《圣训》,学习基本的伊斯兰教义,遵从回族先民的生产生活方式,坚守伊斯兰教文化。因此,当时回族穆斯林很重视家庭教育,主要是男子对其妻子以及家长对其子女和新入教的穆斯林口头教授阿拉伯语、波斯语,教会他们诵读《古兰经》,学习《圣训》,过正常的穆斯林生活。

第二,为了使来华穆斯林保持伊斯兰教信仰,发展伊斯兰教文化,许多波斯、中亚有"尔林"的"答失蛮"②应邀来华传教。他们散居

---

① 杨玉经:《宁夏回族文化艺术博览》,宁夏人民出版社 2008 年版,第 108—109 页。
② 是波斯语,意为"阿訇、宗教学者"。中国元代官方对阿拉伯语的称谓。

各地，在自己家中设"回子房"，作为伊斯兰教教育中心。这在当时是一种特殊的家庭教育形式。

第三，由于当时回族先民主要经营珍宝、香料、药材业、制革、兵器等技术含量较高的行业。因此，回族先民家庭教育主要是父传子受的专业技能、技术教育。

第四，现存大量元代回教石刻碑文大都是用阿拉伯文、波斯文书写的，由此可以证实，当时这些回族先民在语言上还保持着阿拉伯语、波斯语。伊斯兰教文化是他们的精神核心，但受儒家文化影响，为了生存和发展，他们教育子女坚守伊斯兰教信仰以及遵守由此而生成的穆斯林基本生活方式、风俗习惯等。"居中土也，服食中土也，而惟其固俗是泥也。"在"虽适殊域，传子孙，累世不敢易焉"的同时，回族家庭教育吸收了汉文化，特别是儒家文化的成分。

中世纪旅行家伊本·白图泰，在元顺帝至正六年（1346）来到中国杭州，他发现杭州穆斯林众多，而穆斯林乐师"用中国文、用阿拉伯文也用波斯文演唱"，这说明当时回族先民在继续使用阿拉伯、波斯语言的同时，也逐渐能够使用主流语言汉语了。又据安熙《御史私刊公字序》载："近世种人居中国者，类以华言译其旧名而称之，且或因名而命字焉。"反映了这一时期回族先民开始取汉姓、汉名。此时，"伊汉并重"的"番学"已在各地创建，开始了"双重文化教育"。

(二) 发展时期①

元末明初至清末是回族家庭教育发展时期。明初，回族先民逐渐失去了元代期间在政治、科技、文化上的优越地位。朱元璋推翻了元朝统治后，对蒙古人、色目人（"回回人"）强制推行汉化政策：凡蒙古人、色目人应与汉族通婚，不许自相婚娶，违者杖八十，男女入官为奴婢。又"洪武元年，昭胡服、胡语、胡姓一律禁止"。朱元璋这一政策的实施，促成了汉语成为回族穆斯林的统一语言，从而形成了统一民族——回族。同时，朱元璋的婚姻政策，也使回族人口空前增长。因为汉族女子与回族男子组成家庭，在夫权制占统治地位的时代，汉族女子必然要在家庭中改信伊斯兰教，遵守伊斯兰教的生活方式、生活习惯，成为回

---

① 杨玉经：《宁夏回族文化艺术博览》，宁夏人民出版社2008年版，第109—110页。

族大家庭中的一员。

由于明朝全面实行"海禁",中国内地回族与阿拉伯世界的联系中断,宗教职业者贫乏,汉语的全面推广,加之回族"大分散、小聚居"的分布模式,使原来回族家庭中那种自发、零散的纯粹用阿拉伯文、波斯文教育子女的状况已不多见,越来越多的回族人看不懂波斯文、阿拉伯文,无法领会《古兰经》精神。一些回族人的伊斯兰教观念逐渐淡漠,信仰只表现为简单的生活禁忌。传统的回族家庭教育对此已无能为力。在这种情况下,胡登洲全面改革回族家庭教育,创立"经堂教育",将回族家庭教育推向极致。

胡登洲生于陕西渭南,早年学习儒学,后随经师学习伊斯兰教经典。其间,他赴麦加朝觐,途中游历印度、埃及、土耳其等国,考察了伊斯兰教国家的教育状况。为了营造伊斯兰教文化气氛,胡登洲把讲经堂转移到清真寺,将伊斯兰教传统以清真寺为中心的教育模式与中国传统的家庭私塾教育完美地结合起来,讲授阿拉伯文、波斯文及伊斯兰教经典。在教育体制、教学内容、方法、考核制度、毕业方式等方面形成了一套独特的制度。

胡登洲的亲传及再传弟子将此制度进一步完善,经过短短100年的发展,在中国内地回族中普及了"经堂教育",培养了大批回族高级宗教人才,他们在各回族聚居区清真寺"开学",进行"经堂教育",带领所在回族群众开展宗教文化活动,对他们定期或不定期的讲《卧尔兹》[①]以及严格按伊斯兰教所规定的生产、生活方式以身垂范,这对回族人民坚定伊斯兰教信仰,促进回族文化的形成与发展起到了至关重要的作用。

为了使中国社会非穆斯林民族了解回族,弘扬伊斯兰教文化;加上南方回族与汉族等其他民族杂居,受主流文化影响较大,一些在"经堂教育"中脱颖而出的回族学者,开始反思传统的回族教育,认为仅局限于从伊斯兰教文化到伊斯兰教文化教育过于狭窄,仅从伊斯兰教文化资源中开发民族教育资源显得很单一。因此,提出"经堂教育"语言应将阿拉伯语、波斯语和汉语并用,且用汉文著书译经:"以中土之

---

① 是阿拉伯语,意为"劝化、宣讲"。

汉文，展天方之奥义"。由此涌现出一大批阿拉伯语、波斯语和汉语皆通的回族伊斯兰教经师、学者，产生了许多汉文回族伊斯兰教著作，逐步建立了颇具回族民族特色的宗教哲学体系。代表作有南京王岱舆（1570—1660）的《清真大学》《正教真诠》；刘智（1660—1730）的《天方性理》《天方至圣实录》；马复初（1794—1874）的《四典要会》《大化总归》等。这些被回族穆斯林奉为"汉开塔布"①的"以儒诠经"著作，向非穆斯林社会展示了伊斯兰教文化、哲学的精髓，也成为众多以汉语为本民族共同语言的回族群众、回族家庭的必备读物，成为回族家庭教育的主要教材之一，至今仍然流行于回族穆斯林家庭中。

（三）进一步发展时期②

1. 清末至新中国成立之前

回族传统"经堂教育"主要目标是培养道德完美、信仰虔诚的阿訇和教民，几乎没有关于创造财富的科学知识、技能的传授，因而回族家庭教育视界狭窄，严重限制了回族文化的发展和民族素质的提高。所以，一些回族先进分子放眼世界，超越了民族和宗教的限制，掀起了回族史上又一次新文化运动。他们提出了改良宗教、发展新式教育的主张。1907年，北京的王浩然阿訇从西亚、土耳其考察回国，在牛街清真寺创办了"回文师范学堂"，改革"经堂教育"的陈旧内容和方法，倡导经学、汉学并举。回族人士在北京（当时叫北平）创办了第一份白话文报纸《正宗爱国报》。顾颉刚对此深有感触地说："这是近代中国回教徒第一次自觉发动的文化运动。"因此，各地回族人士纷纷建立宗教或学术社团，创办了30余种学术刊物，开办了多所新式学校，并向埃及等国先后派出回族留学生40多人，其中的马坚、纳忠、纳训、林仲明等学成归国后，已成为驰名中外的回族学者。这次新文化运动造就了一大批经汉兼通的回族人才。

此时的回族家庭教育既保持和发扬了伊斯兰教文化的优秀传统，又开始重视学习汉文化。他们遵循穆圣"爱国是伊玛尼③的一部分"的训

---

① 以汉文写成的伊斯兰教经典。
② 杨玉经：《宁夏回族文化艺术博览》，宁夏人民出版社2008年版，第111—112页。
③ 伊斯兰教术语。阿拉伯语音译，意为"信仰"。

示,将爱国、爱族、爱教统一地放在了家庭教育的重要位置。

2. 新中国成立之后

新中国成立后,回族教育有了长足发展。尤其是改革开放以后,随着国家民族宗教政策贯彻落实,回族人民的物质文化生活不断提高,回族家庭教育与回族社区教育、"通识教育""经堂教育"一起构成了回族穆斯林发展的基石。

为了保证家庭成员信仰的统一,使其子女接受家庭教育、完全穆斯林化,在回族与非穆斯林民族缔结婚姻,组成家庭时,要求非穆斯林一方必须在宗教信仰、人生态度、生活方式、生活习惯等方面完全穆斯林化,并且要举行严格的"入教"仪式。回汉通婚必须遵守原则:"回民娶汉民或汉民娶回民,汉民都要随教。"一般来说,回族人对回族男性娶非穆斯林女子为妻虽持审慎态度,但并不激烈反对,前提是只要此女子愿意信仰伊斯兰教即可。总之,只有保持家庭成员信仰的统一,才能保证家庭中的伊斯兰教文化氛围和子女接受传统伊斯兰教文化教育。

回族家庭教育从孩子出生那一天起就开始了。穆圣说:"凡婴儿初生时,均属原造。"所以,遵循《圣训》,许多回族家长将"教子成人、教子成才"视为自己的使命和责任。这样,教育孩子继承和发展回族文化就成为回族家庭教育的重要任务。孩子出生的第一天,家长就邀请阿訇在孩子耳边给孩子做"都瓦"①,起"经名"②,这是回族儿童来到人世间接受启蒙教育的第一课。孩子长到4岁零4个月,家长就要送孩子"迎学",即送清真寺经堂或有"尔林"的人家,学习阿拉伯语、波斯语,诵念《亥听》《杂学》,学习穆斯林的生活方式、习惯等。女孩子长到9岁,男孩子长到12岁,就要开始学习封斋、礼拜。此外,有些地方男孩子在10岁左右还要施行"割礼"③,要请阿訇念《古兰经》,亲友前来祝贺,仪式很隆重,这是对此阶段回族儿童的一种"成人"教育。

---

① 念清真言:"万物非主,唯有真主,穆罕默德,主的使者。"
② 多取伊斯兰教发展史上流芳后世之人名。
③ 指割除阴茎的包皮。

三 回族家庭文化资本对子女的影响

（一）回族家庭文化教育的双重性①

教育通常包括学校教育、社会教育和家庭教育，通过这些教育使人成为合格的国家公民，掌握社会生活的基本知识和技能。但回族家庭教育具有双重文化性，结合了公共教育体系和次公共教育体系的教育内容。这种教育一方面使孩子成为穆斯林，另一方面，发挥着学校教育和社会教育功能，使回族人成为合格的国家公民。因此，回族家庭教育对其后代双重文化认同产生了至关重要的作用。学校传播着主流文化的传统和规则，使回族学生成为可以顺畅进入主流文化的国家公民，而社区和家庭教育则分别在次公共领域和私人领域中发挥作用，使回族后代成为穆斯林。②

伊斯兰教文化是回族文化的基石，是回族形成、发展的动力。没有伊斯兰教，就没有伊斯兰教文化，回族的形成、发展就成了无源之水、无本之木。因此，回族家庭教育与伊斯兰教文化密切相关，伊斯兰教文化不仅规定了家庭教育的内容，而且还制约着家庭教育的形式。

一个国家、一个民族的教育总是在特定文化背景下进行的。《古兰经》是伊斯兰教的根本经典，既是回族穆斯林行为举止的最高准则，也是其思想观念的源泉，其伴随每位回族穆斯林的一生，也是他们今生后世的永恒课本。所以，在回族家庭教育中，《古兰经》规定穆斯林必须具备"六大信仰""五项基本功课"，这是回族家庭教育的核心内容。只要是穆斯林，对"伊玛尼"③的珍视如同对待自己的生命一般。在回族家庭教育中，"六大信仰"和"五项基本功课"的教育从儿童出生时讲起，直至终身。"五项基本功课"指"念、礼、斋、课、朝"。这是回族穆斯林宗教生活的基本内容，也是回族家庭宗教教育的基本内容，即要人们经常念"清真言"，定期礼拜和斋戒，进行施舍和纳税，并履行去麦加朝觐的义务。"念"是"五项基本功课"之首，家长要教会儿

---

① 杨玉经：《宁夏回族文化艺术博览》，宁夏人民出版社2008年版，第112—114页。
② 姚秀颖：《文化变迁视角下的呼和浩特回族的教育策略选择》，中央民族大学出版社2009年版，第1页。
③ 伊斯兰教术语。阿拉伯语音译，意为"信仰"。

童"念""清真言"。

回族穆斯林从小到大以至临终前，都必须时常出声念诵"清真言"。回族家庭教育实质上是使回族青少年儿童适应并接受伊斯兰教文化，遵守伊斯兰教的社会规范，进而成为回族社会合格的成员。

回族家庭教育的伦理与美德教育也是建立在伊斯兰教文化的基础上。伊斯兰教教法就是回族穆斯林的生活指南、行为准则，具有强制性、权威性。同时，它又与回族的最高信仰相联系，因而具有超自然的性质。

伊斯兰教是一种"两世并重"的宗教，既关注人的心灵信仰，又关注人的生活需要。所以，在家庭教育中，家长不仅教育子女要坚守宗教信仰，同时，还教育子女不能放弃现实的奋斗、生活与享受。《古兰经》主张"应当吃，应当喝，但不要过分"。《古兰经》甚至强调现实的劳作、建设也是善行。

每年"圣纪节"，阿訇站在宣讲台前，在高亢激昂的赞圣声中，在家庭的日常生活中，阿訇和家长都要提到一个全体穆斯林效法的榜样——穆罕默德圣人。在回族群众中，穆圣聪慧过人、智力非凡、感觉敏锐、谈吐锋利、举止端庄、遇事善断、是非分明、目光远大、助善抑恶、大公无私。阿訇讲《卧尔兹》[①]，回族穆斯林的奶奶、母亲经常讲关于穆圣的传说、故事等，这深深地影响着回族穆斯林的青少年儿童的成长。

（二）回族家庭文化资本对子女的影响

家庭是孩子出生后的第一个教育场所，也是生活最持久、影响最持久的场所。父母是孩子在成长过程中接触时间最长、最多的人，父母的言行会对孩子的发展产生很大影响。家庭教育自家庭出现之后就已经存在，并伴随儿童成长的全过程。当今社会，随着社会经济生活水平的不断提高，孩子的教育问题越来越受到关注。家庭教育对孩子的成长显得越来越重要。不同家庭有不同的文化资本，如父母的受教育程度、文化知识、文化修养、世界观、价值观等是不同的。这些文化资本又通过家长不同的教育观念、教育方式反馈到孩子身上，通过营造不同的家庭文

---

① 教育、劝化。

化氛围、不同的教养方式,使孩子的个人气质、外貌仪表、行为习惯等各不相同。有时候,虽然父母一句话也没有说,但他们的一举一动,对待长辈的态度、家里的文化藏品等都会影响孩子的成长,是一种无声的教育。因此,家庭文化资本对孩子的健康成长有着举足轻重的作用。①

1. 家庭文化资本对儿童入学准备的影响

依据布尔迪厄的文化资本理论,教育社会学的大量研究表明,不同的家庭文化资本对儿童入学准备有很大差异,具有丰厚文化资本家庭的孩子在入学前具有明显优势,而且这种差异会延续到儿童进入学校接受正规教育生活和日后的发展。美国幼教协会(NAEYC)的一份著名报告 *Position Statement on School Readiness—Promoting Excellence in Early Childhood Education* 指出,每个儿童都是带着不同的生活经验来到学校,每个儿童的经验差异来源于其家庭文化资本的性质差异。②

杰克·肖克夫等人的研究显示,受过较高水平教育的母亲在与孩子相处过程中,往往会更多地运用语言强化手段,并会花更多时间与孩子一起阅读。③

受回族重商文化的影响,一些回族父母对孩子上学存在功利价值,他们认为,上学的最终目的就是上名牌大学,有理想的工作,能挣大钱。如果工资较低,还不如从商。这一功利性学习目的对其子女的学习有一定的影响。

一位在回族学校教学的教师说:"很多回族家长来到学校询问孩子的学习情况,特别关注怎样提高孩子的主科成绩,很少关注孩子的学习兴趣。"

一位回族老师说:"回族孩子很聪明,但从小家庭就灌输经商的观念,甚至有的孩子从小就参与家庭的经商活动,严重影响了他们的学习精力和学习态度,缺乏学习积极性。"

除了宗教方面的书籍外,回族家庭藏书很少。平时回族学生家长很

---

① 陆娜:《家庭文化资本对小学生发展的影响研究》,山东师范大学 2013 年硕士学位论文,第 11—12 页。
② NAEYC, *Position Statement on School Readiness—Promoting Excellence in Early Childhood Education*, http://www.neayc.org. 2011 - 03 - 12.
③ [美]杰克·肖克夫、黛博拉·菲利普斯:《从神经细胞到社会成员:儿童早期发展的科学》,方俊明、李伟亚译,南京师范大学出版社 2007 年版,第 239—251 页。

少购买书籍，而且大部分宗教书籍都是清真寺免费赠送的。

2. 家庭文化资本对孩子良好习惯养成的影响

在不同文化资本家庭中，不同文化程度的父母对孩子的教养方式有很大差异。过于严厉的教养方式会对儿童的发展产生负面影响；而民主、平等的教养方式则有利于儿童认知和情感的发展。[①] 黄毅志等人的研究表明，受教育程度较高的父母更注重强调独立、负责的价值观，多采用内在控制的管教方式教育孩子，而受教育程度较低的父母更强调服从，多采用外在控制的管教方式。[②]

在孩子的习惯养成和塑造方面也有很大差异，在拥有优质文化资本的家庭中，孩子更容易养成良好的学习习惯。因为优质家庭文化资本拥有较好的文化氛围，家长能够积极与孩子交流，具有更为理性的教养方式等，父母不仅为孩子提供良好的学习环境，而且还能够积极与孩子合作，培养其学习动机，这样才能帮助孩子养成良好的学习和生活习惯。如培养孩子正确的书写姿势、阅读方法等。

另外，优质家庭文化资本对孩子的良好生活习惯、道德素养等都有显著的影响。卫生与健康习惯对孩子身心健康发展具有十分重要的作用，良好道德品德的养成也有助于孩子在学习中遵循相关规律，形成一定的学习策略。[③]

3. 家庭文化资本对孩子学习成绩的影响

布尔迪厄认为，个人在进入学校教育体系之前，就已经获取了不同的文化资本，并通过学校教育的作用转化为学生的学业成绩。他认为，学业成绩优异的学生常常来自那些社会地位和文化资本相对优越的家庭。而文化资本是通过代际传递在家庭中形成的，即前辈人对后辈人的言传身教。因此，要求长辈尤其是父母加强家庭教育，有更多可以自由支配的闲暇时间。但是，闲暇的长短取决于家庭的经济状况。

---

① 黄毅志、曾诗涵：《代际不平等的再制与维持：检证 Bowels 与 Gintis、Kohn 的理论对国小学童的适用性》，台东大学教育研究所 2004 年硕士学位论文，第 54—60 页。

② Faith Lamb Parker, Alison Y Boak, and Kenneth W Griffin, Parent-child Relationship, Home Learning Environment and School Readiness, *School Psychology Review*, 1999, (3): pp. 413–425.

③ 于胜男：《家庭文化资本对学生学习习惯的影响研究》，东北师范大学 2012 年硕士学位论文，第 44 页。

布尔迪厄和帕斯隆的文化再生产理论提出了两种社会再生产形式，一种是经济资本的再生产；另一种是文化资本的再生产，它是一种社会化的结果。但这两种文化资本再生产都与家庭文化背景密切相关，尤其是父母的经济状况及其文化程度。不同家庭背景的子女，继承的经济资本和文化资本是有差异的。

4. 家庭文化资本对儿童社会化的影响

　　苏联教育家马卡连柯在《家庭和儿童教育》中强调了家庭教育的重要性，认为家庭对孩子的成长，尤其是对孩子的社会化起着非常重要的作用。家长应该为孩子创造有利于提高他们文化修养的环境，如书籍、报纸、电影、博物馆、展览会及其他形式的文化教育。

　　根据阿尔伯特·班杜拉（Albert Bandura）的观察学习理论，儿童善于模仿，儿童起码的生活规范、程序和习惯是从家庭中习得的。所以，在家庭中，父母是孩子模仿的对象，他们的饮食、语言行为等习惯都会直接影响孩子，进而产生模仿行为，最后内化成为孩子社会行为技能的一部分。

　　儿童在进入学校学习之前并不是一张白纸，已经具有个人的经验，这些经验在早期尤其是学前和小学阶段，主要来自其家庭的培养，因而家庭教育有利于促进儿童的社会化。有研究表明，持有不同文化资本的家庭对子女经验的影响是不同的。布尔迪厄认为："文化资本的象征性功效的最有力的原则，无疑存在于它的传递逻辑之中。一方面，呈现于客观化状态中的文化资本以及令这一客观化发生所需要的时间，主要取决于整个家庭所拥有的文化资本；另一方面，文化资本的最初积累以及各种有用的文化资本快速、容易地积累的先决条件，都是从一开始不延误、不浪费时间起步的，那些具有强大文化资本的家庭的后代更是占尽便利。"[①]

四　提升回族家庭文化资本教育

　　从家庭文化环境来看，良好的家庭文化环境能够保证学生拥有较好的学习环境、提供丰富的文化活动等，是学生获得学业成功的重要文化

[①] 魏建国、罗朴尚、宋映泉：《家庭背景与就读大学机会关系的实证研究》，《教育发展研究》2009 年第 21 期。

资本。

儿童的发展是受家庭、学校及社会等方面综合影响的结果，其中家庭教育是儿童成长的第一场所，也是最主要的教育场所，是与生俱来不可选择的。所以，家庭资本是构成儿童成长的一个重要背景，其中家庭文化资本为儿童的发展提供了物质和精神方面的支持。

家长是影响孩子的第一任老师，他们的一言一行都会潜移默化地影响孩子。父母受教育程度不同，其文化修养、价值观等也各异，因而对孩子的教育方式、重视程度等都是不同的，并使得这些不同家庭子女在身心发展上也是不同的。因此，要特别重视家庭文化资本的作用，重视家庭教育，提高家长的文化素质，为孩子成长创造一个良好的家庭环境。

（一）提高家长个体化的家庭文化资本

回族非常重视经商，从家庭、清真寺到回族居住的社区，家长在一起谈论最多的话题是关于商业。在这种重商文化熏陶下，部分学生选择了从事商业，小学或初中毕业后就辍学，上高中的回族学生相对较少。部分孩子从小就参与一些经商活动，尤其是郊区和城镇的回族学生，他们对学习不感兴趣、缺乏学习动力等。而且一些家长认为孩子考大学无望，早早就让他们辍学，开始学做生意或外出打工。即使考上大学，毕业后又找不到工作。所以，有些人认为读大学是没有用的。

因此，要提高家长的自身文化修养，不断充实、完善自身的文化资本，为孩子营造良好的家庭文化氛围；在日常生活中，要经常与孩子多交流，了解他们的学习、生活及其思想状况；要采取理性的教养策略。

第一，树立终身学习理念。

一些家长忽视了家庭文化资本对孩子发展的影响，认为教育是学校的事，家庭只是负责孩子的饮食起居。因此，家长要转变观念，树立终身学习理念，不断提高自身的文化知识、文化修养与文化技能，才能转变自身的教育理念，认识到家庭的文化氛围、家风家规、父母的文化素养等对孩子发展的重要性。

第二，营造良好的家庭文化氛围。

家长要有意识地为孩子营造良好的家庭文化氛围，如在家里多读书看报，夫妻关系融洽等。这就要求父母自身需具有良好的阅读习惯，在家庭中形成读书看报的氛围。如果父母每天或每周都有一定的时间阅读书籍，那么这种行为就会潜移默化地对孩子产生一定的影响。

一些家长将言传与身教分开，只注重言传，而忽视了身教，教给子女的是一套道理，自己的行为却是另外一套。因此，家长还要注意自身的言谈举止，为孩子的学习、生活树立良好的榜样，不仅要注重言传，更要注重身教。马卡连柯说："你怎样穿衣服，怎样和别人谈话，怎样谈论其他人，你怎样表现欢心和不快，怎样对待朋友和仇敌，怎样笑，怎样读报——所有这些对儿童都有很大的意义。"[①]

总之，家长要提升自身的文化水平、文化修养，注重营造家庭文化氛围。而且只有家长的文化素养提升了，才能更好地利用书籍、工具书等客观化的文化资本，更好地发挥其作用。

第三，积极开展亲子交流。

相关研究表明，亲子交流可以使孩子心理需要得到满足，主体地位得到尊重，有利于孩子的身心健康。因此，家长要多与孩子交流，走进他们的世界，了解他们的需求；要采用民主教育方式，可适当与权威相结合；平时要注重与孩子进行相关的阅读与讨论活动，在阅读讨论活动中，注意孩子的情绪和行为反应，及时进行正确引导；及时检查、指导功课；利用休息日、节假日带孩子去参观一些文化古迹、展览馆、艺术馆等，拓宽他们的视野，使其能够切实感受到文化的熏陶，感受到文化就在他们身边，提高他们对文化的审美力、感受力、创造力和表现力。

第四，理性的家庭教养。

相关研究证实，理性家庭教养方式对孩子的生活和学习习惯养成具有十分重要的作用。首先，家长要认识到对孩子进行理性教养的作用，认识到家庭文化氛围和家庭成员的行为方式对孩子习惯的养成会产生一定的影响。其次，充分客观地掌握孩子的情况是家长践行理性教养方式的前提条件。因此，家长要及时与孩子沟通，了解孩子各方面的真实状况，更好地对孩子进行有针对性的教育。最后，教育孩子时要充分考虑方法的合理性和有效性。如批评、鼓励孩子的方法是否合适等。

（二）提高客观化的家庭文化资本

家庭客观文化资本以图片、书籍、辞典、工具、机器等文化商品形

---

① 孙杰：《论文化资本对农村义务教育均衡发展的影响——布尔迪厄文化资本理论的启示》，《山西大学学报》（哲学社会科学版）2011年第5期。

式存在，可以对培养孩子良好的生活和学习习惯提供一定的物质和环境支撑。受回族重商文化的影响，很多家庭缺乏客观文化资本。因此，家长要尽可能提供家庭客观文化资本，为孩子成长创造良好环境。例如，在家中拥有丰富的书籍，为孩子提供合适的读物，每天或每周安排一定的阅读时间，长期坚持，可以培养孩子的阅读兴趣和习惯；在家庭布置营造良好的文化氛围，影响、陶冶孩子的性情；多带孩子参观博物馆、文化馆、艺术展览馆、文化古迹等；多与孩子进行讨论，进行文化熏陶，开阔视野；为孩子提供独立、安静的学习房间，避免家长聊天、看电视等外界因素的干扰，有助于养成孩子注意力集中的好习惯，因为思维具有一定的连贯性与持续性。

(三) 提高体制化的家庭文化资本

从家庭文化背景看，长期以来，随着各民族的相互依赖和频繁交流，尽管大部分少数民族地区已经形成了"民汉兼通"的双语社会模式，但很多少数民族家庭在生活、日常交流中提供给孩子的依旧是各民族的文化习惯，造成少数民族学生对主流文化的接触、了解有很大的局限，致使学生缺乏相应的主流文化准备或文化资本，因此处于学业发展中的不利地位。而且学生父母的文化水平也在一定程度上影响了学生的学业成绩，一般受教育程度高的父母对其子女的教育期望值普遍较高，在学习上也能给予一定的引导和帮助。然而，少数民族学生的父母受教育程度普遍偏低，文化水平不高，对学生的教育支持力度不大，对学生的学习期望值也偏低，由此造成学生的学习动力不足，普遍学业成绩不高。

在宁夏南部山区，回族学生家长接受文化教育程度普遍较低，尤其是回族女性的文化水平更低。他们缺乏文化知识，而且大多数家长外出打工，孩子由爷爷和奶奶照看。这些孩子严重缺乏家庭教育，缺乏正确引导和规范，缺乏良好行为习惯的培养。回族家庭，尤其是农村回族家庭普遍存在着体制化文化资本总体水平不高的情况。因此，家长要提高自身的文化水平与受教育程度，这是提高家庭体制化文化资本的最重要途径之一。家长在接受相关的文化教育时，其自身的文化修养会随之提高。只有提高家庭体制化文化资本，家庭中的客观化文化资本才能充分合理利用，促进孩子养成良好的生活和学习习惯。

体制化文化资本具有一定的符号意义和象征意义，人们通常把这种官方承认、合法化的文凭证书与一个人的话语权威和文化权威联系在一起。因此，父母的受教育程度在孩子的意识中会产生不同的观念，一般在父母受教育程度较高的家庭中，孩子更容易建立起自信。

学习型社会强调终身学习，活到老学到老，家长可以通过在职进修、各种知识网络、远程教育服务等渠道，积极提高自身的学历教育，从而提高自身的文化内涵、修养及相应的知识和能力。

第二节 "经堂教育"

"经堂教育"是一种宗教教育，对回族传统社会文化具有深远的影响。"经堂教育"是以学习经文为主的寺院教育，它为回族穆斯林培养所需的宗教职业者，普及伊斯兰教文化知识，使年轻一代成为合格的穆斯林。

一 "经堂教育"的产生与发展

（一）"经堂教育"发展概述

"经堂教育"[①]是中国回族教育史上影响深远、延续时间最长的一种宗教教育形式，至今仍然有着很强的生命力。这种学制对阿拉伯伊斯兰教国家的教育内容有所取舍，同时又增加了符合中国实际情况的内容。在形式上采取了中国私塾教育的设置，并结合伊斯兰教的经济和宗教制度，建立了一整套教学组织模式。不但中国回族穆斯林"经堂教育"的创立借鉴了阿拉伯伊斯兰教国家清真寺附设学校的模式，而且中国的"经堂教育"改革也受到了阿拉伯伊斯兰教国家改良运动的影响；同时，它也受到了中国社会变革和新文化运动的影响。因此，"经堂教育"也是物化了的多元文化融合的结果。

"经堂教育"是源于中世纪阿拉伯伊斯兰教国家清真寺内"麦德莱赛"[②]的教育传统，后在中国结合私塾特色形成的教育制度。因此，

---

① "经堂教育"是中国伊斯兰教传统教育制度。其中"经"指伊斯兰教经典，"堂"指清真寺。"经堂教育"一般在清真寺内举行。因此，"经堂教育"又被称为"寺院教育"或"回文大学"。

② 宗教学校。

"经堂教育"是具有中国特色的宗教教育形式,对传授经学知识、普及宗教知识、培养经学人才及宗教教职人员发挥了主要作用,同时也促进了伊斯兰教在中国的传播、发展。随着"经堂教育"的发展,兴起了"经堂语"① 和"小儿锦",为中国回族穆斯林对中国文化与阿拉伯文化的亲和交融作出了重大贡献。

"经堂教育"的出现和兴起,是伊斯兰教在中国内地传播和发展的结果。"经堂教育"是明朝嘉靖年间(1522—1566),陕西伊斯兰教经学大师胡登洲(1522—1597)开创的。针对"经文匮乏,学人寥落,既传译之不明,复阐扬之无自"的现状,他在家收徒讲学,倡导学习经典。从其二传弟子开始,教馆从私家移入清真寺,在寺内招徒授经。清真寺延聘阿訇担任经师,称"开学阿訇"。学生的食宿费用等多由教坊教民供给。学员多少则视阿訇的学识声望、教坊的经济能力而定。这种将中世纪伊斯兰教寺院教育与中国传统私塾教育相结合的形式,适应当时中国穆斯林社团发展的需要,逐渐发展成为具有中国特色的宗教教育制度。

胡登洲倡导宗教教育,改变了传统父传子受、师徒单传的教育方式,吸引各地穆斯林"负笈载道,接踵其门而求学"。他的学生代代相承,分布全国各地,推动了各地清真寺纷纷效仿。在其发展演变过程中,因各地课程内容和教学特点的差异,形成了风格不同的学派。早期,西北地区以冯养吾、张少山为代表,形成精而专的陕西学派。明末清初,常志美、李延龄、舍起灵在山东、河北、河南等地设帐讲学,授徒众多,形成博而熟的山东学派。清代中叶,在马德新、马联元倡导下,云南出现了中阿并授的新学派。在新疆地区,"经堂教育"大多属于小型分散的私塾形式。在穆斯林聚居的城镇,专门设置宗教学校"麦德莱赛",或附设于清真寺内,或单独建校。其课程设置、教学方法和管理制度,具有该地区的民族特色。

(二)早期发展②

明代中期,回族穆斯林教育发生了很大变化,"经堂教育"取代了沿

---

① 古汉语、阿语和波斯语单词混合而成的独特表达形式。
② 杨玉经:《宁夏回族文化艺术博览》,宁夏人民出版社2008年版,第115页。束锡红:《宁夏回族文化图史》,宁夏人民出版社2008年版,第125页。

袭唐、宋、元三朝的家庭教育，逐渐成为回族穆斯林教育的主要形式。

16世纪，回族穆斯林创设了"经堂教育"。由"开学阿訇"招收穆斯林子弟，在清真寺学习伊斯兰教经典，传授伊斯兰教教义、教法等基本的宗教知识。其创始人一般公认为是陕西渭南回族人胡登洲。胡登洲之后，其亲传弟子和再传弟子遍布全国各地，比较著名的有陕西的周良雋阿訇、山东的常志美阿訇、云南的马复初阿訇、河南的张万东阿訇等，形成了陕西学派、山东学派和云南学派。陕西学派包括陕、甘、宁、青、新西北五省及河南、安徽和江苏，以周良雋阿訇为代表。山东学派包括山东、河北及东北三省，以常志美阿訇为代表。陕西学派注重认主学、《古兰经》注，不学汉文，提倡"精而专"；而山东学派提倡阿拉伯文、汉文、波斯文并重，注重"博而熟"。后来云南人马复初自海外游学回国后，改良"经堂教育"，吸收陕西、山东两个学派的优点和长处，创立了独树一帜的云南学派，提倡阿拉伯文、汉文经书并授，兼学波斯文，讲究"诸科分进"的教学方针。

"经堂教育"在各地发展演变过程中，逐步形成了各自的中心和特点，早期的主要有：

第一，以冯养吾、张少山为代表，以精研细讲凯拉姆学、《古兰经》注为特点的陕西学派；

第二，以常志美、李延龄、舍起灵等为代表，以讲授阿拉伯文、波斯文13本经为特点，并以苏菲哲学见长的山东学派；

第三，以马德新、马联元为代表，以改进"经堂教育"，主张阿拉伯文、汉文经书并授为特点的云南学派。

伊斯兰教教育是伴随着伊斯兰教的传播而开始的。中国穆斯林的祖先包括：阿拉伯、波斯帝国来华的官方使节；唐代来华帮助平定"安史之乱"的阿拉伯、波斯军队；元初大批来华的阿拉伯、波斯和中亚信仰伊斯兰教的军队、工匠、商人和学者。回族只是其中的一支。元末明初，在回族形成之前，这些外来的穆斯林基本上讲阿拉伯语和波斯语，但波斯语更流行。当时回族社会政治地位优越，国家设立"回回国子监"，教授"亦思替非文"① 和波斯文，从回族中培养国家公务员

---

① 是中国元代官方对阿拉伯语的称谓。

和翻译人才,但"回回国子监"是否讲授伊斯兰教知识,无从考证,只是将其视为公办的回族穆斯林普通教育。这一时期的伊斯兰教育主要是:学习穆斯林的"五时拜功";举行宗教仪式;学会通读《古兰经》;学习基本的教义、教法。根据资料和推断,中国伊斯兰教育主要有以下几种:

第一,在自己家中,穆斯林向其子女和新入教的穆斯林口头教授阿拉伯语音、读法,教会他们诵读《古兰经》,口头教授基本教义和教法知识,能够进行宗教生活;

第二,来华传教的"答什蛮"向穆斯林群众口头传授伊斯兰教知识,传诵《古兰经》,教授他们阿拉伯语和波斯语;

第三,"答什蛮"在各地设立"回子房",作为宗教教育和宗教活动的中心。

以上这些教育形式是中国早期回族穆斯林"经堂教育"的雏形,为后来胡登洲创立"经堂教育"奠定了基础。而新疆地区伊斯兰教育的情况与内地略有不同,近似阿拉伯伊斯兰教国家的情况。早在 10 世纪,喀喇汗伊斯兰王朝在喀什建立官方萨吉耶经文大学;在 10 世纪中叶,建立军里克王室经学堂。

胡登洲早年学习汉文和儒学,后随经师学习阿拉伯文、波斯文、教义及哈乃斐派教法。后赴麦加朝觐。回国途中游历印度、埃及、土耳其等国,考察伊斯兰教国家的教育状况。归国后深感:"经文匮乏,学人寥落,既传译之不明,复阐扬之无自。""慨然以发扬正道为己任,立志兴学。"开始在自己家中设帐招徒。后转移到清真寺内,将伊斯兰教以清真寺为中心的教学形式与中国传统的私塾教育结合起来,免费招收学员,讲授阿拉伯文、波斯文和伊斯兰教经典,用"经堂语"口译和讲解伊斯兰教经典,并在教学结构、课程设置、授课形式、考核、毕业方式等方面形成了一套完整的教育制度,这奠定了中国伊斯兰教"经堂教育"的基础。

由于南方各省的回族穆斯林与汉族杂居,故受汉文化影响较大。同时,满、汉封建统治者对伊斯兰教不甚了解,在官方文书和书籍中歪曲伊斯兰教的现象屡屡发生,不少儒生经常把伊斯兰教与儒学、佛教和道教混为一谈。因此,南方各省的"经堂教育"注重汉学,提倡阿拉伯文、汉文、波斯文并举，立志用汉文著书译经，向汉族介绍伊斯兰教，从而造就了一大批阿拉伯文、汉文精通的伊斯兰教经师、学者和一批汉文伊斯兰教著作和译著。如南京王岱舆（1570—1660）及其《正教真诠》《清真大学》，苏州张中（1584—1670）及其《也真总义》，云南马注（1640—1711）及其《清真格用》，南京刘智（1660—1730）及其《天方性理》《天方典礼》，云南马复初（1794—1874）及其《四典要会》《大化总归》等。中国的"经堂教育"开始将阿拉伯文、波斯文经书翻译成汉文。陕西原为中国伊斯兰教文化中心和"经堂教育"的发祥地，号称"八百里秦川为'尔林'①的教场"。但自清咸丰、同治年间陕、甘等地回民起义失败后，陕西回民西迁。因此，中国伊斯兰教文化和"经堂教育"的中心从陕西西移，集中于河州（临夏）和青海，形成了以通讲教义学《宗教学科的复兴》（安萨里著）、《古兰经》注《戛最》《胡赛尼》《米什卡特·麦萨比哈圣训集》、哈乃斐学教派《伟戛叶》等大部头经典为特点的河州派。

回族自明代形成之后，汉语就成了回族的正式语言，日常生活中说汉语。但回族，尤其西北回族不学汉文，"经堂教育"也不学汉文，受汉语水平所限，只能用汉语、阿拉伯语、波斯语三种文字的单词混合而成的"经堂语"口译讲解经典。因此，不能准确地把阿拉伯语、波斯语经典用汉文译出来，讲《卧尔兹》也用"经堂语"，而"经堂语"译出来的混合语言又受到了阿拉伯文语言结构的影响，译文不是普通汉语。穆斯林群众听起来似懂非懂，不能准确理解经典的含义。因为经典中有许多哲学术语，受阿訇、满拉的中文和哲学知识水平所限，不能准确地翻译出来，只能把原阿拉伯文术语念出来。加上其阿拉伯语水平的限制，不能理解其真正的含义，使教师和学员心里似乎明白是什么意思，但又不能准确地表达出来。

从"经堂教育"的课程设置来看，主要采用中世纪阿拉伯伊斯兰教国家的伊斯兰大学课程。所以，"经堂教育"高级阶段属于大学性质。但满拉没有掌握本民族的语言——汉语，即没有掌握获得知识的语言工具。因此，知识面狭窄，限制了他们的理解能力和思想水平的提

---

① 是阿拉伯语，意为"知识、学术"。

高。而阿拉伯语、波斯语在中国不是社会主要交际语言，没有报纸杂志，也没有介绍各种知识的书籍。即使有，"经堂教育"中学到的阿拉伯文、波斯文还不能被用来作为获得各种知识的语言工具。知识面窄，理解能力差，理解经文容易出现偏差，甚至错误地理解某个词或术语。

（三）清末民国初期①

从社会历史发展规律来看，随着社会生产力、经济的发展，上层建筑也要进行相应的变革，教育也不例外。因此，中国回族穆斯林的"经堂教育"的改良也是不可避免的。

中国回族穆斯林的"经堂教育"自胡登洲创立以来，随着时代的变迁，经历了风风雨雨，在不断改良过程中发展、成熟起来。近代中国"经堂教育"改良的代表人物首推北京的王浩然阿訇（1848—1919）。在西北地区，形成了以河州②为中心的河州学派，以通讲《戛最古兰经注》《米什卡特·麦萨比哈圣训集》《宗教学科的复兴》等大部头经典为主。新疆地区的宗教教育，大多属于小型分散的私塾形式，大清真寺附设有独立的"麦德莱赛"，在教学形式、讲授内容及管理方式上都具有该地区的民族特点。

回族穆斯林的"经堂教育"经历了一系列改良。清光绪三十二年（1906）王浩然阿訇赴麦加朝觐后，游学埃及、土耳其等国，考察伊斯兰教国家的教育状况。为发扬光大伊斯兰教，提高穆斯林的文化素质，他提出"改革"经堂教育"陈旧内容和方法，倡导举办经学与汉学并举的新式学校"。1907年，在北京牛街清真寺创办了"回文师范学堂"，由他的弟子达浦生阿訇任校长，改良教学内容与教学方法，除设伊斯兰教学科、阿拉伯文之外，兼授其他文化课，以培养新时代的阿訇和师资。

在这个时期，西北地区的"经堂教育"也有所发展，但未能与普通教育相结合，仍不重视汉文。由于大力发展"经堂教育"，广收满拉，西北地区，尤其是甘肃河州和青海的"经堂教育"兴起，培养了一大批新阿訇。与此同时，甘肃清水的马良骏阿訇在陕、甘、宁、新等西北地区致力于传统"经堂教育"的发展，也培养了一批阿訇，但都

---

① 杨玉经：《宁夏回族文化艺术博览》，宁夏人民出版社2008年版，第119页。
② 今甘肃临夏。

未能重视阿拉伯文、汉文并举，虽培养了一批大阿訇，但他们绝大多数不识汉字，只能用"经堂语"翻译、讲解经典，不能听说，不能意译。因此，与王浩然阿訇、达浦生等四大阿訇以及他们培养出来的后代经汉两通的阿訇相比，他们培养出来的阿訇有不同特点。

由于西北地区"经堂教育"不重视汉语，不注重普通教育。因此，没有掌握获取知识的语言工具，知识面窄，理解能力差，加上教学方法采用传统语法翻译等。因此，"经堂教育"质量低下。苦读十余年，甚至二三十年，学成能讲经的阿訇也是极少数天资聪明、百折不挠的满拉。

（四）辛亥革命前后①

19世纪末20世纪初，由于西方列强对中国的殖民侵略，中国的国门大开，中国的传统文化也受到了挑战，从戊戌变法到辛亥革命、"五四"新文化运动，中国文化领域出现了大震荡，新思想、新文化层出不穷，国人纷纷效仿西方，中国传统文化思想体系受到西方文化的冲击，回族在这种环境中掀起了近代新文化运动，并提出了改革教育、发展文化的口号，使回族教育发展到了近代新式回民教育阶段。它提倡经汉两通，中阿并举，既学阿拉伯文和《古兰经》等宗教课，又学习汉文和其他科学文化知识，如数学、历史、自然等，使回族子弟一边学习伊斯兰教文化，一边学习汉文化；同时，又学习西方文化，在三种文化的结合作用下，促进回族不断发展。

王浩然阿訇开创了中国"经堂教育"史上与普通教育相结合的先河。各地在"经堂教育"的基础上，先后创办了一批新式伊斯兰教学校和师范学校，为培养具有现代科学文化知识、经汉两通的人才开辟了道路。中国伊斯兰教育随之也步入了现代历程，尤其近、现代四大阿訇达浦生、哈德成、王静斋、马松亭继承了王浩然阿訇的事业，创办阿汉并举、"经堂教育"与普通教育相结合的新型伊斯兰教学校。如1925年，马松亭阿訇和唐柯三先生在济南西兰清真寺内创办"成达师范"，后迁北京（当时叫北平）。1927年，由达浦生、哈德成阿訇发起，马福祥先生捐助，在上海小桃园清真寺内，创办了"上海伊斯兰师范"。②

---

① 杨玉经：《宁夏回族文化艺术博览》，宁夏人民出版社2008年版，第120页。
② 1938年西迁甘肃平凉，即"平凉伊斯兰师范"。

1928 年，由周级三先生发起，在四川万县清真寺后山坡上创办"万县伊斯兰师范"。同年，由杭州凤凰寺董事会创办了"杭州穆兴中学"。1929 年，由云南回教促进会创办了"昆明明德中学"等。这些新型的伊斯兰学校选派了一批留埃学生，培养了一批像庞士谦、马坚、纳忠、刘麟瑞、张秉铎、马宏毅等既当阿訇，又能当教授的一代穆斯林高级知识分子。

新中国成立以后，绝大多数回族学校被政府接收改为公立学校，施行宗教教育与学校教育分离原则，广大回族学生走向普通中小学校，接受普通科学文化知识教育，这使回族教育发展到了现代普通回民教育阶段。主要学习汉语、数学、政治、历史、地理、物理、化学、生物、生理、体育等课目，接受科学文化知识，而伊斯兰宗教教育则主要集中在清真寺内的"经堂教育"上。

中华人民共和国成立后，在人民政府的关怀与支持下，全国各地相继建立了 9 所高等伊斯兰教经学院，培养爱国爱教、具有较高宗教知识和道德素养的中青年宗教教职人员，以解决中国伊斯兰教文化发展、与阿拉伯国家交往所需的专职人才。

二 "经堂教育"制度与目标

（一）"经堂教育"制度[①]

经过了长期的发展、完善，回族穆斯林的"经堂教育"逐步形成了一套比较完整的教育制度。清真寺是推动"经堂教育"的重要场所，全国各地的清真寺多附设有"经堂教育"的学堂，这种传统一直保持至今。"经堂教育"的老师均由清真寺负责聘请，或由"开学阿訇"担任，一切教学费用也由清真寺负担。各地的经堂学校，一般分为大学、中学和小学三种。其中小学和中学比较普遍，大学则主要分布在穆斯林比较集中、"经堂教育"发达的城镇。

1. 小学部

"小学部"又称"经学"或"小学儿"，一般招收 6—7 岁儿童入学，是向穆斯林青少年普及宗教知识的启蒙学校，主要学习初级阿拉伯

---

① 杨玉经：《宁夏回族文化艺术博览》，宁夏人民出版社 2008 年版，第 115—118 页。

语拼读和宗教常识,为"经堂教育"大学部培养学员。教师多由寺内"二阿訇"担任,也有现任"开学阿訇"担任的。课程分为两大类:阿拉伯语和初级宗教知识,主要内容包括如下部分。

第一,阿拉伯语字母发音及拼读。由教师将阿文字母表写在牛肩胛骨上或硬纸片上,称为"黄本",学生照此背诵,达到能拼音、会读经文;

第二,《凯里迈》。即基本宗教信条。要求反复拼读原文,领会老师口译意思,称作"编凯里迈",对各种拼音方法的综合运用以及对学童进行宗教信条的基本训练;

第三,《亥听》。即《古兰经》选读本。要求达到熟练背诵,为礼拜诵念和以后诵读整本《古兰经》奠定基础;

第四,《凯赫甫》。即《古兰经》第18章,共110节经文。在熟练诵读《亥听》的基础上,要求学童学会带韵诵读经文,为以后参加有关的宗教活动诵念做准备;

第五,《乜帖》。是阿拉伯语、波斯语的各种礼拜中念词和祷词,为初级宗教知识的普及读物,也称"杂学"。即有关信仰、沐浴、礼拜、斋戒、婚丧、祭祀等宗教礼仪的各种祈祷词。

小学部只进行伊斯兰教知识和启蒙教育,没有严格的管理制度,入学、退学自由,不分班次与级别,也不规定年限,一般需3—4年时间,以学会基本的宗教常识为标准。学习期间年龄大的学生可参加礼拜、封斋,但不参加对外的宗教活动。学完上述课程后,自愿深造且具备条件者,可升入大学部深造。

2. 中学部

中学部的教育对象是从小没接受过宗教教育的成年人,学习的主要内容是《古兰经》文选读,时间上无严格的规定,农村多在农闲时间学习,城镇也多选择在不影响正常工作、学习的时间进行。在"经堂教育"中,中学这个阶段的表现形式并不明显。

3. 大学部

"经堂教育"主要是指大学部的教育。大学部也称"经文大学",即进行系统的宗教专业教育和道德陶冶,入学手续比较简便,一般在主麻日的聚礼后,由小学老师及主管乡老带学生到"开学阿訇"面前去

"接经"，举行拜师和开课仪式后，即为"入学"。学生被称为"海里凡"或"满拉"，可以取得"礼拜缠头"（戴斯达尔）资格，享受"供养"（助学金），参加对外宗教活动，接受穆斯林邀请料理宗教事务，成为"经堂教育"的主要培养对象。但各地自由择师"投学"，以选攻某门专业课者居多。"经文大学"的主要课程有：阿拉伯文和波斯文两种语言的经典，学波斯语经典称为"过法尔西"。在全部课程中，因地区情况不同，波斯语经典课程所占比例也各异。开设课程分为基础课与专业课两大类，基础课有阿拉伯语和波斯语语法学、修辞学和逻辑学，基本上没有宗教内容。在此期间，学员的宗教知识和修养，主要是通过日常的宗教生活实践与阿訇的言传身教培养的。专业课包括《古兰经》及经注学、《圣训》及圣训学、凯拉姆学①、教法学、苏菲哲学和古典宗教训谕性文学等课程，作为各地"经堂教育"的必修课。采用的课本有13种，通称为"十三本经"。

第一，《连五本》。包括《素尔夫》《穆尔则》《咱加尼》《米额台·阿米来》《米素巴哈》5卷，是首选的阿拉伯语词法、语法的基础课本；

第二，《遭五·米斯巴哈》。是对《连五本》卷5《米素巴哈》的诠释，为阿拉伯语中级语法课本；

第三，《满俩》。又名《舍莱哈·卡菲耶》，也是学习阿拉伯语法理论的杰作，深受中国穆斯林的重视；

第四，《白亚尼》。是阿拉伯语修辞学课本；

第五，《阿戛伊德》。又名《阿戛伊德·奈赛菲》，是认主学课本，有杨仲明的《教心经注》和马坚的《教典诠释》汉译本；

第六，《舍莱哈·伟戛业》。是哈乃斐学派的教法著作（共4卷），有王静斋阿訇的《伟戛业》汉译本（节选）；

第七，《海瓦依·米诺哈吉》。波斯语语法学名著，中国学者常志美著；

第八，《虎托布》。是对40段《圣训》的波斯文注释，侧重于宗教

---

① "凯拉姆"是阿拉伯语音译，意为"言论、对话"，引申为"辩论""辩证"。"凯拉姆学"是用逻辑推理和理性思辨的原则阐述伊斯兰教基本信仰而产生的教义学理论。

道德修养，有李虞宸阿訇的《圣谕详解》汉译本；

第九，《艾尔白欧》。波斯文本，是对另外 40 段《圣训》的注释，侧重于人生哲理；

第十，《古洛司汤》。波斯语文学著作。中国流传颇广，有王静斋的《真境花园》汉译本；

第十一，《米尔萨德》。是波斯文本，着重讲解苏菲派修身养性，认主、近主之道的哲学著作。有伍遵契的《归真要道》汉译本；

第十二，《艾什阿·莱麦阿特》。为波斯文的苏菲主义理论著作，有舍起灵的《昭元秘诀》汉译本；

第十三，《古兰经》。参照各种经注通讲全经。在现当代，有些城镇的大清真寺"经堂教育"还设有汉语和普通文化课程。大学部的修业年限也不固定，一般需要 6—7 年时间，在学完上述课程后，经"讲学阿訇"鉴定认可、管事乡老同意，方可"穿衣挂幛"① 毕业，才有资格应聘到各地清真寺，担任"开学阿訇"或任教。

（二）"经堂教育"目标

"经堂教育"一贯重视德育培养，讲求"知""行"并进，《经学系传谱》将其培养目标总结为：第一，有学有传。苦志力学，学有所成，并掌握言传身教、传道授业的教育思想与教学方法；第二，有德。洁身自好，循规蹈矩，有较高的品德修养与操守；第三，有言。既能言教，且能著书立说；第四，有守。甘于贫困，坚持纯正信仰，致力于宗教教育事业，矢志不渝，富于追求"两世富贵"的情操。

明末清初一批著名的伊斯兰教经师和学者，如冯养吾、海巴巴、常志美、舍起灵以及马德新、马伯良等，都是"经堂教育"培养出的杰出人才，他们的学识、德行及贡献，至今为回族穆斯林所追念。

三 "经堂教育"的意义与不足

（一）"经堂教育"的意义

回族的教育发展史经历了"经堂教育"、近代新式回民教育、现代普

---

① 指清真寺经堂大学学员毕业典礼仪式。毕业学员穿上本寺坊教民赠送的绿袍或"戴斯达尔"，邻近寺坊也送挂幛庆贺。

通回民教育三个阶段。其中"经堂教育"是回族教育史上出现最早、持续时间最长的一种宗教教育形式,对回族传统社会产生了深远的影响。"经堂教育"是一种以学习经文为主的寺院教育方式,以清真寺中有传授知识能力的阿訇为授业者,招收若干学员,分小学、中学和大学三种类型进行教学。明朝初期,回族穆斯林初步形成,面临着很大挑战。回族先民大多来自阿拉伯及中亚地区,他们信仰伊斯兰教。伊斯兰教规定了回族自身特殊的生活方式、宗教信仰,因而穆斯林文化是回族文化的核心。封建统治者采取强迫回族穆斯林说汉语、穿汉服、用汉姓、回汉通婚等一系列措施,特别是明朝中叶以后,回族语言已完成了向汉语的过渡,农业兼商业的基本经济生活方式已确立,回族中通晓阿拉伯文或波斯文的学者日益减少,加之回族人口的逐渐增加,过去那种父子相传、师徒相承的授业教育方式已落后于时代发展的需要,难以培养出社会发展所需回族穆斯林学者的数量。在这种情况下,吸收伊斯兰教传统文化和中国传统教育方式的优点,结合回族穆斯林自身的实际情况,他们创立了一种新的教育制度"经堂教育"。其目的主要是为回族穆斯林培养所需宗教职业者;普及伊斯兰教文化知识;使年轻一代的穆斯林懂得基本宗教知识,成为合格的穆斯林。"经堂教育"从产生起就成为回族社会中不可或缺的重要组成部分,使伊斯兰教文化内容成为整个回族文化教育的核心,为传承、发展伊斯兰教文化起到了非常重要的作用。

(二)"经堂教育"存在的问题

"经堂教育"自胡登洲创立于明代,至今已有400多年的历史。其间,"经堂教育"经历了不同的历史时期,并顺应了各个时代的潮流,不断改良、发展起来。它为在中国以孔、孟、佛、道教占统治地位的汉文化中进行穆斯林教育,培养阿訇、经师;继承、传播、发展伊斯兰教和伊斯兰教文化等作出了重大贡献。然而,半个多世纪以来,因时局动荡,"经堂教育"没有得到改良、发展。阿訇是穆斯林群众的导师和思想道德上的楷模,阿訇要讲《卧尔兹》,教育群众。所以,回族穆斯林群众对阿訇的要求较高。目前,回族穆斯林青少年的文化水平提高很大,初中基本普及,高中生和大学生不断增加。一些大学生反映,他们听不懂阿訇的《卧尔兹》,即使听懂了一些,也解决不了他们思想上的困惑,教育者和被教育者的知识水平有倒挂现象等。"经堂教育"主要存在以下几方面问题。

第一，没有学制。如满拉入学没有学历要求，毕业没有年限等；

第二，教学内容陈旧。主要课本仍旧是中世纪的经典，文字古老，满拉学习、理解很困难；

第三，教学法古老、陈旧。大多数只是训练读、口译，不能完全听说、笔译；

第四，只学阿拉伯语、波斯语、伊斯兰教经典，不学汉语和其他文化科学知识；

第五，只考虑念经当阿訇。没有考虑社会效益等。

四 宁夏"经堂教育"①

宁夏"经堂教育"开始于明代中晚期。1585 年前后，"经堂教育"开创者胡登洲的高足海东阳（字文轩）学成归宁，在宁夏同心韦州开堂讲学，一时"天下之人裹粮问业，户外之履满焉。海内咸称晒黑云，犹华言仙种也"，开宁夏"经堂教育"之先河。海文轩之后，相继有冯伯底、张行四在同心城主持经学。清初，冯通宇在固原小河川、桥店等地开学。在这一时期，"经堂教育"是宁夏回族教育的主要形式，也是中国回族"经堂教育"的主要传播地之一，因而得到了迅速普及、发展。

清代前期，在今天的宁夏同心、固原三营、金（积）、灵（武）、吴忠、永宁纳家户、银川城、货兰通贵、平罗宝丰等地已形成一定规模的回族聚居区，同心清真大寺、同心韦州清真寺、永宁纳家户清真寺、银川城内礼拜寺、平罗宝丰清真大寺等已颇具规模，"经堂教育"也成为清真寺必不可少的内容之一。

宁夏回族"经堂教育"源于陕西，其教学风格属"陕西学派"，包括经文小学和经文大学两部分。明清时期的西北地区，不论经文小学或经文大学，大都排斥汉文化科学知识。但在这一时期的"经堂教育"，在对提高回族群众的文化水平、培养宗教职业接班人、使伊斯兰教得以延续等方面都具有不可替代的重要作用，因而也成为从明代中晚期至清末 300 余年间"闭关锁国"时期宁夏回族教育的主要形式。清乾隆四

---

① 杨玉经：《宁夏回族文化艺术博览》，宁夏人民出版社 2008 年版，第 117—118 页。

十六年，清朝谕令地方在回族聚居地区设义学，招收回民子弟，学习儒学。1872 年，化平直隶厅①通判左寺昆在香川、化临、北面河、圣女川等地设回民义学 12 处；宁灵厅（今吴忠市金积镇）兴建义学 1 处。嵩武军统领张曙也于同治十一年至十二年驻防宁夏，在各村普设义学，劝导回民幼童读书。1874 年，提督喻胜荣在化平川创建归儒书院，专为回民子弟而设，令习读《四书》《五经》和《圣喻广训》。1880 年，在平远县（今同心县）城乡设义学 5 处，在海城县（今海原县）城乡设义学 6 处。义学与书院教师，聘汉族教师担任；教材有《千字文》《百家姓》《三字经》及《圣渝广训》等。

民国年间，受新文化运动影响，宁夏地方大办"新式回民教育"，"经堂教育"也趁势大兴，有的开始引入汉语教学。新中国成立后，由于国家正规教育的普及，"经堂教育"作为民间培养宗教职业人员的宗教教育得以保留，但范围、规模有限。

20 世纪 50 年代末至 70 年代末，受国家政治气候影响，"经堂教育"停办。80 年代初期，"经堂教育"恢复，至 90 年代呈兴盛景象。只是这一时期的"经堂教育"从内容到形式发生了一些改变，除保留传统内容外，一些有留学国外经历的年轻教师开始将正规阿拉伯语口语、汉语教学等引入"经堂教育"中，使"经堂教育"增添了适应社会变革的新气息，也逐渐得到回族社会的认可，开辟了"经堂教育"的新天地，为其注入了生机与活力。

第三节　"回坊教育"

回坊是回族穆斯林的基层组织。有着共同语言、共同文化、共同生产和生活方式。是一个独特的社会单元，更是具有独特民族文化和民族

---

①　"直隶厅"是清代地方行政单位之一，直属于省级管辖，其长官为"同知"或"通判"。宋初，为了加强对地方官的监察和控制，防止知州职权过重，宋太祖创设"通判"一职，在州府的长官下掌管粮运、家田、水利和诉讼等事项，对州府的长官有监察责任。古代官府办公的地方叫"听事"，简称"听"，后来演化为"厅"。

"化平直隶厅"地处清甘肃省东南部。金大定七年（1167），改"安化县"为"化平县"，属平凉府。清同治十年（1871）划平凉、固原、华亭、隆德四州县地，设置"化平川直隶厅"，属平庆泾固化道。厅治化平，即今宁夏回族自治区泾源县城。1913 年废除。

风情的社区。因而具有凝聚社区民心、规范和约束社区民众的生活行为、维护社区秩序稳定、减少社会犯罪等功能。同时,它也为坊内群众提供回族传统文化教育,引导坊内群体的信仰、价值准则、道德规范及风俗礼仪,规范社区成员的行为方式。所以,回坊对回族穆斯林具有双重性文化教育。

一 回坊的形成与发展[①]

(一)回坊的形成

"坊"源于唐代,是唐时期的一种区域划分。因此,回坊又叫"回民街"或"哲麻尔体"[②]。实际上,回坊是回族对其传统居住区的简称,通常是以居住的街巷为基础,以一座清真寺为中心而展开宗教活动和社会活动的区域。所以,每个回坊都有一座大小不同的清真寺。为了方便本坊人的宗教生活,在距主清真寺较远的人家附近设"梢么"[③]。回坊是构成回族穆斯林的基层组织,具有共同语言、共同文化、共同生产和生活方式,是一个独特社会单元,是具有独特民族文化和民族风情的大社区,也是了解回族穆斯林文化的重要窗口。回坊历史悠久,至今已有一千多年的历史。

回坊是在回族历史发展进程中产生形成的。唐代长安是当时最大的国际都会,西亚、中亚各国的外交使节、商人、留学生等络绎不绝,尤其是许多穆斯林商人陆续来到中国从事商业活动。随着大量穆斯林移入中国,伊斯兰教也开始在中国传播,这些穆斯林有自己独特的信仰和风俗礼仪,为了宗教活动和生活方便,穆斯林依清真寺而居。人们通常把他们一起居住、生产、生活的区域称为"蕃坊"。这种布局从伊斯兰教传入中国开始,一直延续至今,每座清真寺都形成一个"坊"。自此,"坊"这一概念被引入回族社会。

据相关历史文献记载,在唐代,来自阿拉伯、波斯等国的回族先民当时被称为"蕃客""胡商",在以清真寺为居住中心的"蕃坊"中,

[①] 杨玉经:《宁夏回族文化艺术博览》,宁夏人民出版社2008年版,第116—119页。
[②] 是波斯语音译,意为"社区、村落、地域"等,特指回族社区。
[③] 是阿拉伯语音译,意为"小礼拜寺"。

多对回族先民进行宗教教育。唐宣宗大中五年（851），曾在广州经商的阿拉伯人苏莱曼著有《游记》，记载了当时广州"番坊"清真寺的情景："中国商埠为阿拉伯商人麇集者，曰康府（广州）。其处有回教教师一人，教堂一所"，"各地回教商贾既多聚康府，中国皇帝因任命回教判官一人，依回教风俗，治理回民。判官每星期必有数日专与回民共同祈祷，朗读先圣戒训……一切皆能依《古兰经》《圣训》及回教习惯行事。故伊拉克商人来此地方者，皆颂声载道也"。这反映了当时回族先民围清真寺而居，形成了回民社坊，描述了他们的宗教生活及伊斯兰教文化教育的情景。

（二）回坊的发展

回坊形成于唐代，发展于元代，成熟于明、清。

元朝是回坊发展的一个重要时期。13世纪成吉思汗统一蒙古各部后，在近半个世纪，先后征服了中亚和西亚信奉伊斯兰教的国家和民族。由于蒙古的武力扩张，中亚和西亚的交通畅通无阻，来华的穆斯林也越来越多，人数、居住区域迅速扩大，逐渐形成了"大分散、小聚居"的分布格局。随着回族军队被派遣到全国各地驻守，大量的回族也随之迁徙到全国各地。在元朝时期，为了方便管理，中央政府设置了"回回掌教哈的所"机构，在地方设置了"哈的司属"。元代的"回回掌教哈的所"是古代回坊的一个重要发展阶段，改变了以往"蕃坊"的侨民性质，使回族组织成为中国社会组织的一种形式，推动了回族组织的本土化。

到了明清时期，回坊的发展逐步成熟，伊斯兰教的中国化也基本完成，回族社会经济也得到了快速发展。在明清时期，确立了西安城内回族"七寺十三坊"的分布规模，形成了西安回族"围寺而居"的传统居住格局。

二 "回坊教育"及其功能[①]

回坊具有凝聚社区民众向心力，组织、协调、约束社区民众生产生活的功能。同时，也为坊内群众提供回族传统文化教育。因此，回坊的

---

① 束锡红：《宁夏回族文化图史》，宁夏人民出版社2008年版，第122—133页。

存在和发展,不仅有利于维护回族穆斯林社区的秩序稳定,而且对传承和维护回族穆斯林文化意义重大。作为一种社会组织形式,回坊的教育功能主要有以下几个方面。

(一) 回坊是回族发展的重要途径

露丝·本尼迪克(Ruth Benedict)依据文化人类学的视角,认为一种既成社区的文化、生活模式等对其社区生活的个体文化成长具有十分重要的意义。他认为:"个体生活历史首先是适应由他的社区代代相传下来的生活模式和标准。从他出生之时起,他生于其中的风俗就在塑造着他的经验和行为。到他能说话时,他就成了自己文化的小小创造物,而当他长大成人并能参加这种文化的活动时,其文化的习惯就是他的习惯,其文化的信仰就是他的信仰,其文化的不可能就是他的不可能。"①

在中国,回族人口众多,分布较广,而通过回坊这种社会组织形式,把个体聚合在一起,在促进个体社会化的同时,推动了整个民族群体化的自我完善。回族从形成到发展,伊斯兰教文化一直起着十分重要的作用。如果没有回坊这一社会结构机制,伊斯兰教文化的作用很难体现。而且回族文化的传承主要是通过回坊的社会化功能和教育功能对下一代穆斯林施加影响。与此同时,在回坊的演变过程中,回族文化变得更具适应性和韧性,逐步实现了中国传统文化与伊斯兰教文化的融合,民族文化的发展与进步为建构和谐社会提供了保证。

在社会历史的变迁中,回坊依然保持着"依寺而居,依坊而商"的传统格局。回坊具有现代社区生产、生活和教育的职能。在这样的社区里,回族群众的宗教信仰、风俗习惯、价值观念、行为方式等都表现出明显的回族文化特征。回坊是社会与回族家庭和个体相互联结的纽带,成为回族个体民族化的场地。回坊使回族穆斯林有了一个相对封闭的地域、独立的经济及文化场阈。回族将这个相对"闭合"的回族聚集区视为自己的家园,这使他们具有归属感、依赖感和责任感。每个"坊上人"从出生、成长到死亡,都与伊斯兰教文化密切相关。每个回族穆斯林出生后,阿訇起"经名";4岁零4个月去清真寺"迎学",

---

① [美] 露丝·本尼迪克:《文化模式》,何锡章等译,华夏出版社1987年版,第2页。

开始早期启蒙教育；13 岁前的成人"割礼"；婚姻的风俗礼仪；"无常"① 后的丧葬风俗礼仪等。回坊的这种伊斯兰教文化，如制度、礼仪规则等伴随其一生，每时每刻都在影响着他们的生活，不仅影响回族穆斯林的社会化和民族化，而且制约其一生的文化行走方向。

在回族形成过程中，回坊的形成和存在，将那些具有共同信仰、文化相同或相近（似）的多个不同种族的分散个体，聚合成一个居住相对集中，有相同文化基因和相近生产、生活方式及教育文化制度约束的团结集体，形成了一个完整的民族共同体——回族，发挥了民族聚合作用。因此，回坊的形成与发展是回族发展的重要途径之一。

（二）回坊有利于维护社区秩序稳定

回坊有利于维护回族穆斯林社区秩序的稳定。回坊作为一个独特的社会单元，其社会约束功能在一定程度上有利于维护回族穆斯林社区的秩序。通过坊内群体的信仰、价值准则和道德规范以及坊内形成的风俗礼仪对社区成员观念的引导、行为的约束，使其依附于传统的行为方式，以保持本民族传统文化模式的稳定性。同时，也促进了群体内部的人际关系和谐以及与外部社会的调适。回坊对其成员的社会规范，在一定程度上有利于促进回族穆斯林社区人际关系和谐，增强群体凝聚力，促进民族文化发展。同时还可减少社会犯罪，有利于社会的稳定。

回族穆斯林世代居住在以清真寺为中心的回坊，清真寺在形式上是回族穆斯林进行宗教活动的场所，实质上又是回族穆斯林进行政治、经济、文化、教育、体育、生活等一切社会活动的中心场所，它是伊斯兰教存在的象征和伊斯兰教物化的鲜明标志，是回族物质和精神文明的集中体现。在回坊的现实生活中，伊斯兰教文化对回族穆斯林产生了深远的影响，这种影响和作用是无法替代的，并且与社会主义核心价值观是相通相融的。伊斯兰教道德体系的规范化和条理化，使它在社会中具有极强的可操作性。如在社会公德方面，主张公正和平；强调热爱国家、集体；主张严于律己、宽容待人；提倡忠诚朴实、谦虚谨慎；要求做人要有理想、有道德、有文化、守纪律、懂礼貌；强调团结、相互尊重、行善避恶；鼓励人们不畏艰险强暴、追求真善美。而且伊斯兰教道德与

---

① 意为"死亡"。

信仰紧密地联系在一起,增强了道德的神圣性,形成了以信仰为核心,功修是途径,善行才是目的的基本理念,诚如先知《圣训》所言:"我的使命只是为完美人类的道德。"因为信仰在人们心灵上造成一种强有力的自控机制,对人们的行为形成深层的制约力量,因而使道德在人们心灵深处成为巨大的权威。这也是伊斯兰教道德自律性很强的原因。

回坊强调居民要信仰统一,团结互助,生产、生活有序。同时,"真主的权威"、穆圣的《圣训》、阿訇及有"尔里"的人以身垂范,从而加强了坊内群众与社会、自身的生活环境和谐统一,保证了坊内相对稳定的社会秩序。

(三) 回坊具有历史文化价值

回坊具有历史文化价值,是地方历史遗产和民族文化的重要组成部分。以西安回坊为例。西安作为中国的历史文化名城,回坊是其历史遗产和民族文化的一部分。西安回坊的穆斯林街区和清真寺,不仅历史悠久,而且有一定的特色。尤其是西安的化觉巷清真大寺,据寺内碑石记载,该寺创建于唐天宝元年(742),在历史上曾称"礼拜寺""清修寺""东大寺""化觉寺"等。1956 年,该清真寺被列为陕西省重点文物保护单位。1988 年,又被列为全国重点文物保护单位。2007 年,化觉巷清真大寺被国家文物局确定为丝绸之路跨国联合申请世界文化遗产(西安段)重点建筑遗址之一。而且回坊既是推动西安旅游业发展的重要景点之一,也是西安特产、西安清真食品和回民特产的集散地。

总之,回坊不仅维系着回族内部社会秩序的正常运转,也丰富着回族的民俗文化与生活。它不仅是回族传统文化最集中的地方,也是回族文化的载体。

第五章　回族多元文化教师教育课程建构

　　教师教育改革的核心是职前教师的人才培养模式改革，而人才培养模式改革主要是通过课程改革来实现的。因此，课程建设对教师教育人才培养具有举足轻重的作用。由于中国教师教育课程在组织形式和教学内容上高度统一，很少涉及少数民族文化知识，大多数以主流文化为中心，致使职前教师缺乏多元文化教育理念及教学实践能力，影响了民族地区的基础教育质量。所以，民族地区师范院校很有必要开设教师多元文化课程，以培养师范生的多元文化教学实践能力。

　　课程开发不仅是国家或地方政府政治决策的过程，也是专家与权威相互作用的过程；不仅是教育学家和课程专家的工作，也是社会各有关方面共同合作的事业。① 根据国外多元文化教师教育课程的开发模式、原则和策略，应改革传统课程开发模式，创新多元文化课程开发模式。与校内课程资源开发不同，多元文化课程开发要求学校和教师在教育理念上自觉创新与构建，要重视地方民族文化传统，改变传统课程开发主体观、课程管理观和评价观等。与课程有关的专家、学者、教师、学生和家长都应参与课程开发，立足于学生生活经验以及民族地区社会经济文化发展的需要，对课程内容进行删减、拓展、补充和整合，将民族地区文化、物质环境等方面的特点融入课程与教学之中，实现课程的民族性、传统性与本土性、现实性的统一，使学生更好地了解少数民族地区的社会文化，增强对多元复杂社会文化的接纳和判断能力，培养民族认同感与归属感。

---

①　张华：《课程与教学论》，上海教育出版社2000年版，第95页。

第一节 多元文化课程目标与内容

一 课程目标

课程目标的确定是课程设计与实施的出发点与归宿,贯穿于整个课程开发过程中,在课程开发中起着十分重要的作用,具有明确的导向与调控功能。多元文化课程开发的关键环节就是确定合理的课程目标。

(一) 国外多元文化课程目标

美国多元文化教育学会认为,多元文化课程目标包括:第一,使不同团体、族群团体等的学生能获得平等教育的理想;第二,帮助所有学生,形成多元文化态度和技能,使其能在多元化社会中生存和发展;第三,帮助学生发展跨文化能力,启发其理解异文化的能力,从中学习更广博的知识,形成包容、宽广的胸怀。①

美国教育学院协会(AACTE)认为,多元文化课程应具有四个主要目标:第一,传授支持文化多元性和个人独特性的价值观;第二,鼓励现存的民族文化进行质的扩展,并整合到美国社会经济和政治生活的主流之中;第三,支持对不同的生活方式和正在出现的生活方式进行探索;第四,鼓励多元文化主义、多元语言主义和多方言主义。②

美国多元文化教育研究专家詹姆斯·班克斯认为,多元文化教育及其课程目标应该是:帮助学生培养其所需的知识、态度和技能,使他们能够参与民主自由的社会;帮助学生跨越族群文化界限而学的知识、能力和技能,使他们参与其他文化团体的活动;能够使来自不同人种、不同民族、不同社会的学生都能享有教育平等和学术均等,提高所有学生的成绩。③ 唐娜·高尼克(Donna M. Gollnick)认为,多元文化课程有五项目标:第一,提升不同文化的强度和价值;第二,促进人权,尊重

---

① James A. Banks, Multicultural Education and Curriculum Transformation, *The Journal of Negro Education*, 1995, 64 (4), pp. 390 – 401.

② AACTE: Commission on Multicultural Education: No One Model American, *Journal of Education*, 1973 (4), (Vol. 24, Winter), p. 264.

③ [美] 詹姆斯·班克斯:《多元文化教育概述》,李苹绮译,台北心理出版社1998年版,第133—135页。

与自己不同的他人；第三，增进人类对生活的选择；第四，提倡社会正义与全民的机会均等；第五，促进不同群体权利分配的均等。[①]

英国学者杰夫怀特（R. Jeffcoate）提出，多元文化课程的目标在于尊重他人、尊重自我，还包含认知、技能和情意要素。詹姆斯·林奇认为多元文化课程目标是：帮助所有不同文化的民族群体学会如何在多元文化社会中积极和谐的生活，保持群体之间教育成就的均衡以及在考虑各民族差异的基础上促进相互尊重和宽容。[②]

尽管不同的学者和机构所提出的多元文化教育和课程的目标不同，但具有如下一些共同之处：第一，颂扬文化的多样性；第二，促进教育机会的平等；第三，帮助学生获得不同文化群体的知识，并发展在自己的微观文化、国家的宏观文化和全球社会内发挥作用所需要的知识、态度和技能；第四，培养积极的族群态度，提升全球人类意识，使族群关系和谐、人类共存共荣；第五，培养多元文化的态度、情感和价值观，发展学生与其他文化群体成员的移情，以根除偏见、不容忍及刻板印象的行为，尊重自己进而尊重他人，最大限度促进所有学生的学术、个人和社会的发展等。多元文化课程理性范式的这些目标是基于社会文化日益多样性提出的，目的是培养学生适应并保持这种多元文化的社会。对这些目标人们基本达成共识。[③] 国外学者关于多元文化课程目标的思想为建构回族多元文化课程目标具有重要的借鉴和参考价值。

由此可见，多元文化课程应包括多元的观点，适应来自不同文化背景学生的需要，引导学生欣赏自己及他人的文化传统；同时，引导学生审视自己对其他种族、文化、宗教及阶层的偏见，建立正向的态度，培养批判分析能力，帮助思考和选择，决定社会行动，其终极目标是实现社会的公平与正义。正如詹姆斯·班克斯所言，如果课程中加入有关平等、公平等知识，意味着学生在学校、教室经历了民主，那么就会把这种经验、行为方式运用于社会。在实施了多元文化课程、充分体现民主

[①] Gollnick. D. M., *Multicultural Education in a Pluralistic*, Ohio: Merrill Publishing Company, 1990, pp. 17 – 25.

[②] ［英］詹姆斯·林奇：《多元文化课程》，黄政杰等译，台湾师大书苑有限公司1996年版，第19—29页。

[③] 李庶泉：《多元文化课程理论研究》，西北师范大学2004年博士论文，第101页。

的教室和学校中，不会再复制社会的不平等，能培养人们审视文化、民族、宗教和全球性的认同，能获取促进群体、国家及世界民主、公正所需的知识、技能。多元文化教育不仅仅是教育的信念，而且是教育改革的一个过程，在这个过程中关键是确保多元文化课程的实施。

（二）国内多元文化课程目标

依据国外多元文化课程目标，国内多元文化课程目标的确立应充分反映民族地区文化的多样性，必须反映少数民族地域、民族、文化多元的社会现实，体现多元文化教育理念，满足不同文化背景下学生对多元文化的需求，从而弥补国家课程的不足。

因此，多元文化课程目标是：通过提供多元、真实的观点，引导学生欣赏自己与他人的文化传统，促使学生审视自己对不同民族和不同文化团体的偏见，形成对待文化多样性的正确态度，进而培养学生的多元文化意识及思维方式。通过多元文化教育，将各民族文化资源融入现代科学文化知识课程之中，开阔学生的文化视野，在恪守自身文化传统、保持本民族文化自觉的同时，打破对其他民族的偏见、无知。依据泰勒的课程原理目标，笔者认为民族地区多元文化背景下师范院校课程目标应包括以下三个方面。

第一，知识目标。

提供完整、适当和多元的观点，让学生了解各民族的历史发展过程及其贡献，了解不同文化的价值和思考方式，引导他们尊重和欣赏多元文化，克服对不同种族、性别、宗教、阶层等的偏见。

第二，实践技能目标。

培养学生分析民族文化对人们思维及其行为方式的影响，反省自己是否具有刻板印象，提高他们明辨社会偏见的能力；培养学生能正确对待、处理由文化差异引起的各种现实生活问题的能力；发展不同种族、不同文化背景学生的基本技能，培养他们在多元文化社会中消除不平等现象、对抗偏见的能力，并形成与不同文化背景人们的合作能力，以促进社会公平与正义。

第三，态度情感目标。

促进学生形成自我尊重与尊重他人的态度；培养学生欣赏、尊重并接纳文化的多样性；促进学生形成对学校、学习和生活的积极态度；形成主动消除刻板印象，以公正、平等、多元的视野去思考问题的能力。

总之，多元文化教育的主要目标是：使人们形成平等对待和欣赏他人文化的观点，能理解和分析因文化背景不同所导致的差异。因此，民族地区师范院校应开设多元文化课程，以全体学生为对象，让少数民族学生学习、欣赏和认同自己的民族文化，意识到自身文化的不足与优势，反思自身是否具有文化刻板印象。同时，引导主流文化群体的学生了解和欣赏民族文化。

二 课程内容

课程内容在整个课程活动中起着十分重要的作用。课程内容是课程目标的载体、课程实施和评价的基本依据。回族文化资源丰富多彩，而课程内容的选择和组织是一个将其隐性文化提升为显性文化的过程，是在对回族课程资源的挖掘、开发、有机整合的基础上进行的，可以促进回族多元文化课程内容更加完善、丰富。

（一）课程内容选择取向

课程内容的选择必须涉及人们的知识观和课程知识观，这是课程内容选择的核心。知识是一个不断发展的概念，现代知识被普遍认为具有"客观性""普遍性"和"中立性"基本特征。当代知识认为知识不完全是客观的，知识是建构的，具有"社会性"。知识是个人解释或诠释真实的方式，包含想法、价值与诠释，具有价值性。

一些个人及团体的复杂因素会影响知识的建构历程。人们的知识深受特殊的社会、经济、政治系统和社会结构中的人类经验、地位的影响，知识不是中立的。正因为如此，由赫伯特·斯宾塞（Herbert Spencer）提出的"什么知识最有价值"，在当今转化成对"谁的知识最有价值"的追问。著名教育社会学家迈克尔·阿普尔（Michael W. Apple）提出，课程内容的选择，不仅包含着"什么知识最有价值"的问题，还存在"谁的知识更有价值"的问题。迈克尔·阿普尔发现，进入课程体系的知识，往往是对主流社会意识形态的反映，而少数民族的知识被排除在课程体系之外。麦克尔·杨（Michael Young）等尖锐指出，现代教育在很大程度上是功能主义导向，在学校课程中大量充斥着具有主流社会意识形态的内容，宣扬主流社会的价值，这种功能主义导向的教育掩盖了社会上很多不公平的现实,复制科层化社会结构,使非主流群体处于发展的劣势地位。因此,课程知识并非外在于人和社会,与人的思想、价值和观念无涉,而是由社会和人建构的产物,课程知识和社会环境、文化思想有着不可分割的联系,社会的政治、经济、文化等因素影响着课程知识的形成。①

文化是知识的主要来源,古尔德(Gould, S. J.)认为:事实不决然与事实相符,文化将影响人们的所见所闻以及人们观看世界的方式。而最具创造性的理论,则经常是超载事实的想象,而想象的来源是文化。有学者认为文化影响知识的建构:文化影响人们初始的心灵、身体及一致性的假定,促发人类产生疑问,影响人类追寻的事实,决定人类赋予事实的诠释,并引导人类对诠释与结论的反向思维。② 正因为课程知识的选择是一个社会建构的过程,也是一个社会政治、文化思想在学校中渗透和控制的过程,在多元文化课程知识的选择过程中,要有意避免利用主流民族的文化去判断和选择课程知识的倾向,关注多元文化,用多元文化的视野来选择课程知识。③ 中国少数民族教育有其独特的规定性,表现为双重性的特征,即在统一的多民族国家中,少数民族教育既要考虑和适应本民族的文化环境、本民族的发展和需要,又要兼顾以主体民族为主的统一多民族的发展和需要。第一重特性,是由少数民族自身的文化背景和少数民族教育自身的内部关系决定的,具体表现为少数民族自身的历史、文学、艺术、体育、哲学、宗教、科学技术、政治等有关因素;第二重特性,是以主体民族为主的各民族共同的大文化背景的外部影响所引起的,具体表现为在传播本民族文化的基础上,讲授以主体民族为主的民族共同的文化要素。④ 少数民族教育的双重性特征为中国回族多元文化课程开发提供了内在依据,尤其是影响课程目的的确立和课程内容的选择。课程内容既要突出本民族优秀的传统文化,又要反映国家统一的各民族共同的内容。

---

① 刘茜:《多元文化课程的建构与发展》,西南大学 2007 年博士学位论文,第 125 页。
② 陈美如:《多元文化课程的理念与实践》,台湾师大书苑有限公司 2000 年版,第 119 页。
③ 靳玉乐:《多元文化课程理论与实践》,重庆出版社 2006 年版,第 56 页。
④ 王锡宏:《中国少数民族教育本体理论研究阅》,民族出版社 1998 年版,第 97 页。

（二）课程资源范围及其存在形态

回族潜在、可能的课程资源是回族多元文化课程开发的前提，充分认识其范围及存在形态，是将其转化为多元文化课程内容的重要前提条件。为此，需要确定回族多元文化课程资源的范围，并归纳、概括其存在的形态。

1. 课程资源范围

人类所创造的文化，包括传统的生活方式、风尚习俗、典章制度、观念意识等，对人类行为起着直接、决定性的影响。[①] 马林诺夫斯基认为：所谓人性是指被文化布局的影响而言。世间并没有"自然人"，因为人性的由来就是在于接受文化的模塑。[②] 人的所思、所感、所做无一不取决于他的文化。不是我们控制文化，而是文化控制着我们。人总是在特定的文化中被模塑。回族生活在特定的文化环境中，形成了回族的文化特质，这些地域性文化资源应成为多元文化课程的重要资源。因为它能为地方课程开发注入活力，丰富课程文化资源，凸显课程价值。

2. 课程资源存在形态

通常人们把文化分为物质文化、制度（社会）文化和精神文化。物质文化包括生产技术、生计知识、生态系统、生活方式、饮食、居住、服饰等；制度（社会）文化包括婚姻家庭制度、社会组织、政治组织、等级和阶段制度等；精神文化包括风俗习惯、法律、道德、行为规范、宗教信仰、民间技艺、心理意识、价值观念等。针对民族文化特点，著名文化学专家张岱年将其细分为六个部分：第一，衣食住行方面的生活文化。包括饮食、服饰、生活用具等；第二，婚姻家庭和人生礼仪文化。包括婚姻、家庭、宗教、丧葬等；第三，民间传统文化。包括民间文学、音乐、舞蹈、戏曲、美术等；第四，技艺（科技知识工艺）文化。包括生产技术、天文历法、民间医药、工艺制作等；第五，信仰崇尚文化。包括宗教、崇拜、祭祀、巫术、禁忌等；第六，节日文化。包括年节各

---

① ［美］L. A. 怀特：《文化科学》，曹锦清等译，浙江人民出版社1988年版，第128页。

② ［英］马林诺夫斯基：《文化论》，费孝通译，中国民间文学出版社1987年版，第97页。

民族特有的宗教、农事、纪念、庆典等。① 张岱年先生对文化的划分，符合回族多元文化特征。因此，依照张岱年先生的文化框架，借鉴国外多元文化课程内容，笔者将回族多元文化课程资源分为以下几类：生活文化、人生礼仪文化、民间传统文化、技艺文化、信仰崇尚文化和节日文化。这些丰富的文化资源是回族多元文化课程开发的重要资源。

(1) 生活文化

詹姆斯·班克斯认为，辨识民族文化差异性的依据是：各民族的价值观、象征及其对事物的解释方法和观点，而不是文化中所生产制造的工艺品、外在物质或其他人类社会中有形的事物。族群独特的价值观、信念、象征和看待事物的方法，才是该族群的文化精髓。② 回族生活文化资源主要包括饮食、服饰、生活用具、建筑等，若能将其以书面主题形式呈现，并纳入课程教学活动，通过学习这些内容，有助于职前师范生进一步了解、认识并热爱回族文化，有助于师范生从深层认识回族的历史和族源，理解其民族心理价值观，也有助于民族文化的传承。

①饮食文化

回族穆斯林是一个很讲究卫生的民族。伊斯兰教禁食猪肉，要求回族穆斯林自觉、严格遵守这一戒规。而且只有阿訇宰杀的动物才符合回族穆斯林的饮食习俗和规范。关于这一习俗，民间有《阿訇宰牲的来历》传说，形象地呈现了回族饮食文化特点，也反映了回族饮食习惯中的伊斯兰教色彩。故事讲述的是穆罕默德圣人在率兵作战中，奸商为了赚钱，把坏牛肉当作好牛肉出售给作战的士兵，使士兵食物中毒。于是，穆圣便下令宰牲一律要由阿訇（宗教人士）负责，并要阿訇亲自诵经屠宰，不准其他人随便杀牲。此后伊斯兰教的阿訇宰牲便成了一种宗教制度。③

在饮食上，要遵守伊斯兰教的饮食习惯，保持清洁卫生。尤其在饮用水方面要求比较高，一般饮用流动的活水，凡是动物闻过、喝过、接

---

① 张岱年：《中国传统文化简论》，浙江人民出版社1989年版，第3页。
② [美]詹姆斯·班克斯：《多元文化教育概述》，李苹绮译，台北心理出版社1998年版，第89—90页。
③ 马亚平：《伊斯兰教对回族民间故事的影响》，《西北民族学院学报》（哲学社会科学版）1998年第3期。

触过的水都被视为不洁净，禁止饮用。舀水时必须要顺着倒，如果逆着方向倒水，也会认为水不洁净。洗东西必须用流动的水，否则，会被认为没有洗干净。在家庭居住环境上，回族穆斯林认为家居环境不仅会影响人的身体健康，而且还会影响人的心情，所以很注重家庭居住和公共环境卫生的清洁。①②

回族穆斯林创造和发展了中国清真饮食文化。回族家庭有制作、贩卖清真食品的历史传统，包括清真麻辣烫、羊肉水饺、手抓羊肉、清蒸羊尾、羊肉泡馍、烧麦、清真糕点等清真食品，在吸收中国传统烹调文化精髓的基础上，加以创新发展，更具有地方特色和民族风格，深受其他各民族的青睐。一些老字号的清真饭庄发展成为大饭店。清真大菜系已发展到近 300 个品种。清真糕点也已成为人们节日、祝寿、庆贺、探亲访友的礼节性食品。另外，作为回族清真食品新种类的清真奶食品系列也在大规模地发展起来。

在回族饮食中，牛羊肉占有相当重要的地位，主食以面、米为主。最出名的菜肴有羊肉泡馍、手抓羊肉、涮羊肉、羊杂碎等，颇具地方特色和民族风格。元人《居家必用事类全集》卷十专收有《回回食品》，记载了十余种回族食品的制作方法。元代宫廷食谱《饮膳正要》中也收有河西米粉汤等清真食品。清真全席在清代名列宫廷大宴，驰名京城。仅宁夏回族名厨王自忠近年整理的《清真全羊菜谱》一书，就收有羊肉菜肴 280 种之多。回族妇女擅长制作油香、馓子、麻花、白面锅盔、羊肉臊子面、酸辣面、牛肉拉面、炒面、揪面片、小笼包子、八宝饭、粉汤、酿皮子、切糕、油面子等清真面食和小吃。回族擅长煎、炒、烩、炸、爆、烤等各种烹调技法，风味迥异的清真菜肴中，既有做工精细考究、色香味俱佳的名贵品种，也有独具特色的家常菜和小吃。

②服饰文化③④

民族服饰作为"无形的史书"，可从中解读该地区丰富的历史、

---

① 杨玉经：《宁夏回族文化艺术博览》，宁夏人民出版社 2008 年版，第 318—319、347—353 页。
② 束锡红：《宁夏回族文化图史》，宁夏人民出版社 2008 年版，第 102—105 页。
③ 杨玉经：《宁夏回族文化艺术博览》，宁夏人民出版社 2008 年版，第 329—346 页。
④ 束锡红：《宁夏回族文化图史》，宁夏人民出版社 2008 年版，第 115—121 页。

族源、社会和习俗的内涵，使那些积淀着的民族心理、价值观念、文化传统、民族风情等文化因素凸显出来。回族服饰是回族特有的文化现象，回族服饰文化是一个历史悠久、绚烂多彩、积淀丰厚的宝库。回族服饰的发展变化及多种形态，潜移默化地受到时代、地域以及周边兄弟民族习惯的影响，尤其受伊斯兰教文化的深厚影响。

在着装上，回族穆斯林非常讲究服饰的清洁卫生，认为服饰是一个人外表的重要内容，影响其自身及周围人的情绪、心情，因而要干净整洁。

回族通常称服饰为"衣着""穿戴"。宋代朱彧在《萍洲可谈》中载："广州蕃坊，蕃人衣裳与华异……"在唐宋时期，有大量来自阿拉伯、波斯的商人，他们被称为"蕃客"，这是回族的先民。因此，当时回族先民的服饰与汉族不同，有自己的特色。顾炎武《天下郡国利病书》中记载得更明确："宋时蕃商巨富，服饰皆珍珠罗绮，器用皆金银器皿。"可见他们当时穿的是有花纹的丝织品，佩戴戒指，使用金银器皿等。

回族男子头上"戴斯达尔"、戴白帽的习俗，也在很早以前就有了。宋代周辉《清波别志》说："层檀，南海旁国也。贵人以好越布缠头。人之言语如大食。"元代，回族人的政治、经济和文化地位都比较高，回族人的服饰习俗与其他习俗一样，都是自由的，没有任何限制，有着汉族服装的，有穿阿拉伯、波斯等地样式的，有自制的白帽、巾袍和鞋等，并开始向民族服装发展。

回族服饰具有鲜明的民族特色，在回族聚居区，回族穆斯林依然保持着中亚人的传统穿衣打扮。回族服饰的主要标志在头部，最显著的特征是：男子多戴小白帽，女子多戴各种花色的头巾。回族妇女还常戴盖头。

在服装方面，回族老人爱穿白色衬衫，外套黑坎肩（又称马夹）。回族老年妇女冬季戴黑色或褐色头巾，夏季则戴白纱巾，并有扎裤腿的习惯。青年妇女冬季戴红、绿色或蓝色头巾，夏季戴红、绿、黄等色的薄纱巾。

新中国成立以后，特别是改革开放以来，随着社会经济文化的快速发展，回族服饰变化很大。特别是居住在城市的中青年男女，穿戴打扮丰富多样。回族男子的衣服由单一的白汗衫、青坎肩、便装、中山装向西装、夹克衫等款式新颖的方向发展。

③生活用具①②

回族穆斯林心灵手巧，在长期的生产生活实践中，创造了许多具有民族风格的工艺品，这些工艺品与回族人的生产、生活、宗教、习俗等联系紧密，凝聚着回族人的智慧，蕴含着回族传统文化。其中生活用品主要有汤瓶、吊罐。"回族家里三件宝，汤瓶盖碗白帽帽"，描述了汤瓶在回族日常生活中的重要性。

其一，汤瓶。俗称"汤瓶壶"，在古时称"房壶、唐瓶壶"。"汤"在古代汉语中的本意指"热水"。汤瓶与伊斯兰教密切相关。汤瓶形似高腰水壶，有盖、手柄和有流水的小嘴，不洁之物不易进去，而且造型精巧美观，使用方便、卫生，因而汤瓶成为回族日常净身的专门用具，迄今至少已经有1200多年的历史了。汤瓶不仅用于回族日常生活，后来成为一种民族标识。以前在回族聚居地区的饭馆、小饭店及回族人家门口，总喜欢挂一块画有汤瓶的招牌，作为区别其他民族的清真标志。如今，在回族饭馆门口的汤瓶标识已被"清真"二字或阿拉伯文替代。但在一些小饭店里还备有汤瓶，方便客人洗手。

汤瓶形状如同中国传统茶壶，一侧有柄，便于手提；另一侧有壶嘴，弯的高翘，平放时滴水不淌，倾身时水流如注。汤瓶遍及中国西北的甘肃、宁夏、青海、新疆四个省（自治区）。汤瓶的种类很多，有铜制、锡制、铝制、铁制、砂泥制、瓷制等，而现代多为塑料制品。汤瓶主要以圆形为主，还有三角形、四角形等瓶体。各种花卉纹样布满瓶体外壁，花饰密集，无论是中国传统的牡丹、海棠、如意云等图案，还是阿拉伯、波斯传统抽象的花卉草叶纹图案，都是用缠枝或曲线联结起来，画面复杂、密集，无始无终，环环相扣。

---

① 杨玉经：《宁夏回族文化艺术博览》，宁夏人民出版社2008年版，第318—319、347—353页。

② 束锡红：《宁夏回族文化图史》，宁夏人民出版社2008年版，第102—105页。

其二，吊罐。古时叫"吊桶"或"淋柄"，是回族穆斯林专用洗大净的。据史书记载，吊罐开始于唐代，由波斯商人传入中国，有1400多年的历史。中国信仰伊斯兰教的回、维吾尔、东乡、撒拉、保安等民族，吊罐都是其日常生活中不可缺少的浴具。

一般吊罐直径为20厘米，高约25厘米。罐底有漏水小孔。大净时将热水盛入罐内。边远山区还有木质和铜质的。大小基本与塑料吊罐相同，约盛一小铁桶水。样式为腹大口小，两侧打上小孔，可帮助穿绳悬挂，底部有一个漏水孔，并附有一个小木塞。用时拔出塞子即可，水从漏水孔涓涓流出，类似现代澡堂的喷头。房屋地下修有一个通往屋外的下水道，下水道口用一块木板或水泥板盖着，板中间钻一个小眼，洗过的污水便从此眼流入下水道。现在许多吊罐都在漏水的地方装上水龙头，更加使用方便。

用吊罐沐浴，既简单，又卫生、省水，而且价格便宜，适宜千家万户。回族清真寺和穆斯林家里一般都装有吊罐。吊罐因地域不同，其风格各异。有的肚大口小，有的呈圆柱体，有的呈瓶罐形。而且质地也各不相同，古时多以陶、木、泥质为主，现在以铁、铝、铜、塑料等为主。目前，宁夏几乎全部以塑料吊罐为主，并绘有"清真"字样，它制作简单，轻巧方便，老少咸宜。

（2）人生礼仪文化

回族的人生礼仪文化资源很丰富，在民间形成了众多的礼仪规范。要求民众要忠厚诚实、善良淳朴、注重信用、讲究礼貌、待人和气、尊老爱幼，还要有刻苦劳作、艰苦奋斗、勤俭朴实、不偷不抢、扶贫济困、排忧解难的传统美德。这些丰富的传统伦理思想经由大量的习俗体现，反映在生产和生活的各个方面。在村寨和家族关系、家庭生活的习俗中，形成了长幼有序、尊老爱幼、相互扶持等道德风尚。在个体与群体之间关系的习俗中，凸显群体意识。所有这些对学生道德教化具有潜移默化的作用。如果将这些人生礼仪纳入课程体系之中，有助于对学生进行思想品德教育。

回族人生礼仪文化主要包括婚姻、家庭、宗教、丧葬等。

①婚姻①②

回族的婚姻必须遵循伊斯兰教的规定。回族对婚姻的认识、态度和配偶的选择、婚姻程序的举行等构成了具有民族特色的婚姻礼俗,蕴含着浓厚的宗教色彩,既受到了伊斯兰教文化影响,又结合了地域的传统文化。回族从形成至现在,始终反对禁欲、绝欲和终身独身。由于宗教信仰和风俗习惯的约束,回族穆斯林一般很少与其他民族通婚。如果与其他民族通婚,不论男女,都必须遵守回族的风俗习惯。鳏寡再婚、再嫁都不受干涉。按伊斯兰教教规,男女均有自主选择婚姻的权利,父母、兄长不得包办,但可以引导。

回族结婚礼俗包括:提亲、女方看家、订婚、定亲和完婚。其中完婚又包括女方填箱、新娘盘头发、扯脸③、娶亲、摆针线、闹洞房、擀长面、回门、认干妈等风俗。阿訇主持婚礼,并念"尼卡哈"④。

回民对离婚比较慎重,一般不随意离婚。有的夫妇在万般无奈的情况下要离婚时,阿訇或有威望的老人尽量劝说,劝说后确实无效才允许离婚。有些夫妇离婚后,经过一段时间的冷静思考,想复婚时,需经德高望重的回族老人说和,在政府登记后,由阿訇念"尼卡哈"复婚。回民认为这是合情合理、合法合教的。⑤⑥

②丧俗⑦⑧

回族伊斯兰教认为,人活在现实世界中,死后要去另一个世界,即来世。因此,人去世后,有送亡人到另一个世界的过程,要请阿訇超度亡人灵魂,进行相关的风俗程序,以减轻死者在世的罪孽,能够轻松、愉快地在来世生活。

回族称死亡为"完了""无常"或"归真",通常对宗教人士或有

---

① 杨玉经:《宁夏回族文化艺术博览》,宁夏人民出版社2008年版,第90—94页。
② 束锡红:《宁夏回族文化图史》,宁夏人民出版社2008年版,第205—209页。
③ "扯脸"俗称"鲜脸",即给新娘整整容,使其水嫩漂亮、红润有光。找一位有经验且动作娴熟的女人,用白线作成一种类似于剪刀形状的模子,绞去脸上的汗毛,之后涂上胭脂水粉,再用煮熟的鸡蛋在脸上滚一滚,然后吃下,表示多子多福。
④ "尼卡哈"是阿拉伯语音译,意为"婚姻"。现在多指缔结婚姻的仪式。
⑤ 杨玉经:《宁夏回族文化艺术博览》,宁夏人民出版社2008年版,第90—94页。
⑥ 束锡红:《宁夏回族文化图史》,宁夏人民出版社2008年版,第205—209页。
⑦ 杨玉经:《宁夏回族文化艺术博览》,宁夏人民出版社2008年版,第94—97页。
⑧ 束锡红:《宁夏回族文化图史》,宁夏人民出版社2008年版,第150—151页。

威望的长辈过世称"归真"。尸体称为"埋体"。回族传统丧葬具有土葬、速葬和薄葬的特点。

其一，实行土葬。根据伊斯兰教传说，真主用土造化了人类的始祖阿旦，死后应复归于土。有"入土为安"之说；

其二，主张速葬。人"无常"后要入土为安，不能久停，一般是夜亡晨埋，早亡午埋，最多不超过3天。避免停尸过长，腐烂发臭，以保持卫生；

其三，从俭节约。由于受伊斯兰教"葬必从俭"的影响，回族穆斯林在处理丧事上，主张薄葬，提倡俭省节约，反对铺张浪费。有俗语说："无常后铺金盖银，不如生前厚养孝顺。"因此，回族穆斯林的这种从俭习俗一直恪守不变，现在办丧事，只用三丈六尺白布裹身。

伊斯兰教认为，人生的死亡是前定的，不论贫富、贵贱都是相同的。人世间的荣华富贵、名利等都是过眼云烟，只有死亡"嘎来布"①的消失和"鲁商"②的升华才是永恒的。伊斯兰教认为，死亡是一个人的必然归宿，是人生的复命归真，是真主赐福往天堂。因此，回族穆斯林葬礼亲属不得悲哭。

回族葬礼主要包括："昔水"③"穿卡番"④"转费特尔"⑤"站者那则"⑥"入土"等程序。妇女和孩子不参加葬礼。禁止排列供品敬奉。3日内死者家属不做饭，由亲友邻居赠送。

（3）民间传统文化⑦⑧

回族民间传统文化资源涉及的范围很广泛，可划分为回族民间文学和回族民间艺术。其中回族民间文学主要包括叙事诗、民间故事、民间

---

① 指"肉体"。
② 指"精神、灵魂"。
③ 给亡人净身。
④ 所有穆斯林不分老少、男女、贵贱，无常后，都用白布裹身。男性三块白布加一顶帽子，女性五块白布，统称为"卡番"。
⑤ 是阿拉伯语音译，意为"赎罪"，请阿訇、满拉及念经人围绕亡人站一圈，或用《古兰经》，或用钱向亡者"转费特尔"。
⑥ 即举行殡礼，是亡人入土前的最后一道仪式，也是生者代亡者做最后一次祈祷礼。
⑦ 杨玉经：《宁夏回族文化艺术博览》，宁夏人民出版社2008年版，第165—173页。
⑧ 束锡红：《宁夏回族文化图史》，宁夏人民出版社2008年版，第63—65页。

歌谣、传记、小说等；回族民间艺术包括回族舞蹈、音乐等。因此，可以开发这些丰富的文化课程资源，充分发挥其人文教育功能。师范生通过学习这些文化课程，能够了解回族群众的情感世界和民族精神，激发其努力进取的精神。

①回族民间文学

回族民间文学源远流长、丰富多彩，从内容到形式，在回族民间传统文化中占有十分重要的地位。回族民间文学是回族穆斯林在长期的日常生活中所创造的，其体裁多样，内容丰富。但是，关于它的文字资料很少，直到20世纪20年代，一些专家学者才开始对其进行了整理和研究。

其一，叙事诗。回族民间叙事诗最著名的是《马五哥和尕豆妹》，它反映了清末一个真实的回族青年爱情故事。全诗三百余行，共分九部：序曲、初恋、婚变、相约、热恋、逼杀、一告、错断、尾声。通篇采用两句一个诗段的"花儿"形式，讴歌了回族青年男女自由恋爱和纯真的爱情，控诉了某些人仗势欺人、残忍地处死一对有情人、造成人间悲剧的罪行，赞扬了马五哥和尕豆妹的反抗精神。

其二，回族民间故事。回族民间故事很广泛，包括民间神话、传说和故事等。从民俗角度看，回族通过世代相传的习俗，将回族宗教、历史、政治、经济和日常生活中的人和事艺术地表达出来。回族的各种幻想故事、生活故事、寓言故事、笑话故事、动物故事、机智人物故事等，描绘了一幅幅回族风情画卷。

民间神话。回族民间神话主要有三个特点，一是在内容和语言上有西亚、中亚色彩；二是与伊斯兰教典籍有极为密切的联系；三是吸收了汉族和其他民族的神话传说，如《人祖阿丹》《阿丹与好娃》《阿丹与木萨》《真主造人》等。

传说和故事。由于回族穆斯林分布在全国各地，传说、故事内容极其丰富。据初步调查，截至1992年年底，已搜集、整理、发表的回族民间故事达1200多个，出版了十几本回族民间故事著作。这些传说和故事生动形象地反映了回族的历史、政治、经济和文化。

在这些传说和故事中，有《回汉自古是亲戚》《回族识宝的传说》等史事传说；有《穆罕默德的故事》《优素福的传说》《赛典赤的传说》《阿卜杜的故事》《法图麦的传说》《郑和的传说》《杜文秀的传说》《马化龙的传说》《发菜姑娘》等人物传说。其中有关先知穆罕默德的篇目较多，伊斯兰教色彩浓厚，主要有《穆罕默德与蜘蛛鸽子》《圣人遇险记》《蜜枣的传说》《乞讨不如自食其力》《登宵的传说》《洋芋的来历》《世界上最早成为穆斯林的人》等。穆斯林信仰先知和圣人，穆圣先知的行为和处事法则，为穆斯林的生活提供了范例和标准，使穆斯林在面临困难和抉择时有信条可以依托。穆圣的故事可以加强信仰、纯洁灵魂、升华精神，塑造、净化穆斯林的精神世界。

穆罕默德的传说凸显了穆圣高尚的品性、超人的能力和完美的功修及其对所有穆斯林人格的模塑作用。任何国家、族群或家族都有自己的历史，在族群历史的某个转折点都会有关键性的人物出现。这些人物或扭转乾坤，或创造奇迹，总是关涉集体的命运前途、生死存亡，表现出奉献、无私、创造、勤劳等美德。他们的行为和品德成为后人学习和追慕的楷模，值得永远追忆和怀念。对他们事迹和作为的反复演述，世代传承，永无止息，这便是人物传说的构建机制。穆罕默德作为世人的楷模，其传说既是回族穆斯林宗教信仰的强化，也是回族穆斯林宗教文化认同的标识。

此外，有《回族结婚追马的来历》《阿舒拉饭》《朵儿茶》《斜贴茶壶的来历》《汤瓶的传说》《油香的传说》等回族风俗传说；有反映革命军队在西北回族地区的故事，如《红军三过单家集》《马和福的传说故事》等；有回族爱情和家庭生活的故事，如《不见黄河心不死》等；有讽刺故事《尤苏媳妇》《自食其牛》等。虽然回族的民间传说具有地域性特点，但这些传说在全国各地流传，有的备受读者青睐。通过讲故事，既教育了后辈，又增长了见识，还丰富了他们的精神生活。

在《中国民间故事集成·宁夏卷》所收478篇作品中，回族民间故事占165篇，反映了宁夏回族民间故事的基本风貌。以下是具有代表性的宁夏回族民间故事。

斜贴茶壶[1]

这个回族民间传说流传于宁夏南部山区,这里的回族穆斯林或汉族每逢过节,家家门口都斜贴一把茶壶。据说在唐朝"安史之乱"时,胡人乱杀无辜百姓,有一位中年回族妇女背着一个女孩,领着一个男孩,被胡兵追赶着,一个军官救下了她。这位将军听说她背着的是捡来的孩子,领着的才是自己的亲生骨肉,他十分感动,就告诉她回家后,只要在门前挂有萝卜,就会免遭屠杀。她跑遍了村子的每户人家。就在胡兵进村时,她突然想起对门一家还没有告诉,便将自己的萝卜挂在别人的门上,自己却随手挂了一把壶。浩劫过后,挂萝卜的家都幸免于难,只有这位妇女和她儿子倒在了血泊之中。为了纪念她,汉族都自愿加入了回族伊斯兰教,逢年过节,家家门前都斜挂一把茶壶。后来,人们又把茶壶画下来贴在门上,渐渐就成了一种习俗。这个传说歌颂了这位回族妇女无私的奉献精神,在危险关头她把生存留给他人,将死亡留给自己,表现了回汉人民生死与共的民族团结精神,给人以深深的印象。

圣人穆罕默德的劝告[2]

圣人穆罕默德曾经很穷,他有一个独生女儿,后来人们都把她叫法托买太祖。法托买太祖出嫁的时候,圣人穆罕默德给她陪嫁的一件衣裳,补了二十四个补丁。法托买太祖嫁给了一个名叫尔里巴巴的圣人。

有一回,法托买太祖和尔里巴巴圣人两人生气吵架了。法托买太祖跑回了娘家,对着圣人穆罕默德哭。圣人穆罕默德劝说了法托买太祖,又用大麦面包上黑糖做成了点心,外表做成了癞蛤蟆的样子。圣人穆罕默德把尔里巴巴圣人召来说:"我的贤婿,你把这个东西吃下去。"尔里巴巴圣人看着癞蛤蟆丑陋的样子真吃不下去,可外父说了,

---

[1] 马名超、王彩云:《中国民间文学大辞典》(上册),黑龙江人民出版社1996年版,第773—774页。

[2] 刘秋芝:《口头表演与文化阐释——西北回族口头传统的"确认"与研究》,西北民族大学2010年博士论文,第19页。

他不好反驳,就硬是吃到了嘴里,吞到了肚里,一回味却是甜甜的。尔里巴巴圣人的眼睛亮了。

圣人穆罕默德用这个法子教育人:不管遇到什么事情,只要能够咽了下去,事情就好办了,就是遇事要能忍耐。

劝人忍耐,再大的困难也要化解、破解,而不是让矛盾激化,这是民间口头传统的常见思想主旨。

乞讨不如自食其力①

从前,有一个名叫木沙的青年,整日游手好闲,大事做不成,小事不肯做,每日靠讨些残汤剩饭填饱肚子。

一天,他来到一个长满鲜花的人家讨饭。可还没等他敲门,屋子的主人就走出来,打量了他一番,然后笑着问:"年轻人,你有什么财产吗?"

木沙不好意思地说:"我哪里有什么财产?我只有一条能将就睡觉的毡子,一个用来喝水的碗,一根用来打水的麻绳。"主人笑呵呵地看着他,说:"是这样,年轻人,去把你的这三样东西拿来吧。"

于是,木沙就取回了他的那三样东西,主人便与他一起到市场上,把那三样东西当破烂卖掉了。然后买了一把斧子,这家主人告诉年轻人到山里去砍柴,用自己的力气解决自己的生活,并约定半个月后见面。

按照主人的指点,木沙来到山里砍了许多柴,原来他很有力气,他把砍来的柴挑到集市上去卖,每天如此。这样他不但吃饱了肚子,换了新衣服,而且口袋里还有些积蓄。这时,他才明白主人的意思。他心里很感激这家主人,是主人教会他应该怎样靠自己的力气过日子。

这则故事讲述了不爱劳动的贫困青年在圣人穆罕默德的指点和帮助下,终于过上了有吃、有穿的好日子。该故事构思巧妙,思想性突出,是当地回族穆斯林熟知的传统故事,是对幼儿进行语言及

---

① 李树德、王正伟:《回族民间故事选》,上海文艺出版社1985年版,第23—25页。

思想道德教育的好素材。

打开的天堂之门①

一位来自新疆乌鲁木齐市的回族女孩,讲述了一个真实的"家族故事"。

我奶奶(姥姥)告诉我,我太爷(奶奶的爸爸)是个开水磨的,很有资产,但生活很勤俭,经常行善,救济穷人。因为房子多,太爷经常把自己家的房子给没房子的人住,常常给穷人送米、面、油等食物。他们还把非亲非故的孤寡老人接到自己家里,养老送终。太爷还资助了好多贫穷的念经人,如阿訇、满拉等。在老太爷落气(咽气)的时候,他家的整个院子充满了奇香,是任何人从来都没有闻到过的奇香!周围的邻居都从自己家里出来,寻找奇香的来源。后来,大家才明白,是因为我太爷平日里行善积德,在他即将无常(离开人世、逝世)的时刻,天堂之门为他打开了!这奇香就是从天堂里散发出来。我奶奶说,那奇香持续了将近半个小时。

一些德高望重、造福一方的民族精英也有许多传奇故事,普通民众因深受其恩惠,对其产生深切敬仰,并为其祈祷、祝福。事实上,不仅回族宗教人物有神奇传说,有很多普通的回族群众,因为造福一方,也有各种传奇。

狼心狗肺不久长②

从前,有个猎人。一天,他出外打猎,碰到一只狼,发现这只狼正在睡觉,他正准备用箭射狼的时候,过来了一只鹿,把狼惊醒逃跑了。猎人很生气,又往前走。走了一会儿,又碰着刚才过去的那只鹿也睡着了。于是,他又准备射死这只鹿。就在这时,刚才被鹿惊起跑掉的那只狼又过来了。看到猎人正准备射鹿,它心里想:

---

① 刘秋芝:《口头表演与文化阐释——西北回族口头传统的"确认"与研究》,西北民族大学 2010 年博士论文,第 34—35 页。
② 同上书,第 49—50 页。

赶快射死吧！射死了，你吃肉，我喝血。可就在这关键时刻，天空飞过来一只大雁，"嘎嘎"地叫个不停，结果把鹿惊醒跑了。猎人很生气，就对天空中的大雁射了一箭，箭没有射到，又从半空又落下来，正好落在了狼的肚子上，结果把狼给射死了。

这个故事中的狼被鹿救了，但当鹿遇到危险时，狼不思报答，却包藏祸心，盼望猎人把鹿射死，一起分享"猎物"，结果狼自己被猎人射杀。让人们明白"害人如害己"的道理。因此，要有一颗善良的心，恶人是不会长久的，坏事做绝了，必然自取灭亡。正所谓"己所不欲，勿施于人"。

其三，回族民间歌谣。回族民间歌谣是回族劳动人民的口头诗歌创作。"花儿"是回族民歌，从内容上可划分为劳动歌、时政歌、仪式歌、情歌、生活歌、传统歌、儿歌和叙事歌八大类。"花儿"主要流行于河湟和六盘山回族聚居区，分为"河湟花儿"和"六盘山花儿"两大类。前者以甘肃、青海等地流行的"河湟花儿"为母体；后者则是宁夏民歌，它们的源和流都在宁夏。

回族民间歌谣主要是通过生产劳动和社交生活传承下来的。由于回族穆斯林遍布全国各地，深受汉族文化习俗的影响，有夯歌、劳动号子、信天游、五更调、四季调、十二月调等。在这些歌谣中，最具回族特色的是"花儿"，特别是甘肃、青海、宁夏、新疆一带的回民，有手搭耳后、面对青山唱"花儿"的习惯。

"花儿"是西北民歌的一种，据说由元曲演变而来。其旋律高亢豪放、悠扬婉转，富有浓郁的乡土气息和生活情趣，广泛流行于甘肃、青海、宁夏等地的各民族群众中。回族群众也十分喜爱唱"花儿"。"花儿会"是"花儿"歌手们竞赛与交流的聚会，更是喜爱"花儿"的各民族群众的狂欢节。

"花儿"真实形象地反映了回族劳动人民的现实生活、历史传统、风俗习惯、自然环境等。"花儿"的对称为"少年"，是回族地区的一种民歌，实际上是一种高腔山歌。在"花儿"对唱中，男方称女方为"花儿"，女方称男方为"少年"，这种对人的昵称逐渐成为回族山歌的名称，也统称为"花儿"。

不同地区的回族"花儿"有不同的曲调，有《河州令》《尕马儿令》等一百多种。回族"花儿"的节奏丰富，旋律性很强，音乐形象及艺术个性生动鲜明，绚丽多姿。形式有四句、六句和三句"花儿"。每一种形式的"花儿"都有一定的格律，非常讲究节奏。

其四，回族民间说唱。在中国西北地区的甘肃、青海、宁夏和新疆，一些回族把举行婚礼或办喜事称作"宴席"；把参加婚礼送亲叫"吃宴席"；在新婚宴席等喜庆场合演唱的曲调叫"宴席曲"。这是回族民间说唱中具有浓郁民族特色的一种形式。

回族地区有"结婚三天无大小"的习俗。回民在新婚等喜庆的宴席场合仍有贺喜唱曲的风俗，特别是甘肃临夏回族自治州和青海的民和、化隆及宁夏等一些回民聚居区演唱"宴席曲"极为盛行。"宴席曲"优美流畅，现有九十余种曲调。代表作有《十里亭》《纺四娘》《尕老汉》《五更月》《四季青》《白娘子》《红黄凤凰》《一只螃蟹》《八大光棍宴席曲》等。

②回族民间艺术

其一，回族舞蹈。① 回族舞蹈是伴随着回族的形成、发展而逐渐形成的，是在伊斯兰教文化和中国本土文化在双向交流、渗透过程中产生的文化创造，是中华民族文化的组成部分。由于宗教观念和民族生活的规定性，回族舞蹈无论是流散于民间的娱乐活动，还是舞台表演的作品创作，都是在表现民族精神气质、反映民族思想感情、展示民族生活风貌中形成了自己的艺术审美独特风格。

宁夏回族舞蹈源远流长，它是伴随着回族的形成、发展而逐渐形成的，融入在回族群众的精神生活和物质生活之中，在某种程度上反映了宁夏回族群众不同时期的政治、经济、文化、生产方式、宗教信仰、风俗习惯及民族心理、情感和性格，是中华民族文化的重要组成部分。

在西汉时期，汉朝与西亚各国的经济、文化交往频繁，作为回族乐舞的前身"西域乐舞"开始传入中国。宁夏固原是古丝绸之路的交通要道，在这里出土的波斯绿釉扁壶上雕刻着《胡腾舞》，在镶有青金石的金戒指上雕有女子舞花环的舞姿。

---

① 杨玉经：《宁夏回族文化艺术博览》，宁夏人民出版社 2008 年版，第 191—192 页。

自唐代起，阿拉伯、波斯和西域乐舞中都有回族舞蹈的历史痕迹。如《胡旋舞》就是一种以各种旋转动作为主的"西域回族"舞蹈。到了宋代，西域乐舞已广泛流行于民间，融合了波斯、阿拉伯和汉族民间舞蹈艺术风格，形成了回族乐舞。

在元代时期，西域乐舞和回族音乐普遍流传。元统治者将西夏音乐、回族乐舞和中原的汉族音乐作为宫廷音乐。回族乐舞不只限于宫廷，还在民间流传。回族先民喜歌爱舞，为繁荣民族艺术起到了一定作用。尤其是元、明时期的民族大融合，进一步促进了回族乐舞的发展。回族舞蹈作为民族文化的标志，将其风俗习惯、生活方式、民族信仰、审美追求等以自己独特的方式传承下来。

在回族长期的历史过程中，与汉族及其他民族共同创造了丰富的物质和精神财富，不同文化互为融合、吸收，最终形成了回族舞蹈。如六盘山区的《口弦》《踏脚舞》等就是这样形成的。回族舞蹈的动作与风格具有"屈伸步、花儿手、碎摇头"等特征。以《碰手镯》《山娃子》等舞蹈为例，回族舞蹈的基本动作包括：一，屈伸步。随着腿部一屈一伸，身体上下颤动；二，花儿转手。双手平指张开，手腕转动；三，凤凰展翅。向上提腕节，明显抬三下，落时双手向下随身体自然下沉，还可进行变化。特别注意节奏的处理和身体呼吸的配合；四，旁拐步。第一拍出脚，第二拍踏脚，上身随步伐左右摆动，而且上身与颈部摆动很协调；五，平腕花。八字翻腕手，注意上身要有起伏带呼吸。

回族舞蹈的特征是由回族人的心理素质、生活习惯、身体语言形成；在"大分散、小聚居"的历史进程中，既有自己民族特色的共同性，又具有居住环境的区域性特征，地域上的多元化和文化上的一体化是形成回族舞蹈美学品格的重要特点。以舞蹈《宴席曲》为例，多以方阵队形对舞，其动作特点常与回族的劳动、生活、习俗相关联。由于回族歌曲常用凤凰、蝴蝶、牡丹、鸽子等与本民族生活息息相关的事物起兴，所以舞时手臂动作多变，恰似蝴蝶飞舞、凤凰展翅；腿部柔韧地屈伸，就像放牧人赶着羊群在云中行走，动作起伏稳重，柔中有韧，潇洒自如，头部碎摇和敏捷地摆动再加上眼神巧妙配合，抒发了喜庆欢快之情。舞蹈《宴席曲》在民族民间舞蹈中独具魅力。

其二，回族音乐。① 关于宁夏回族音乐文化方面的史料记载较少。在元朝，随着大批西域人东迁，其中的阿拉伯军士、工匠、学者、医生和音乐家定居中国，他们也带来了阿拉伯音乐。《新元史·乐志》载：元礼部仪风司"负责掌管汉、回、河西子色细乐，每色各三队，凡三百二十四人"；其中专设"常和署""管领回回乐人"。《辍耕录》卷二十八"乐曲条"中记载元代盛行的回族歌曲有《冗里》《马黑某当当》《清泉某当当》等。

宁夏回族民歌丰富多彩，在明、清时期，宁夏回族民歌"花儿"已普遍流传。回族民歌既受伊斯兰教传统音调的影响，又受汉族和其他少数民族的影响。宁夏回族群众在即兴而歌、抒发感情时，把自己熟悉的伊斯兰教音乐加入民歌之中，使一些回族民歌在调式、旋律、节奏等方面具有自己独有的特点。宁夏回族大部分民歌是回族民间歌手创作的，虽然从中可以找出他们与其他民族民歌之间的联系和影响，但已形成自己的风格，变为新的歌曲形式了。如"花儿"和"牛佬佬调"，其结构和风格与地方汉族和其他少数民族民歌迥然不同，只在回族中传唱。

宁夏回族聚居地区长期流传着一些古老的自娱乐器，如口弦、泥哇呜、咪咪等，其形制、演奏场合、演奏方式、演奏曲目等与地方汉族所使用的同类乐器有明显差别。因为回族群众在宗教信仰、心理素质、风俗习惯、审美情趣等方面不同，在吸收当地汉族或其他少数民族音乐文化的基础上，经过不断融合发展，逐渐形成了自己的风格和特色。

口弦。口弦是回族的一种民间小乐器，俗称"口琴子"或"口衔子"。回族姑娘特别喜爱口弦。口弦有铁制和竹制两种。铁口弦在其他民族当中也有，竹口弦在回族姑娘中较多使用。竹口弦是用竹子削制的，看似简单，但做工很讲究。较好质量的口弦制作工序是：先将选来的竹子切成长五寸左右若干根，放到油锅里炸一下。然后拿出来，再用刀精心地削。这样做出的口弦，表面光滑，结实耐用，不易破裂；音量适中，清脆柔和。

弦身一般都是三寸长，一头小。弹奏时，左手捏住弦尖，将舌簧的

---

① 杨玉经：《宁夏回族文化艺术博览》，宁夏人民出版社 2008 年版，第 163—164 页。

一端轻轻含入双唇之间，右手中指和拇指挽住另一端丝缜子，均匀地扯动，使口弦簧产生一种"咕咕咚、咕咕咚"的声乐。口弦没有明显的音调，主要是通过口形、气力、节奏等表达喜怒哀乐等思想感情。如《珍珠倒卷帘》《骆驼铃》《五哥放羊》《脚户歌》等。

泥洼呜。泥洼呜又叫"牛头埙"，俗称"哇呜"或"泥萧"，是用黏合力强、结实耐用的黄胶泥制作而成的一种民间小乐器，古代称为"埙"。泥洼呜是回族穆斯林喜爱的乐器之一，据史书记载："埙，古代一种用陶土烧制的吹奏乐器。大如鹅蛋，形如秤锤，上尖下平中空，顶上一孔为吹口，前面四孔，后面三孔。"封建时代早期的宫廷乐队中曾使用过此种乐器，以后逐渐消失，且在民间演奏中很少见到。回族群众在与其他民族的长期杂居相处和文化的交流过程中，受其他民族吹奏乐器的启发，根据古代"埙"的基本原理，结合本民族的风俗习惯，在实践中创制出了回族所特有的民间乐器泥洼呜，使其代代流传下来。

泥洼呜制作简单，取材方便，普及性强。回族聚居区七八岁、十一二岁的儿童喜欢用泥制作。挖一块胶泥土，用水搅拌揉成泥球，然后做成圆形、鸡蛋形、蝴蝶形、鱼形、牛头形等各种各样的泥洼呜，待晾硬后，用一根粗铁丝或粗麦秆钻几个小孔。有一个吹口，有手按的四个小口。泥洼呜的音域在五度以内，音阶排列为1、2、3、4、5，能吹奏一些简单、缓慢的曲调。如《北风吹》《小白菜》和回族民间小调等，还可用来学鸟的叫声。

咪咪。咪咪是音色悠扬、近似唢呐的吹奏乐器，这种乐器用无名指粗细的竹管自制而成，开有6个音孔，酷似笛子，但要竖吹。吹口处置有用嫩树皮制成的发音器。咪咪分单管和双管两种，用来吹奏"少年"曲调最为适宜。

宁夏回族穆斯林在礼拜、宗教节日或日常祈祷中，从不使用任何乐器和乐队，而是用最富有感染力的人声，以大量、丰富多彩的音调来吟诵《古兰经》、赞美真主安拉和至圣穆罕默德。

（4）技艺文化

回族在长期的农牧业生产中积累了丰富的生产经验。回族的工艺品和祖传技艺丰富多彩，凝结着回族人民的智慧，反映了回族古老文化的特色。将这些民间工艺制作纳入学校课程,不仅有利于培养师范生的动手能力,而且还可了解丰富多彩的回族文化内涵,传承民族文化。回族技艺文化资源主要包括民间医药、工艺制作等。

①民间医药①

回族民间医药的贡献主要表现在阿拉伯药材、药方、医药知识和书籍的引进、编写以及不断发展的医疗实践活动。《回回药方》是中国回族医药学大型综合性典籍,作者不详,原书36卷,残存3卷,现藏于国家图书馆。该书多以汉语书写,并夹杂不少阿拉伯、波斯药物名称的原文和音译词汇。

《回回药方》是一部包括内、外、妇、儿、骨伤、皮肤等丰富内容的中国回族医学方书。从现存3卷所载方剂来看,全书所载可达6000—7000条之多。《回回药方》内容除了涉及临床等多种学科,同时在治疗方法上也很丰富,对一些疾病采用内外并治的方法。除了阿拉伯医学的治方经验外,《回回药方》还采用了传统中医的治疗方法以及民间验方,尤其是一些外治法及其对骨伤科的治疗,具有时代的先进性。如《回回药方》中对头部外伤的诊断,是根据组织损伤程度划分的,并分别使用不同的治疗方法,对外伤肿胀未退且伴有全身症状者,主张作"十字"切开,排脓引流。

《回回药方》有独特的思想体系,既保存有阿拉伯医学的特征,也有中国传统医学的成分。《回回药方》以叙方为主,方论结合。据统计,《回回药方》残卷有常用药259种。其中明显属于海外并注明中文名称的有61种,沿用阿拉伯药名,目前尚不知何药者52种,合计海外药为113种,占残卷全部用药的43.6%,其他146种则为传统中药。据研究,《回回药方》不仅与阿拉伯医学有很深的渊源,而且突出特色,中西合璧。在药物剂型的运用方面,既有中国式的丸、散、膏、汤,又保存有阿拉伯式的芳香挥发药、滴鼻剂、露洒剂、油剂、糖浆剂;有些医方的临床应用如喜蒲舶剂治疗中风等,不仅借鉴了中国传统医学经验,而且与回族医药相结合。

---

① 杨玉经:《宁夏回族文化艺术博览》,宁夏人民出版社2008年版,第447—462页。

②工艺制作①

回族的工艺制作源于伊斯兰教文化艺术，具有本民族的传统和特点，表达了回族人民对艺术的感受和思想。

回族工艺制作门类很多，可归纳为两大类：以实用性为主的日用工艺品和装饰欣赏品。主要有：民间剪纸、刺绣、雕刻、编织、阿拉伯文书法、经字画和绘画、民间手工艺、各类玩具等。其中民间剪纸包括窗花、贴花、绣花底样；刺绣包括荷包、生活实用绣品、服饰绣品、回族婚礼服、装饰绣品；雕刻包括木雕、砖雕、石雕、玉雕、面雕、泥塑；编织包括草编、竹编、柳条编、染织等。这些展现了民族风俗、生活情景等，反映了宁夏回族的艺术传统和风土民情，突出了地域特色和民族特色。

编织是宁夏回族的传统手工艺。宁夏南部山区盛产毛竹、青藤、柳条、红荆条等原料，当地回族群众除了编织生产用品外，还编织食物托盘、提篮、玩具、装饰部件等生活器物，表现了回族人民的智慧和艺术。另外，回族的染织、地毯编织，形式新颖、图案美观，画面别具一格。

草编是古老的编织技术之一。草编制品在人类生活中发挥过重要的作用。草编制品原料丰富，主要有玉米皮、高粱秆、稻草、麻秆、麦秆、芦苇等农作物的叶、茎、皮、芯等。传统草编主要是草帽、草席、扇子、提篮、门帘、草鞋等生活用品。到 20 世纪 80 年代，出现了草编工艺品，如草编壁挂、草编艺术挂件、草编玩具以及草编彩灯等。

柳编是采用传统手工编织的一种形式，如篮、篓、筐、簸箕、耙子等生产和生活用品，以实用为主，自产自销，品种和式样比较固定。

（5）信仰崇尚文化②③

回族宗教文化主要集中体现在回族伊斯兰教文化上，长期以来，回族伊斯兰教文化对回族文化观或意识形态有着深刻的影响。回族的信仰崇尚文化包括宗教、祭祀等。伊斯兰教是世界三大宗教之一，于 7 世纪

---

① 杨玉经：《宁夏回族文化艺术博览》，宁夏人民出版社 2008 年版，第 283—285 页。
② 同上书，第 74—80 页。
③ 束锡红：《宁夏回族文化图史》，宁夏人民出版社 2008 年版，第 58—59、141—143 页。

中期传入中国，当时的中国正处于唐朝时期。在经济文化交流中，伊斯兰教通过陆上和海上"丝织之路"传入中国，那些从事经济文化交流的商人、来华使者等，成为中国回族的先民。

这些回族先民来到中国后，为了便于经商和宗教生活，往往聚居在一起，集中进行宗教活动。因此，他们以礼拜场所为中心环绕而居，形成了最早的回族聚居区"坊"。伊斯兰教传入中国后，在历代官方文献及私人著述中称呼不同：唐代时称为"大食法"，宋代称为"大食教度"，元代称为"回回法"，明代称为"回回教"，明末清初的回族伊斯兰教学者称其为"清真教"，清代多称其为"回教"。1956 年，中华人民共和国中央政府将其统一称为"伊斯兰教"；伊斯兰教信仰者则被称为"穆斯林"①。在 1300 多年的回族发展历史中，虽然伊斯兰教在中国经历了本土化的过程，但是从回族先民到回族的形成，伊斯兰教起着非常重要的作用，产生了深远、重大的影响。伊斯兰教在回族的意识形态、文化习俗、生活方式、礼仪行为、教育形式、建筑艺术等诸多方面留下了深深的烙印。

伊斯兰教的经典主要有《古兰经》和《圣训》。《古兰经》是真主的"启示"，而《圣训》则是穆罕默德以"安拉"的名义发布的以及他认可的圣门弟子的言行汇集。伊斯兰教信仰的总纲为"清真言"②。按照伊斯兰教的经典规定，穆斯林要有"五大功修"和"六大信仰"。

伊斯兰教的基本教理由宗教信仰、宗教义务和善行三部分组成，其中宗教信仰就是"伊玛尼"，指教民对安拉赐予穆罕默德的"启示"及其基本信仰确认。宗教义务即"尔巴代提"，指教民应尽的 5 项宗教功课，即通常所说的"五大功修"。善行即"伊赫桑尼"，指教民必须遵守的道德规范。三者兼备理论与实践两个方面。作为伊斯兰教教民，首先要坚定信念，坚信基本信条，即"六大信仰"③。"六信"源于《古兰经》和伊斯兰教教义。"六信"包括信安拉、经典、使者、天使、末日和前定。

---

① 顺从者。
② "清真言"的内容是："万物非主，唯有真主，穆罕默德，主的使者"。
③ 简称"六信"。

回族宗教礼仪可分为宗教礼仪和民俗礼仪两部分，宗教礼仪是严格按伊斯兰教的传统礼仪和不同教派的规定进行的。民俗性礼仪既受伊斯兰教规定的制约和影响；同时，也受中国传统礼俗和临近地区民间礼俗文化的影响，是在与多种礼俗文化的交流融合中形成的。依照《古兰经》规定，凡信仰伊斯兰教的人，都必须遵照《古兰经》和《圣训》行事，《古兰经》是所有穆斯林的经典、行动准则。《圣训》则是对《古兰经》的注解，其中也包括穆罕默德的议论、行为以及得到穆罕默德许可或默认的种种事实，还要按规定完成五项功课：念、礼、斋、课、朝。

（6）节日文化①②

节日是文化的节点，是民众精神生活的集中体现，是人际沟通、调节天人关系、人际关系以及安抚、表达人们内在情感的时机。从岁时信仰、节日传说、节日娱乐中可以提炼出节日这一民俗的精神传统。对于每个民族成员来说，节日是社会生活中不可缺少的一环，不仅能够满足人们一定的生活要求，还有助于推进和巩固社会秩序。

回族节日文化是中华民族民俗文化的主要组成部分，以文化活动、文化产品、文化服务和文化氛围为主要表现，以民族心理、伦理道德、精神气质、价值取向和审美情趣为深层底蕴。回族节日文化是回族群众在长期的生产和生活实践中逐步形成的，是回族民俗文化、宗教文化的重要组成部分。在节日期间，回族的各种风俗习惯，诸如宗教信仰、文化艺术、历史传统、生活方式等被全方位地集中展现出来，成为了解回族文化的一个窗口。每逢节日，人们不约而同地参与节日活动，这种集体活动增强了成员的认同感和凝聚力。

回族主要有"开斋节""古尔邦节"和"圣纪节"。除了这三大节日外，还有"阿舒拉节""法图麦节""登霄节"等。这些回族节日都与伊斯兰教信仰有关，节日时间是按照伊斯兰教教历计算的。根据伊斯兰教历史记载，公元622年，穆罕默德由麦加迁移到麦地那的时间为"伊历元年"，第二年8月，开始实行"斋月"。伊斯兰教历以月亮盈亏

---

① 杨玉经：《宁夏回族文化艺术博览》，宁夏人民出版社2008年版，第82—85页。
② 束锡红：《宁夏回族文化图史》，宁夏人民出版社2008年版，第155—159页。

为标准,全年分为 12 个月,平年 354 天,闰年 355 天,30 年中有 1 个闰年,与公历每年相差 11 天,平均每 32.6 年比公历多出 1 年,因而每三年要提前一个月。所以,斋月在公历中是无法固定的,有时在春天,有时在夏日,有时遇秋季,有时则为冬天。一位穆斯林可在 36 年生涯中,经历一年中不同季节过斋月的感受。

开斋节。"开斋"一词是阿拉伯语"尔迪菲图尔"的意译,"尔迪"意为"节日"。回族将开斋节视为最大的节日,因而也称为"大尔迪"。陕西、甘肃、青海、云南等地的回民也将开斋节称为"大尔德"。在新疆、青海、宁夏等回族聚集地区,政府规定古尔邦节为穆斯林放假 3 天,非穆斯林放假 1 天;开斋节为穆斯林放假 1 天,非穆斯林照常上班;其余六大节日均不放假。

开斋节始于伊斯兰教纪元第二年。之后每逢此节,世界各地穆斯林都热情、虔敬地参与节日活动。一般来说,封斋的第二十九日傍晚若见新月,次日即为开斋节。如果不见,则再封斋一日,第二日为开斋节,以庆祝斋功圆满完成。

尽管受各地风俗习惯的影响,开斋节庆祝形式各异,但有共同相似的活动。一般回族各家都准备丰盛、具有民族风味的食品,如馓子、炸油香等传统特色食品,互赠、款待亲友邻居;请阿訇诵经祈祷;聚会联欢等。开斋节的主要活动是盛大隆重的宗教会礼,回族群众聚会和活动的场所——清真寺,在节日里也都打扫得干干净净,挂上"庆祝开斋节"的巨幅标语。

开斋节是一个规模盛大、礼仪隆重的民族节日,一般要过 3 天。节前外出的穆斯林都要提前赶回家。第一天从拂晓开始就热闹起来。家家户户很早就把院子、巷道打扫得干干净净。房内窗明几净,并燃香,香气四溢,给人以清洁、舒适、愉快的感觉。男女老幼喜气洋洋,沐浴盛装,上寺做礼拜,给去世的人走坟。成年穆斯林要洗大净、沐浴净身,男女老幼都要梳洗干净,并换上自己喜爱的新衣服。

各家都要请阿訇、满拉到家中念"锁儿"、过"尔埋力"。要散钱物。还要给亲友邻居、亲朋好友或不能到家中的长辈、老者分送油香份子(即两个油香中间夹一片肉)。开斋节 3 天之内,回族穆斯林还要带上礼品,走亲串友,互相拜节。

按照教规，在开斋节穆斯林要做好下列七件事：一是拂晓即吃食物，以示开斋；二是刷牙；三是沐浴；四是点香；五是穿洁美服装；六是会礼前"交费特尔"（开斋施舍）；七是低声诵念赞主词。

古尔邦节。"古尔邦"一词是阿拉伯语"尔德尔迪·古尔邦"的音译和意译，"古尔邦"意为"牺牲""献身"；"尔迪"意为"节日"。因而也称"宰牲节""忠孝节"，是伊斯兰教朝觐仪式之一。很多地区的回族称之为"小尔迪"或"小尔德"，一般在开斋节之后的第七十天举行。古尔邦节定于伊斯兰教教历十二月十日。

古尔邦节源于伊斯兰教传说，是《古兰经》里的故事。四千多年前，先知易卜拉欣晚年得子伊斯玛仪，为了感谢真主的恩赐，常常宰牛、羊和骆驼献祭。伊斯玛仪13岁时，相传一天夜晚，易卜拉欣梦见真主，真主命他宰杀爱子伊斯玛仪献祭，以考验他的忠诚。易卜拉欣谨遵不违，儿子也毅然从命。当父子正要在米那山谷按"启示"执行时，天使吉卜利勒（天仙哲布拉伊）奉真主之命送来一只绵羊，作为伊斯玛仪的替身。据说此日是阿拉伯太阴历的十二月十日。阿拉伯人为纪念易卜拉欣父子的精神，便规定此日为"宰牲节"，以示纪念。穆罕默德迁徙的第二年，将此日定为"古尔邦节"。从此古阿拉伯人便形成每年宰牲献祭的风俗。

在历史上，伊斯兰教以其先知穆罕默德迁徙麦地那的第二天，即公元622年7月16日，作为伊斯兰教教历的元年元旦。由于古尔邦节、开斋节的日期与公历之间的差异，其节庆时间可能在春天、夏天、秋天或冬天。

圣纪节。相传穆罕默德诞生于伊斯兰教教历纪元前五十一年三月十二日（公元571年4月12日），归真于伊斯兰教教历十一年三月十二日（公元632年6月8日），终年63岁，葬于麦地那。其诞生和逝世日期恰巧都是伊斯兰教教历三月十二日。圣纪节是纪念这位圣人的诞生和归真的群众性活动。因此，回族穆斯林一般合称"圣纪"，兼有纪念穆罕默德诞生与逝世的双重意义，故又称"圣忌"。

穆罕默德逝世三百多年之后，大约10世纪，什叶派的法蒂玛王朝首先在埃及举行纪念活动。12世纪时，伊拉克国王穆赛义德下令在伊斯兰教教历每年三月十二日庆祝圣诞。之后，庆祝活动逐渐扩展到其他伊斯兰教国家，一直延续至今。

阿舒拉节。"阿舒拉"是阿拉伯语，意为"第十天"。阿舒拉节在伊斯兰教教历正月初十日举行。历史记载，这一天曾经有圣人努哈以方舟救人类避难，并施以杂豆粥救助饥民。回族穆斯林在这一天要用各种豆类熬粥，以吃杂豆粥表示纪念，民间称其为"阿舒拉饭"。

法图麦节。每年伊斯兰教教历九月十四日举行法图麦节，是纪念穆罕默德女儿（阿里之妻）辞世的节日，民间俗称"女圣纪"。这天回族妇女收敛粮钱，准备饭食，选一个住宅宽敞的回族家，架起锅熬杂豆粥，并请阿訇念经祈祷，咏唱赞颂圣女的诗歌，请全坊的男女一同来吃杂豆粥，以纪念圣女在其夫阿里征战时，熬豆粥慰问士兵的事迹。

登霄节。"登霄"的阿拉伯语是"尔拉吉"，意为"阶梯"。登霄节是笃信伊斯兰教的回族穆斯林为纪念穆圣躲避反对派谋害，由哲不理勒天仙陪伴，于伊斯兰教教历纪元前一年（621）七月二十七日夜，在耶路撒冷登霄看到天堂、火狱并定下五时礼拜之事。这天晚上，穆斯林聚集在本坊清真寺礼拜祈祷，听阿訇讲《卧尔兹》及穆圣登霄的传说，以示纪念。

总之，回族穆斯林的文化资源不仅有丰富且独特的生活文化、注重道德行为规范的人生礼仪文化，也有大量叙述民族历史、富有哲理的民间传统文化，如回族叙事诗、民间故事、民间歌谣、舞蹈、音乐等，还有充满智慧的各种技术知识、工艺文化，更有颇具民族风情的节日文化等。这些文化资源蕴含着丰富的教育价值，是珍贵、无形的课程资源，蕴含着生命教育、环境教育、人与自然和谐相处等主题，可以发掘出丰富的教育主题。

第二节　回族多元文化课程组织

一　国外多元文化课程资源开发

课程开发是指准备一项可操作的计划或编制一套教学大纲及其配套资料，供班级教学使用。依据不同的划分标准，它有不同的分类。根据课程开发的内容来源可分为："新编"和"改编"。其中"新编"是指所有的课程内容都是新开发的，没有依赖现有的课程材料；"改编"是指从现有课程材料中选择合适的成分并加以改进,如课程的选择、补充、拓宽、加深、整合等。根据课程开发的主体可分为:用户开发模式和外部人员开发模式。目前,国外多元文化课程开发一般采用"改编"这类,并由"外部人员开发"转为注重"用户开发",形成以平行式、整合式和拓展式为主的多元文化课程开发模式。

(一) 平行模式

平行模式强调非主流文化知识在现行课程体系中的重要性,认为要平行开设有关少数族群文化内容的课程。具体实践操作是:第一,单独开发某一种族文化课程,如黑人研究课程、亚洲研究课程等,将不同种族文化群体的独特文化知识平行添加到学校课程体系之中;第二,通过对主流文化课程的识别,分析少数族群所需知识。

英国学者詹姆斯·林奇认为,虽然平行模式具有友善的象征意义,但不能达到预期的教育效果。因为该模式课程开发主体仍是外部人员,以主流的观点筛选课程内容,而且没有课程的加工和转化,只是零散地介绍,且在知识层次上属于较低层级。当学生学习某一课程内容时,将会以西方传统的准则和观念架构看待族群经验,导致主流文化与非主流文化阶层双方以敌视的眼光审视课程内容,因而在课程实施中产生排他性思想,只要求属于本族群的儿童学习自己的伦理文化知识,造成课程彼此孤立、隔离,从而形成单一的种族封闭观念。而且单纯课程内容的增添也可能导致出现课程割裂化趋向。因此,多元文化课程开发逐渐演变为以整合的方式进行。

詹姆斯·林奇对多元文化课程中含有行为目标分类的模式带有负面感情,他认为该模式的基本假设是:目标与课程实践的内容或方法之间存在一种机械式的关系,没有把多元文化课程视为一个整体,直接由介绍课程目标跳到特别的教育活动,或者主题和科目领域,丝毫没有把课程视为整体架构。[①] 将一些零星破碎的亚文化内容平行加入学校课程体系之中,这是多元文化课程开发的最低层次。所以,多元文化课程的开发目标应置于高层次的认知层面,且要以整体的思维方式开发。

---

① [英] 詹姆斯·林奇:《多元文化课程》,黄政杰等译,台湾师大书苑有限公司1996年版,第61页。

(二) 整合模式

整合模式认为，多元文化课程的开发并不是简单地将多种不同文化相加在一起，而是需要彼此之间的相互接触、作用和渗透。因而要注重整合多元文化知识与现有主流文化课程。德国学者托比亚斯·吕尔克尔认为：只有把面向实际经验的课程与具有现代化科目的课程结合起来，才能实现多元文化教育。① 美国多元文化教育专家詹姆斯·班克斯提出了多元文化课程开发的整合模式，包括贡献、民族添加、转换和社会行动四种途径。这四种途径是多元文化课程不断改进和完善的过程。从少数民族英雄事件和纪念日简单地进入课程，到将少数民族知识添加到学科内容之中，再到课程结构的改革，最后到社会活动形式的课程实施，反映了多元文化课程的流变过程，进而要求学生掌握多元文化知识、提高思想认识和跨文化交际能力。② 因此，整合模式对促进中国多元文化课程建设和改革有一定的借鉴和参考价值。

1. 贡献途径

贡献途径（Contribution Approach）是整合的第一级水平，被广泛应用于民族复兴运动的第一阶段。其特征多表现为选择主流英雄人物事迹等进入课程标准，在课程中突出少数民族的多种节日、纪念日和各种庆典，介绍少数民族宗教英雄、优秀人物的贡献。如美国的马丁·路德金的诞辰、黑人历史周、非裔美籍人的历史等。教师与学生一起参加庆祝仪式，并选择一些与文化相关的内容建构临时课程，展开案例教学。而在课程的基本结构、目标、显著特征等方面并没有变化。

虽然这种整合模式比较容易操作，但存在如下问题：造成学生将有关少数民族问题和民族事件看作主流文化课程的附属品；将少数民族文化看作是对诸如语言、社会、艺术等学科中的国家课程和核心课程的一个附属品。进而造成种族传统文化学习的"末枝化或无意义化"，无法形成对少数民族和文化团体的整体性认识。因此，多元文化课程只强调少数民族不同于主流社会的特征研究，反而强化了对少数民族的定型观

---

① ［德］托比亚斯·吕尔克尔：《多元文化教育：课程及其改革战略》，《教育展望》（中文版）1993年第1期。

② ［美］詹姆斯·班克斯：《多元文化教育概述》，李苹绮译，台北心理出版社1998年版，第44页。

念和错误认识。贡献途径所引用的族群文化内容，仅局限于介绍不同族群文化节日和庆典，如墨西哥文化庆典、亚太平洋文化周、非裔历史月和女性历史周等。这一途径通常被应用于小学课程之中。

2. 附加途径

附加途径（Additive Approach）是将有关种族文化的内容、概念和主要观点添加到课程之中，但不改变现有的课程结构、目标或特色，更不会重构整个课程，并融入某些内容、观点等。它通常将描写、介绍少数民族的一本书、一个单元或一堂课加入原有课程之中。但这种途径也存在一些不足：首先，由于没有改变主流文化课程的结构，进入课程中给学生学习的事件、概念、问题等都是以主流价值或西方中心主义为标准进行选择的，导致以主流历史学家、作家、艺术家和科学家的观点审视少数民族文化内容，容易使学生用主流文化的观点审视和判断少数民族文化传统，没有促进学生了解少数民族文化与主流文化之间的关系；其次，附加途径没有帮助学生从多元文化与少数民族文化的角度认识社会，也没有帮助学生理解为何不同民族、种族、文化和宗教团体的历史及其文化是密切相关、不可分割的。

学校也经常运用附加途径来整合教学课程，使其呈现不同的文化内容，学校经常在课程中附加不同的文化内容、概念和评论，但仍保留原课程的结构、目的和特性。附加途径通常是以附加的书籍、教学单元或一门课程的形式呈现，没有改变原课程的架构。

3. 转换途径

转换途径（Transformation Approach）是指课程的目标、结构等已经发生了变化，学生从不同文化、种族的角度建构自己的概念、主题与观念，提高学生建构知识的能力。与前两种途径不同，转换途径改变了课程的基本假设和价值观，不再立足于主流文化立场审视非主流文化，并以此为课程内容取舍的标准。相反，转换途径以公众、平等的理念审视不同伦理文化，将多种少数民族的不同观点、参考标准和内容整合到课程之中，加深学生对社会的性质、发展和复杂性的理解，使学生从不同民族的观点分析观念、问题和术语，提高学生理解社会的本质和复杂性的能力。

转化途径主要是促进课程准则、典范和基本假设的整体改革，使学生能够从不同的角度理解概念、诉求、评论和问题,其目的在于帮助学生以多种族群文化的观点了解不同的人、事、物,并理解知识的社会建构功能。通过该途径,学生可以同时听取胜利者和被征服者的声音。因此,转化途径不但可以帮助学生分析教师对于事件和局势的看法,并且可以让学生能够独立发表他们自己对事件和情势的见解,引导他们进行严密的逻辑思考,通过运用事实材料帮助他们提高辩论、推论能力。

4. 社会行动途径

社会行动途径(Decision – Making and Social Action Approach)是指作出决定和采取社会行动的途径,包括转换途径中运用的所有课程改革方法;同时,要求学生就已学过的与民族相关的概念、问题作出决定,并采取行动,其目标是教会学生独立思考和培养学生作出决定的能力,赋予他们权利,并帮助他们获得一系列政治能力。[1]

在运用这种途径时,要帮助学生学会分析有关社会问题。以"采取什么行动削减学校中的偏见和歧视"为例。首先,要收集一些资料,分析学生的价值观和信仰,并结合其价值观和已经学习的知识,探讨行动的不同途径和方法;其次,决定采取什么行动方案,削减学校中的偏见和歧视,培养学生的独立思考和作出决定的能力,帮助学生获得政治效能感。

社会行动途径结合了转换途径,增加了使学生真实、完整地构建文化知识这种要求,并进一步提出了能力要求,让学生能够应用其所学的概念和观点,自行拟订学习计划并筹备活动,进而采取个人、社会和公民行动。但是,这种途径需要大量的课程设计和教材准备,并且需要为学生提供社会实践的条件。

5. 四种课程整合途径述评

詹姆斯·班克斯提出的这四种途径不是彼此独立的,而是融合互补的,是一个由浅入深、不断改进和完善的过程。在运用贡献途径和附加途径时,对课程的假设保持不变,课程中所体现的一些观点和价值观仍以主流文化为中心,不能很好地反映少数民族的文化,反而会使少数民

---

[1] [英]詹姆斯·林奇:《多元文化课程》,黄政杰等译,台湾师大书苑有限公司1996年版,第196页。

族学生产生一种疏离感和自卑感，甚至会降低他们的学习积极性。同时，对主流民族的学生也会产生负面的影响，使其形成错误的优越感，不利于他们对自身文化的认识、反省和发展。为了有效实现多元文化教育的目的，要运用转换途径与社会行动途径。因为这两种途径是学生成为多元文化社会成员所必备的知识、态度和技能。但是，对前两种途径并不是弃之不用，而是要结合其他途径并列使用。同时，在教学实践中，这四种途径并不是彼此独立的，而是相互融合的。由此可见，詹姆斯·班克斯的多元文化课程改革的四种途径主要是在课程实施过程中体现多元文化理念的方法和途径。

如果多元文化课程内容仅局限于各部分内容的简单相加，会造成课程内容彼此孤立，成为零碎的片断，导致学生只是掌握知识，在能力、情感态度、价值观等方面却没有得到提升。多元文化课程改革要兼顾知识、能力、情感态度与价值观几大目标，而不能只体现其中的某一方面。同时，学生在能力、情感态度与价值观方面的发展，要求学校教育课程应积极反映多元文化，帮助学生排除歧视与偏见。[①] 但是，詹姆斯·班克斯的多元文化课程开发途径也存在一些缺陷。他只总结了课程改革的四种途径，没有详细论述在实践中如何具体改革；只涉及了民族文化的一个方面，而没有关注社会性别、阶层、宗教等方面。

尽管多元文化课程开发的整合模式在许多方面优于平行模式，但多元文化课程不是增加一门或数门关于少数民族文化的课程，也不是要把所有的少数民族文化内容都纳入课程之中。因此，多元文化课程开发不能只停留在教科书与课堂之中，而应渗透到学校教育教学工作的各个方面。

（三）拓展模式

拓展模式是在已有的课程脉络下，强调教师与学生在课程开发中的作用，力图充分开发学校各方面的课程资源，达到多元文化教育的目的。詹姆斯·班克斯认为，多元文化课程的开发应涉及五个方面：内容的整合、知识的建构、减少偏见、体现平等的教育学、富有活力的校园

---

① ［英］詹姆斯·林奇：《多元文化课程》，黄政杰等译，台湾师大书苑有限公司1996年版，第121页。

文化和社会结构。其目的在于培养人们在多元文化社会中的生活能力，跨越自身族群文化的限制。因此，该模式强调多元文化课程开发必须充分利用学校生活的各个方面，形成教育的整体情景；强调正式课程、非正式课程、显性课程、隐性课程的规划；强调教师在课程开发中的作用；强调学生、社区和家长在多元文化课程开发中的地位；强调培养批判性思维和决策、社会参与和群体交流；强调在评价方面的多元化。

目前，拓展模式是多元文化课程开发的高级层次和形态，但由于该模式的开发难度较大，涉及的方面较多，可操作性差，至今还没有相关的成功案例，仍停留在研究开发阶段。作为多元文化教育的主要途径，多元文化课程开发模式的演变，要适应多元文化社会发展的趋势。

（四）国外课程资源开发的启示

多元文化课程开发是一项复杂的系统工程，需要按照一定的原则进行筛选，如要符合"多元一体"价值观并处理好国家课程与地方课程之间的关系、丰富课程资源开发模式、发挥课程资源开发者的积极作用等，以保证多元文化资源纳入课程的有效性和适切性。为此，依据国外多元文化课程资源开发模式，本书提出回族多元文化资源开发应注意以下几个方面。

1. 坚持"多元一体"价值观

中华民族"多元一体"社会结构与文化特征，决定了多元文化课程资源的开发必须坚持一体性与多元性的有机统一。多元文化课程资源开发既要把握多元中的一体，又要把握文化中的多元。回族多元文化资源的开发，必须建立在与国家教育方针、民族政策、教育目标一致的基础上，保证多元文化资源纳入课程的有效性与适切性。课程内容的选择应有益于学生的民族认同和跨文化交往能力的培养以及形成多元文化的价值理念。

2. 正确处理国家课程与校本课程

课程开发是指准备一项可操作的计划或编制出一套教学大纲及其配套资料，以供班级教学使用。回族多元文化资源包括生活文化、人生礼仪文化、民间传承文化、工艺文化、信仰文化、节日文化等，为多元文化课程开发提供了丰富的资源。但这些文化资源不等于多元文化课程资源，不能以现成、完备的课程形式直接进入课程体系，必须要经过课程学、教育学的精加工、转化，才能将这些"准课程资源""被选材料"纳入课程体系。而且国家课程体系容量的有限性与地方课程资源的丰富性之间存在难以调和的矛盾，如果将大量地方本土文化资源纳入课程体系，会导致学生的课程负荷过重，影响主要课程的实施。因此，要处理好国家课程与地方课程之间的内容比例。

3. 丰富课程资源开发模式

要丰富多元文化课程资源的开发模式，根据各个学校的层次和特点，将多元文化与相应的核心课程内容加以整合，帮助学生形成多元化价值观、态度和行为。例如，在民族高校的音乐、舞蹈专业课程中融入少数民族艺术赏析，使学生在认识艺术多样性的同时，也能够认识到音乐、舞蹈对少数民族生活的影响，更好地理解艺术对人的发展的价值。

4. 充分发挥课程资源开发者的作用

多元文化课程资源开发强调正式和非正式课程、显性和隐性课程，要充分发挥教师、学生、社区和家长的积极作用，共同参与课程开发，更好地将回族文化资源融入课程体系之中，实现课程的民族性、传统性与本土性、现实性的统一，使学生更好地了解回族文化，提高其多元文化教学实践能力。

总之，回族多元文化课程开发是一项复杂的系统工程，要求开发者不仅要具备课程资源开发的新理念、策略，而且还要具备课程资源开发的相关知识体系、能力等，要立足于回族地区社会经济发展，因地制宜，深入开发回族多元文化课程资源，使回族文化有机地融入国家多元文化课程体系之中，避免多元文化课程内容选择的随意性。因为课程资源的丰富性和适切性程度决定着多元文化课程目标的实现。

二 回族多元文化课程资源开发原则

回族地区拥有丰富的文化资源，但是，这些现存的资源在没有被选择和经过教育学的加工之前，只是作为一种资源而存在，外在于课程。任何种类的资源只有得到教师和学生的重视，并被作为教学资源时，才能在教学中变得有意义。因而，潜在的文化资源并不等于课程资源，只有这些客观存在的资源经过转化，成为学校课程的重要组成部分时，才能成为"课程资源"，具有课程价值。那么，什么课程资源才具有开发和利用价值？这必须要有一定的标准和原则。同样，多元文化课程资源的开发也要有其特殊的要求和筛选原则，并不是随意选择的。根据回族多元文化课程资源的基本特点及其类型，回族多元文化课程资源开发应遵循如下原则。

(一) 价值性原则

中华民族"多元一体"的社会结构与文化特征，决定了多元文化课程资源的开发必须坚持一体性与多元性的有机统一。多元文化课程资源开发既要把握多元中的一体，又要把握文化中的多元。因此，与民族文化与地域文化相关的知识、信念、价值观、宗教等多元文化资源的开发，必须建立在与国家教育方针、民族政策和教育目标一致的基础上，保证多元与一体的辩证统一，保证多元文化资源纳入课程的有效性与适切性，使其在多元与一体之间保持必要的张力。这是多元文化课程资源开发的基本原则。[1]

因此，回族多元文化课程资源开发要遵循"多元和谐一体"的价值标准，吸收主流文化甚至国外的先进文化，结合回族传统文化，选择有益于培养学生的民族认同和跨文化交往能力以及有助于形成多元文化价值理念的课程内容。例如，回族民间文学课程资源应挖掘回族英雄人物事迹、回族在中国历史上的贡献、与各杂居民族友好往来的故事等。课程内容设计应同时考虑学生的经验与文化学习，这种民族认同与多元文化能力和理念的建立不是空泛的，要建立在学生能够切实感受和体验的基础上，如利用各种回族习俗活动中有价值的成分组织课程内容。

(二) 适应性原则

多元文化课程资源要处理好社会、学生和知识三者之间的关系，把促进学生的发展作为课程开发的主要目标。因此，课程设置应体现适应性和灵活性，要考虑学生群体的情况，以适应不同民族、不同地区、不同学校、不同文化背景下学生的学习需求。

首先，要遵循学生的身心发展原则。从横向维度来看，学生的发展是在知识的掌握、技能的形成、能力的发展以及态度和情感的形成过程中完成的。作为多元文化学习过程中特有的内隐性，要求确立自己的价

---

[1] 廖辉:《多元文化背景中的课程资源开发》,《民族教育研究》2005 年第 2 期。

值体系，并在比较多元文化之后建立；从纵向维度来看，学生对回族及回族文化的认识逐渐加深，由经验转向理性，由单一过渡到群体，由个别扩大到整体。[①]

其次，回族多元文化课程资源的选择应满足学生的学习兴趣和需要，贴近学生的生活，符合学生的经验，所形成的课程内容应是关于学生真实世界中具有个人与社会意识的问题。如学生喜欢的回族歌舞、器乐、民间文学、编织等。

最后，要考虑教师队伍的实际情况，这样才能开发出有价值的课程资源。

（三）开放性原则

为了尽可能开发潜在、可能的回族多元文化教育课程资源，必须以开放的心态对待回族创造的一切文明成果。回族多元文化课程资源开发的开放性包含两方面内容：首先，是课程资源类型的开放性。无论是回族民间传统文化资源、生活文化资源、节日文化、人生礼仪文化、民间技艺文化资源中的哪一种类型，只要有利于实现多元文化课程目标，都属于开发和利用的对象。其次，是空间的开放性。不论是校内校外，是回族的还是其他民族的，是中国的还是外国的，都应加以开发与利用。最后，应保证途径的开放性。回族多元文化课程资源开发不能局限于某一种途径或方式，要探索多种途径或方式，并尽可能协调配合使用。[②]

为了保证学生获得多元文化中最有价值的内容，关注异文化中最优秀的部分，多元文化课程开发应保证课程文化资源选择的开放性、适切性和科学性，接受合理的检查和评判，剔除失去生命力的陈腐文化，吸纳优秀文化成分。

（四）综合性原则

并非所有的民族文化对于不同文化族群的学生都具有适切性，包容一切文化的课程无法使多元文化之间得到有效沟通、对话与交流，也不能保障社会群体之间的文化凝聚力。中国各民族文化具有丰富性、多样

[①] 廖辉：《多元文化背景中的课程资源开发》，《民族教育研究》2005 年第 2 期。
[②] 刘茜：《多元文化课程的建构与发展》，西南大学 2007 年博士学位论文，第 137 页。

性和复杂性。因此，多元文化课程内容的选择既要保证各民族学生思想行为的一致性；又要促进各民族文化之间的相互尊重和理解，在文化的多元与一体之间保持必要的张力。①

课程设置应体现综合性，应以宽广的视野整合各民族文化的精华，使学生认同和接纳不同民族文化，对世界文化要理解和尊重，适应不同民族、不同地区、不同学校和不同文化背景下学生的学习需求。

（五）学科专业原则

首先，要依据专业特点和学科特点，开发适合本专业、本学科的多元文化课程，打造回族多元文化课程体系。其次，要根据专业的层次和特点，将多元文化与相应的专业核心课程内容加以整合，帮助学生形成多元文化的价值观、态度和行为。最后，要提高现有多元文化课程的利用率，借助网络辅助教学平台，在校园网上设置多元文化精品课程，使课堂教学打破时间、空间和地点的限制，让学生自由地选择学习时间，充分调动学生学习多元文化的积极性和主动性。②

三 回族多元文化课程内容组织

课程内容是一个系统的整体，由各个要素构成。关于课程内容的构成要素有三种观点：第一，学科课程。课程内容是由各个学科中的知识、技能和技巧构成的；第二，经验课程。课程内容是由学生获得的各种学习经验构成的；第三，活动课程。课程内容是由学生所从事的各种学习活动构成的。实际上，在课程内容上单纯强调其中的任何一个方面都是不全面的，不利于学生的成长和发展。课程内容的构成应以课程目标为出发点，包括学科知识、经验与活动三个要素。③ 回族多元文化课程内容也包含以上三个方面，对回族多元文化课程内容的组织应采取不同的方式，但主要以主题、经验和活动统整课程。

（一）以主题为核心统整课程

在现实情境中，人们所了解和应用的知识并不是在学校中界定的不

---

① 沈小碚：《我国多元文化课程研究的现状及其发展对策》，《西南师范大学学报》（社会科学版）2005 年第 6 期。
② 沈小碚：《对多元文化课程构建的理性思考》，《民族教育研究》2008 年第 2 期。
③ 靳玉乐：《现代课程论》，西南师范大学出版社 1995 年版，第 194 页。

同区域的知识，而是真实情境中的问题知识。① 多元文化课程强调要进入学生的文化和生活领域，以学生为本进行课程设计。因为多元文化课程是一种跨学科、整合的课程，并不是各种文化简单的相加。多元文化教育需要相互接触、相互作用和相互渗透。詹姆斯·班克斯认为，多元文化课程设计应把握六个维度，即内容的整合、知识建构的历程、偏见的降低、公平的教学、学校文化和社会结构的增权赋能。其中内容的整合是多元文化课程设计的一个重要向度，它打破了学科边界，认为以概念为主题统整课程是多元文化课程的最高理想，认为最容易获得的知识是统整琐碎的细节成为一个整体的知识。所以，课程统整也是回族多元文化课程内容组织的有效方式之一，能够将多元文化知识和经验置于情境脉络之中，以便使学生接近和更易感受其意义。

多元文化统整课程设计是以学生个人关注与社会关注的交集主题为依据，以主题概念为核心，再确定与该主题有关的概念和活动，通过主题概念培养学生综合解决问题的能力和探究精神。它不受学科限制。统整课程包括四种知识：第一，个人知识。自我关注与认知自我的方式；第二，社会知识。关于社会与世界的议题，包括从同伴关系到全球关系以及这些关系的批判考验方式；第三，说明知识。关于命名、描述、说明、诠释等内容，涉及不同学科知识或普通知识；第四，技术知识。关于调查、沟通、分析与表达的方式，包括学校倡导的许多技能。

文化整合理论的核心是整合，"课程整合是一种组织方式与结构，所谓课程统整就是打破学生与学科的限制，从学习的主体出发，以主题为核心，思维各学科的关联性，进行课程组织的历程"。②

1. 统整主题步骤

第一，确立主题。

确立主题是课程主题内容统整的第一步。回族多元文化课程主题范围广泛，既包括现行课程中的论题，也可是师生感兴趣的论题，如认识自己、认识他人、族群关系等。主题内容来源于生活中的关注点，从地

---

① ［美］詹姆斯·班克斯：《课程统整》，单文经等译，华东师范大学出版社2003年版，第12页。

② 陈美如：《多元文化课程的理念与实践》，台湾师大书苑有限公司2000年版，第129页。

方、社区的资源与文化遗产中获得,如各种节日活动(开斋节、古尔邦节等)或地方民俗活动(礼仪习俗、婚丧习俗等);社会问题或议题,如"民族文化与认同""民族文化保护与传承"等;学生自身的议题或关注的事项,如"与来自不同文化的同伴相处""我是谁"等。其中学生关心的事项和社会议题更为重要。因为个人和社会的各项问题是构成生活的要素,也是人们用以组织知识和经验的架构。[①] 因此,主题的确定必须考虑与学生有关的问题和议题,关注学生的生活世界。主题的决定可由教师提出初步构想,再与学生共同研讨;或由学生提出各种想法,再与教师共同商讨;或由师生共同拟订。教师可根据学生的身心发展水平、兴趣爱好等,灵活选择确定主题的方式。

第二,判断统整主题。

主要从以下三个方面判断统整主题是否适当:首先,教育价值性。统整主题涉及内容十分广泛,但必须能够促进学生身心的全面发展。其次,发展适宜性。主题对学生的适宜性,即主题符合回族学生学习和发展的需要和兴趣,且与学生已有的经验和能力相匹配;同时,对本地的适宜性,即主题教育活动适合当地的实际情况——包括当地的风土人情、文化传统和教学资源(师资水平、教学设备、文化材料、环境资源等)。最后,综合性。主题能够使学生获得不同学习领域的知识和技能。总之,应以真实世界中具有个人或社会意义的问题为主题,组织、统整与主题相关的学习经验以及课程知识或活动,促使学生将课程经验统整到自己的意义架构之中,并亲身体验解决问题的方法,使知识意义化。[②]

第三,统整主题概念。

主题是一个核心,课程内容的统整就是通过核心概念把其他有关的事实或现象组织起来,因而多元文化课程内容主题的确立,必须以基本概念为基础。中国台湾学者对有关多元文化课程概念相关的文献进行统计分析,发现多元文化课程研究涉及的主要概念有:文化、种族主义、

---

  ① [美]詹姆斯·班克斯:《课程统整》,单文经译,华东师范大学出版社2003年版,第20页。

  ② 刘茜:《多元文化课程的建构与发展》,西南大学2007年博士学位论文,第142页。

族群认同、偏见、价值、相互依赖、族群、文化同化、文化多样性、歧视、刻板印象、权力、人权、文化沟通、多元观、合作、冲突、民主、文化素养、文化适应、移情、自尊、贡献、世界观、差异、公民权、正义、自由、平等、包容、尊重等。① 以上这些概念可以作为确立主题的依据。在确定统整主题之后，还应围绕该主题查阅各种资料，通过集体讨论，确定与统整与主题相关的次主题。

2. 主题内容分类

回族的伊斯兰教文化蕴含着丰富的教育要素，将这些文化资源整合到学校课程中时，应根据多元文化教育理念，并结合对文化教育资源本身特点的考察，按照课程目标选择和组织有价值的回族文化内容，以主题单元形式形成一定的问题和活动系列。其可分为六大主题。

（1）行为规范与价值观

回族穆斯林宗教信仰中蕴含着丰富的道德行为规范教育的价值，可从中挖掘行为规范的主题内容。伊斯兰教也称清真教，"清"字的含义是清净、清洁、远离秽物及不良思想行为和恶劣品行；"真"则指真实、真理、真知。"清真"一词准确地概括了伊斯兰教的精髓，反映了回族的审美标准和价值取向。

回族穆斯林的"回"字"大口里有小口"，该意是告诫人们要言行一致，而且这与伊斯兰教的信仰——"口舌承认，心里诚信"② 是相符合的。《古兰经》要求回族穆斯林要忠厚诚实、注重信用、尊老爱幼、勤俭朴实、不偷不抢、扶贫济困等，规范着回族穆斯林的行为。这应纳入行为规范与价值观主题。回族穆斯林有自己做人的道德标准，在回族穆斯林的民间礼仪中有许多如何做人、如何与人相处和交流的内容，通过各种文化艺术的形式来教育启发人们去自觉维护和遵守，以达到净化社会、净化人心、消除邪恶的目的。

①斋戒教育③

斋戒是伊斯兰教的五项基本功课之一，是每位穆斯林必须履行的重

---

① 刘美慧、陈丽华：《多元文化课程发展模式及其应用》，《花莲师院学报》2000年第10期。

② 是穆罕默德奉安拉之命的宣教。

③ 杨玉经：《宁夏回族文化艺术博览》，宁夏人民出版社2008年版，第76—79页。

要宗教义务。"斋戒"是阿拉伯语"沙渥姆"的音译,意为"戒除、坚忍、克制",又称"封斋""把斋"或"闭斋"。公元 622 年,穆罕默德迁徙到麦地那后,定"阿术拉"日(伊历一月十日)为斋戒日。次年,宣布改为"莱麦丹"月(伊历九月)进行斋戒。

伊斯兰教规定:凡穆斯林男女每年都需斋戒一月,男 12 岁,女 9 岁。斋戒期间,每天黎明吃喝,直至日落后才能饮食。斋月的终期以见月为度。一般是 29 天或 30 天。若斋戒 28 天见月,也开斋,但过后需补斋一日。如未见月,则继续斋戒,但一般不超过 3 天。孕妇、乳媪、病人、旅行者、年老体弱者、经期妇女、佣工,不必封斋,但过后需补斋。

斋戒从黎明至日落,断绝一切饮食。其目的是使穆斯林体验饥饿和干渴的痛苦,使有钱人真心救济穷人、行善。同时,使穆斯林逐步养成坚忍、刚强、廉洁的美德。斋月在伊斯兰教教历九月,是阿拉伯语"莱麦丹"的意译。"莱麦丹"有"炎热"之意,斋戒的人在炎热的斋月里,通过控制食欲来磨炼自己的意志。斋戒是伊斯兰教的五功之一。伊斯兰教的斋戒,重在信念。脑海里不能产生邪念,要做到眼、耳、鼻、嘴、手、脚的斋戒,要有一颗清真之心,思想高度纯洁,不能有任何杂念产生,戒绝一切丑行和秽语。所以,斋戒不仅能净化穆斯林的心灵,而且还能磨炼其意志。

通过斋戒可以历练回族穆斯林的心性,净化灵魂,节欲俭行,修身养性。在欢度"开斋节"时,不能忘记世界上贫穷的人,对他们要尽自己所能慷慨解囊,给他们慈善帮助,也可向社会捐赠,支持社会公益事业。在一些阿拉伯国家里,通常可以看到许多人将自己精心准备的食物摆放到路旁,免费供路人享用,以此表达他们乐善好施的品行。

斋戒可使人产生恻隐之心,当富有的斋戒者尝到饥饿痛苦的时候,他就体会到了穷人的饥渴,从而产生同情心和责任感,进而加深回族穆斯林之间的情义。

斋戒能使人产生恻隐心、同情感,丰衣足食的人通过斋戒可以亲临其境地感受到饥寒交迫,把节省的饮食施舍给孤儿、穷人,从而培养他们怜贫、济贫的感情。一个人真正拥有的财富,除了能给自己带来永恒回赐的施舍、已消耗的食物和穿朽的衣物外,并没有什么。

斋戒可以使回族穆斯林忍饥耐饿，锻炼其克服困难的意志，使其增强信念。斋戒是对欲望的征战，是对情欲和恶魔诱惑的防御，使人类养成坚忍的性格而弃绝随之出现的违禁之事、邪念等。

斋戒有助于消灭犯罪的欲念，驾驭导入犯罪的私欲。欲望是万恶之源，欲望又源于食物。因而，坚持少量进食可削减欲望的强度。一个人最大的幸福，在于能把握自我；最大的不幸，则是被自己的欲望所奴役。对于某些桀骜不驯的牲畜，饥饿往往是最好的驯服办法，而当它吃饱喝足的时候，便会放浪不羁，难以驾驭。人的私欲也是如此。

②洗浴教育①

回族穆斯林喜欢干净、卫生，不仅追求身体上的清洁，更追求心灵上的纯洁，使身体与心灵和谐统一。依据伊斯兰教教法规定，回族穆斯林必须洗浴，以保证身体清洁卫生，而且还规定了洗浴的时间和方法等。如在做大小净时，除按顺序清洗每个器官外，还要想到"省察己躬，罚赎过错，节欲检行，止恶扬善"，"不起妄念，举止口佳，敬语默惟恭"，做到自我反省。这样不但卫生健康，也能修身养性、陶冶情操。

回族穆斯林喜欢干净，并在长期的历史发展过程中，形成了一套独特的良好卫生习惯。不仅追求身体上的清洁，更追求心灵上的纯洁，使身体与心灵和谐统一。伊斯兰教教法规定了一套严格的洗浴方法，包括大小净等，还规定了洗浴的时间、方式、部位等。回族大、小净有着丰富的内涵，不仅是为了洗去身体上的污垢，还要洗掉心灵上的污秽，内心不能萌发恶念、邪念。尤其是大净，戒绝一切与人不善的事，要一尘不染、表里如一，做一个干净、正直的人。每清洗一个身体部位，就要联想到一个具体的行为。如洗手的时候，就要想到不能偷盗、赌博，不能获取不义之财；洗脸的时候，要想到不能做有害他人或自己的事，这是做人的底线，也是做人的基本道德；漱口的时候，要想到不能诬陷、伤害他人，要讲实话；抹头抹耳的时候，要想到不能听脏话、坏话，不偏信闲言碎语，要听善言；洗脚的时候，要想到不能走邪道、做歪门邪道的事，要走正道，光明正大。

---

① 杨玉经：《宁夏回族文化艺术博览》，宁夏人民出版社2008年版，第102—103页。

(2) 文化沟通与交流

该主题主要涉及回族穆斯林的语言文字和文化，通过了解回族穆斯林与汉族以及其他少数民族的语言文化交流，让学生认识不同的文化，了解文化的多样性，理解、尊重其他民族文化，培养其沟通与交流能力。语言是人类最重要的交际工具，它既是人区别于其他动物的本质特征之一，又是民族识别的基本要素之一。各民族之间的贸易往来、文化交流、移民杂居、战争征服等活动，必然会引起语言的相互影响。由于历史等多种原因，经过长期的发展，现在回族穆斯林基本上使用汉语。但在回族穆斯林内部举行有关宗教仪式、"经堂教育"时，也使用本民族的一些语言表达方式和习惯，其主要具有以下特点：其一，以阿拉伯语和波斯语为母语；其二，以阿拉伯语为主的"经堂语"，使用独特含义的生活和宗教用语；其三，回族独立创造通用语言文字"小儿锦"，并夹杂若干方言语。

① "经堂语"[①][②]

回族穆斯林在掌握了汉语之后，无法讲读阿拉伯文和波斯文的经典，伊斯兰教的传教人员越来越少。为了振兴宗教，培养阿訇，从明中叶以后，一些回族穆斯林学者立志"经堂教育"，招收学生，采用统一的阿拉伯文和波斯文教材，授课使用汉语。同时，为了避免各地方言，还夹杂阿拉伯语和波斯语词汇，形成了具有回族穆斯林特色的大量专门词汇，即"经堂语"。由于"经堂教育"的兴起，广大回族穆斯林每年到过节时，都要听阿訇用"经堂语"讲《卧尔兹》，这样代代相传，至今仍保留着这种具有回族特色的词汇。

"经堂语"归纳起来主要有三方面：其一，大量使用阿拉伯语音译借词。回族穆斯林在使用这些词汇时，有时直接用阿拉伯短语表达，如"其他布"（经典）"伊斯俩目"（伊斯兰教）等；有的在说汉语的同时，夹杂阿拉伯语词汇，使阿拉伯语和汉语有机组合在一起。其二，回族民间大量使用波斯语词汇。与阿拉伯语词汇一样，有直接用波斯语短语的，也有在汉语言中夹杂使用的，使波斯语、汉语有机地组合在一

---

① 杨玉经：《宁夏回族文化艺术博览》，宁夏人民出版社2008年版，第115—119页。
② 束锡红：《宁夏回族文化图史》，宁夏人民出版社2008年版，第122—133页。

起。其三，回族人民使用的一些特殊词汇，既不是阿拉伯语，也不是波斯语，而是汉语专用语，有些词还沿用古义。由于回族穆斯林使用频率很高，逐渐发展成为一种回族穆斯林习惯用语。

②"小儿锦"①②

"小儿锦"是回族穆斯林独立创造的一种通用语言文字。它是一种用阿拉伯字母拼写汉语的拼音文字，并夹杂了大量阿拉伯语、波斯语的词汇和经堂用语专用词汇。同时，还有少量的当地方言汉字。回族穆斯林分散在中国各地，他们以《古兰经》字母为基础，又根据自己所处的语言区创制了四个独有的字母。在中亚的回族（东干族）传承了这种语言文字，并使其发展成为中亚回族母语。后在苏联时期用"斯拉夫"字母进行拼读，目前仍在使用。在某种程度上，"小儿锦"包含了回族的"经堂语"和生活用语的语言形式。

"小儿锦"作为回族穆斯林特有的文字，是回族穆斯林曾经广泛使用的文字，具有特殊的历史价值。这种文字经过了几百年的流传和演变，被广泛应用于回族的日常生活中，成为他们学习汉文、记事和通信的主要工具，也是回族伊斯兰教文化传承的主要载体。

（3）历史与贡献

该主题是关于回族穆斯林历史方面的，主要内容包括族源、迁徙史、民族人物、人文古迹等，主要为回族的历史及其在中国历史上作出的贡献。

①族源寻踪

回族穆斯林是以中东阿拉伯、波斯族系为主体，吸收蒙、汉、维、藏等民族，以伊斯兰教为强有力核心凝结而成的民族。回族穆斯林与其他穆斯林民族一样，以"认主独一"为民族向心力。

元代，随着蒙古人的西征，中亚和近东、中东的阿拉伯、波斯等大批穆斯林官吏、军士、学者、商人以及工匠等，被迁发或自动迁徙到中国，分布在中国各地，并与汉、蒙等族通婚，繁衍生息。《多桑蒙古史》引《史集》记载：安西王"阿难答"所率15万蒙古兵，其中大半

---

① 杨玉经：《宁夏回族文化艺术博览》，宁夏人民出版社2008年版，第115—119页。
② 束锡红：《宁夏回族文化图史》，宁夏人民出版社2008年版，第122—133页。

信仰伊斯兰教。元代的穆斯林与汉人、蒙古人、维吾尔人等通婚，经过不断地分离组合，形成了一种具有中国特色的回族文化。唐宋时期，大批阿拉伯穆斯林商人来中国经商，居住在广州、泉州、杭州、扬州、长安等地，娶妻生子。到明代中叶，在中国大地上形成了一个新的民族共同体——回族。

因此，回族穆斯林是一个由众多民族融合而成的民族共同体，从一些回族姓氏家谱中可以发现：不仅有阿拉伯人、波斯人、突厥人等，还有其他民族融入回族之中，如汉族、蒙古族、维吾尔族等。

其一，汉族人融入回族。从元代开始，一些汉族融入回族之中。杨志玖先生在《元史三论》中专门作元代回汉通婚考。汉族主要是与回族联姻、信仰伊斯兰教而成为回族。回族当中还有许多与汉族共有的姓氏，如"李""周""刘""陈""孔"等姓，就是与回族联姻后出现的。

明代著名思想家李贽，其祖辈姓"林"，经常下海经商，娶回族女子为妻，从回族习俗。因而林家分为"林、李"两姓，"林"姓为汉族，"李"姓为回族，有些"林"姓后来也成了回族。

汉族还有因经商或收养关系而成回族的。例如，宁夏永宁县纳家户的"张"姓回族，清朝末年到宁夏经商，落居回族聚居的纳家户后，皈依伊斯兰教，随回族习俗，现在成了虔诚的穆斯林。

其二，蒙古人入籍回族。从元代开始，蒙古族人就融于回族之中。《多桑蒙古史》引《史集》记载：安西王"阿难答"所率15万蒙古兵，其中大半是信仰伊斯兰教的，后来变成了回族人。到了明代，由于禁胡语、胡服、胡姓，使部分蒙古人入籍回族。还有一部分归附明代的蒙古人也成了回族人。在今西北回族聚居区仍然有"脱""妥""铁""帖""达""朵""火""贴""燕""何""塔""忽""萨""合""和"等姓氏，这些姓氏几乎都源于蒙古人的姓氏。

今沈阳"脱"姓回族为一望族，据《脱氏家谱》记载，"脱"姓的始祖为元丞相脱脱，14世纪中叶定居沈阳，信仰伊斯兰教。由此"脱"姓回族，逐渐成为沈阳明清以来回族一大姓。

其三，维吾尔族人融入回族。现在，不仅从回族家谱、史籍记载中可以看到回族中有维吾尔族人的成分，而且在今西北回族地区，仍能看到某些回族具有维吾尔族人的骨骼特征。据康熙年间撰写的陇西《鲜氏家谱》记载:"鲜"姓的先祖是西域回纥人,宋金以前迁至内地,其后裔转江浙一带,后迁往甘、青、宁。宁夏固原县的"鲜"姓是清末由青海迁入,而西吉县的"鲜"姓是1949年前后迁入的。今北京、江苏、甘肃、青海、宁夏"鲜"姓回族有共同的渊源。

元末被封为甘肃佥事的西域维吾尔人薛都尔丁,归附明朝后仍授原职,后封为土司,并率部众驻往碾伯巴州米拉沟一带(今青海民和县境内)。薛都尔丁所率部分维吾尔族人与当地土著人联姻,尤其是与当地的"冶"姓土司联姻。今青海民和、乐都县"冶"姓回族是维吾尔族人的后裔。

其四,藏族人融入回族。最为典型的是青海化隆回族自治县卡力岗地区的德恒隆和阿石隆两个乡,有近万名藏胞加入回族。乾隆十五年(1750)前后,甘肃河州花寺门宦教主马来迟到青海循化进行宣教活动,在卡力岗地区藏族中,以伊斯兰教教义"顺从和平"来制止当地的仇杀和械斗,并用回族的风俗影响藏族同胞。经过长期的发展演化,当地藏族的信仰、饮食习俗与回族差别很小。如今他们的后裔已成为了回族,并以"马"姓居多。

在今云南迪庆藏族自治区中甸县的一些少数民族,生活习俗沿用藏族,但信仰伊斯兰教,过回族节日,严格遵守回族的禁忌习俗。以姓氏为例:马成龙阿訇,其伊斯兰教名为"伊斯玛伊";藏名"此里皮楚",意为"长寿";汉名"马成龙"。

其五,傣族和白族人融入回族。今云南西双版纳傣族自治州勐海县的曼赛回(傣语,意为"银裤带寨的回族")和曼乱回(傣语,意为"住在小山凹里的回族"),傣族人称其为"帕西傣"(傣语,意为"回傣"),他们自称为"回族"。进入傣族地区的回族主要是经商和杜文秀起义失败后避难的下层,与当地傣族妇女联姻,形成了今天的帕西傣。帕西傣的姓氏充分反映了回族与傣族文化融合的特点。每个帕西傣出生后,按傣族习惯男孩称为"岩",女孩称为"玉"。结婚生子后,孩子以长男或长女名称呼,他们生下来七天后,又请阿訇起经名。长大工作之后,又要起汉文官名。例如,曼乱回的马玉芹,小时候依傣族习俗,父母给她取名"玉六尖叫"(意为"像麝香一样香,像玛瑙一样美");

她结婚后生了大儿子取名"岩勒",村中人就依傣族习惯称呼她为"灭岩勒"(岩勒的妈);阿訇给她取经名"麦里央";1953年她上大学时取汉文官名为"马玉芹"。

在今云南大理白族自治州洱源县的部分回族,他们也是回族经商和杜文秀起义失败后进入白族地区,同白族联姻,成为今天白族地区的回族。他们的生活习俗严格遵守回族穆斯林的规定,在姓氏上既有经名、汉文官名,也有白族的名字。

由此可见,中国的回族穆斯林是一个多民族融合的民族,包括汉族、蒙古族、维吾尔族、藏族人、傣族人、白族人等融入民族。民族融合是指不同民族迁移杂居,互相通婚,互相学习,经过长期的共同发展融为一体,形成新的民族。因此,民族的自然融合是民族之间经济、文化以及生活习惯相互影响的结果。

②回族迁徙史

从回族诞生开始,就没有固定的活动区域,他们随着征战、屯田、传教、经商,不断地迁徙,分散到中国的四面八方,形成"大分散、小聚居"的格局。随之也出现了富有特色的回族地名,尤其是以回族大姓立地名的,虽然在回族地名中所占比例不大,但却很有代表性,富有民族特点。

其一,以回族某一大姓为主迁徙分布,地名也就由大姓而命名。例如:宁夏永宁的纳家户,是元代政治家纳速拉丁的后裔,在明清时期形成的一个回族聚居点。再如云南沙甸的纳家闸、宁夏西吉的沐家营、泉州陈埭的万人丁、白奇的九乡郭等。

其二,几大姓共同迁徙,共同分布,地名由几大姓分别命名。例如,明代安徽寿春古城的"边""梅""赵""宋""王""张"回族"六大家族",是洪武二年(1369)由山西洪桐枣林庄、老鸹巷迁来的。湖南常德回族"金陵十姓",又称"南京帮",聚居地方被称为"南京湾"。

其三,回民迁徙到一个地方,地名用原地方名。比如今宁夏泾源回族聚居村的村名平凉庄、于村、拜村、者伍衬、母家沟等。

其四,军事编制得地名。落居今北京通州、大兴的常营、薛营等,就是明代常玉春部队留下的回族地名。

其五，以教职和宗教名誉得名。一般将穆罕默德的后代称为"圣裔"，如元代进入中国的回族穆斯林阿散、赛典赤等。中国回族穆斯林为了表达尊敬，就以此相称，如北京的圣裔杨家、甘肃的圣裔马家等。凡朝觐麦加的穆斯林，都冠以"哈吉"，回族人就以此相称，如李哈吉、纳哈吉等。也有以满拉、阿訇等教职相称的，如丁满拉、哈阿訇等。其地名也与此有关。

其六，以伊斯兰教清真寺和墓地得名。伊斯兰教的清真寺和墓地，都是由回族或某一大族修建，几大族各有各的礼拜寺和墓地，因而就以其姓氏相称。如宁夏同心韦州镇，有"苏""海""马"三大姓回族，他们分别有苏家、海家和马家礼拜寺，还有苏家老坟、海家老坟和马家坟院。

③人物事迹

在历史上，回族穆斯林地区涌现出了许多英雄人物。如郑和在明永乐至宣德年间曾七下西洋，为明朝前期的外交作出了巨大贡献，加强了中外人民的友谊，密切了中国与伊斯兰教国家的联系和往来；元代富有盛誉的政治家、理财家赛典赤·赡思丁·乌马尔，把毕生精力贡献给国家与社会的政治；清末著名民族英雄左宝贵，抗击日本侵略者，在甲午战争中壮烈牺牲；还有云南回族起义领袖杜文秀的故事、宁夏金积堡起义马化龙的故事等；清代改琦天资聪敏，喜爱绘画，一生勤奋创作，为后世留下上百幅传世作品，并有《玉壶山人集》词作传世；抗日英雄马本斋组织"回民义勇队"，抗击日本侵略军，他在1938年率部参加八路军，任冀中军区回民教导总队总队长，1939年夏任冀中军区回民支队司令，率部转战于冀中和冀鲁豫平原，给日本侵略者以沉重打击，为中华民族的解放创立了不朽功勋；白寿彝，是著名史学家、教育家、思想家和社会活动家，长期从事历史教学和研究，主编了《中国交通史》《中国史学史》《中国通史纲要》《史学概论》《历史教育和史学遗产》等巨著。通过学习这些历史人物的事迹，可以让学生了解不同历史时期回族穆斯林人物的事迹和贡献，从而培养学生的民族自豪感。

教师要充分利用传统回族文化资源，让学生了解回族穆斯林的历史和起源，培养学生的自豪感和民族认同，使其肯定回族文化存在的价值。通过回族历史可以理解回族的文化和世界观以及对人类事件的不同看法。

(4) 身份意识

任何人在没有正确认识到其身份是如何被他人必然包含和必需之时，是不可能真正理解其身份的。[①] 每个人都应真正理解自己的身份，每个人的存在就是他自己，而不是被作为"他者"表现出来的。回族学生可以通过姓氏探源、服饰寻踪、族源探寻等主题学习确立正确的身份意识。

①姓氏探源[②③④]

姓氏学（Anthroponymy）又称人名学，是专门研究人类姓氏和名字的起源、意义及其历史发展、地理分布和民俗特点的科学。回族姓氏也是姓氏学的研究对象之一。因此，可以用姓氏学的相关理论框架来分析研究回族姓氏。回族姓氏发展到今天，与汉姓基本上没有多大的差别。但从回族姓氏的演变过程来看，回族姓氏在历史发展中具有特殊性、系统性和民族性。回族为了传承本民族文化，在姓氏上既适应了汉族文化的特点，又强化了民族的认同感。

回族姓氏来源与其先民的姓氏密切相关。唐宋时期，回族先民基本保留其原来的姓氏特点。到了元代，回族姓氏有所变化，是回族姓氏形成的准备阶段。到了明代，回族姓氏基本使用单字姓，标志着中国回族姓氏的形成。因此，回族姓氏充分表现了汉文化与阿拉伯伊斯兰教文化相结合的特点。根据回族姓氏文化的特点，可以更多地了解回族文化。回族姓氏与回族的迁徙、地名、经济文化生活、宗教生活、风俗习惯、军事等密切相关，具有其独有的特点。

追溯回族姓氏的渊源，中外史家发现，与其先民的姓氏有密切的关系。阿拉伯人的全名是由本人名、父名、祖父名、族名、地名、部落名等构成的，回族先民在进入中国时，其姓氏仍然保留了这一特点。唐、宋、元时期来华的穆斯林，为中国回族的形成奠定了基础，同时也为回

---

① ［美］威廉·F. 派纳等:《理解课程》（上），张华译，教育科学出版社 2004 年版，第 342 页。
② 杨玉经:《宁夏回族文化艺术博览》，宁夏人民出版社 2008 年版，第 46—51 页。
③ 《回族姓氏》，百度百科 2013 年 6 月 8 日。
④ 《回族姓氏的由来》，新浪博客 2008 年 6 月 9 日。

族姓氏的诞生、形成和发展准备了条件。在唐、宋、元时期，回族先民基本保留了原来的姓氏。到了元代，回族的姓氏有所变化，充分表现了汉文化与阿拉伯伊斯兰教文化相结合的特点。回族姓氏的来源可以反映出这两种文化的相互融合。

其一，先民姓氏的首、尾音。有的回族姓氏直接源于其先民姓氏的首音或尾音。中外史家研究表明，回族蒲姓来源于阿拉伯人常用人名"abll"的译音。泉州历史上因蒲姓回族居多而有"半蒲街"的地名。今天东南沿海地区蒲姓回族也较多。阿拉伯人男子姓氏的尾音多有"丁"字，即来自阿拉伯语，意为"宗教信仰"。元代回族人姓氏带"丁"字的特别多；波斯人姓氏首音多带有"沙"字，波斯语意为"王"，元代回族人姓氏也是如此。因此，今天"丁""沙"等姓仍是回族大姓。

"穆"姓回民多取自回民先辈"穆撒""穆罕"等名字的首音。如《元史·氏族表》中就有回族世家穆古必立等。有的姓氏，既有取自回族祖辈原名之首音的，也有取自中间某一字音和尾音。如海鲁丁之后裔姓"海"，改住之后裔姓"改"，奥都喇合蛮之后裔姓"喇"。

其二，姓氏中的某个字。有的回族取其先民姓氏中的某一个字作为姓氏。例如，元代的伯笃鲁丁，汉名是"鲁至道"，"鲁"即姓氏中的一译音。但伯笃鲁丁的后人倒没有姓"鲁"的，而是去单人旁留"白"，以"白"为姓，今广西桂林、马平一带回族中"白"姓最多。

其三，以家世得姓。古代一般是姓别婚姻，氏明贵贱，氏同姓不同者，婚姻可通；姓同氏者，婚姻不可通。但回族形成后，由于受传统风俗习惯的影响，基本上实行族内婚。所以，回族大家族特别多，天下回族是一家。尽管姓氏不同，亲戚关系却十分紧密，祖先留传下来了许多不同姓氏的亲缘体。例如，元代赛典赤、赡思丁等家族，在中国的大姓超过了16个。回族单字姓的大家族就更多了。

在回族姓氏中，除了"马""丁""白"等常见姓氏外，"赛""撒""速""忽""纳""闪"等十三姓在《百家姓》里却找不到。

回族十三姓，源于中国杰出的政治家赛典赤·赡思丁·乌马尔及其子孙。相传，赛典赤是伊斯兰教先知穆罕默德的第三十一世孙。"赛典赤"阿拉伯文意为"荣耀的圣裔",即伟大的贵族。"赡思丁"意为"宗教的太阳"。"乌马尔"意为"长寿"。赛典赤的后裔,不仅铭记着前辈的丰功伟业,而且取"赛典赤"称号之首音"赛"立姓。

赛典赤·赡思了有五个儿子。他们的后裔有"赛""纳""哈""速""忽""马""撒""沙""丁""闪""穆""杨""郝"等姓,传说子孙分为十三姓,主要集中在云南。后来在长期的发展中,由十三姓又演变出其他姓。如"忽"姓后来又发展为"虎""胡"姓,"闪"姓后来又发展为"陕"姓等。

其四,随国姓或皇帝赐姓。国姓通常是指皇帝的姓,如李唐、赵宋、朱明等朝代,这些姓氏在回族中也存在,这也是回族取其姓氏的一种方式。赐姓是历代皇帝都乐意做的,回族著名人物也不乏有之。因回族姓"马"的人最多,故皇帝以"马"姓赐之。论文《宋元以来中国穆斯林天文学家》载:"明洪武元年(1368),西域鲁密国(今伊斯坦布尔)人马路德丁受太祖之聘入中国,授'回回司天监监正',两个儿,赐马姓为马沙亦黑和马哈木。"《回回历史与伊斯兰文化》一书中,先后记有"定亦德回国,太祖(1368—1398)赐姓马,名信"和"英宗天顺元年(1457)回回赤剌思之子,赐姓马中,名政"。以及"英剌回回皮儿马里麻,上赐马尧顺"。由于皇帝的赐姓,激发了回族人改姓的积极性,使回族"马"姓大增,故而在全国范围内形成"十马九回"的姓氏特点。

在回族姓氏中,有不少姓氏是历代皇帝赐予的姓,如"李""达""答""张""白""沐""陕""郑""朱""金"等姓。在"白"姓回民中,除以前辈原名译音立姓外,还有一个来源是皇帝赐姓。元代回族世家伯笃鲁丁,"其子察汗,赐姓白氏"。中国著名航海家郑和,就是皇帝赐姓。郑和原名"马三宝",是赛典赤·赡思丁五子马速忽的儿子。明代国姓是皇帝的"朱"姓。今安徽、山东"朱"姓回民,其先人姓氏为皇帝所赐"朱"姓。因"朱"与"猪"同音,后来不少回族穆斯林又改为"黑"姓。

其五,以官职和教职得姓。元代大臣回族人廉希宪(其种族有不同说法:一说蒙古族;另一说维吾尔族)出生时,其父布鲁海穿担任廉使之职,遂以官职为氏。

"火者"是波斯语，意为"显著或富用作"，是对穆罕默德后裔或学者的尊称，回族"火"姓可能来源于此。回族"哈"姓与元代时期对官的称谓有关。回族"答"姓和"尕"姓与教职称谓"答失蛮"（元时对伊斯兰教经师、学者之称）和"尕最"（明清时宗教法官之称）相联系。

其六，以地名和数字得姓。有的回族以地名立姓。现在部分"杨"姓的回族，其祖上原住北京羊角市（今北京西四），是元代回族人赛典赤·赡思丁·乌马尔的孙子伯颜察尔的后裔，明初迁往山东益都，随原地名姓"羊"，后改"羊"为"杨"姓。现在北京仍有"羊"姓回族。"锁"姓回族也源于地名，如明代的"锁俄坚"为中亚地区的撒马尔干之名的译音，其后裔便立"锁"为姓。

回族还有因数字而得姓的，如明代北京牛街礼拜寺的协教（海推布）是由回族人八光祚和八继德父子继承担任，"八"姓由数字而得之。

其七，皇帝御批改姓。明代回族人茂（今湖北公安人），是天顺年间的进士。明英宗朱祁镇不识其姓，念起来拗口，询问内阁李贤，贤答曰读音与"陕"同，英宗皇帝遂将改为"陕"。今西北"陕"姓回族很多，湖北也有。据安徽省《王氏家谱》载：王诊始祖玍（玍音 ga）科甲，回族人，自唐入居山西太原，仍以"玍"称姓，当时唐王听了不悦耳，即隆赐"王"姓。后来"王"姓以"钦易"为王家堂名。明咸化年间，王珍一家由山西太原迁至安徽。

其八，以国名和民族为氏。在唐、宋、元时期，从中亚一带过来了许多人士。如"米"姓出自西域米国，属今天的乌兹别克斯坦共和国撒马尔罕一带；"安"姓出自安息，在今西亚伊朗高原东北部；"石"姓来自西域石园，属今撒马尔罕一带。"米""安""石"姓进入中国后，有一部分融为回族，今西北一带仍可寻到他们的后裔。

"回"姓可能直接源于回族本身，是回族最显著的姓氏，今华北、西北、东北一带姓"回"的回族很多。回族民间流传着"回回姓回"之说。据"回"姓老人讲，回族立"回"为姓，有其深刻的含义：一是回族本身是阿拉伯、波斯等国来的；二是回族人信仰的是"回回教门"，即伊斯兰教；三是回族穆斯林先民经过长期的发展已形成回族。

为了让后代记住祖源，信仰"回回教门"，记住自己是"回回"民族，便立"回"为姓。

②服饰探寻①②

每个民族都有自己的民族标志，如共同的生活区域、语言、服饰和生活方式等。因此，可以从语言、服饰等特征判断某人的民族归属，了解其生活习惯。回族服饰承载着回族群众的社会经济生活发展历史，服饰作为无字的史书，是学习了解回族发展的最好教材。回族服饰是回族宗教信仰、生存环境等文化活动的写照，也是回族文化传承的重要载体。回族服饰的发展变化，深受伊斯兰教文化影响；同时，也潜移默化地受时代、地域以及其他民族习惯等的影响。所以，回族服饰是物化的多元文化融合的结果。

《古兰经》是穆斯林生活方式最根本的依据，如礼拜、斋戒、饮食、家庭关系等，男女服装的原则只是其中一例。回族服饰具有鲜明的民族特色，在回族聚居区，回族穆斯林仍然保持中亚人的传统衣着打扮。回族服饰的主要标志在头部，最显著的特征是：男子多戴小白帽，女子戴各种颜色的盖头。③ 回族妇女常戴盖头。回族老人爱穿白色衬衫，外套黑坎肩（又称马夹）。2006 年 5 月 20 日，回族服饰经中华人民共和国国务院批准，列入第一批国家级非物质文化保护遗产。④⑤

回族服饰文化内容很丰富，不仅指回族穆斯林的衣饰、头饰等直观服饰，而且还包括鞋饰、佩饰、婚礼与丧葬服饰、舞台表演服饰及学生服饰等。回族服饰文化不仅受地域环境、社会变革等诸多因素的影响，而且还受回族穆斯林自身的独特审美观影响。因此，回族服饰可以帮助

---

① 杨玉经：《宁夏回族文化艺术博览》，宁夏人民出版社 2008 年版，第 329—346 页。
② 束锡红：《宁夏回族文化图史》，宁夏人民出版社 2008 年版，第 115—121 页。
③ 伊斯兰教规定，女子在公场合不能露出羞体，羞体是指除了双手和眼睛以外的部位。"盖头"是盖住头发、耳朵和脖颈。回族穆斯林认为这是妇女的羞体，应加以遮盖。在阿拉伯地区，风沙很大，水源较少，人们平时难以及时沐浴净身。为了防风沙、讲卫生，妇女们自己缝制了能遮面护发的头巾。后来许多阿拉伯、波斯商人把这种习俗带到中国，逐步形成了回族妇女戴盖头的习惯。
④ 杨玉经：《宁夏回族文化艺术博览》，宁夏人民出版社 2008 年版，第 329—346 页。
⑤ 束锡红：《宁夏回族文化图史》，宁夏人民出版社 2008 年版，第 115—121 页。

人们从宏观上把握回族历史发展的主脉。

其一，回族帽。① 回族穆斯林男子喜爱戴用白色布料制作的圆帽。圆帽分两种平顶和六棱形两种。讲究的人，还在圆帽上绣上精美的图案。男子戴的无檐小白帽，亦称"礼拜帽"，回族传统男帽，多为无檐小圆帽。回族在礼拜磕头时，前额和鼻尖必须着地，戴无檐帽行动更为方便，逐渐发展成为一种服饰习俗。

回族帽从颜色上看，通常有白、灰、蓝、绿、红、黑等颜色，有的是纯色，也有很多带有伊斯兰教风格花边或图案、文字的，如星月图案、阿拉伯文的"真主至大""清真言"等，多根据不同的季节和场合而定。一般春季、夏季、秋季戴白色帽最多，冬季戴灰色或黑色。但结婚的新郎多戴红色帽子，以示喜庆。

回族帽一般用的确良、涤卡、棉布等布料制作，也有用白棉线钩制的。黑色帽子通常用平绒、棉粘毛毡等材料，或用毛线钩织。另外，还有用牛羊皮革制作的帽子，也很受回族穆斯林欢迎。

回族帽子的样式因所属教派和地区而不同，有戴小圆白帽的，有戴白色角帽的（四角帽、六瓣帽）。哲赫忍耶教派的回族穆斯林，爱戴白色和黑色圆边六角尖顶帽，其帽由六个等边三角形缝合而成，上尖下宽，帽顶缀一个同颜色的布料结成的疙瘩，形式如阿拉伯式的圆形屋顶。六瓣表示坚信"六大信仰"，帽圆表示"万教归一"，帽顶表示"真主独一无二"。

有些白色回族帽很精致，镶有金边和美丽的花纹。到了冬天，北方的回族穆斯林在里面戴一顶小白帽，并故意把小白帽戴斜，然后戴上棉帽踩出小白帽的边子。这样做，不仅是为了衬汗，更重要的是表示自己的民族特征。

现在的回族穆斯林男子，无论是百岁老人还是四五岁的儿童，上寺礼拜和不上寺礼拜的都喜欢戴这种标志回族的帽子。

其二，盖头。② 回族妇女的衣着打扮也很有特点。一般头戴盖头，也叫"搭盖头"。

---

① 束锡红：《宁夏回族文化图史》，宁夏人民出版社2008年版，第115—116页。
② 同上书，第119—120页。《回族女子服饰》，中国网2010年9月6日。

戴盖头旨在盖住头发、耳朵和脖颈。回族穆斯林认为这是妇女的羞体,应该加以遮盖。戴盖头的习俗主要有以下两个原因:一是受阿拉伯国家的影响。在阿拉伯地区,原来风沙很大,水源较少,人们平时难以及时沐浴净身。为了防风沙、讲卫生,妇女们自己缝制了能遮面护发的头巾。后来许多阿拉伯、波斯商人把这种习俗带到了中国。二是受伊斯兰教的影响。《古兰经》说:"你对信女们说,叫她们降低视线,遮蔽下身,莫露出首饰,除非自然露出来的,叫她们用面纱遮住胸膛,莫露出首饰……"中国回族穆斯林女性虽然已弃用面罩,但也以头巾护头面,一般把头发、耳朵、脖子都遮掩起来,久而久之逐步形成了回族穆斯林妇女戴盖头的习惯。

盖头也有讲究。回族穆斯林在戴盖头前,有的将头发盘在头顶,有的留"把把头",将头发盘在脑勺后,戴上帽子,而后再戴盖头。回族穆斯林的盖头,无论是在泉州、广州、海南等沿海地区,还是在内地,一般通常有绿、青、白三种颜色,有少女、媳妇和老人之分。一般少女戴绿色的,显得清新秀丽;有了孙子的或上了年纪的老年妇女戴白色的,显得洁白大方、干净持重;中年妇女戴黑色的,显得庄重高雅。不少已婚妇女平时也戴白色或黑色的带沿圆帽。圆帽分两种,一种是用白漂布制成的,另一种是用白线或黑色丝线织成的,往往还织成秀美的几何图案。

回族穆斯林妇女的盖头,精美讲究,大都选用丝、绸、乔其纱、的确良等高中档细料制作。在样式上,老年人的盖头较长,要披到背心处;少女和媳妇的盖头比较短,前面遮住前颈即可。回族穆斯林妇女还喜欢在盖头上嵌金边,绣风格素雅的花草图案,看上去清新、秀丽、明快、悦目。随着时代的发展,有些青年回族穆斯林女性的盖头在样式和色彩上也发生了变化,显得更加活泼和大方。农村回族穆斯林女青年喜欢穿红上衣,绿裤子;城市回族穆斯林女青年则喜欢穿苹果绿、翠蓝、天蓝、水红、粉红和藕荷色的衣服等。

其三,准白。[①] "准白"是阿拉伯语音译,意即"袍子""长大衣"。这是回族穆斯林满拉、阿訇和回族穆斯林老人喜爱的服装。准白

[①] 束锡红:《宁夏回族文化图史》,宁夏人民出版社2008年版,第117—118页。

一般选用黑、白、灰等颜色的棉布、化纤料或毛料制作,有单、夹、棉、皮四种,其款式近似现代的长大衣。

其四,凤仙花染指甲。① 回族穆斯林妇女喜欢用凤仙花染指甲。这个习俗也是由阿拉伯、波斯等地传来的。中国在汉朝以前没有凤仙花,汉武帝时,张骞听说西方有一个条支国(阿拉伯),后来甘英奉使西域,中国与阿拉伯国家之间才有了交往。从此以后,凤仙花也从西域传入中国。

凤仙花的阿拉伯语为"海葫"。周密的《癸辛杂识》对此有详细的记载:"凤仙花,红者,用叶捣碎,入明矾少许在内,先洗净指甲,然后以此付甲上,用片帛缠定过夜。初染,色淡,连染三五次,其色若胭脂,洗涤不去,可经旬,直至退甲,方渐去之。或云此亦守宫之法,非也。"

回族形成后,仍沿袭祖先的习俗,代代相传,时至今日,许多回族穆斯林妇女仍喜欢用凤仙花染指甲,以示美观。

(5) 回族风情

回族拥有许多风俗习惯、民族风情,形成了颇具特色的饮食文化、民居文化、服饰文化、节日文化等,富有独特的民族内涵,在某种程度上,也反映了回族的历史及其族源。回族风情主题涉及的内容非常丰富,不仅有回族的生活习俗,如服饰、民居、饮食等,还涉及回族节日习俗、工艺制作、民间音乐、舞蹈、体育活动等内容。通过这一主题的学习,可以达成欣赏与珍视回族文化的目的。

①饮食风俗②③

其一,油香。④ 油香俗称"油饼",油香有普通油香、糖油香和肉油香三种,有些地方把油香叫"香气或香香锅"。油香是回族穆斯林的传统食品,每逢"开斋节""古尔邦节""圣纪节"等主要节日时,家家都要煎油香,除了自己食用外,还相互赠送,以祝贺节日;当家里来了贵宾,或给孩子过满月、过百日、割礼、结婚等,都要炸油香庆贺;

---

① 《回族》,百度百科 2013 年 1 月 9 日。
② 杨玉经:《宁夏回族文化艺术博览》,宁夏人民出版社 2008 年版,第 355—357 页。
③ 束锡红:《宁夏回族文化图史》,宁夏人民出版社 2008 年版,第 102—105 页。
④ 油香,百度百科 2015 年 12 月 23 日。

有的家里纪念亡人，也要炸油香，以表示尊祖继俗。

传说油香的来历与先知穆罕默德有关。公元610年，穆圣奉真主之命，在阿拉伯半岛的麦加城开始宣传伊斯兰教教义。穆圣到了麦地那，受到麦地那人的热烈欢迎。人们都抓住穆圣骑驼的缰绳，请求穆圣住到自己家里。穆圣感到很为难，不知先到谁家为好。于是穆圣就示意他们放开驼缰，让骆驼自己走，并说骆驼卧在谁家门前，他就住在谁家。最后，骆驼来到艾布·安优布家门前卧下不走了，人们发出一片欢呼声，恭喜艾布·安优布。艾布·安优布为穆圣准备了油炸的面饼，穆圣拿了一些分给周围的人，然后和大伙儿一块坐下来品尝了这美味的食品。

艾布·安优布请求穆圣给所吃食品起个名字，以作纪念。穆圣考虑了一下，询问大家饼子香不香，大家都说在很远处就闻到了香味。穆圣说：这饼子吃起来香甜可口，非常好吃，又是用油炸的，就叫"油香"。油香很快就传遍了阿拉伯半岛。后来，穆斯林都仿效艾布·安优布，用炸油香来招待尊贵的客人，代代相传。

各地回族穆斯林制作油香的方法和用料大同小异，以面粉、盐、碱和植物油为主要原料，具备这几种原料就可以作出味道鲜美的油香了。也可根据不同的口味或需要选择辅料的种类，辅料主要有红糖、鸡蛋、蜂蜜、香豆粉、薄荷叶粉、肉馅等。以面粉加酵母，用温开水和好。发酵后的面用碱水中和。做油香的面讲究"三光"：面光、手光和盆光。即面和好后，面团要筋道光亮；手上不能沾很多面粉；面盆里外也要干净。在案板上揉好后摊成碗口大小的圆饼，表面上划两三条刀纹。然后放在油锅里炸熟，色泽金黄、香酥可口。

宗教与民族饮食往往有不解之缘。回族穆斯林认为油香是象征真诚信仰的美食，把油香作为礼品，馈赠给亲友或阿訇。油香成为团结、友谊、幸福的象征，成了回族穆斯林传统的圣洁食品。在许多场合，油香与阿訇经常联系在一起。一些回族穆斯林地区传有"不请阿訇不动油锅"之说。因为在回族的命名、割礼、婚姻、丧葬、节日等习俗中，阿訇往往以主持者的身份参与各种仪式。如果哪家准备炸油香，必先将阿訇邀请到家里念经，然后再动油锅。

回族穆斯林对油香很讲究。一般在炸油香之前，首先要洗大小净，以保持清洁。吃油香时也有讲究,如一些地方的回族穆斯林在吃油香时,拿在手中面儿要向上,要顺着刀口用手一块一块地掰着吃,忌讳一口一口地咬着吃。

伊斯兰教对回族的形成具有纽带和决定性作用。从油香习俗的起源可以看出,伊斯兰教以油香习俗赋予回族民族内涵,而回族又通过油香习俗维系其宗教信仰。这反映了伊斯兰教在宗教习俗演化成为民族习俗方面具有纽带、决定作用,因为每个民族饮食文化的背后都有一套内在的文化观念。

其二,馓子。[①] 馓子是回族穆斯林的一种小吃,是一种油炸面食。西北信仰伊斯兰教的其他民族,如维吾尔族、哈萨克族、东乡族、撒拉族等也有节日做馓子的习俗。每年欢度传统"古尔邦节""开斋节""圣纪节"以及婚丧大事时,都把馓子作为待客的主要食品或馈赠。馓子成为回族穆斯林团结和睦友爱的象征,是欢度节日不可缺少的圣洁食品。

俗语说:"点心香,月饼美,回族的馓子甜又脆。"馓子是回族传统食品之一。古称"环饼""寒具",是寒食节食品。据史书记载它始于北朝,距今已有1400多年的历史。北魏贾思勰的《齐民要术》详细记载了三国两晋南北朝时期"寒具"的制作方法。历代又有"粔籹""细环饼""捻头"等名称。

馓子不仅造型独特,而且方便易做,西北地区都有吃馓子的习俗。做馓子时,首先,用面粉加少许盐水和好,一般要在面粉里加入红糖、蜂蜜、花椒等原料,再加进鸡蛋和植物油,可以使馓子更香脆。然后反复揉压,搓成粗条,抹上食用油放在盆中饧一会儿。再捻成细条。当油锅饶热时,左手四指并拢,缠上面条七圈,轻轻伸长,套在筷子上下锅。油炸至金黄色,捞出晾干,即可食用。

宁夏回族穆斯林的馓子以股条细匀、香酥甜脆、金黄亮润、轻巧美观,博得中外人士的赞誉。1985年,阿拉伯国家友好人士来访宁夏,对宁夏的馓子给予了高度评价。1982年西北五省烹饪比赛表演,宁夏馓子誉满西安。

[①] 《馓子》,百度百科2015年4月7日。

其三，肉食特色。回族的肉食特色主要有：手抓羊肉、羊肉泡馍、羊肉粉汤、黄焖羊肉、羊肉串、烧牛肉、羊杂碎等。这些肉食特色菜味道鲜美，别具一格。

手抓羊肉。手抓羊肉是西北回族穆斯林的一种地方风味名菜。各地的做法大同小异，先将整个羊分为前腿、后腿、脖子等五大块，用冷水浸泡并洗净血水后，再放入清水锅里煮，待水滚开后除去浮沫，同时放入葱、姜、花椒、盐及香料。肉煮熟后趁热吃，每人准备一个小碟，调上醋、蒜末、姜末、香菜等，然后把手洗干净，边撕边蘸着吃。宁夏、青海有些地方吃手抓羊肉时，只用蒜片下着吃，不用其他调料。如果要招待客人，事先要将羊肉切成长约两寸、宽一寸五的条块，用同样的方法煮熟即吃。手抓羊肉分为大羊肉和羊羔肉。羊羔肉与大羊肉的制作方法相同。回族穆斯林手抓羊肉的制作有两大特点：一是用冷水浸泡，二是调料使得轻，羊肉味香、不腻不膻。

羊肉泡馍。① 牛羊肉泡馍烹制精细，料重味醇，肉烂汤浓，肥而不腻，营养丰富，香气四溢，诱人食欲，食后回味无穷。由于它具有暖胃耐饥的作用，因而很受西北地区各族人民的喜爱，尤其是西安的羊肉泡馍最享盛名，外宾、游人争先品尝，以饱口福。

羊肉泡馍的起源有多种不同传说，但都是从羊肉汤里煮干烙饼演变而来。羊肉泡馍已有上千年的历史。据史载，公元651年，伊斯兰教传入中国，波斯人来长安朝拜，在长途跋涉中带着而木（饼子、馍）做干粮。由于路途遥远，干粮而木变硬，泡入肉汤之中，既美味又充饥。到了长安后，经过改进和提高，便形成了今日的羊肉泡馍。据文献记载，唐代宫廷御膳和市肆都擅长制羹汤，"三日入厨下，洗手作羹汤"。羊羹者，羊肉烹制的羹汤，即当今羊肉泡馍的雏形。经过唐代、五代、宋朝、元朝等的不断发展，随各族人民陆续迁入内地，"渐变旧俗"。而且西安地处西北要塞，接近牧区，是牛羊交易的好市场。这些都为羊肉泡馍的形成和发展提供了有利条件。明崇祯十七年（1644），西安专营羊肉泡馍的"天赐楼"在桥梓口开业。清末庚子之役，慈禧太后携光绪皇帝逃居西安，曾慕名来此品尝，备加赞扬。三百多年来，继

---

① 《羊肉泡馍的起源》，百度知道2009年6月28日。

"天赐楼"之后，又先后涌现出"老孙家""同盛堂""老童家"等十余家泡馍餐馆，竞相钻研，各具特色，使泡馍技术日臻完善。

羊杂碎汤。羊杂碎汤是宁夏回族的一道名小吃。羊杂碎汤是将羊的头、肺、心、肚、肠、肝等内脏洗净煮熟，切成长条掺和均匀，加入香菜、辣椒等佐料烹制后，连汤盛入碗中而成。菜色红润油亮，吃起来汤辣、味浓，堪称一绝。制作羊杂碎汤讲究"三料""三汤"和"三味"。其中"杂碎三料"又分主料和副料，正宗的全羊杂碎之主料（又叫三红）是心、肝、肺，下锅的时候切成碎丁或薄片；三副料（又叫三白）是肠（生油）、肚（生味）、头蹄肉（架碗充数），下锅时要切成细丝和长条。一碗羊杂碎汤，主要看其主副料是否齐全。

其四，八宝盖碗茶。[1][2][3] 茶是中国的一种传统饮品，也是人们生活中的必需品。饮茶之风兴起于中国晋代，盛于唐代以后。从皇帝到民间盛行饮茶，皇帝在召见大臣、商讨国事时，不仅用茶，而且还"赐茶"。现在回族穆斯林的茶具——盖碗，早在唐代就已出现。陆羽《茶经》云："自造二十四种，使'远近倾慕，好事者家藏一副'。"唐人李匡父在《资暇集》中对茶托（托盘）的产生有过专门记述。随茶具的不断发展，出现了以茶托、茶碗和碗盖的"三坯胎"，盖碗美观实用。回族穆斯林继承发展了这种茶文化，逐渐形成了以"三炮台"为茶具的八宝盖碗茶。

八宝盖碗茶是宁夏回族穆斯林普遍饮用的一种茶。盖碗又称"三炮台"，民间叫"盅子"，上有盖，下有托盘，盛水的花碗口大底小，精致美观。每到炎热的夏天，喝八宝盖碗茶比吃西瓜还要解渴。到了冬天，回族穆斯林早晨起来，围坐在火炉旁，烤上几片馍馍或吃点馓子，总要"刮"几盅八宝盖碗茶。

盖碗茶名目繁多，因配料不同而有不同的名称，根据不同的季节选用不同的茶叶。夏天以茉莉花茶为主，冬天以陕青茶为主。有条件的还可用碧螺春、毛峰、毛尖、龙井等。在配料上，一般有红糖砖茶、白糖

---

[1] 杨玉经：《宁夏回族文化艺术博览》，宁夏人民出版社2008年版，第375—378页。
[2] 束锡红：《宁夏回族文化图史》，宁夏人民出版社2008年版，第104页。
[3] 《回族的饮茶习俗》，中国网2007年9月14日。

清茶、冰糖窝窝茶等。身体不好的人可根据自身的状况选用不同的茶水，如清热泻火可用冰糖窝窝茶，治疗胃寒可用红糖砖茶，促进消化可用白糖清茶。盖碗茶的种类很多，日常保健用的八宝盖碗茶除了放茶叶以外，还要放红枣、枸杞、核桃仁、桂圆、芝麻、葡萄干、果脯等。如用陕青茶、白糖、柿饼、红枣沏泡"白四品"；用砖茶、红茶、红枣、果干沏泡的"红四品"；用花茶、冰榜、白糖、红糖、红枣、核桃仁、桂圆肉、芝麻、葡萄干、柿饼、果干等沏泡的"十二味香茶"。

泡盖碗茶需用滚烫的开水冲一下碗，放入茶叶和各种配料，然后冲入开水，并加盖。泡茶时间一般为2—3分钟。喝盖碗茶有一定的讲究，不能取掉盖子，而是把盖子倾斜一下，从缝隙中吸喝。若遇有茶叶，不能用嘴吹飘在上面的茶叶，而是用盖子刮几下才喝。回族穆斯林认为："一刮甜，二刮香，三刮茶露变清汤。"每刮一次后，要把盖子盖得有点倾斜度，以便用嘴吸喝。不能端起茶盅接连吞饮，也不能对着茶碗喘气饮吮，要一口一口地慢饮。

在喝茶中，不能一次性喝干，水喝浅之后，自己拿起盖子，主人就会加满。如果已经喝够了，就把茶盅的水全部喝干，用手把碗口捂一下，或从盖碗中捞出一颗大红枣吃到嘴里，表示已经喝够了，主人也就不再谦让倒茶了。

回族穆斯林把饮茶作为待客的佳品，每当过"古尔邦节""开斋节"等时，家里来客人，主人会热情地先递上一盅盖碗茶，端一些油香、馓子等干果下茶。回族的八宝盖碗茶具有生津解渴、开胃健脾的作用，放入不同的茶料，又具有不同的健身功能，能驱寒健胃、提气补益、明目清心、延年益寿。此风俗在回族穆斯林中代代相传，现已被其他兄弟民族所认识、吸收，为中国的茶文化作出了重要贡献。

②回族婚俗[1][2]

回族婚姻具有明显的宗教色彩。不仅结婚双方自愿，而且还要合乎伊斯兰教教规，才能举行婚礼。回族婚礼具有许多宗教和民族的特点。在婚礼前一天，阿訇要念个"亥亭"，以祈祷真主保佑、告慰列祖列

---

[1] 杨玉经：《宁夏回族文化艺术博览》，宁夏人民出版社2008年版，第90—94页。
[2] 束锡红：《宁夏回族文化图史》，宁夏人民出版社2008年版，第205—209页。

宗。结婚仪式一般要由阿訇主持。新郎和新娘面对阿訇站立，阿訇先问他们的经名，然后分别问是否双方自愿、父母是否喜欢、是否到政府办理结婚登记手续等。如果以上问题都得到了回答，阿訇站起来给他们念"尼卡哈"，即用阿拉伯文念颂婚姻证词，证明这对新人的婚姻是合法的。念毕，众人作"都哇"祈祷。

回族结婚礼俗基本程序是：提亲、女方看家、订婚、定亲和完婚。其中完婚中的女方填箱、盘头发、摆针线、闹洞房、回门等习俗与汉族相同。除此之外，在回族婚俗中，新娘的"扯脸"、阿訇主持婚礼和念经文、擀长面、认干妈等习俗，与其他民族婚俗不同。

其一，摆针线。摆针线是在宴席客人离去之前进行。摆针线前先要开箱，由开箱人打开装有陪嫁物的木箱之锁，男方要给开箱钱。过去摆针线是为了向众人显示新娘的针线手艺，把新娘在家中做给公婆、丈夫及小姑、小叔等亲人的鞋、衣服、绣花枕套、荷包等全部展示出来，还要把陪嫁物摆出让人观赏。新娘家要找一个能说会道、才思敏捷的人编词宣讲、夸赞、炫耀新娘，大意为：我们把一位心灵手巧的俊俏姑娘送到了你家，望小两口恩爱到老，望老人教导照顾，有过失之处，多包涵谅解，共同努力，创造幸福的家庭。新郎家也要有人讲话，大意为：我们以后会善待新娘，会督促小两口把日子过得甜甜蜜蜜、和和美美，望尊贵的客人放心。然后在互致"色俩目"后结束。

其二，擀长面。擀长面原本是为了考查新娘的面食手艺而举行的仪式。宾客散尽之后，新郎的至亲，如姐夫、妹夫等让新娘做长面吃。

其三，回门。新娘婚后3—7天内，由新郎亲自陪伴回娘家，看望父母和众亲戚，新娘在父母身边住几天，称为"回门"。回门时要给父母和众亲戚带上礼物，由父母负责分送。众亲戚要挨家挨户请客人吃饭，新娘走时还要回赠钱物和礼品。几天过后，新娘由新郎接回，或由弟弟、妹妹送回。

其四，认干妈。结婚后，新娘还要"认干妈"，即庇护自己的妈妈。一般由新娘的娘娘、舅母、姨妈等充当，也可由新娘所敬重的女性长辈充当。认干妈时，要与丈夫一起带上礼物、衣料等前往。认定后，新娘便成为干女儿，新郎成为干女婿，此后双方要一直保持关系，亲如母女。干妈平时要像娘家人一样庇护干女儿，排解家庭纠纷，干女儿要时常去看望干妈。

③丧俗①②

回族穆斯林葬俗主要包括:"昔水""穿卡番""转费特尔""站者那则""入土"等程序。

"昔水"。俗称"着水"或"洗埋体",给亡人净身。在洗之前要把洗埋体用的"水床"清洗干净。阿訇守在门口不停地诵念《古兰经》,不允许闲杂人进入。但要求男不洗女,女不洗男,一般需要三人,其他人一律不得入内,一人专门灌水,一人帮助冲洗,一人在身上轻轻擦洗。净身的水要从清真寺井中或从野外泉中汲取,无论路程远近,装水桶都不能在途中落地,但人可以轮流调换。要用温水洗,所用汤瓶也不能落地。方法与活人洗大净相同,先小净,而后由上至下,先右后左,洗遍全身,并用浴巾擦干。最后将埋体移到准备好的"卡番"布上。用白布裹尸成殓。男子用白布严裹尸体三层。女人先用白布盖头面、围乳,然后裹尸,其方法与男子相同。裹尸后,再将尸体移至"经匣"(灵床)上,送至清真寺内举行葬礼。

"穿卡番"。所有穆斯林不分男女、老少、贵贱,无常后,都要用白布裹身。男性用三块白布加一顶帽子,女性用五块白布,统称为"卡番"。"卡番"是用纯白棉布做成的,共3丈6尺长。在"穿卡番"前,一是请阿訇给亡人念"七窍米",之后用干净的棉布包起来,放在亡人的耳、鼻、眼、嘴等七窍之中,表示让尘世上的污浊物不再进入亡人肌体;二是请阿訇在"卡番"上写"护心都哇",以求真主宽恕亡人;三是为了防腐驱虫,还给"卡番"上撒一些用冰片、香料、樟脑等浸泡而成的"香水"。或在口、耳、鼻、眼、额头、手脚处放冰片、麝香。

"转费特尔"。是阿拉伯语音译,意为"赎罪",请阿訇、满拉及念经人围绕亡人站一圈,或用《古兰经》,或用钱向亡者"转费特尔"。"转钱"由家人计算出亡者应该礼拜的次数和没有礼拜的次数,依此决定"转钱"的数目。"转钱"后,亡者家人要把其中的一部分散掉,这

---

① 杨玉经:《宁夏回族文化艺术博览》,宁夏人民出版社2008年版,第94—97页。
② 束锡红:《宁夏回族文化图史》,宁夏人民出版社2008年版,第150—151页。

样才能赎掉罪过。"转经"就是计算亡人没有念经的天数，再折合成钱，以经代钱，仍按"转钱"的办法处理，其目的是以资还补亡人在世时耽误的"五功"。最后将亡人移入塔布匣子里或担架上。

"站者那则"。即举行殡礼，是亡人入土前的最后一道仪式，也是生者代亡人做最后一次祈祷礼。参加人员有阿訇、满拉以及送殡的众穆斯林，均为男性，妇女不参加。凡参加者必须带有"大小降"，由阿訇领站。地点一般选择在清真寺中或坟上干净的地方。是一种意向性的礼拜。把埋体放在西边，头北足南，主持人靠近埋体站立，亡人的亲友身着丧服，有的丧服上还写着《古兰经》经文，其他参加者站在亡人的东侧，脱鞋自动排成整齐的南北行，面向克尔白方站立。行礼与礼拜相同，但没有鞠躬和叩头。一般不在日出或日落进行，妇女也不参加殡仪和下葬。

"入土"。"站者那则"完毕，随后将亡人抬向坟地，途中匣子或担架不能落地。墓穴为南北方向的长方形土坑，一般长约6尺、宽3尺、深5尺，在坟坑底的西边挖一个与坑平行的洞穴，俗称"撺堂"。长约6尺、宽3尺、高3尺，人能躬身出入。

埋体入土前，孝子提前要看坟坑和"撺堂"是否妥善。然后亲人在坑上下站立，将埋体用白布带子从头、腰、腿三处提起，缓缓运入坟坑，坑下的人用手托着慢慢移入"撺堂"，使亡人头北足南，面稍向西侧卧。然后用土坯砌封"撺堂"门，忌用火烧的砖，待坑下的人上来后，送葬人向坟坑填土。坟堆隆起呈鱼脊形或凸形，上面压上土坯或石子，以防风雨侵蚀；同时，也是以后辨认的标示。下葬时，阿訇、满拉为亡人诵经祈祷，其他送葬者跪听。家人要替亡人给送葬者散"也帖"，认为这是做好事。钱数多少不限，富者多散，贫者量力而行。

回族有助丧的习俗，不管是谁的葬礼，不论认识与否，只要遇上了就要参加。无常的人越是年纪大、有威望，参加葬礼的人就越多。

④礼拜[1][2]

礼拜的阿拉伯语是"撒拉特"，波斯语是"乃玛孜"，统称"礼

---

[1] 杨玉经：《宁夏回族文化艺术博览》，宁夏人民出版社2008年版，第77—79页。
[2] 束锡红：《宁夏回族文化图史》，宁夏人民出版社2008年版，第58—59页。

拜"，宁夏回族穆斯林多称"乃玛孜"。礼拜是穆斯林向安拉表示感恩、赞美、恳求和敬畏的一种天命功课，以此修身养性，使其心灵纯净。礼拜的种类很多，在时间和要求上有详细的规定。礼拜前要做到心静，忘掉日常生活中的繁杂之事，一心向主，要做到水净、衣净、地方净、举意、认时、面向西，教法上称为"外六件"；礼拜时要虔诚敬主、拜主，在阿訇的引领下，按礼拜的程序一步一步做，要大赞、立正、念天经、鞠躬、叩头、坐定，教法上称为"内六件"。礼拜过程有"六仪"，即抬手、端立、诵经、鞠躬、叩头和跪坐。一般来说，完成端立、鞠躬、叩头等几个动作称为"一拜"，两拜一坐为一单元。礼拜又分为日常"五时拜"和聚礼、会礼、殡礼等。日礼可以独礼，越时可自补。

每次礼拜之前，要先小净（洗脸、鼻、手和脚）或大净（洗全身）。进行礼拜时，除赞念真主外，"毋外虑，毋旁顾，毋搔手，毋举足，毋作声"，"神存心临，内粟外竞"，"故犯者复礼（犯礼）"。凡智力和体格健全的成年回族穆斯林，都要履行每日的"五时拜"。如果是病人、旅行者，或遇其他紧急情况等，可按规定"缩短拜功"或事后补上。清真寺是回族穆斯林礼拜的主要宗教活动场所，回族穆斯林聚居的街、区、村和镇都建有一座或多座清真寺，以便回族穆斯林就近礼拜。

按伊斯兰教规定，做礼拜分别定于寅、午、申、酉、亥。又称"晨礼""晌礼""晡礼""昏礼"和"宵礼"。一般"晨礼"需在天亮至日出前进行，四拜；"晌礼"约在正午后一时进行，十拜；"晡礼"在日偏至日落之前进行，四拜；"昏礼"在日落至天黑期间进行，五拜；"宵礼"在天黑至破晓之前进行。每七日作"主麻"；"聚礼"一次，每年开斋节和宰牲节还要举行两次"会礼"。

⑤清真寺[①]

清真寺是回族伊斯兰教文化形成和延续的重要场所，也是广大回族穆斯林进行宗教活动及政治、经济和文化教育的中心。按照回族穆斯林的信仰和民族传统，回民每迁居一个新区，首先要建造本地区的清真

[①] 束锡红：《宁夏回族文化图史》，宁夏人民出版社2008年版，第147—149页。

寺，以便于做礼拜、进行各种宗教活动、沐浴、交流信息等。每逢纪念日，清真寺便成了穆斯林聚会的场所，届时会有《古兰经》教义、教律、教史及宗教故事的演讲。清真寺的建筑风格受阿拉伯国家和中国古代建筑风格的影响，由早期的圆顶式发展到后来的宫殿式。

清真寺又称"礼拜寺""坊""寺坊"，阿拉伯语是"麦斯吉德"，意为"叩头、礼拜"之处，是穆斯林礼拜的地方。回族穆斯林的清真寺一般都在前面冠以地名，如北京牛街清真寺等。中国著名的回族清真寺有福建泉州清净寺、广州怀圣寺、杭州真教寺、北京牛街大清真寺等。

清真寺基本上建在回族穆斯林的聚居区，体现了回族人"围寺而居"的特点。清真寺是回族穆斯林举行礼拜和宗教活动的中心场所，也是一种以宗教活动为主体的社会群体单位，有些还具有传播宗教知识、培养宗教职业者的使命。清真寺在回族穆斯林心目中有着重要位置，也是回族穆斯林建筑艺术的最重要代表。

中国唐宋时期称为"堂""礼堂""祀堂"或"礼拜堂"。元代以后称为"寺"或"回回堂"。明代把伊斯兰教称为"清真教"，遂将"礼堂"等改称"清真寺"，一直沿用至今。西北地区回、东乡、保安、撒拉等族穆斯林，至今仍沿袭原称"麦斯吉德"，或"哲马尔提"（寺坊）。清真寺与穆斯林一生的生活息息相关。

回族清真寺一般可分为宫院型（即四周围墙、走廊）或圆顶型（屋顶为圆拱形）两大类，具有庄严、神圣、肃穆、幽静的特征。均由礼拜大殿、讲经堂、宣礼楼、学房和沐浴室五大部分组成，礼拜大殿是其主体建筑。早期的回族清真寺多以圆顶式为主，即阿拉伯式。明代以后的回族清真寺多是以木结构为主的中国古代宫殿式建筑，布局多为四合院形式。

任何一个清真寺都有"邦克楼"、水房、礼拜殿"米哈拉布"（礼拜墙中间凹进去的壁龛）、"敏拜尔"和"米厄宰撒"，它们构成了清真寺的基本面貌。此外，正入口的穹隆形门道（艾万）也是清真寺的典型特征。伊斯兰教的信条是只有一个真主——安拉，除此之外，反对偶像崇拜。因此，在清真寺既找不到人和动物的画像，也没有以宗教情节为内容的雕像。

其一,"邦克楼"。"邦克"是波斯语音译。"邦克楼"为清真寺中召唤穆斯林前来礼拜用的尖塔或高阁,又称"唤礼楼""唤醒楼"等;其二,水房。清真寺内供穆斯林作大净或小净用的建筑物;其三,"米哈拉布"。是阿拉伯语音译,意为"凹壁""窑殿"。其功能是标明麦加的方向。指清真寺正殿纵深处墙正中间的小拱门,供阿訇站立其前,领导礼拜。亦称"壁龛";其四,"敏拜尔"。是阿拉伯语音译,原意为"座位""讲坛"。特指清真寺礼拜殿内的宣教台。因其形如楼梯,亦称"敏白尔楼"。在举行聚礼、会礼时,教长或阿訇站在上面诵经、讲道,诵念"呼图白";其五,"米厄宰撒"。阿拉伯语音译,意为"尖塔""高塔""望塔",即"宣礼塔",亦称"姆那勒"。

回族穆斯林的清真寺经过一千多年的不断发展、完善,已形成了中国回族伊斯兰教特色的建筑风格和文化。回族清真寺以"三堂合一"著称,即礼拜堂、经堂和沐浴堂。礼拜堂也称"上殿",是清真寺的主体建筑和重要组成部分。上殿柱子以及墙壁上的经文和阿拉伯文楹联等,一般都用来赞颂真主、穆圣,劝解穆斯林按伊斯兰教的要求规范自己的行为。礼拜堂西墙壁龛背向麦加,以示跪拜的方向。壁龛的右方有"敏拜楼"。凡穆斯林入礼拜堂必须洗大小净和脱鞋,非穆斯林一般不得入内。

"经堂"也称"厢房讲堂",建于礼拜堂殿下左右两侧,是阿訇看经、向满拉授经的地方。有些大清真寺招收满拉较多,因而建有经堂学校。沐浴堂也称"水堂子",内设洗大小净的小隔间,备有汤瓶、吊罐和热水,供穆斯林洗大小净用。

(二) 以经验为中心组织课程内容

1. 课程内容与经验

课程内容的构成不仅仅是学科知识,还包括学生的社会生活经验,但目前学校课程主要以科目为结构核心,把学科作为观念结构和知识的基础,忽视了学生的生活经验。因此,传统课程只满足于理论知识的传授,远离了学生的生活世界,与民族学生的生活、认知方式、心理和文化脱节,致使学生与现实生活疏离。当代知识论认为,知识的获得是一个动态生成过程,个体已有的生活经验起着非常重要的作用,因而要树立生成性思维。所以,回族多元文化课程内容要关注学生的各种经验。

人们的经验是在接受外部刺激、体验中形成的。因此，经验是人类认识外部世界的重要形式，也是人们与外部世界交流的一种手段。约翰·杜威认为，经验包含两层含义：第一，经验的事物；第二，经验的过程。经验是有机体与环境、人与自然相互作用的结果。这种经验表明人与环境之间的主动关系，具有思维、理智的特性；经验也是一种认识，是人对环境的占有、欣赏、体验、审美、崇拜、喜悦、感伤、探究、认识的整合。① 基于上述经验观，约翰·杜威认为，教育就是经验的改造或改组，既能增加经验的意义，又能提高指导经验进程的能力。② 约翰·杜威针对当时学校课程与儿童生活脱离的弊端，主张改造学校课程，使学校课程真正适应儿童的生活。③ 拉尔夫·泰勒（Ralph Tyler）继承了约翰·杜威的观点，认为课程内容的选择与组织要建构多方面的情境，使学生能够通过主动与情境发生交互作用，获得教师所期望的经验。

2. 回族多元文化经验课程

德国多元文化教育专家托比亚斯·吕尔克尔认为，多元文化背景下的课程改革原则是：把面向实际经验的课程与现代化的课程结合起来，只有这样的课程才能被引入学校，一种真正的多元文化教育才能实现。④ 他认为，学校教育不能随意对待学生的经验，必须明确经验在课程中的重要位置，学校课程组织要以经验为中心，将多民族、多元文化价值、文化传统、宗教信仰等内容纳入多元文化课程体系之中。

将社会生活经验作为组织回族多元文化课程的内容，表明了多元文化课程内容回归生活世界，面向回族学生的生活，与社会生活融为一体。在回族多元文化课程视野下，课程内容不仅要关注客观、系统的

---

① 钟启泉、张华：《经验课程论》，上海教育出版社2000年版，第234页。
② [美]约翰·杜威：《民本主义与教育》，王承绪译，人民教育出版社1990年版，第82页。
③ [美]约翰·杜威：《我们怎样思维·经验与教育》，姜文阂译，人民教育出版社1991年版，第254页。
④ [德]托比亚斯·吕尔克尔：《多元文化教育：课程及其改革战略》，《教育展望》（中文版）1993年。

"共同知识",更要重视主观、情境的"个人知识",关注学生的生活体验、生活经验和生活情境,将回族的社会生活经验纳入学生的生活世界之中,实现科学知识与生活世界的融合。

回族特色类课程内容丰富,形式多样,且具有较大的灵活性和吸引力,是回族多元文化课程资源开发的主要形式之一,既可以是整门课程,如一些学校开设中国武术课;也可以是单元课形式。回族特色类课程包括:回族音乐、回族美术、回族烹饪、回族体育、回族手工艺、回族风情等。此类课程既吸收了回族的文化精髓,又增加了课程教学的趣味性、新颖性和开放性,使教学更为生动活泼,贴近生活实际,可以提高学生对文化多样性特征的认识。

回族文化特色类课程融入学校课程之中,可以提供多种机会,让学生充分展示回族的文化习俗。例如,学生可以运用回族的艺术手法创作艺术品和绘画;学生可以制作回族的手工制品;可选用回族歌舞、乐曲作教材,用回族乐器演奏,用回族特色的肢体语言演绎,让不同文化背景的学生参与,相互学习,感知与回族相同或相异的文化内涵;可以介绍一些回族杰出历史人物的事迹、回族的特殊纪念日和庆祝活动以及在其文化群体生活中的特殊意义。

通过以上课程的学习,会使回族学生产生自豪感和文化自信心,培养其种族认同和文化平等感。学生的多元文化经验和意识就会在教学和生活中不断积累形成,逐步树立自己的多元文化观。[①]

多元文化课程体现了社会正义与差异多元的理念,教育过程体现了各种微观文化,所有的文化都经历着批判。通过实施多元文化课程,有助于帮助不同民族的学生提升其自我形象、提高自信心,使其积极参与学习,充分发展自身的潜能,保证处于弱势地位群体的教育均等。因此,民族地区师范院校的课程要反映本地区民族的文化、历史、地理、风俗习惯、价值观等,培养学生的多元文化意识,以适应现代社会多元化的发展趋势。

(三) 以活动为中心组织课程

对社会亚文化背景下的学生学习特点的研究发现,少数民族学生受

[①] 张岱年:《中国传统文化简论》,浙江人民出版社1989年版,第3页。

社会化过程、文化环境、生态环境等多种因素的影响，学习风格更具有场地依赖性，更喜欢以合作方式完成目标。少数民族学生在思维上更倾向具体思维和归纳思维，在具体学习中更专注学习实践的经历。如果课程能够帮助不同文化背景的学生发展参与、合作、亲历等学习方式，其效果会更加显著。而且学习活动是课程内容中不可缺少的重要成分。因此，回族多元文化课程的组织应重视活动因素。①

1. 课程与活动

研究者对"活动"概念的界定有很多种，约翰·杜威将其与哲学和心理学理论联系起来。从哲学来讲，他认为儿童活动是他们经验的来源，儿童经验的获得是在与环境交互中形成的。从机能心理学讲，他认为机能是有机体达到适应环境而生成的总的协调作用，意识和活动都具有适应环境的机能，意识使有机体进行适当的活动，而活动则使有机体适应和生存。② 因此，约翰·杜威强调"做中学"和"活动—经验课程"。心理学家皮亚杰从心理学视角提出，认识起源于主客体之间的相互作用，起源于活动。③ 皮亚杰所指的活动是根据儿童兴趣进行的机能性行为，包含感知运动和思维运算活动两个层次。因此，活动在儿童发展中具有十分重要的作用，多元文化课程必须重视儿童的活动，使儿童主动探索，通过活动逐步形成、发展、丰富自己的认知结构。

活动与经验不同。经验要通过活动获得，而经验则是活动的结果。活动本身并不关键，活动强调的是过程和行动。经验包括直接经验和间接经验，活动主要涉及直接经验。因此，以活动为中心组织的课程与以经验为中心组织的课程侧重点不同。以活动为中心组织课程内容，强调以学生的直接经验为主要内容，并以各种有目的、有计划、有组织的学生主体活动及体验方式建构课程。

2. 活动课程模式

以活动为中心的回族多元文化课程组织方式很多，但主要有经典模式和综合主题模式。

---

① 刘茜：《多元文化课程的建构与发展》，西南大学2007年博士学位论文。
② 赵祥麟、王承绪：《杜威教育论著》，华东师范大学出版社1981年版，第7页。
③ ［瑞士］皮亚杰：《发生认识论原理》，王宪钿等译，商务印书馆1981年版，第21页。

第一,经典模式。

约翰·杜威创立了"经典模式",分年级单元编排。① 约翰·杜威认为,学校课程内容应从社会生活最初不自觉的统一体中逐渐分离出来,学校科目相互联系的真正中心,不是科学、文学、历史或地理,而是儿童本身的社会活动。② 该模式要求回族多元文化课程以学生现有生活情境及其在生活活动中形成的经验为内容,通过学校和村寨服务、表演、习俗等活动形式组成学生学习的情境和内容。

第二,综合主题模式。

综合主题模式是一种综合实践活动课程,分年级以活动为主题构成活动体系的方式。③ 综合实践活动课程不同于以知识为中心的学科课程,也不同于分科化的实践课程以及结构化、知识化的综合课程。它是以学生的直接经验和体验为基础,密切联系学生的生活世界和社会生活实践,在以学生自主探究活动为特征的实践操作过程中达到对知识的综合运用,从而实现学生自我建构知识的一种课程形态。④

回族多元文化视野下的综合实践活动课程要求学生走出书本和课堂,进入大自然、地方社会生产、生活的真实情境,强调学生运用所学知识参与回族的各种习俗活动和社会生活,从亲身实践活动中获得生活经验,习得丰富的回族文化,形成对回族文化的认同和接纳的情感体验,增强民族认同感。因此,综合实践活动课程的内容以认识自我、人权教育、社会参与、文化交流等为主题。除以小组合作研究和个人自主探究等方式进行外,还要鼓励学生参与学校、政府开展的各种回族习俗活动,如回族歌舞表演、"开斋节""古尔邦节"等节庆活动。回族群众通过歌舞等民族风情表演,展现自己,展现回族的过去与现在。

(四) 以隐性教育资源组织课程

詹姆斯·班克斯认为,潜在课程是那种教师不一定教但所有学生都在学习的课程,包括对不同种族、民族、性别、宗教信仰、文化的容忍

---

① 靳玉乐:《活动课程与学生素质发展》,重庆出版社2001年版,第128页。
② 华东师范大学教育系、杭州大学教育系:《现代西方资产阶级教育思想流派论著选》,人民教育出版社1990年版,第28页。
③ 靳玉乐:《活动课程与学生素质发展》,重庆出版社2001年版,第129页。
④ 李森、王宝玺:《综合实践活动课程论纲》,《学科教育》2003年第3期。

与并存的理解。① 因此，学校的潜在课程对多元文化教育具有十分重要的作用，回族多元文化课程开发应关注学校的潜在课程和多元的价值准则。

目前，尽管国内外对潜在课程概念定义没有达成共识。但潜在课程具有下面一些共同特征：潜在课程是非学术性的学习结果，对学生的影响是无意、隐含和非预期的。实际上，潜在课程是一种课程独立形态，是一种教育经验，强调情意方面的非学术性内容对学生有意或无意的影响，存在于学校教育、家庭教育和社会教育之中。综上所述，潜在课程是学校通过教育环境（包括物质、文化和社会关系结构的）有意或无意地传递给学生非公开性教育经验（包括学术性与非学术性的）。② 与显性课程不同，潜在课程的物质承担者是具体的人、事、物，如教师、校园物质环境、文化氛围、学校组织结构、社会关系结构和正规课程中隐含的价值观、文化传统等意识形态层面的内容。潜在课程表现出潜隐性特点，以隐蔽的方式在暗默中把有关道德、价值、知识经验等渗透于具体的人、事、物及其活动过程之中，带有非强制性、非公开性特点，因而潜在课程具有容易接受的特点，学生在潜移默化中不知不觉地接受着课程的影响。③

学校潜在课程主要包括以下几部分：第一，正规课程中隐含的价值观、态度、阶层观点、理想、信念、道德观念、世界观等意识形态内容以及正规课程实施过程中所产生的偶然、无意识的文化影响；第二，学校的物质环境和精神环境——物质环境包括校舍、教室、实验室、图书馆的布置与管理，学校的卫生、校园的美化等，精神环境包含舆论、文化氛围、人际关系、组织气氛等；第三，学校管理制度、生活制度、各种仪式等学校教育的结构特性以及其对学生产生的教育影响；第四，教师期望、教师人格、教学行为、领导方式等。④

---

① Banks J. A., *Multicultiural Education: Characteristics and Goals*. In Banks, J. A. & Banks, C. A. M. (eds.) *Multicultiural Education: Issues and Perspectives*, Boston: Allyn and Bacon, 1993, p. 24.
② 靳玉乐：《现代课程论》，西南师范大学出版社1995年版，第360页。
③ 刘茜：《多元文化课程的建构与发展》，西南大学2007年博士学位论文，第154页。
④ ［美］威廉·F. 派纳等：《理解课程》，张华译，教育科学出版社2004年版，第367页。

对于回族多元文化背景下的潜在课程开发，首先，要剔除课程与教材中存在的偏见和歧视，在课程设置与教材编写中反映回族的文化内容，并将其反映在显性课程之中。其次，营造多元文化教育的物质与精神环境，注重体现回族多元文化教育的各种环境营造。如学校的校风校貌、一些重大回族节日（如纪念日、活动日等）、学校文化等。另外，在学校的图书馆、教室、会议室和餐厅的装饰以及课外活动设计等都要考虑如何反映回族文化特色。再次，形成具多元文化意义的各种学校制度和仪式活动。波尔诺（Otto Bollnow）认为，仪式和庆典都不只是小事情，相反，它们证明了海德格尔的观点，即只有通过"纯粹的"心情才能从根本上发现世界的原始释放状态。节日庆祝的特征是奢侈和喧闹。人们感到他们摆脱了日常生活的限制性结构，并居于这一结构之上。[1] 在这种教育氛围中，学生不仅受到潜移默化的影响，而且使他们摆脱生活中常规思维的限制，自由探究社会。

四 回族多元文化课程资源开发策略

回族多元文化课程开发是一项复杂的系统工程，不仅需要新理念，而且需要新思维。根据多元文化课程资源设计的基本理念，构建多元文化课程资源设计的策略，才能立足于回族地区的社会经济文化发展实际，因地制宜，深入开发回族丰富的多元文化课程资源，使回族文化有机融入多元文化课程体系之中，避免多元文化课程内容选择的随意性等问题，更好地构建多元文化课程模式，这样才能实现多元文化课程的目标，使课程资源开发落到实处。

第一，优化课程结构。

课程是文化的载体，优化课程结构，有利于更好地落实回族多元文化教育的目标。根据世界多元文化课程开发的趋势，中国多元文化课程开发应恰当安排国家课程、地方课程和学校课程不同层次的课程类型，有机整合这三类课程，并在其中渗透多元文化教育理念，以拓宽课程资源范围，建立多层次的多元文化资源统整模式，体现多元文化课程资源

---

[1] [美]威廉·F.派纳等：《理解课程》，张华译，教育科学出版社2004年版，第45页。

对各个层次多元文化教育的适切性，以适应不同个体发展的需要。

多元文化课程开发还应恰当安排学科课程、活动课程和潜在课程等多种形式的课程类型，注重通过活动激发学生的学习积极性和主动参与意识，尤其要重视潜在课程的设计。

第二，统整课程内容。

多元文化课程开发应重视各民族的优秀文化和特殊风俗习惯、民族历史上主要代表人物和重大历史事件；注意课程内容的民族化、科学化、大众化和地方化。多元文化课程开发内容不仅要突出主流文化的精华，而且要反映少数民族的优秀文化，反映世界优秀文化，关注各民族文化在交流与互动中的创新文化，同时，把面向实际经验的课程内容与现代化课程内容结合起来。课程内容应有助于学生全面理解各民族文化的特征，有利于学生形成多元化的价值观、态度和行为，有利于培养学生跨文化交往的各种能力。

第三，建立选优机制。

中国是一个多民族、多元文化的社会，不同民族和地区文化具有丰富性和复杂性，因而回族多元文化课程资源开发面临着文化资源的选择问题。若将所有优秀文化全部纳入课程，必然会导致课程容量太大，学生负担过重，而且并非所有的民族文化对于不同文化族群的学生都具有适切性。所以，要建立多元文化课程资源的筛选机制，严格课程文化资源选择的条件，在广泛对各民族文化资源普查的基础上，根据教育学原则，筛选那些有利于多元文化课程目标实现的文化资源。对各个形态的教育文化资源包括教育民俗、民间的课程资源等，只要能够促进学生的发展，就以"少而精"的原则纳入课程体系，既要保证各民族学生思想行为的一致性，又要促进各民族文化之间的相互尊重和理解。

为了有效开发回族多元文化课程资源，保证学校课程从多元文化构成中进行适当的选择，应借鉴英国课程论专家劳顿的"文化分析"理论，建立一个开放、接受合理检查和评判的文化分析与选择体系，以保证课程文化选择的合理性。

第四，多元一体。

中国是一个统一的多民族国家，每个民族都有自己独特的文化体系、民族文化心理以及特定的观念、信仰和价值观。在漫长的历史发展过程中，各少数民族文化与主流文化不断交流、相互融合，逐渐形成了"你中有我""我中有你"的文化特点。在各少数民族文化的精华融入主流文化的同时，也被深深打上了主流文化的烙印。中华民族多元一体的社会结构与文化特征决定了多元文化课程的开发必须坚持多元性与一体性相统一的基本原则。各民族文化的多元性与中华文化的一体性是有机联系的，多元文化课程开发既要把握文化中的多元，又要把握多元中的一体。多元文化课程开发，应充分考虑来自不同文化背景的学生，为他们提供各类课程文化资源，培养跨文化的知识、技能和观念。多元文化课程开发要正确处理"国家一体化"与"民族文化多元化"的关系，增强课程的文化适切性。多元一体课程应充分考虑各民族学生对待自身文化和主流文化的态度，将多元文化理念渗透于课程之中，消除对少数民族文化和主流文化的偏见。

第五，保持必要张力。

中国各民族传统文化为多元文化课程提供了丰富的资源，是多元文化课程开发的基础和前提。所以，要开发和利用丰富、多元形态的文化资源，将其有机统整到现有的课程体系之中，并将这些潜在的课程资源转化为现实的多元文化课程资源，以丰富多元文化课程，凸显课程资源的文化多元性。各民族多元文化通常由衣、食、住、行等方面的生活文化、婚姻家庭和人生礼仪文化、民间传承文化、工艺文化、信仰文化、节日文化等构成，这些民族传统文化为多元文化课程资源开发提供了广阔的空间。

民族地区蕴藏着丰富的多元文化资源，但并非都是以现成、完备的课程形式直接纳入课程体系的，必须要经过教育学的选择、加工和提炼，才能将这些"准课程资源""被选材料"纳入课程体系。在进入课程之前，它只是一种外在资源或有待发掘的潜在课程资源。课程容量的有限性与课程资源的丰富性是一对难以调和的矛盾，若将所有文化资源纳入现有的课程体系，将会导致学生课程负荷过重，而且并非所有文化都具有开发价值。多元文化课程资源的开发水平取决于课程资源开发者的意识、知识、能力等。要增强课程资源开发的适切性，就必须针对各个地区教育的实际情况，既要正视其存在的问题与不足，又要充分挖掘和开发利用本地区的丰富文化资源。探索切实可行的课程资源开发与利用的有效策略，有利于对实践层面的教育课程开发提供理论指导。因此，一体与多元文化之间必须保持必要的张力。

总之，中国各民族多元文化资源具有很大的开发价值，但必须要通过精心选择并加以提炼，才能将其纳入课程体系。课程资源的有效作用取决于课程资源的丰富程度以及课程的适切性，因而民族传统文化资源不等于多元文化课程资源，只有经过加工转化才能成为课程资源，才能成为课程的重要组成要素。同时，多元文化也不是静态存在的，具有动态生成性，是在课程开发主体与学生互动作用中生成的。

第三节 多元文化课程实施及其评价

一 课程实施

课程实施是将编制好的课程计划付诸实践的过程，是达到预期课程目的、实现预期教育结果的手段。多元文化课程的实施不仅仅是将具体课程方案付诸实践的过程，其本身也是一个不断变革的动态创生过程，强调教师和学生在课程开发中的创造性。

（一）课程实施取向

课程实施取向是指对课程实施过程本质的不同认识以及支配这些认识的相应的价值观。在课程实施过程中，受教育价值观、对课程实施的不同认识和态度等因素影响，课程实施存在三种基本取向：忠实取向、相互调适取向和课程创生取向。

1. 忠实取向

忠实取向又称"程序化取向"，是把课程实施视为忠实地执行课程方案的过程。强调课程实施者按照课程设计者的意图，建立一套程序和方法，并将课程计划付诸教学实践，达到预期的课程目标。采取忠实取向的教师往往把课程知识的建构看作课堂之外专家的工作，自己是执行者，把专家研制的课程付诸教学实践。[1]

---

[1] 张华：《课程与教学论》，上海教育出版社2000年版，第336—338页。

2. 相互调适取向①

相互调适取向是把课程实施视为课程设计人员与课程实施者双方同意进行修改调整，采用最有效的方法确保课程实施成效的过程。强调课程实施不是单向的传递、接受，而是双向的互动、改变。强调课程实施过程本身的变化过程，注重课程设计和课程实施之间的相互调适。课程方案有必要根据学校教育的实际情况进行适当调整，主要有以下三种调适方法：第一，局部调适。课程实施者部分调整课程计划，以适应课程设计者的意图；第二，双向调适。课程设计者与课程实施者双方相互改变一些看法和做法，以适应双方不同情况，从而使课程变革更有针对性和实效性；第三，课程实施者可以根据自己的旨趣及面临的实际教育情境，作出课程变革。

所有的课程方案在实施过程中都必须经过修正调整，才能适用于特定而变化的课堂情境。这样教师才能使学生的学习获得最大的效能。相互调适取向倾向于把课程变革视为一种复杂、非线性和不可预知的过程。因此，要关注课程实施过程中的社会情境因素分析，考虑到具体实践教学情境，如学校教学设施、师生特点、校园文化等对课程实施的影响，注重课程实施的复杂性、不确定性和过程性以及师生的主动性。

3. 课程创生取向②

课程创生取向是把课程实施视为师生在具体课堂情境中共同合作、创造新的教育经验的过程。真正的课程是情境化、人格化的，并不是在实施之前就已经固定了。课程实施的本质是在具体课堂情境中"创生"新的教育经验的过程，既有的课程方案只是为这种经验创生提供参考和借鉴。课程创生取向强调"课程是实践"。课程不是被传递的教材，而是需要加以质疑、批判、验证和改写的假设。

课程创生取向强调"教师即课程"。教师是决定课程成败的关键，课程开发意味着教师的专业发展，没有教师的发展就没有课程开发。知识不是由专家、学者发展出来传递给教师，再由教师传递给学生。专家

---

① 张华：《课程与教学论》，上海教育出版社 2000 年版，第 338—341 页。
② 同上书，第 341—343 页。

设计的课程仅仅是一种暂时性的假设,教师要在课堂教学中加以实践,并与学生、同事进行讨论对话,通过这一过程知识才能得以建构。因此,教师必须改变角色,做一个学习者和反思者。

课程创生取向强调教师和学生在课程开发中的创造性,重视教师和学生在课程制订过程中的作用,因而对教师和学生的要求也较高。

上述三种课程取向从不同侧面揭示了课程实施的本质,各有其存在的价值。从忠实取向到相互调适取向,再到课程创生取向,意味着课程变革从追求"技术理性"到追求"实践理性",再到追求"解放理性",体现了课程变革的发展方向。

多元文化课程关注的是师生的课程建构问题,认为师生是课程知识的创造者,强调课程实施过程中的意义诠释、文化背景、价值认同等。受地域性、民族性及文化多元性的制约,回族多元文化课程实施并非一个忠实执行课程方案的过程,而是一个不断变革的动态过程,在课程实施中应持相互调适的取向,强调课程实施过程本身的变化,课程设计和课程实施之间的相互调适,注重课程实施过程中的意义诠释、文化背景、价值认同等。

(二)课程实施策略

1. 课程实施创生性

詹姆斯·班克斯等学者研究了各国近 30 年多元文化教育的实施状况,大概归纳为以下五种方式:第一,通过研究民族课程开发,增进对少数民族的了解与尊重;第二,在双语或双文化环境中培养学生的多元文化学习能力;第三,重视学校整体环境的营造,以反映多族群的文化气氛,适合多元文化教育的实施;第四,具有社会重建性质的方式;第五,把文化的定义扩大化,不但民族群体应该接受上述的多元文化教育,其他次文化团体,如妇女、宗教、阶级等,也应予适用。① 多元文化课程是实施多元文化教育的核心。

由于所秉持的课程观、知识观、变革过程观、教师角色行为观等不同,课程实施的模式也不同。回族多元文化课程实施是一个动态变革过程,也是一个课程创生过程,应当采取相互调适取向,提倡以学校为中

---

① 张秀雄:《多元文化教育与公民教育》,《公民训育学报》2004 年第 15 期。

心的课程变革,注重回族多元文化课程方案与学校情境之间的相互调适,强调通过彼此之间的互动和调适,使课程方案和教学方法适应学校情境和地方教师的个人需要。回族多元文化课程的实施,尤其要关注教师的需要和能力,获取他们的理解与支持;同时,为教师提供多种支持,如各种形式的培训,让教师参与多元文化课程方案研究、开发与实施,避免教师对推行多元文化课程的不理解、不支持。

回族多元文化课程经过教师的理解与领悟,才能使这种理想课程转化成真实课程。教师作为一种条件性课程资源,他们的能力、态度、价值观等直接影响多元文化课程实施的效果。通过教师参与多元文化课程发展,使其考虑"如何教""教什么""为什么"等问题。教师的社会文化背景和教育背景不同,其社会经验也各异,形成了自己的专业知识和技能、教育理念,这就要求教师不断调适,形成与自己教育理念相适应的多元文化课程。

2. 课程实施案例

回族多元文化课程主要由文化意识类课程和民族类课程构成,其中回族文化意识类课程包括:多元文化教育概论、回族民俗学概论、宁夏历史文化地理等理论性课程构成。民族类课程主要由以下三部分构成:第一,回族人生礼仪文化,包括:婚姻、家庭、宗教、丧葬等;第二,民间传承(传统)文化,包括:民间文学、音乐、舞蹈、戏曲、美术等;第三,节日文化,包括:回族特有的宗教、农事、纪念、庆典等节日活动。

第一,文化意识类课程的实施。

对于多元文化理论课程,主要以课堂讲授为主,保证师范生掌握多元文化教育的基本理论知识,改革传统灌输教学方法,加强理论与实践之间的联系。通过一门课或一个单元的方式,讲述有关民族文化的内容、概念及观点,帮助学生在接触和掌握主流群体文化时,能联系自己的文化特征与文化背景,形成积极的群体认同,建立正确的自我文化认同;同时,要将多元文化理念渗透到其他课程学习之中,使学生从多元文化视角探讨各类课程中的概念、主题及有争议的问题,培养学生通过所学概念和理论,发现社会存在的重大或有争议问题的能力,从而搜集资料，澄清对此问题的态度，并提解决问题的建议。①

第二，民族类课程的实施。

首先，要加强师范生的民族类课程学习。地方民族师范学校应结合自身的实际，制定多元文化课程学习的相关制度政策，规定多元文化选修课程（讲座）、选修课程学生人数、选修的学时等。如每学期特色讲座开设 5—8 次，学生必须修满 2 学分等，这是师范生获得教师资格证的必需条件之一。

其次，加强多元文化实践课程教学。实践课程是多元文化课程非常重要的一个模块。除了加强见习和实践以增加师范生的多元文化教育实践体验外，还可采取多种形式。例如，可以组织师范生围绕多元文化课程内容相关的材料和资源，创设多元文化教育情境，让学生自己操作，运用材料解决问题，积累多元文化教育的相关实践经验；在特定民族事件、节庆日，通过讲授或安排一些展览活动，使师范生了解有关各民族的文化、历史、风俗等，丰富学生的多元文化知识。②

再次，除了高校教师外，还可聘请回族文化研究专家担任专业课教师，尤其是实践性较强的艺术类课程，以提高学生的多元文化知识水平和教学实践能力，增加专业理论课程的实践教学，让学生把所学多元文化理论转化为教学实践行为，培养其多元文化教学实践能力。

最后，注重多元文化教育"隐性"课程的开发与建设。鼓励学院及教师根据自身的多元文化特色，常年为学生开办具有多元文化特色的学术讲座。相关多元文化的各类学术讲座是学校进行多元文化教育的主要渠道之一，而且也可营造浓郁的多元文化学术氛围。

（三）回族多元文化课程教学

多元文化课程的实施，并不是将所有少数民族的文化资源纳入课程之中，因此造成学校课程太多，导致学生学业负担过重。多元文化课程主要是将少数民族的文化精华或特色融入学校课程，反映多元文化观，

---

① ［美］詹姆斯·班克斯：《多元文化教育——议题与观点》，台北心理出版社 2008 年版，第 307 页。

② James A. Banks, Transforming the Mainstream Curriculum, *Educational Leadership*, 1994 (8), p.4.

发展学生认知、技能、情感等方面的能力和态度。[①] 多元文化课程实施的有效途径是教学。拉德菲尔德（Redfield R.）认为，在发展年轻人前后一致的观念体系和适应于他所处的社会生活需要的价值方面，教学是卓有成效的。[②]

1. 多元文化教学观

多元文化课程追求教育民主平等，尊重差异，消解权威、中心，要求建立与之相适应的教学观。多元文化教学的目的是回归生活世界，强调对生活世界意义的追求与理解，强调教学回归生活世界，使学生把对生活世界意义的理解与建构当作自己真正的目的，唤醒、提升学生的自我意识，理解人与世界、人与人之间的关系，理解人生和生活的意义。

多元文化教学是一个不断持续的过程。教学系统具有开放性、动态性特征。要求多元文化教学秉持一种教学差异观。知识并非纯粹客观的东西，知识依赖于处境，具有境域化特点。教学情景与社会紧密联系在一起，充满了多样性和不确定性，而且每一个个体都具有独特的文化背景、个性特征、理想、信念、价值观和认知方式，表现出很大的差异性。为此，在多元文化教学中，教师不仅要正视差异的存在，而且要尊重这种差异性，加强交流与对话，增进彼此了解，构建和谐课堂，创建富有成效的教学模式。

多元文化教学强调民主平等的师生关系。知识是建构的，不是传递的，这种知识观要求教师转变观念，成为学生的"指导者""合作探究者""伙伴"等。在多元文化教学过程中，教师和学生是彼此合作的伙伴关系，师生之间要加强沟通和对话，教师扮演"引导者""合作探究者""平等对话者"的角色。教师的主要作用在于激发学生的求知欲望，引导他们发现自我，开发自己的潜能，培养他们与他人合作、共事的态度和技巧，实现其身心的全面发展。

2. 多元文化教学方法

（详见第六章第三节《多元文化教学方法》）

[①] 王鉴：《多元文化教育：西方民族教育的实践及其启示》，《民族教育研究》2003年第6期。

[②] Redfield. R., *The Social Uses of Social Science*, University of Chicago Press, 1963, p. 37.

二 课程评价

"评价是人类有意识活动的一个表征。评价的实质在于促使人类活动日趋完善,是人类行为自觉性和反思性的体现。实际上,评价广泛渗透于人类有意识的活动之中,是构成活动的一个有机组成部分。课程与教学评价同样如此,其根本目的在于保证课程开发与教学设计的合理性。"① 课程评价是指检查课程的目标、编订和实施是否实现了教育目的,实现的程度如何,以判定课程设计的效果,并依此作出改进课程的决策。

回族地区文化资源丰富多彩,多元文化课程建设主要是挖掘这些宝贵的课程资源。因此,多元文化课程评价要根植于深厚的民族文化土壤,建立相应的多元文化课程评价制度,促进多元文化课程资源的开发,鼓励并培训教师参与民族课程资源开发;要建立多元化评价机制,实行灵活多样的课程考核方式,加强课程教学质量监控,确保多元文化课程的教学质量,促进多元文化课程建设。

(一) 多元文化课程评价理念

评价具有激励和约束双重作用。所以,要建立长效健全的课程评价机制,完善评价制度与激励约束机制,坚持课程评价的全面性、过程性、多样性、发展性和激励性,充分发挥课程评价对多元文化课程实施导向和有效监督制约作用,帮助学校发现和了解在课程建立过程中存在的问题,不断改进课程评价体系,提高多元文化课程教学质量。

1. 坚持评价内容的客观性

多元文化课程评价体系要坚持标准的多样化、弹性化及结果的相对化,坚持评价方式多元化,使评价结果更为客观、真实,凸显评价过程在动态发展中的客观性,以利于确立多元文化课程评价的标准。在评价方式上,要坚持多元文化课程发展性评价理念,重视质性课程评价,其中包括适应性②评价、解释性评价、教育鉴赏与教育评价、档案袋评价

---

① 张华:《课程与教学论》,上海教育出版社2000年版,第372页。
② 适应性是指生物体与环境表现相适合的现象。适应性要经过长期的自然选择,需要很长时间才能形成。应激性的结果是使生物适应环境,可见它是生物适应性的一种表现形式。

等，强调评价问题的真实性与情境性。除此之外，还要具备多元文化的理性思维。

课程评价内容影响着教师的课程观和课程行为。课程体系是一个完整的体系，因而课程评价也应该是一个完整的体系。所以，在制定课程评价内容时，要避免片面评价，坚持全面性评价原则。从课程评价内容的对象看，多元文化课程评价包括教师和学生评价；从课程评价阶段来看，包括课程生成阶段、课程实施阶段和课程输出阶段评价；从课程评价内容的类别来看，包括课程设置、课程结构、课堂教学、学习效果、课程制度、课程实施条件等方面的评价。目前，中国高校普遍重视课堂教学、学习效果和课程实施条件的评价，缺乏对课程开发、监控和评价制度、运行机制以及课程结构的评价。[①]

2. 坚持评价时间的持续性

课程实施保障体系是一个系统工程，也是一种动态评价。目前高校注重课程的终结性评价，缺乏课程开发和实施过程的评价。终结性评价是对课程实施最终结果的鉴定，是一种静态、终结性的定论，不能有效了解、评价和调整课程实施过程中出现的问题。而形成性评价是动态的，侧重于对课程实施过程评价，可以及时了解课程实施的信息，发现和纠正存在的偏差。因此，要将形成性评价和终结性评价结合起来，在课程开发、实施和输出阶段的各个环节进行及时评价、反馈和调整。在课程开发阶段，要对课程目标、课程开发团队结构和课程结构的合理度进行评价，评价标准要把高校课程评价指标与学科专家意见结合起来，由院系课程开发团队充分讨论决定。在课程实施阶段，要由传统"为评价而教学"转向"为教学而评价"，对课程实施的全过程进行动态评价，即对教师教学的工作量、教学水平、教学成果进行中期评价和不定期评价，及时了解、反馈和改进教师在教学中存在的问题及其原因。在课程结束后，对教师授课期间的教学水平进行全面评价，包括对教师的教学态度、教学能力、教学效果、教学优点和不足等方面进行评价；也要对课程的学习结果进行评价，包括对

---

① 邢晓阳：《地方高校硕士生课程质量保障体系建构研究》，广西师范大学 2005 年硕士学位论文，第 53 页。

学生的课程成绩、课堂表现和平时作业进行综合评价。①

多元文化课程的评价是一个持续过程,需要相关课程设计专家和评估专家对学生进行长期的跟踪调查。因为课程对学生产生的教育效果不是短期内就能体现出来的,而是在其以后的学习生活中逐渐表现出来。所以,对学生的评价包括在校期间的评价与毕业之后的评价。同时,多元文化课程需要持续改进,因而对课程评价也是一个持续的过程。

3. 坚持评价方式的多元性

多元文化课程的评价不是一个价值中立的过程。无论是评价主体的确立还是评价标准的制定,都是一个不同意识形态、不同文化、不同价值观的比较过程。所以,要采用科学的评价体系,不能仅仅以多元文化课程学科的逻辑性以及是否适合学生的年龄特征、学习特点等进行评价,还要考虑课程材料的文化适宜性,即它们是否反映了多元文化教育的价值和理念,能否实现多元文化教育的目标等。②

为了获得准确的课程实施信息,必须坚持课程评价方式的多样性。评价方式多样性包括评价主体多样性与评价方法多元性的结合。其中评价主体应包括评价者和被评价者,即任课教师、其他教师、教学委员会成员与学生等。评价方法多样性包括定量评价与定性评价相结合,他评与自评相结合,采用学生问卷、教师书面自评、教学委员会的课堂督评等形式。

4. 评价方法综合性

传统课程评价体系是以主流文化为背景建立起来的,忽视了民族文化之间的差异,不利于多元民族文化的继承和发展。多元文化课程应以多元文化为背景并在少数民族地区实施,课程目标、课程内容、教学方式等都应具有民族特色。所以,应在多元文化背景下改革课程评价方法,注重评价的客观性、公平性。多元文化课程实施具有生成性特点,课程评价不能采用单一的评价方法,应采取综合性评价方法,将定量评

---

① 邢晓阳:《地方高校硕士生课程质量保障体系建构研究》,广西师范大学 2005 年硕士学位论文,第 53 页。

② 沈小碚:《对多元文化课程构建的理性思考》,《民族教育研究》2008 年第 2 期。

价和定性评价、显性评价与隐性评价、形成性评价和总结性评价有机结合起来，设置弹性的多元文化课程评价体系，并渗透人文关怀和多元文化理解。多元文化课程评价体系是一个复杂多元的体系，需要不断地发展和完善。①

5. 坚持课程评价功能的发展性

现代教育评价理念认为，评价不是为了证明，而是为了改进和发展。世界各国课程评价改革的发展趋势已经转向人文关怀。中华人民共和国教育部《基础教育课程改革纲要（试行）》中也明确提出："改变课程评价过分强调甄别与选拔功能，发挥评价促进学生发展、教师提高和改进教学实践的功能，建立促进学生全面发展的评价体系。"因此，多元文化课程评价应改变传统甄别选拔、鉴定性评价，注重促进全体师生的发展性评价。

教师多元文化教学评价不仅要关注教师的教学态度、教学水平和教学成果，还要了解教师在教学中存在的问题及其原因，及时反馈学生与其他教师的相关意见和建议，促进教师改进和提高多元文化课堂教学效果。学生多元文化课程学习效果评价不仅要关注学生的期末成绩，还要观察学生在课程学习过程中的表现，了解学生发展的实际需求，充分发挥评价的教育功能，促进学生更好地发展。

6. 坚持评价机制的激励性

多元文化课程的实施离不开教师和学生，因而评价要充分激发和调动广大师生教与学的积极性、主动性和创造性。激励机制是通过奖赏、惩戒等方式使个人的行为表现符合期望和要求，以达到调动其工作积极性的目的。② 激励机制能够强化和激发人的动机，推动并引导个人的行为向预定目标前进。因此，激励机制对多元文化课程评价具有十分重要的作用。

激励机制包括奖励和约束两方面。其中奖励要结合学校的实际情况，将物质奖励和精神鼓励结合起来，调动教与学的积极性和创

---

① 庞丽：《多元文化课程实施中教学方式的研究》，西南大学 2010 年硕士学位论文，第 42 页。

② 李阿利：《建立研究生导师有效激励机制的系统思考》，《学位与研究生教育》2005 年第 10 期。

造性，为提高教学质量提供内在动力。约束是制定必要、具有约束力的规章制度。随着学校环境的变迁、战略目标的转移、教育成效的变化等，教师要不断作出自我改善，实现教学质量保障体系的最优化。①

激励性课程评价要体现"奖优罚懒"的公平原则，通过对教学质量、学习效果的评优、评先和奖励激发师生教与学的积极性；同时，通过制定教学和学习的最低标准约束师生行为，避免出现低质量教学和学习现象。因此，多元文化课程质量保障评价要坚持激励性，并将鼓励与约束相结合，建立公正、合理、长效的激励性课程评价制度，积极引导多元文化课程实施和建设，保障多元文化课程更好地实施。②

(二) 多元文化课程评价标准

1. 课程评价标准建构

"教育活动一般由目标、内容、方法以及具体的教育实践几个因素构成。课程评价就是依据对这些活动的调查分析，揭示教育程序所具有的价值与效果，为课程开发提供有效的信息。"③ 多元文化课程教学方法的选择以课程评价体系为参照标准，对课程评价体系的反馈信息又会促使教师改革多元文化教学方法。传统课程评价以学生学习成绩为标准，而多元文化课程实施需要有相应的课程评价体系，以保障多元文化课程的有效实施。有学者提出：建立学校整体的多元文化课程评价标准，这为民族地区多元文化课程评价提供了参照标准（见表5—1）。④

目前，多元文化课程评价没有统一的标准，主要是基于学生的个性差异、民族地域文化等多种因素，但评价标准必须包括以下几方面内容。

---

① 古广灵：《本科院校教学质量保障体系的构建与运行探索》，《高教探索》2007年第1期。
② 邢晓阳：《地方高校硕士生课程质量保障体系建构研究》，广西师范大学2005年硕士学位论文，第55—56页。
③ 张华：《课程与教学论》，上海教育出版社2000年版，第378页。
④ 陈美如：《多元文化课程的理念与实践》，台湾师大书苑有限公司2000年版，第146—147页。

表 5—1　　　　　　　　　多元文化课程评价标准

问题	极同意/同意	中立	不同意/极不同意
1. 学校文化反映多样的种族、文化和性别吗？			
2. 学校的整体文化（包括潜在课程）是多元种族和多元文化的吗？			
3. 教师所喜好的学习风格是否能配合学生的学习风格？			
4. 学校有无反映学生在社会中的语言、口语的限制及范围？			
5. 学校有无让来自多种族、多文化族群的家长参与学校的活动、方案及计划？			
6. 学校的计划方案有反映社会中的多元族群吗？			
7. 测验的使用有顾及学校多元文化和种族的平等吗？			
8. 教材有无检核种族、文化和性别的偏见？			
9. 正式的课程有修习多种族、多文化的议题吗？			
10. 学校的教学和引发学习动机的方式，是考虑学生的种族和文化多元性吗？			
11. 学校成员的知觉、态度、信念及行为对种族和族群有所感知吗？			
12. 学校有无系统的、完整的、持续的多元文化成员发展方案？			
13. 学校成员的组织（行政人员、教学、辅导和支援人员）包括多种族和多文化吗？			
14. 学校的气氛对于多样的种族、族群、文化和语言差异的态度是正向、尊敬的吗？			
15. 学校的假期和各种会议有无反映该社会多元的种族及文化观吗？			
16. 学校的午餐是否有反映该社会中多元种族的饮食文化？			
17. 学校中的公告、心理教育方案、音乐及其他设置与活动有无考虑种族文化的多样性？		·	

第一，体现多元文化课程的基本理念。

传统课程评价体系与制度往往是在主流文化背景下建立起来的，它是以统一的课程和方法为评价对象的，因而轻视了民族文化的差异性，忽略了民族价值的多元性。多元文化共存的教育理念，要求教师应学会观察和了解不同文化背景导致的差异，具备文化的敏感性，采取多元化教育方法，关注处于文化适应中的学生，并能与不同文化背景的学生友好相处，理解他们的兴趣需要；要善于利用文化差异作为教育资源，对不同地区、不同文化背景的学生进行自强或自尊性教育。

第二，融入民族文化资源的基本内容。

把民族文化课程融入学校的整体课程体系之中，即将零碎的亚文化内容融入相关科目之中，表现为在某些课程中可以打破原有学科的结构，以社会问题和历史事件为核心，探讨少数民族的观点、经验和感受。因此，检验多元文化课程是否有效的一个重要指标是：学生所获得的学习经验是否符合多元文化课程的教学目标。

第三，采取学校改革的整体价值取向。

学校教育是一个完整的系统，要实施多元文化教育，需要改变整个学校环境系统，如师资、教学、行政等，形成多元文化教育情景，让学生在耳濡目染中学习。多元文化课程设计的根本和关键是：要立足于本地区民族的文化传统，反映我国主流文化与其他民族的文化，并将本民族的发展与全球化背景联系起来。

2. 课程评价标准建构策略

第一，评价标准多视角。

多元文化课程要求评价标准多角度，不能以单一的考试成绩为衡量课程实施效果的标准。应通过多角度的评价标准，促使教师转变教学方法，更好地实施多元文化课程教学。应主要从学校、教师、学生等视角评价多元文化课程实施的有效性。

从学校角度看，要考察学校多元文化氛围、硬件设施等是否满足多元文化课程的实施要求，学校的教学和管理理念是否渗透了多元文化教育思想。从教师角度看，应考察教师对多元文化教育理念的理解程度，包括对学生学习风格和文化背景的了解程度、教师组织实施多元文化课程的熟练程度等。从学生角度看，要考察学生的多元文化素养、民族认同感是否有所提升，学生的社会适应力是否有所提高，学生的学习成绩是否优秀等方面的内容。[①]

[①] 张华：《课程与教学论》，上海教育出版社2000年版，第373页。

第二，评价标准多元化。

多元文化课程的特点决定了对其评价的多元化，多元文化课程评价内容包括：学生在多元文化环境下形成的情感、态度、价值观、知识、技能等；课程目标；课程实施过程；课程评价者和参与者等。基于学生个性差异、地区发展不平衡、民族地域文化多元等特征，多元文化课程评价难以采用统一的标准。因此，要创新多元化评价形式，如课堂面对面的口试、课堂讨论、辩论演讲等形式，避免采用统一的标准评价课程实施的质量。

（三）课程评价内容

传统课程评价主要是针对学生的学习结果，直到20世纪60年代，评价对象才逐渐扩展到课程计划、目标、过程等。施瓦布提出将教师、学习者、教材和环境四个因素作为评价对象。[①] 一个完整的课程开发包括：课程目标、课程内容、课程实施过程和结果。因此，回族多元文化课程评价内容不仅包括对学生、教师、多元文化课程本身的评价，还包括对课程目标、课程内容、课程实施过程和结果方面的评价。

1. 课程目标评价

回族多元文化课程的目标是传承民族文化知识，培养学生的民族认同感、对异文化的理解和尊重以及形成多元一体价值观，具体包括回族多元文化知识、实践技能和态度情感目标，使学生形成平等对待和欣赏他人文化的观点，能理解和分析因文化背景不同导致的差异。对多元文化课程目标评价应澄清以下问题：第一，是否支持多元文化学生的传统学科内容、知识、技能的成就；第二，是否帮助学生获得两个准确和完整的知识；第三，是否鼓励学生接受他人的观点；第四，是否了解特定团体的历史和传统；第五，是否帮助学生重视多样文化及公平；第六，是否设计、安排所有学生在民主社会活跃地工作。[②]

[①] 庞丽：《多元文化课程实施中教学方式的研究》，西南大学2010年硕士学位论文，第42页。

[②] 陈美如：《多元文化课程的理念与实践》，台湾师大书苑有限公司2000年版，第42页。

2. 课程内容选择和组织评价

回族多元文化课程评价不仅仅关注课程目标的达成，同时还将课程内容的选择与组织也纳入评价对象。

针对课程内容评价，主要包括：第一，所选择的课程内容是否有助于实现回族多元文化课程目标。因为丰富的回族多元文化资源在进入课程之前是潜在的准课程资源，必须依据课程目标，经过加工、转化，才能进入课程内容；第二，课程内容是否体现社会公平正义、文化平等的理想。

针对课程内容的组织评价，应主要考虑课程内容组织是否体现完整性、连续性、衔接性。因为回族历史、文学和民间艺术、风俗习惯等内容资源需要进行有机统整，才能避免多元文化课程内容组织存在的简单化、零碎化，保持课程内容的连续性和衔接性，以增强学习经验的累积效应。

3. 课程实施过程和结果评价

针对课程实施过程评价，主要包括：第一，多元文化理念是否渗透于学校环境之中。因为多元文化教育课程不仅仅是增加一些回族文化课程，而是要将多元文化理念渗透于学校环境和课程之中，形成多元文化教育情景，具有多元文化特色，让学生在耳濡目染中学习；第二，多元文化课程实施过程是否反映了多元文化教育理念。如教学是否考虑多元文化背景下学生的心理特征、学习风格和认知方式，是否能够联系学生的社会生活经验，是否有利于回族学生的多元文化价值观、态度和情感的形成，是否使学生能够平等对待和欣赏回族文化以及其他文化，认同国家的主流文化等。

针对课程实施结果评价，主要依据学生所获得的经验、情感、态度、价值观是否符合多元文化课程的目标进行。因为经过选择、组织的充满教育性经验的多元文化课程，只有经过学生的体验和内化，受到潜移默化的熏陶和感染，才能真正成为学生自己的经验和知识，形成多元文化情感、态度和价值观。

（四）评价主体

多元文化课程实施具有特殊性，不仅要以民族地区多元文化为背景，而且要以提高学生的民族认同感、多元文化素养、社会适应能力等为教学目标,多元文化课程的实施蕴含着许多社会因素。为了保证多元文化课程评价的客观性和科学性,评价主体必须是多元的,主要包括学习者主体和课程自身设置两个方面,其中学习者主体是评价学生的学习结果;课程自身设置是由学生、教师、家长、社会等对课程设置进行评价。因此,多元文化的评价主体应包括学生、教师、家长和学校,还应包括课程设计专家、大学教育学研究者、教育管理部门。其中学生包括在校学生和已毕业的学生两类,要对毕业生进行跟踪访谈,获取关于多元文化课程教育后续效果的反馈。教师自己对课程设计的反思,其根据是学生对多元文化的学习效果。家长主要依据学生的反馈信息,也可以自己深入课堂中体会多元文化课程教学,为多元文化课程提供教学资源,参与到多元文化课程教育之中。课程专家的评价主要针对课程的设计理念、设计框架进行分析。[①] 这样可以通过多渠道、多方面听取和采纳社会各界的评价、意见等,促使教师选择和运用恰当的教学方法,促进多元文化课程的有效实施。

(五) 评价方法

评价是对某一事物进行价值判断。一般认为课程评价是对课程目标、课程设计、课程内容、课程实施过程和结果等进行的价值判断。不同课程评价的情况是有区别的,确定课程评价的职责和权限决策要与课程评价的背景相对应。[②] 传统现代主义课程评价采取目标评价模式,提倡客观实证的评价方法,强调量化和测验的精确性,把评价作为一种预测、选拔、甄别和分化学生的工具,学生的学业成绩是教师教学效果评价的唯一标准,没有起到促进和完善课程计划的作用。

回族多元文化课程涉及文化价值,因而课程评价不能完全等同于一般课程的评价,要注重对多元文化课程的反思和重建,要体现人文关怀,以评价促进发展为基础,强调通过多元文化课程,使来自不同民族和文化背景学生的多元文化知识、实践和技能、态度和情感等方面都得到发展。因此,回族多元文化课程评价不能采用传统封闭式考试来检测

[①] 唐颖:《澳大利亚中小学多元文化课程设计研究》,华东师范大学 2007 年硕士学位论文,第 30—31 页。

[②] 《简明国际教育百科全书:课程》,江山野译,教育科学出版社 1991 年版,第 169 页。

学生的个人知识和能力水平，要创新评价形式，要依据社会学、文化人类学、历史等学科的评价方法，以质性评价方式为主，注重过程评价，并将过程性评价与结果性评价相结合，不能仅仅依据定量评价方式，而要将定性评价与定量评价相合。

1. 档案袋评定法

档案袋评定法指收集、记录学生自己、教师或同伴作出评价的有关材料以及学生的作品、反思和其他相关的证据与材料等，以此评价学生的学习和进步状况。档案袋评定是一种质性评价方法，是对个人成长发展过程的一种直观、生动的记录，是一部个人成长的活作品集，学生或教师在创造、生成个人档案袋的过程中能够清晰地看到自己的成长足迹，感受到自己的持续进步，减轻纸笔测验带来的竞争焦虑。

档案袋评定法的类型很多。美国学者玛格丽特·格莱德勒（Margaret E. Gredler）根据档案袋的不同功能，将其分为：理想型、展示型、过程型、文件型、评价型和课堂型；美国课程评价专家比尔·约翰逊（Bill Johnson）将其分为最佳成果型、精选型和过程型。其中最有代表性的是"理想型档案袋评定"，其目的是帮助学习者成为对自己作为学习者的学习历史具有思考和进行非正式评价能力的人。"理想型档案袋评定"主要由三部分组成：学生的作品产生过程说明、学生的系列作品、学生的反思记录。第一，学生的作品产生过程说明。包括主要计划的产生和编制文件，使学生在选择计划时的理想就能展现出来。对一件作品产生过程的记录，表明了学生在课程领域中努力的程度。第二，学生的系列作品。是广度的证明。第三，学生的反思记录。它有助于学生的成长，主要包括让学生描述自己作品的特征、成长过程中的进步、实现的目标等。[①]

"展示型档案袋评定"主要收集能够反映个人取得成就的材料，如自己的最佳作品、代表性作品、获奖证书和奖章等。"过程型档案袋评定"主要收集反映不同时段个人表现的材料，其中不仅有自己最满意的作品，也有最初不太成熟的作品，如一篇文章的初稿、修改稿和定稿都可以被收集在档案袋中。

---

① 李雁冰：《质性课程评定的典范：档案袋评定》，《外国教育资料》2000年第6期。

因此，档案袋评定法适合回族多元文化课程评价，根据课程评价主体、内容等实际情况，可灵活运用多种档案袋评定法，对回族多元文化课程作出客观、准确的评价。回族多元文化课程档案袋评定的主要内容包括：学生的小论文、调查报告交流会、访谈录、观感作文、学生举行的"花儿"演唱会、学生剪纸作品的评比、学生拍摄的照片展览、回族风俗集锦等。通过对这些作品、活动的评价，可以充分调动学生参与多元文化教育的积极性，形成相互学习、相互帮助、和谐融洽、民主平等的氛围。

2. 形成性评价

形成性评价又称"过程评价"，是在教学过程中进行的评价，是为引导教学过程正确、完善地前进而对学生学习结果和教师教学效果采取的评价。其主要目的不是选拔优秀学生，而是发现每个学生的潜质，强化改进学生的学习，并为教师提供反馈信息。

由此可见，形成性评价是为了明确活动运行中存在的问题和改进的方向，及时修改或调整课程活动计划，改进和发展学生的学习，以获得更加理想的教学效果。形成性评价的任务是对学生日常学习过程中的表现、取得的成绩以及反映出的情感、态度、策略等方面的发展作出评价。其目的是激励学生学习，帮助学生有效调控自己的学习过程，使学生获得成就感，增强自信心，培养合作精神。形成性评价重视学习过程和在学习中的体验，强调教师与学生、学生与学生之间的对话、交流与互动。

多元文化课程的目标是帮助学生形成多元文化思想和理念。因此，形成性评价很适合对多元文化课程的评价。课堂提问、学生参与各种活动等都可作为多元文化课程评价的主要形式，学生参与各种民俗文化活动、课堂讨论中的表现等都应作为其学业成绩评定的主要依据。[①]

3. 过程性评价与结果性评价

教学受学生的社会文化背景差异、母语差异、学习环境差异等各方面的影响，因而要改变传统单一的评价观——通过考试分数评价学生的学习结果，要将过程性评价与结果性评价有机地结合起来，强调过程性

---

① 钟启泉、李雁冰：《课程设计的基础》，山东教育出版社2000年版，第601页。

评价,尤其是课程评价要与教学活动相结合。针对教师评价,主要从以下两个方面评价:第一,日常多元文化课堂教学活动评价。主要包括多元文化课堂教学内容的设计和组织、教学过程、课堂教学效果等方面;第二,非日常多元文化教学活动评价。主要包括组织大型学生活动,如民族文化节、展示学生独特风采的综合演出等,通过这些浓郁的民族风情体现学校的办学特色。[①]

过程性评价以课堂提问、讨论、习作展示等形式进行,注重对学生的学习兴趣、参与积极性以及对回族文化艺术的理解能力、审美能力、学习过程中的合作交流和探究等方面的评价和记录,并及时与学生进行交流反馈。终结性评价在每个模块或主题学习结束时进行,在学生自评、互评的基础上,教师依据对学生平时的观察和了解,对学生进行全面评价。是在学期结束之前,给学生一个鼓励、引导性的综合评价。

4. 定性评价与定量评价

回族多元文化教育课程评价应将定性评价与定量评价相结合,注重对学生综合素质的评价,促进学生全面发展,使学生能够正确认识自我、发展自我。

定性评价主要看学生三维目标的落实情况。第一,在知识与技能方面,重在评价学生获取丰富的回族文化知识,并能更好地理解回族文化,以多元文化的理念接纳回族文化,认同与发展回族文化,学会尊重丰富多彩的民族文化;第二,在过程与方法方面,主要评价学生了解、适应和参与社会的能力,提高学生多元文化教育实践能力以及学习技能、沟通与合作技能、实践能力、创新能力、探究精神等;第三,在情感态度与价值观方面,主要评价学生热爱家乡、热爱本土文化,能够与人和谐相处,学会自信,形成积极健康的人生态度。

定量评价根据学生提交的书面结果评定分值或等级,如小论文、调查报告、访谈录、观感作文等。

---

① 沈小碚:《对多元文化课程构建的理性思考》,《民族教育研究》2008年第2期。

第六章 回族多元文化背景下的职前教师培养

教师教育培养模式是提高人才培养质量的关键。因此，要改革传统教师教育培养模式，建立开放、多元化的教师教育体系，应将职前教师培养与职后教师培训有机地结合起来，使教师教育一体化发展。

课堂教学是提高多元文化教育质量的过程保证，因而，教师要树立多元文化教育教学理念，提高教师的课堂教学设计能力，采用适切的教学方法和策略，提高多元文化教学效果，提升人才培养质量；同时，要增加师范生在民族地区中小学进行教育见习和实习的机会，了解不同民族学生的文化背景，提高多元文化教学实践能力。

第一节 多元文化教师教育一体化建构

随着终身学习、学习型社会的发展，传统定向、封闭的师范教育体系走向了开放、多元化的教师教育体系，传统一次性、终结式的师范教育被发展性、终身式的教师教育所代替。针对中国基础教育发展对师资的更高要求，师范院校不仅要提高职前教师的培养质量，同时要加强职后教师培训。对于职后教师培训，可采用联合模式、发展模式或合并模式，突出教师成长的连续性、阶段性和发展性，走教师教育一体化、特色化发展之路。

一 教师教育终身化

1966年，联合国教科文组织在《关于教师地位的建议》中提出，应把教学工作视为一种专门职业，要求教师必须通过严格和持续不断学习才能获得，而且需要教师不断更新专业知识结构、提高教学技能。① 20世纪70年代，英国学者詹姆斯·波特（James Potter）依据保罗·朗格郎（Parl Lengrand）的终身教育理念，将教师教育分为三个阶段：个人教育阶段（职前教育阶段）、准备教育阶段（试用阶段）和在职教育阶段（继续教育阶段），并阐述了教师职前培训与在职培训一体化的思想，提出了教师教育终身化理念。② 1975年，联合国教科文组织在《关于教师作用的变化及其对于教师的职前教育、在职教育的影响的建议》中强调，教师培养与教师培训相统一是十分必要的，并提出了付诸实施的可能措施。教师教育一体化引起了教育界的广泛关注，许多国家的师范教育开始向教师教育转型，逐渐将在职教师培训纳入师范院校工作之中。③

随着师范教育向教师教育的转型，传统一次性、终结式的师范教育被发展性、终身式的教师教育代替。传统师范教育模式是将学科专业、教育理论和教师职业技能培养融合在一起，通过一次性学习，终身从教。而教师教育培养模式则是将教师职前培训与在职培训一体化，要求教师必须终身学习，以避免专业知识结构和教学方法的老化。它是一种与学习型社会、知识经济时代相适应的教师培养模式。④

二 教师教育一体化

中国传统的师范教育体系由教师职前培养和职后培训构成。教师职前培养由普通师范院校负责，一般来说，"中师"培养小学教师，"师专"培养初中教师，"师院"和"师范大学"培养高中教师。教师职后培训由成人性质的教育学院承担，县级进修学校培训小学和幼儿教师，地市级教育学院培训初中教师，省级教育学院培训高中教师，形成了教师培养和教师培训的二元结构格局。⑤ 长期以来，中国职前中小学教师

---

① 顾明远：《师范教育的传统与变迁》，《高等师范教育研究》2003年第3期。
② 刘捷：《教师职业专业化与中国师范教育》，《天津师范大学学报》（社会科学版）2001年第2期。
③ 黄威：《教师教育体制——国际比较研究》，广东高等教育出版社2003年版，第35页。
④ 马晓雄：《关于师范教育向教师教育转型的几点思考》，《高等师范教育研究》2003年第4期。
⑤ 于兴国：《教师教育发展的趋势、因素及其策略研究》，《教师教育研究》2010年第6期。

培养与在职教师培训是分离的，严重影响了教师教育培养的质量和效益。在这种教师教育体系中，师范院校与教师培养系统相对应，主要任务是为中小学校培养师资，只注重教师的理论知识学习，以此为将来从事中小学教师职业做好准备。与此同时，教师进修学校与中小学教师培训系统相对应，主要任务是对现有师资进行培训。[①]

在传统教师教育培养模式下，教师职前培养与职后培训之间缺乏必要的联系与整合，培训内容也缺乏衔接。师范教育主要是教师的职前培养，侧重于学历教育，在职教师的进修、培训较少；而教师培训主要是非学历教育，是知识更新和补充教育。致使教师职前培养与职后培训脱节。虽然职后教师培训形式多样化，但大多数教师培训机构在质量与规模上没有保障，这导致在职教师培训效果低下，造成教育资源的浪费和闲置。

教师教育是指教师整个培养培训过程，除了职前教师培养外，还需要职后的进修学习。传统师范教育模式是一种与社会发展缓慢和受教育者文化水平低下相适应的教师培养模式，不能适应中国市场经济快速发展、终身学习型社会的需要。建设学习型社会，教师应当率先成为学习型社会的模范。[②] 教师终身学习需要一体化、连续不断的教师教育提供支持和服务。因此，教师教育应基于教师在其职业生涯中的所有阶段的专业发展。在 21 世纪初，中国师范教育开始向教师教育一体化转型，将教师职前培养与职后培训纳入综合性院校以及师范院校之中。

因此，要建构教师教育一体化发展模式，将教师职前培养与职后培训有机结合起来，整合教育资源，充分发挥职前教师培养功能，也为在职教师提供培训服务；同时，使整个教师教育课程体系既具有阶段针对性，又具有连续性，以提高教师的多元文化素养。

在一体化终身学习的教师教育体系下，师范院校应转变原来的课程设置和学校职能，认识到教师职前培养的局限性，将原来的终结性教育转变为教师教育体系中的一个环节发挥其作用；同时，也要转变教师在职培训的教育目的，提高在职教师的知识结构、教学能力等素质，而不

---

① 潘旭娟：《民族教育中教师多元文化素质的培养及对策研究》，西南大学 2011 年硕士学位论文，第 39 页。

② 管培俊：《关于教师教育改革发展的十个观点》，《教师教育研究》2004 年第 4 期。

再仅仅是在职教师的学历补偿教育。①

三 培养模式一体化

目前，中国师范教育实行学科教育与专业教育简单混合相加的培养模式，存在培养模式封闭，学科教育水平较低，教师教育课程单一、观念滞后、内容陈旧、脱离实际等问题。② 而且多元文化教育的全球化也对民族地区教师提出了新的挑战，要求改革传统教师教育培养和培训模式。

为了更好地实现中国师范教育向教师教育转型，中国基础教育改革对师资培养提出了新的要求，师范院校应走教师教育一体化、特色化之路，除了做好教师职前培养外，还应大力发展教师职后培训，通过联合模式、发展模式或合并模式，凸显教师成长的阶段性、连续性和发展性，形成教师教育一体化发展。

（一）联合模式

师范院校的科研和理论创新应根植于基础教育实践，以中小学为基地，建立高校与中小学的合作伙伴关系，提高中小学教师整体素质和基础教育质量，促进高校教师与中小学教师共同发展。

采用师范院校与中小学合作的教师教育培养模式，能够将教育理论与教育实践紧密结合起来。一方面，师范院校能够充分利用本校的教育资源，针对基础教育实践中存在的问题，不断修正、完善自身的教育理论知识体系，发挥师范院校对基础教育的引领作用；另一方面，通过对中小学教师的培训、科研、教学实践指导等多种形式，能够解决中小学教师教育理论素养缺失问题，促进教师专业发展，提高教师队伍的整体质量。另外，通过这种形式，可将中小学对师范生的要求及教师专业发展的需求及时地反馈到师范院校，以推动师范院校合理调整教师培训计划、教师教育课程等。

在联合模式中，师范院校的教师是师范院校与中小学之间信息沟通

---

① 潘懋元、吴玫：《从师范教育到教师教育》，《中国高教研究》2004 年第 7 期。
② 刘颂华：《试论师范教育转型与教师教育课程体系的构建》，《教育学研究》2006 年第 5 期。

的桥梁和中介，起着关键性作用。因此，参与该模式的师范院校教师必须具备一定的教育理论水平和教学实践能力，能够胜任多元文化教育教学工作，才能够有效推动"联合模式"下教师教育的发展，提高中小学教师的综合素养。

（二）发展模式

由于计划生育政策的实施，中国人口出生率不断降低，中小学在校生源也在不断减少，加之高校扩招，教师数量趋于饱和，学校教师编制逐渐大于学生在校数量。因此，师范院校可创建中小学教师培训中心，为中小学在职教师提供脱产进修，特别是专业性较强的学科教师，可促进其教师专业发展。以英语教师为例，英语口语、阅读等语言技能的提高需要有一个语言环境，而师范院校在教学设备、学习资源、师资等方面具有得天独厚的优势。通过这种培训，可以更新教师的教育理念、教学方法等，提高其专业水平；同时，为师范院校的发展开辟新思路，凸显师范院校教师教育一体化、特色化发展之路。

（三）合并模式

师范院校可采取合并模式，将教育学院并入地方师范院校的教育学院或教育系，或重新组建独立的成人教育学院，使在职教师教育力量相对集中，并与师范院校形成资源共享、优势互补的局面，从而更好地为地方从事基础教育的在职教师提供各种类型的培训服务。[①]

第二节　多元文化教学设计能力培养

一　教学设计

课堂教学是实现多元文化教育的主要途径之一。教学设计是描述教学内容、确定教学方法、指导试验、评定学生学习的整个过程。[②] 多元文化教学设计需要在遵循普遍性学习与教学规律的基础上，在课堂教学中运用一些具体的教学策略，提高多元文化教学效果。多元文化课堂教

[①] 桑镛炳：《"重心后移"：师范教育改革的必然选择》，《教育发展研究》2003 年第 1 期。

[②] 张华：《课程与教学论》，上海教育出版社 2000 年版，第 121 页。

学是实施多元文化教育的主要途径之一,因而,中国民族地区基础教育应重视多元文化教学的价值取向。

多元文化教师应关注不同文化和阶层人群之间的关系,让学生接触不同的生活、文化和知识体系,让学生在与不同文化、不同背景的人交往过程中了解世界是多样的,还有很多与他们不一样的人,需要得到尊重、认可。在少数民族地区,不同文化背景的学生因各自的文化经验、民族习俗的差异形成了不同的认知方式,教师需要采用合作讨论、激发学习动机的教学策略,使他们对学习内容产生兴趣,这要比将一些少数族群对各学科的贡献材料简单加入课程内容更为重要。①

二 教学策略

多元文化课堂教学策略应以学生为中心,尊重学生的多元与差异,回归学生的生活世界,运用讨论合作教学策略,给学生营造安全、自由的学习环境。

(一)尊重多元与差异

文化多样性是人类文化发展的基础,也是人类的精神财富。文化多样性是人类创新的源泉,文化多样性一旦消失,人类的创造力就会降低,世界就会变得呆板。正是因为这些不同背景的学生所具有的文化多样性,才使课堂教学充满活力与创造力。②

民族地区的班级是由不同族群、阶层、地域、性别的学生组成,学生所带来的各种文化在班级中融合、碰撞。正是因为这些不同文化形成了班级文化的多元文化背景。教师在面对多元文化背景的学生时,不能回避存在的差异,要承认差异,承认每一种文化存在的合理性和必要性,才能尊重差异,让不同文化背景的学生在课堂上都有机会为自己的民族、群体发出声音;同时,还应该把教室里存在的各种差异作为一种教育资源。通过这些不同的声音,才能形成丰富多彩的课堂文化,形成课堂文化的动力。

---

① 孟凡丽:《文化适应性教学探析——以美国多元文化教学策略为例》,《新疆师范大学学报》2006 年第 3 期。

② 冯永亮:《文化多样性与少数民族教育发展:访中央民族大学滕星教授》,《中国教师报》2007 年 4 月 19 日。

课堂教学不仅是知识的交流，更是人与人之间的交流和互动。课堂教学应以学生为中心，教师要密切关注学生的体验和声音，所有学生的体验都应包含在课程之中，所有学生都应该感受到教师对他们的关注。只有这样，学生才能理解自身的重要性，使自己的体验、知识在学校、课堂等公共环境中得到认可，获得价值。[①]

（二）回归学生的生活世界

教育是一种借助现实生活并指向学生未来理想的生活教育。因此，教育只有走向现实生活世界，才能充分尊重学生的生活经验，才能使教学焕发出生活气息和生命活力，为学生建构有意义的生活。教学活动的本质是促进学生自由成长的一种生活方式。学生的地方性知识可以对课堂所学知识起到补充、说明的作用。因此，教师在进行教学时，应以学生的生活经验为基础，善于从学生的生活中提取素材，充分利用学生的原有经验、身边熟悉的内容和事物，联系学生的生活知识进行教学，让教学回归学生的生活世界。这样学生就会觉得学习容易，感到书本上的知识源自他们的生活世界，不仅可以帮助学生理解所学内容，而且可以培养其学习兴趣。

学生带着自己的文化来到学校，在多元文化课堂上，存在着很多学生表现和展示的文化差异。这种文化受到重视或被忽视，影响因素很多，其中教师是最主要的因素之一。教师决定着课堂上谁拥有话语权。教师可以特意让回族学生展示自己的民族文化，也可能常常忽视学生的这些文化差异。回族学生对于自身民族文化重要性的认识会因此逐渐减低，甚至产生质疑。教学过程的主要任务不是特定信息的传输，而是意义的创生。从学生角度来说，在阅读文本时，由于每位学生的背景、兴趣、需要和理解不同，因而同一段文字，对每一位学生可能产生和建构的意义也不同。美国后现代主义批判教育学代表吉鲁（H. Giroux）主要从文化差异及身份和政治差异入手探讨教师的作用。他认为教师的工作在于"转化智慧"，教师具有知识或社会行动者的角色，应协助学生探讨自己的个人历史，对种族、性别及阶级的自我表现反省，建立个人在特定社会团体中的认同及个人定义。

[①] 史静寰：《走进教材和教学的性别世界》，教育科学出版社2004年版，第103页。

教师的任务不仅仅是传递知识，而且要协助学生认清各种意识形态、权利与知识之间的关系，培养学生的批判能力，最终解放自己。要注意对教学文本和信息的解释和理解的多样性。

（三）选择恰当的教学方法

不同民族在长期的生活生产过程中，会形成不同的认知方式。认知方式表现为一个人习惯于采取什么方式认知外界事物，但没有好坏之分。认知方式有很多表现形式，包括沉思性和冲动性、场依存性与场独立性等。其中最主要的是 H. A. 威特金（H. A. Witkin）提出的场依存性和场独立性特征。具有场依存性特征的人，倾向于以整体的方式看待事物，在知觉中容易受环境因素的影响；具有场独立性特征的人，倾向于以分析的态度接受外界刺激，在知觉中较少受环境因素的影响。

一般来说，不同民族的学生具有不同的民族心理特征，多元文化教师在进行教学时，应根据不同民族学生的心理特征选择恰当的教学方法。教师要了解并运用多样化的教学策略，促进学生批判性思维、解决实际问题和操作能力的发展。教师要让学生学会批判和审视生活中与课堂中的一切，让学生能找到对本民族和文化的认同。教师在课堂教学中要多运用讨论式、提问式、对话式等教学方法。具有多元文化教学策略的教师能在课堂上整合多种教学策略，以适应学生多种需要和不同的学习风格。

（四）教师要学会激发学生

在多元文化教学中，教师要学会激发学生，成为一个充满活力和激情的多元文化促进者。在课堂教学中经常会遇到这样的情景：教师提出一个问题后，没有学生回答，教师只好点名让学生回答，被点名的学生回答完问题之后，教室又恢复了平静。实际上，教师没有学会激发学生。在很多时候，学生没有回答问题，并非不知道问题的答案，而是缺乏交流的氛围。由于各种文化、心理的影响，学生在等待第一位发言者时，实际上是在等待确认老师对第一位同学的反应以及回答是否是安全的。一旦有了学生认为合适的机会，其他同学往往很可能也会站起来回答老师的问题。因此，教师要学会激发学生积极参与，促进学生相互交流、相互学习。教师应根据教学过程中的不同阶段采取不同的策略，激发其学习的主动性和积极性。①

（五）角色扮演方法

角色扮演作为一种教学模式，力图帮助个人了解他所处的社会环境与社会群体，致力于分析社会情境与人际关系，并学会采用恰当、民主的方法处理这些情况。角色扮演过程给人的行为提供了生动的实例，通过实例，学生可以探索他们的感情；洞察他们的态度价值和感知；培养他们解决问题的技能和态度；用各种方法探讨对教材的理解。角色扮演教学方式主要采用移情的作用。美国心理学家卡尔·罗杰斯（C. R. Rogers）把移情理解为能体验别人的精神世界，就像是自身的精神世界一样的一种能力，即设身处地领悟他人的所思、所感、所为。在多元文化课堂教学中，教师可以利用角色扮演进行移情，以最终达到多元文化教学的目的。如教师可以让学生扮演教材中的一些人物角色，鼓励学生从自身文化相反的角度重新思考问题，通过语言、动作，感受和体验人物角色的思想感情，达到多元文化教育的目的，实现多元文化教学。②

（六）创设安全的学习环境

多元文化教育要求教师具有包容、民主的教育理念，具有足够的耐心与爱心，将民主与宽容融入每一位学生，尊重不同文化背景的学生，让每一个学生都有表达自己思想、意见的权利，为学生营造一个安全和相互尊重的学习环境。通过学生接触和学习不同的文化，丰富他们的文化多样性，使其具有包容和欣赏不同文化的态度以及跨文化的适应能力。

处于弱势群体的学生通常在集体场合不愿意公开表达自己的观点——尤其对所属民族文化感到自卑的学生，教师需要创设安全、公平的交流环境，使学生乐于在公共场合客观、公正地为自己的民族发出声音。只有提高教师的多元文化反思能力、增强其本土性知识，加强对弱势群体的关注，才能建构文化敏感性课堂。文化敏感性课堂主要从以下

---

① 欧群慧：《云南省黎明市孟波镇中学多元文化教师民族志研究》，中央民族大学 2010 年博士学位论文，第 152 页。

② 同上。

三个方面展开：首先，为民族地区的学生营造并保持一种有效、安全的学习环境。教师要了解不同民族学生是怎样学习和发展的、在学习方法上的个体差异等；其次，教师要为他们制订适合少数民族地区学生的教学计划，利用各种资源展示教学内容，吸引学生参与，为不同民族学生提供促进社会交往及个性发展的机会；最后，教师要与学校同事、学生家长以及社区建立良好的互动关系，支持学生的学习。

（七）教学内容与学生生活经验相结合

多元文化课程教学要求教师善于开发和利用课程资源，在选择教学内容时，要注重文化的差异性及其相关内容，充分利用课外书籍补充教材内容的不足，增强学生对其他不同文化的认识，引导不同文化背景的学生相互尊重、合作，促进学生不同观点的自由表达。

如果教师缺乏多元文化教学方面的知识，不会运用相关的素材和资源，缺乏将多元文化的理念与多元文化知识融入教学的技能，那么，当学生对自己熟悉的民族文化表现出高涨的热情时，就不能及时进行很好的引导，更不会对学生进行不同民族、地域的特色教育，由此，学生就不会形成对多元文化教材进行批判性解读和理解的能力。

第三节 多元文化教学方法

多元文化教学与现代教学理念相一致，具有开放性和包容性特点。多元文化课程的实施要以现代教学理论为支撑，改革传统教学方法。通过多元文化课程学习，可使学生适应现代社会中多元文化的交流、融合、共存的现实。因此，多元文化教师应树立现代教学理念，改革传统课堂教学模式，选择和运用适切的教学方法，采取对话教学法、讨论合作教学法、理解教学法、探究教学法、生成教学法等，提高多元文化课程教学的实效性。[①]

一 对话教学法

教学的本质是对话和倾听。教学活动中的教与学是教育者与受教者

---

① 庞丽：《多元文化课程实施中教学方式的研究》，西南大学 2010 年博士学位论文，第 155 页。

在社会交往中形成的一种特有的社会现象，没有沟通就不可能有教学，失去了沟通的教学是难以想象的。克林伯格（Klingherg. L）说："在所有的教学中，都进行着最广泛意义的对话，不管哪一种教学方式占支配地位，相互作用的对话都是优秀教学的一种本质性标识。"[①] 对话教学是民主、平等、沟通、合作、互动、交往的教学，对话教学是将老师与学生、学生与学生[②]交互对话作为教学的表征与载体的一种教学活动。对话教学包括生生对话、师生对话、文本对话、自我对话等几种形式。

在教学活动中，师生之间交流是通过语言、表情、动作等实现的，没有师生之间的交流和互动，教学效果就难以保证。在多元文化教学情境中，对话教学具有明显优势，能够欣赏、尊重多元文化差异。对话教学以保护和发展学生的个性差异与文化差异为目的，旨在建构不同思想自由发展和碰撞、积极互动的生态教学。其中头脑风暴对培养学生的创造性、发散性思维非常有效，可以打破常规固定思维模式，找到新的灵感。教师可以让学生就某一个问题、某一思想观点提出各自的理解。[③]

多元文化课程的实施强调多元文化的互动与创新，需要教师与学生之间的充分交流，对话教学又是实现多元文化互动与创新的重要途径之一。所以，教师要以平等的身份，与学生平等地对话，引导学生参与课堂教学活动，避免把自身的文化观强加给学生。教师要充分理解并尊重具有不同文化背景的学生及其不同的话语表达方式，多倾听和理解学生，并引导学生了解其他民族文化的特点，创造多元学习环境，促进学生的差异发展，促进不同文化群体之间的相互理解、相互尊重、相互接纳和共同成长。

运用对话教学策略可以有效促进多元文化课程的实施，但应注意以下几点。首先，应创造一个协商的环境；其次，应将学习者的文化背景作为教学资源；最后，应超越学科教材内容的传递。[④]

---

① ［德］克林伯格：《社会主义学校（学派）的教学指导性与主动性》，顾明远译，德国科学出版社1962年版，第86页。
② 简称为"生生"。
③ 欧群慧：《云南省黎明市孟波镇中学多元文化教师民族志研究》，中央民族大学2010年博士学位论文，第155页。
④ 郑威：《对话在多元文化课程设计和实施中的作用》，《教育探索》2003年第5期。

二 讨论合作教学法

讨论合作教学法是在老师的指导下,为实现某个教学目标或解决某个问题而进行合作探讨,以获取知识、培养能力、交流情感、发展思维的一种教学方法。讨论合作教学法以学生为中心,让所有的学生都参与其中。该教学法能够更好地发挥学生的主动性、积极性,有利于培养学生独立思考能力、口头表达能力和创新精神,有利于促进学生灵活运用知识和提高分析问题的能力。[①] 国内外相关研究表明,有组织的合作学习有利于学生知识的掌握、能力的培养,而且对学生的情感态度的形成具有十分重要的意义。因此,讨论合作教学法非常适合多元文化教学。很多研究表明,少数民族学生往往更倾向于运用合作讨论学习。[②] 在国内外关于多元文化教育理论文献中,非常重视讨论合作教学法的运用。

教学活动只有通过师生共同合作、相互配合才能完成预期的教学目标,教师和学生都是教学活动的主体,讨论合作教学法要求教师以平等的身份参与教学活动。后现代课程理论专家威廉姆·E.多尔(William E Dole)认为,在教学过程中,师生把认识对象作为解释的文本,通过解释者之间的对话达成对事物的共识,因而教学就是教师与学生通过不断对话与反思而探索未知领域的过程。因此,多元文化教学要求教师树立平等的师生观,通过师生之间、生生之间的合作开展教学活动,师生之间以平等的身份进行合作与交流,才能消除文化偏见和歧视,建构师生的多元文化知识体系,培养多元文化理解力和社会适应力。

多元文化背景下的教学强调知识是建构的,而不是灌输。教学不仅仅是单纯的知识传授,教学本质上是以对话、交流、合作、探究等为基础的知识建构活动。在教学过程中,教师不再是知识的传递者,而是一个主动的调适者、研究者、创造者、促进者、真理的追求者和探索者。学生不是被动地接受知识,而是主动地进行知识的建构,通

---

① 欧群慧:《云南省黎明市孟波镇中学多元文化教师民族志研究》,中央民族大学 2010 年博士学位论文,第 153 页。

② 同上书,第 154 页。

过自主的知识建构活动发挥学生的创造力、潜能、天赋等，以陶冶情感，获得个性发展。师生的生活经验和文化经历不同，理解问题的角度也不同，通过师生之间的合作与交流，教师可以更好地了解学生的学习特点和学习风格，加强课程内容与学生生活经验之间的联系，提高学生对自身文化的认同和对现实社会多元文化的理解。

詹姆斯·班克斯认为：社会探究的本质是循环的，而非线性或永远固定不变的，并提出了几个多元文化课程的探究模式。第一，要建立疑点与关心，引起学生的学习动机，怀疑和关心是问题探究的动因；第二，基于理论与价值取向形成问题和假设；第三，界定概念的意义，对探究学习中所遇到的概念进行界定，如"疏离"是指所感受的无力感和挫折感，被疏离的个人或团体认为他们无法控制自己的命运，或对社会中的重要事件没有任何显著的影响；第四，搜集资料；第五，评估资料与推论通则。整个探究过程就是从不同文化背景学生的认知风格、心理特征等出发，经过对问题的反思到问题解决的过程，它可以促进学生对文化多元的反省，培养多元文化知识建构的能力与兴趣。[①]

多元文化教学不但注重帮助学生获得多元文化知识和技能，更注重辨识、审核、澄清和选择其价值观。

三 理解教学法

多元文化课程的自身特点要求教学以文化理解为前提，而且理解教学法也渗透了多元文化教育的基本理念。多元文化课程的有效实施需要教师理解学生的文化背景，且在教学活动中要给予学生人文关怀。因此，教师的文化理解力直接影响多元文化课程的实施效果。首先，多元文化背景下的教师在进行教学时，要以学生的生活为切入点，教师要了解学生所属民族的文化传统，了解课程内容与学生生活及其学习经验的相关资源，把握学生对课程内容的兴趣等，从学生熟悉的生活中提取素材，并联系其文化知识进行教学，让教学回归学生的生活世界。这样，学生的文化背景知识才能对课堂所学知识起到补

---

① ［美］詹姆斯·班克斯：《多元文化教育概述》，李苹绮译，台北心理出版社1998年版，第131页。

充、说明的作用。其次，在教学过程中教师和学生要积极合作、交流，通过举例、分析、探讨等方式，引导学生认知和理解课程内容，批判性地接受多元文化课程内容，树立对自身民族文化的认同感和对主流文化、其他民族文化的理解。

教师应创设各种环境，让学生有机会了解不同民族的文化。首先，通过创设多元文化环境让不同群体的学生相互了解、学习，如教室黑板报、墙报以及教室里面张贴的各种宣传品等，营造多元文化教育氛围。其次，多元文化教育是渗透的，教师要充分利用以上这些资源，对学生进行潜移默化的多元文化教育，要通过多种活动创设机会，让不同群体的学生相互了解、学习，如遇到回族一些重大节日时，教师可以邀请回族同学在课堂上介绍自己民族的文化，或组织同学去参加他们的传统节日及其活动，形成对回族文化的认同，促进同学之间了解不同的文化。

四　探究教学法

多元文化课程的实施强调要发挥学生的主体能动性，通过探究教学法，引导学生理解不同文化之间的差异。在此过程中，教师可引导学生批判性地思考问题，探索不同文化之间的内在联系，建构自己的知识体系。

探究教学法对教师的素养要求较高，因此，要想提高多元文化教学的实效性，必须要提高教师的整体综合素质。首先，教师要具备一定的教育教学理论知识和教学技能，这样才能激发学生探究多元文化知识的兴趣，引导学生根据自己的文化经验和学习特点，独自、合作探索问题的本源；同时，教师要鼓励学生记录探究过程中产生的疑问或经验总结。其次，教师要尊重学生在探究过程中表现出来的价值判断和文化倾向，激发他们的兴趣和信心，鼓励学生积极主动地建构自身的多元文化知识体系。最后，在交流、探究问题的过程中，教师要给予学生知识性的指导。

在多元文化课程实施过程中，探究教学法应注重两个层面。第一，针对学习者自身因素，要重视学生的社会文化背景、学习兴趣、学习能力等，教师应采用合作学习方式，引导学生进行深入探究；第二，针对学习者的外在因素方面，教师要提供与学生生活经验相关、具挑战性和反馈性的教材，引导学生主动、持续性的探索。[①]

五 生成教学法

学生多元文化理念的形成是不能预设、控制的，学生多元文化素养是在课程实施过程中随机生成的。因此，多元文化课程的实施要求教师打破传统预设的教学理念，创新教学方法，创设丰富的教学情境，才能拓展学生的思维，生成、培养学生的多元文化素养。

为此，在多元文化课程实施过程中，教师要掌握学生的学习兴趣，根据教学内容的特点，通过合作交流等多种形式促进学生跨文化能力的提升。但是，生成教学法对教师的素质要求较高，教师需要长期积累多元文化课程实施的经验，这样才能在教学过程中恰当地运用生成教学法。

其中，写作训练是一种很有效的多元文化教学方法，写作会使教师和学生获得意想不到的收获，能够解放隐藏在学生内心深处的思想。因此，写作是实施多元文化教学的一种简单易行的策略，教师只要为学生提供一个安静的环境，有桌子和椅子就可以，然后控制时间，一般在十分钟左右，要求学生随意写作，自由表达自己的思想，想到什么就写什么，可以从一个主题跳到另一个主题，不要介意写作内容是否有道理，不要关注写作过程中出现的语法、拼写等错误。学生写完后，可以让学生大声朗读自己所写的内容。而且，不要对学生的写作内容进行评价，学生所写内容无所谓好与不好。写作的目的仅仅是让学生的思想自由地表达而不受压抑。通过这种方式可以训练学生的多元文化思维。[②]

第四节 多元文化教学实践能力培养

一 教师教育实习现状

目前，中国师范院校的教师教育实习仅局限于课堂，要求师范生运

[①] 陈美如：《多元文化课程的理念与实践》，台湾师大书苑有限公司2000年版，第150页。

[②] 欧群慧：《云南省黎明市孟波镇中学多元文化教师民族志研究》，中央民族大学2010年博士学位论文，第155页。

用所学理论知识和教学方法,通过课堂教学掌握基本的教学技能。大多数时间是在班级中协助指导教师完成常规性教学任务,没有时间探讨、思考学生的文化背景对其学习的影响。而多元文化教育要求教师在教育实习中学习、了解不同民族学生的文化背景,与学生家长有效沟通,吸收、利用社会和家庭资源,对学生实施良好的教育。

目前,中国职前教师教育实践能力培养环节比较薄弱,教育见习、实习时间较短,缺乏有效指导。与国外教师教育计划相比,中国教师教育实习课时占总课时的比重较低。在 4 年的师范教育期间,主要进行学科专业知识、教育专业知识的教学。而实习一般安排在最后一年,时间为 6—8 周,占总课时的 3%—5%,这导致师范生缺乏教育实践能力。20 世纪 70 年代末,国际劳工组织和联合国教科文组织对 70 个国家的调查结果显示:教师教育实践一般占总课时的 15%。由于教育实践能力的缺失,不仅严重影响了新入职教师适应正常教育教学工作的时间,而且也影响了来自不同民族和不同文化背景学生的多元文化教育教学效果。

中华人民共和国教育部出台了相关政策,将教育实习时间延长为一学期,很多师范院校开始逐渐增加见习、实习时间。这样才能增加职前教师多元文化教育实践的机会,实现师范生的理论与实践相结合,使他们有机会深入社区,深入教学第一线,了解不同文化背景学生的生活环境、家庭文化、文化环境、思维方式等对其学习的影响,积累多元文化教育相关的知识资源,提高多元文化教育教学实践能力。

二 教育实习理论模式

(一) 多元文化师资培训三阶段模式

20 世纪 60 年代以来,美国教师多元文化教育不断发展、完善,逐渐形成了一个比较成熟的模式。该模式强调多元文化教师的教育内容,认为职前和在职教师应完成以下内容。第一,理解多元文化教育的概念;第二,获取有关种族的一些基本的多元文化知识;第三,学习如何分析他们自身和学生种族的态度与价值;第四,培养多元文化教育教学实践能力。

根据不同民族和多元文化社会背景,教育学家将多元文化教师专业成长划分为三个阶段：第一，接受阶段。指建立一个核心的关于种族多元化的文化信息库；第二，发展阶段。强调创造一个多元文化教育的个人哲学和辩证关系；第三，关联阶段。强调理论与实践相结合，把注意力转移到课堂教学中，与学生共同完成多元文化教学。通过该模式培养的教师，才能具有丰富的多元文化教育知识和多元文化教育意识，形成良好的多元文化教育实践能力，很好地教授来自不同种族和文化背景的学生。[1]

贝克尔（Baker, G.C.）在总结有关多元文化师资培训研究的基础上，提出了师资培训的三阶段模式：第一，学习。主要是社会基础学科知识的学习；第二，发展。在知识学习的基础上形成多元文化教学观，能够从不同族群的视角看待事物；第三，参与。即实践阶段，将多元文化课程在教学中加以实施，通过教学实习等形式使职前教师掌握符合多元文化教育要求的教学技巧和策略。该模式与现行大多数师范院校的课程设计基本一致，因而便于操作，只需重新组织课程内容，整合多元文化相关的材料和经验即可。

该模式的三阶段与上述教师专业成长的三个阶段相互补充，进一步完善了多元文化教师教育的模式，两者都强调通过掌握多元文化的相关知识，形成多元文化教育教学理念，提高教师多元文化教育教学实践能力。

（二）服务性学习实践模式[2]

多元文化培训课程非常重视教师在教与学的过程中，对多元文化教育的实践经历和体验，试图把学校教学的日常活动与多元文化教师的培训课程联系起来。因此，服务性学习实践模式可作为准教师在多样化教学环境中获取学习经验的一种教学手段和策略，使准教师真正体验多元文化课堂教学实践。美国高校教师教育协会和美国教师认证委员会调查结果显示，在美国，77%的小学教师培养项目和70%的中学教师培养项目都要求教师候选人在大学的一年级或二年级时进行实习，使其提前

---

[1] 王新俊、姜峰：《美国教师的多元文化教育》，《中国民族教育》2010年第1期。
[2] 李纯：《多元文化视域中的教师专业发展研究》，西南大学2009年博士学位论文，第8—9页。

获得相关教学经验，其中服务性学习实践模式就是一种重要的实习方式。

波伊与斯里特认为，基于社区的服务性学习实践模式为准教师提供了在真实学习形态下与学生互动的服务体验以及进行反思的机会，从而使准教师理解多元文化教育。罗尔斯与斯威克描述了服务性学习的四个目标：第一，帮助准教师探索各种多元文化的教学文本及其教育；第二，让准教师通过融入学校情境来丰富对课程与课题的理解；第三，通过综合大学的指导与培训使准教师获取并实践教学策略；第四，把服务性学习视为一种教学策略。

爱德华兹与库曼认为服务性学习实践模式的关键在于反思，要求教师写反思日记，以促进准教师的批判性思维发展，其主要包括三个部分：第一，服务学习行动描述；第二，事件分析；第三，与学习教学过程相关的多元文化含义。服务性学习实践模式提供了联系多元文化培训课程与教学实践的桥梁，使准教师在理论与实践的联系过程中学会正确看待多样化课题，并经由这种亲身的经历和教学实践体验，对其进行批判性反思，从而形成比较客观、公正的文化理解。

三 教育实习模式创新

多元文化教育课程不仅让职前教师通过学习掌握基本的多元文化理论知识，更重要的是将这些理论知识恰当地运用于实践，在真实的教学情境中解决多元文化教育问题。

（一）服务性学习[①]

多元文化教育教学理念不仅要渗透到所有师范教育课程之中，还要将其整合到所有见习、实习以及教学实践情境之中，要求教师在任何学科教学情境中都要实施多元文化教育。如果仅限制在一两门课程，多元文化教育的重要性可能会被大大削弱。因此，教师要充分利用见习、实习和教学实践的机会，亲身经历和体验多元文化教育，促进教师专业发展。

服务性学习是多元文化教师教育见习、实习的主要方式之一，备

---

① 郑金洲：《多元文化教育》，天津教育出版社 2004 年版，第 166—167 页。

受关注。通过服务性学习能帮助职前教师提高对多元文化的认识和理解；同时，增加多元文化教育实践经验。多元文化背景下的服务性学习要求师范生深入多元文化社区，与多样性的学生进行亲密接触，通过交流了解他们的真正需要，职前教师将获得多元文化教学实践经验，并与学校所学理论知识有机结合起来，进一步认识多元文化教育的意义和价值。因此，师范院校，尤其是少数民族地区的教师教育，要组织师范生进行多样、多元化的实习，增强多元文化教育教学实践能力。学校应组织安排师范生到少数民族地区进行见习、实习，因为这些地区的人口组成差异较大，学校生源来自不同民族和不同文化背景，课堂教学存在多元文化教学因素。通过教育实习平台，师范生能够深入多元文化课堂教学，将所学多元文化理论知识应用于教学实践，提高其多元文化教学能力；同时，也可以提高师范生对多元文化教育意义的认识，深化对多元文化教育理论知识的理解，为以后适应多元文化教育做好充分的准备。

（二）构建多元文化微格教学平台

在澳大利亚，为了更好地促进多元文化教育发展，政府在高等院校设立专业项目，培养具有多种语言教学能力的中小学、幼儿园以及职业技术学校的多元文化教师。在多元文化教育方面具有系统的教育规划、完善的教学设施、合理的教学模式等，不仅各专业的资料齐全，全国各中小学多元文化的课本、录音资料、幻灯设施、音像资料等都非常丰富。师范生经常模拟现场教学，进行学习和探讨。除了高等教育学院之外，还有很多教学研究中心、教育科学研究院等提供各种语言文化的音像资料和图书资源，定期举办多元文化教育知识研讨会和观摩会，进一步推动多元文化教育师资的培养。①

因此，可借鉴澳大利亚多元文化教师教育的成功经验，收集与回族相关的多元文化教学录音资料、地方校本教材等，为师范生的微格教学提供丰富的教学资源，以便于进行多元文化模拟现场教学。

---

① 高曼曼：《澳大利亚多元文化教育的发展及其启示》，《云南民族大学学报》2009年第3期。

四 强化教育实习过程培养

詹姆斯·班克斯认为,多元文化课程最基本的目标是协助教师培养同情心和爱心,并提出培养多元文化素养的课程目标应该是教导教师去认识、关怀和行动。① 多元文化教育不仅仅是教给职前教师关于民族文化的知识,更重要的是要将其培养成真正的多元文化人。因此,教育实习应考虑增加民族地区学校的教学实习。在教育实习过程中,实习教师要充分认识和了解不同文化背景下学生的各种需求,检视自身所具有的教育信念,要认识到各族群文化对学生的认知和思维方式的影响;同时,在实习过程中,实习教师要学会反省对其他异域文化的态度,并使用学习者所熟悉的教学模式和方法,提高学习者的学业成绩。②

教学见习、实习应采取灵活多样的方式。在教育见习指导方面,学校应集中组织学习多元文化教育教学理论;组织观摩优秀教师的常规课,尤其是旁听教学大赛评比和选拔的课例,并参与教研活动;应分享听课的心得,并分析范例课的优缺点;要组织师范生进行同课异构的讲课评比,加强每个环节的指导,提升师范生的教学实践能力。

在教育实习指导方面,应转变师范生的教育理念,正确认识教育实习的重要性和必要性以及对提高教师教学水平的作用;并与实习学校加强交流合作,尤其要增加在民族地区进行教育实习的机会,师范院校要与中小学建立合作平台。此外,还要举办专题讲座,邀请多元文化教育教学经验丰富的教师演讲,提高职前教师从事多元文化教育的实践能力;合理安排实习时间,强化多元文化背景下的教师专业能力培养。③

---

① [美]詹姆斯·班克斯:《多元文化教育概述》,李苹绮译,台北心理出版社 1998 年版,第 47—48 页。
② 蔡向颖:《新疆少数民族地区多元文化教师教育研究》,新疆师范大学 2012 年硕士学位论文,第 54 页。
③ 同上书,第 46 页。

第七章　回族多元文化背景下的在职教师培训

多元文化教师是实施多元文化教育的必备前提条件。目前，回族地区多元文化教育师资力量比较薄弱。因此，不仅要提高职前教师的多元文化教育教学能力；同时，还要加强在职教师的多元文化培训，通过多种途径提高教师的多元文化教育教学实践能力。培训形式要灵活多样，如专题讲座、学术报告、专题发言与研讨、观摩点评、学员论坛、实践研修、综合评定等多种形式。

第一节　教师多元文化培训课程

一　教师培训的必要性

（一）教师缺乏多元文化理论知识和素养

由于中国师范教育在课程结构等方面缺乏相关的多元文化教育，师范生缺乏多元文化教育相关的理论知识和实践能力，不能很好地适应回族地区的教育教学工作；同时，在职中小学教师也缺乏多元文化教育相关知识和技能的培训，导致教师对回族地区教育文化不了解，也不感兴趣。所以，教师缺乏对多元文化教育的正确认识，不能针对回族地区的学校特色和社区文化背景对学生进行教育，不适应回族地区的多元文化教育，造成教师成就感低下，教师流动性较大，导致教师队伍不稳定。

（二）教师教育一体化发展的需要

在多元文化教师培养方面，美国学者贝克提出了三阶段模式：学习基础学科知识；在知识学习的基础上形成多元文化教学观点；通过教学实习等使教师形成多元文化教学技巧和策略。以贝克的三阶段模式为基础，结合民族地区教师教育实践需要，教育学家构建了教师职前培养与在职培训相结合的一体化的教师多元文化教育模式。该模式强调多元文化教师的职前培养与在职培训的统一，将阶段性教师多元文化素养的培养转变为终身化的教师多元文化教育。不仅要求职前教师培养与在职教师培训相统一，还要求职前教师在培养过程中的多元文化理论学习和教学实践相统一。教师教育机构可通过调整其内部结构，重组资源，使教师的职前培养同在职教育整合为一体，使教师的培训工作既能发挥职前培养的功能，又能够满足在职教师的需求。

教师教育一体化模式不仅注重职前教师培养，还要加强在职教师培训。通过培训，提升教师的多元文化教育理论水平和实践技能，加强多元文化理论与教学实践之间的贯通，用理论促进实践的发展，用实践检验理论，从而建构自我的多元文化知识结构和教育理念，促进教师专业发展。

目前，中国国内已从"师范教育"模式转向"教师教育一体化发展"模式，教师通过一次性教育终身从教的历史已结束。教师专业发展是一个开放、动态和持续的过程，是一个终身性学习过程。多元文化教师的专业发展也是如此，通过教育教学实践不断反思、学习和积累，丰富教师多元文化教育知识和能力。在职中小学教师培训是促进教师专业发展的一个非常重要的方面。

（三）教师专业发展的需要

目前，中国中小学教师培训采取大一统模式，存在下列一些问题：缺乏与教师的实际需求联系，"教师想要的不给，不想要的硬塞"；缺乏对文化多样性的考虑，致使教师不感兴趣，既浪费时间，又额外增加了教师的负担。[①] 在多元文化背景下的回族地区，教师的多元文化知识和技能对提高教育教学效果具有十分重要的作用。但是，教师缺乏这些方面的知识和能力，也渴望得到这方面的培训（再见表3—10）。

因此，要改革回族地区在职中小学教师的培训模式，结合回族地区的现实需要，增加多元文化教育相关培训内容；要加强教师对本土文化

---

① 白亮：《多元文化视野中的教师教育》，《民族教育研究》2008年第5期。

知识的了解，如地方民族文化、风土人情、语言等；要加强教师多元文化教育理论知识及教育实践技能培训。

二 教师培训目标

（一） 教师理念与多元文化教育

多元文化社会要求多元文化教师具有多元文化的知识基础，了解、承认和尊重不同文化，而且在教学过程中要关照不同文化族群、不同文化背景的学生，并将多元文化教育理念落实到自己的教学实践之中，才能有效提高课堂教学效果。因此，回族地区的多元文化教育要求教师应具有积极的态度、正确的文化观和民族观以及多元文化教育理念、知识和实践能力，将教师培养成"多元文化人"。但是，目前回族地区很多教师对多元文化教育意识淡薄，认为多元文化教育就是增加少数民族的历史文化，没有理解多元文化教育理念的内涵——让不同民族、文化背景的所有学生都能接受平等的教育。

任何教育教学改革必须要落实到学校的具体教学实践之中。只有通过教师才能将其转化为学校的日常教育教学行为，才能将其要求转变为教师的教学理念和行为，并达到预期的目标。[①] 否则，这种教育教学改革只能外在于学校。多元文化教育的实施也是如此。在多元文化背景下，同一教室里有不同种族和文化背景的学生在一起学习，面对多种族、多元文化背景的学生，教师应树立多元文化教育理念，用多元文化教育的视角审视学生。这是多元文化教育对教师的基本要求，一个没有多元文化教育理念的教师，难以适应多元文化背景下的课程与教学。

（二） 多元文化教师培训目标建构

在多元文化社会中，教师不仅要具备扎实的学科知识和教育专业素养，还应具备基本的多元文化素养。教师培训必须帮助教师认识多元文化教育是一种理念，是让所有学生接受平等的教育，进而形成积极的态度和文化价值取向。因此，民族地区中小学教师培训要更新观念，将培养具有多元文化教育观的教师纳入培养目标。

综上所述，多元文化背景下的教师培训核心目标是：增进教师对文

[①] 郑金州：《多元文化教育》，华东师范大学出版社 2004 年版，第 140 页。

化多样性的历史洞察；理解少数民族的生活方式，特别是与学校教育有关的行为和态度；认识和消除个人偏见；帮助教师形成多元文化社会所需的知识和能力。

（三）多元文化教师培训目标实施

教育主管部门应该加强多元文化教育教学理念的宣传，要求教师了解学生的文化背景和生活经验，并将其整合到学科教学之中，将教学建立在学生先前经验之上；要求教师了解当地的生产生活实际，并将教学内容与生活实践结合起来。教育主管部门应对新入职教师进行上岗培训，使其必须遵循多元文化教学的原则，如将教学内容与学生的生活实际相结合；在课堂教学中传承优秀民族文化等。

另外，要深化教育改革，从根本上改变教师培训机构与中小学的办学理念，改变以往以"课本知识授受"和"分数""升学率"为核心的教育评价观，树立"促进学生全面发展"的教育观，将"教学联系学生实际、面向学生生活世界"和自主、合作、探究的新课程理念落实到课堂教学之中，提高回族地区的基础教育质量。[1]

三 教师培训课程构建

加强在职教师培训是中小学教师继续教育的主要途径之一，回族地区在职教师培训必须与地方教师的实际需求联系起来，进行有针对性的培训。回族地区多元文化教师的培养应根据地方实际，凸显师资培养的本土化，要从课程设置和实践技能两方面思考，必须将民族文化知识和教育技能纳入其中，不仅教师培养机构要开设相应的多元文化教育课程，而且入职或在职教师也要建构相关培训课程。

教师培训是加快教师专业发展最便捷、最有效的途径，教师的教学理念多半来自教师培训课程，如果培训课程中缺乏多元文化教育理念的培养，则教师很难反省其教学中的不适切性。[2] 因此，多元文化教师培训课程要满足教师专业发展的多元化需求，要充分利用教师自身的经验

---

[1] 王艳玲、苟顺明：《多元文化背景下的教师能力——以中国西部少数民族地区为例》，人民教育出版社 2013 年版，第 262 页。

[2] 陈忆芬：《师资培育中的多元文化教育之研究》，秀威资讯科技股份有限公司 2003 年版，第 33 页。

和优势，引导教师加深专业理解，解决实际问题，提升自身经验，促进教师专业发展。

综上所述，应建构在职中小学教师培训课程体系。在课程设置方面，将多元文化教育意识、知识能力等内容融入教师教育课程体系之中；增开人类学、文化人类学或回族优秀的历史文化等课程，为教师认识不同文化及其相互之间关系奠定基础；开设有关回族音乐、美术及其他艺术形式的选修课，使教师认识、了解回族文化生活；还可通过多种课程形式，开设民族艺术、区域地理、历史、乡土考察等课程，对本地区历史发展、地理环境、生活方式、文化形态等方面的内容进行学习；在教育类课程中，可增加多元文化教育或民族文化、乡土文化、社区文化与教育等内容，丰富教师的多元文化基础知识，使其接受、尊重不同文化，为实施多元文化教育做好准备。①

第二节　多元文化教师培训模式创新

学校既是学生学习的场所，也是教师专业的发展场所，教师专业发展离不开学校。因此，民族地区教师培训应根据教师实际需求，整合教师培训资源，充分发挥教学、教研、科研和培训对教师专业成长的作用，构建以学校为主体的教师培训体系，建立自主、灵活、开放的学习环境，逐步实现教师培训形式多元化，以提升教师专业综合素养。为此，教育学家构建了以下几种多元文化教师培训模式。

一　校本培训模式

民族地区中小学校一般在偏僻地区，交通不便，经费紧张，教师工作任务繁重，致使教师外出参观学习、交流经验和参加培训的机会较少。根据对宁夏中小学教师培训现状的调研以及回族群众"大分散、小聚居"的分布特点，回族地区教师培训要以校本培训为主，让学校有充分的自主权，使教师培训有针对性和实效性。教师不仅要"走出去"，还要"请进来"，可以邀请与回族文化相关的专家做专题培训；

---

① 孟凡丽：《论少数民族地区跨文化教师的培养》，《教师教育研究》2007 年第 3 期。

学校也可举办回族多元文化教学技能比赛,并给予奖励,促进在职教师的专业发展。

新入职教师不了解回族的生活风俗,不了解回族的宗教信仰等,因而不适应回族习俗、饮食等,对学校管理和地方社会的生活环境也感到难以适应,甚至辞职、调离。因此,要加强对新入职教师的多元文化教育,帮助他们恰当处理与不同文化背景下学生之间的关系,建立平等、公平的课堂教学环境。

(一) 观看多媒体音像资料

随着信息技术和数字化技术的快速发展,多媒体技术广泛普及,图文并茂的影视资料深受教师的欢迎,与讲座等其他培训效果相比,培训效果更好。因此,学校或地方教育主管部门应组织人力录制回族生活习俗、生活常规、节日活动等光碟,分发给教师观看;也可以收集反映回族生产生活的图片、影视资料,制成光碟,供教师学习。[①]

(二) 撰写相关材料

县级教育主管部门可以组织编撰回族历史文化读本,供教师自学,并将对学习情况的考评纳入教师考核;或由当地优秀教师和民族文化专家共同编撰相关回族地区文化教育的著作,介绍回族风俗习惯、轶闻趣事以及回族地区教育教学中遇到的问题,供教师阅读;或以学校为单位,向教师征集回族教育教学的心得体会和经验,装订成册,供教师学习。教育主管部门或学校还可以提出学习要求,让教师自己去学习回族地区教育教学工作的知识,阅读一些与地方民族文化有关的书籍,并撰写心得体会。

学校可以在本校内部开展,也可以跨校开展专题教研活动、民族教育教学经验交流会等,促进学校、教师之间相互学习,促使汉族教师通过回族教师了解相关的回族文化知识,促进回汉教师之间的经验交流。

(三) 实地参观和体验

针对中小学教师多元文化教育教学能力缺失问题,不仅要加强在职中小学教师的回族文化知识学习,而且还要多提供实地考察学习的

---

① 郑金洲:《多元文化教育》,天津教育出版社2004年版,第166—167页。

机会，让中小学教师特别是汉族教师亲身感悟回族伊斯兰教文化。要举办一些实践性体验活动，组织教师深入回族生活社区，亲自参与回族社区文化活动，参与回族节日和宗教活动等，了解回族的宗教文化思想。

学校可组织教师实地参观和体验回族多元文化：第一，学校可在周末或假期组织教师实地参观一些回族乡村，使其感受回族日常的生产生活；第二，学校要求教师定期开展家访，通过与家长的交流了解回族的风俗习惯；第三，学校可组织教师参与具有地方本土特色的节日，让教师对回族的节日有真实体验；第四，学校可组织教师到外乡、县或省参观学习，特别是到那些回族教育经验丰富的学校或地区参观学习[①]；第五，定期、不定期组织任课教师到部分学生家中进行家访，或邀请学生家长到学校与教师交流。

二 专题培训模式

回族地区中小学校文化脱离了社区文化，致使教师缺乏对多元文化的正确认识和态度，导致教师在教学实践中忽视多元文化教育。根据本书第三章对多元文化教师现状的调研，笔者认为，目前宁夏回族地区教师缺乏相关多元文化教育方面的培训，教师的多元文化知识和教学技能主要是通过自己的教学实践反思、学习等方式获得。因此，要结合回族地区的现实需要，加强教师多元文化教育理念与知识、多元文化课程设计与教学能力等方面的培训。因为专题培训快捷、有针对性，教师能在较短时间内掌握相关内容，对多元文化教育形成较全面、系统的了解，并能开阔其视野，促进教育观念转变，使教师在课堂教学中有意识地结合相关多元文化背景知识，增加与学生家长及社区村民的交流，提高教师的多元文化素养。

因此，学校和地方教育行政部门应充分利用回族地区的人力物力资源，制定一套完整、有指导意义、操作性强的教师培训方案，开展教师专项培训。鉴于回族群众"大分散、小聚居"的分布特点，回族教育

---

① 王艳玲、苟顺明：《多元文化背景下的教师能力——以中国西部少数民族地区为例》，人民教育出版社2013年版，第267页。

专项培训要以"地、县"为单位来组织,根据各地民族分布的实际情况,因地制宜。县城由教育主管部门组织,乡镇以农村中心校为依托,以县或中心校为单位,聘请民族文化专家、优秀教师开展一系列民族文化知识讲座。其中民族文化专家主要培训民族的历史文化和风俗,而优秀教师主要培训如何将学生的民族文化生活整合到学校教学之中,分学科进行,以提升其多元文化教育教学实践能力。

教师专项培训内容应包括回族的历史文化知识、生活习俗、文化特点、心理特点、回族学困生问题、教育对策等。培训者应包括民族文化专家、生活阅历丰富并有一定声望的乡村文化精英、在地方长期从事教育工作的优秀教师、民族教育研究专家、既熟悉民族地区教育又熟悉新课程改革的教育专家等。培训方式除了专家讲座,还可采取课堂观摩、教学研讨、本地参观等方式。受训者的主体以中青年教师为主,兼顾部分老教师。[①] 例如,聘请民间的老艺人、学者来学校担任教育辅导员,向教师传授民族文化艺术;聘请著名的阿訇、满拉、回族作家、回族民间艺人等为中小学校的客座教授;邀请回族教育研究专家到中小学校讲学,向教师讲授回族伊斯兰教文化知识等;定期邀请民族教育研究专家、知名的学者来学校指导,开展"民族教育课题论证会""科研培训""教学座谈会""民族教学讲座"等活动,全面提高回族地区教师的业务水平和科研能力等[②];组织回汉教师,邀请地方阿訇、满拉等,围绕回族文化开展各种学术沙龙等交流活动,采取讲述"个人故事"的学习方式,分享回族教师的多元文化教育实践经验;或分成小组讨论,以丰富回族多元文化知识,更好地理解回族伊斯兰教文化,提高教师的多元文化知识及其教育实践能力。

三 校本课程模式

2001 年中华人民共和国国务院《关于基础教育改革与发展的决定》

---

① 王艳玲、苟顺明:《多元文化背景下的教师能力——以中国少数民族地区为例》,人民教育出版社 2013 年版,第 266—267 页。

② 高曼曼:《澳大利亚多元文化教育的发展及其启示》,《云南民族大学学报》2009 年第 3 期。

与中华人民共和国教育部颁发的《基础教育课程改革纲要（试行）》明确提出，中国实行三级课程管理模式：国家课程、地方课程和学校课程。该模式要求地方课程和校本课程应系统、综合地反映地方各民族的优秀传统文化，增强课程对民族地区的适应性和民族特点的适应性。[①]其中校本课程作为课程的组成部分，不仅可以弥补国家课程的不足，做到尊重学校、师生个体及其所在学校社会环境的独特性和差异性，而且能够真正地做到以人为本，关注来自不同文化背景和不同民族的学生。所以，在少数民族地区很有必要开发和实施校本课程。这样可以改变以往教师在教学活动中的被动角色，由原来单一的课程"执行者"转变为课程的"开发者""设计者"和"研究者"，教师不再是被动的课程"接受者"，而且由知识的"传递者"转变为教育中的"引导者"。

由此可见，教师是校本课程开发的主体，在课程的开发和实施过程中起着关键性作用。校本课程开发既是教师专业的权利，也是教师专业发展的途径之一。教师的素质决定了校本课程开发、实施的效果。因此，多元文化教育需要教师掌握多元文化理论知识，了解地方民族优秀文化，更需要教师具备多元文化知识和实施多元文化教育的能力，从而促进民族教育的发展。[②]

在多元文化背景下，教师作为课程的构建者和实施者，在开发和实施校本课程的过程中，要对文化作出主动的反应和选择，而不是仅仅对主流文化进行被动的传递。课程应变为教师和学生共同创造经验的过程。所以，教师的课程意识、课程理论修养及课程开发能力非常重要。要通过多种途径提升教师的多元文化课程意识与课程开发能力，鼓励教师参与校本课程开发，把民族多元文化课程开发作为提高教师多元文化素养的有效途径之一。教师要能够针对少数民族学生的文化背景、学习风格、学习兴趣和发展需要，把具有民族特色的丰富文化素材反映在教材之中，开发出具有民族性、地方性的民族历史、民族文学、民族风

[①] 王鉴：《中国民族地区地方课程开发研究》，《教育研究》2006 年第 4 期。
[②] 蔡向颖：《新疆少数民族地区多元文化教师教育研究》，新疆师范大学 2012 年硕士学位论文，第 2—3 页。

俗、民族艺术等乡土教材。通过校本课程的开发来促进教师多元文化教育智慧的生成。①

四 校园文化模式

学校文化是实施多元文化教育非常重要的一个途径。詹姆斯·班克斯认为，多元文化教育应包括五个方面的内容：内容整合、知识建构过程、消除偏见、教育公正和强化校园文化、社会结构的影响。② 其中校园文化是实施多元文化教育的一个重要方面，具有多元文化的校园环境不仅对促进学生的多元文化意识具有积极作用，而且对提高教师多元文化教育能力也具有促进作用。校园隐含着多元文化教育，并渗透在学校教育的各个方面和过程之中，与整个校园文化相衔接。只有多元文化教育渗透到学校教育的各个方面，教师和学生才会融入学校文化，使教师和学生感受到学校多元文化的包容。这样长此以往，才能凸显校园文化的教育效果。

目前，回族地区中小学校缺乏对多元文化的规划与设计，没有将其纳入学校的日常工作管理，没有凸显回族地区中小学校所应具有的特色。因此，回族地区中小学校应加强学校文化建设，构建多元文化的学校环境，通过广泛开展多种活动，形成独特的学校文化和办学特色，促进多元文化背景下的教师专业发展。

回族地区中小学校应以学生为本，建设和谐、共处、公正、平等的学习环境。而且，应将这种校园文化理念贯穿于学校的教学和管理之中，使之成为学校师生共同奋斗的目标，成为学校师生的价值追求，形成促进学生发展的多元文化办学特色，促进多元文化教师的发展。

此外，地方教育行政部门应制定相应的政策和制度，给予其相关政策和经费支持。因为没有相关政策的制约及经费保障，地方教育行政部门和学校领导往往不重视学校多元文化建设，甚至忽略了民族地区的校园文化建设，学校没有形成自己的文化特色，同质化现象比较严重。

---

① 周莉莉：《甘肃民族地区教师多元文化素养的质性研究》，西南大学2014年硕士学位论文，第59—60页。

② James A. Bank., Multicultural Education: Histotical Dvelopment, Dimensions, and Practical, *Handbkook of Research on Multieultural Education*, New York: Macmillan, 1995, pp. 617-627.

五 社区文化模式

（一）美国教师与家庭和社区的合作[①]

在美国多元化社会中，教师不可避免地要与多种文化背景下的家庭和社区一起工作。因此，教师需要了解学生的家庭和社区的文化背景，更好地满足他们的需要。每一个家庭与学生都是独一无二的，教师要花费时间了解社区中所有家庭的特殊价值、观念，要与多元文化家庭和社区建立真正的合作关系，这对实施多元文化教育非常重要。美国教师与家庭和社区建立合作关系主要有以下几种方式。

第一，家长会（Parenting）。

教师通过家长会为家庭提供帮助，帮助家庭了解儿童和青少年的学习特点。教师从家长那里了解学生的家庭背景和文化特点以及家长对孩子的期望，有助于提高学生的学习效果。

第二，沟通（Communicating）。

通过各种有效方法，就学校的课程计划及学生的学业进展情况与家长进行沟通。创设从学校到家庭与从家庭到学校的双向沟通渠道，使家庭能够更容易与教师、教育管理者及其他家长进行交流和沟通。

第三，家庭学习（Learning at home）。

教师设计一些家庭作业，使学生能够与家庭成员分享并共同讨论感兴趣的作业。这样可以使家长及其子女在家里共同参与学习活动，有利于学生学业成绩的提高。

（二）社区文化是实施多元文化教育的重要途径之一

中小学校作为一个公共资助机构，与社区之间存在合理、建设性关系。《中华人民共和国教育法》第六章"教育与社会"第45条规定："国家机关、军队、企业事业组织、社会团体及其他社会组织和个人，应当依法为儿童、少年、青年学生的身心健康成长创造良好的社会环境。"第46条规定："企业事业组织、社会团体及其他社会组织和个人，可以通过适当形式，支持学校的建设，参与学校管理。"第48条

[①] ［美］坎宁安等：《教育管理：基于问题的方法》，赵中建译，江苏教育出版社2002年版，第117页。

规定:"学校及其他教育机构在不影响正常教育教学活动的前提下,应当积极参加当地的社会公益活动。"因此,学校的公众性决定了学校与社区之间存在着一种互动关系,通过双方交流使社区居民理解学校教育工作,并积极参与学校的建设。所以,民族地区中小学校要加强与社区之间的合作,探索双方合作的领域、层次等,加强社区在培养多元文化教师方面的作用,使教师能够深入了解地方社区文化,积极参与社区活动。[①]

在多元文化教育理念下,"教和学"不再被视为在学校之内的活动。充分挖掘和利用家庭、社区文化资源是实现多元文化教育目的的重要途径之一。家庭和社区文化可为学生提供适切、有趣的学习内容,是多元文化教育的重要途径之一。教师作为多元文化研究者,要与社区、家长和学生保持一种调适状态。通过与家庭、社区的密切交往,教师可以熟悉学生所在社区和家庭的独有文化,帮助教师采取恰当的教学策略,提高教学效果,并开发相关课程与教学资源。

(三)加强教师与社区和家庭的文化交流

目前,由于教师缺乏与地方社区和家庭文化交流,影响了学校的教育教学工作。因此,要加强教师与社区和学生家庭之间的交流,充分发挥社区在多元文化教育中的重要作用。要因地制宜,结合社区的民族文化资源,使教师专业发展既符合社区的期望,也能使民族文化得以传承与更新;同时,使教师了解不同文化背景学生的思维和行为方式,为学生提供利于学习的文化环境,促进其学业进步。

应加强与其他教师、多元文化专家、学生家长、学生社区等的合作。合作形式多种多样:包括邀请多元文化专家或学者到校举办讲座;经常交流学生的学习状况;通过家访、与家长电话交流等方式和家长保持密切联系,并与学生所在的社区保持互动。通过以上方式,帮助教师审核自己对学生及其文化的了解和认识以及可能存在的偏见,增进师生对不同文化的认识,提高学习效果。

应加强在职教师的多元文化实地考察学习。针对中小学教师多元文

[①] 周莉莉:《甘肃民族地区教师多元文化素养的质性研究》,西南大学 2014 年硕士学位论文,第 59 页。

化教育教学能力缺失问题，不仅要加强回族文化知识学习，而且还应提供实地考察学习的机会，让中小学教师尤其是汉族教师，亲自感受真实的回族伊斯兰教文化。如举办一些实践体验活动，组织教师深入回族生活社区，亲自参与回族社区的文化活动，深入地方回族节日和宗教活动场所，从而了解回族的宗教文化思想。

通过上述各种形式，可使教师了解回族多元文化背景下的学生思维和行为方式，有助于为学生提供有效学习多元文化的适应性环境，帮助回族学生在自信、自尊的心态下主动学习、发展，促进其学业进步，使其既能在主流文化中力争上游，又能保持其文化自尊。

另外，学校和政府要加大对教师多元文化培训的政策和资金投入，特别是对少数民族地区的教师，以提升其多元文化教育能力。

结束语

解释学认为，真正的理解都是"视域融合"，是文本的创作者与解释者之间的融合，即作者与读者彼此在情感、理智、道德等层次上的相互融通。因此，笔者简要补叙在研究过程中遇到的困惑、存在的问题、争议等内容，一是帮助读者更好地理解本书；二是有助于读者对研究结论提出质疑，从而更好地丰富和完善对本书内容的理解。

一 民族地区教师是否需要具备多元文化教育能力

著名社会学家费孝通先生提出"中华民族多元一体格局"理论。"多元一体"强调中国具有多元文化社会特性，即民族的多样与文化的多元共存，强调文化与民族的平等和团结，国家一体与民族文化多元和谐共处。

民族地区存在不同民族的文化差异；不同地区、不同社会阶层之间也存在文化差异，因而文化结构很复杂。同时，随着现代化、城镇化的迅速发展，农村孩子到乡镇、县城学校读书，这样，一个班级中的生源变得复杂化：有工薪阶层、农民工、商业阶层等，他们的家庭文化经济背景不尽相同，尤其是部分农村留守儿童的父母外出打工，家庭教育缺乏，一些学生没有养成良好的学习习惯。这些不同的文化差异对学生的学习产生了一定的影响，而且给班级教学也带来一定的困难。所以，民族地区需要多元文化教育，对教师的教育观念和教学实践能力提出了挑战，需要教师具备多元文化教育素养及教学实践能力，才能对不同文化背景下的学生更好地施教，才能使教育公平落到实处。因为教育过程公平强调要关注教育对象的差异性，对不同的学生实施有针对性的教育，才能更好地促进学生全面发展，提高教育质量。

二　研究内容的确立

本书的主要内容包括：多元文化背景下的教师教育理论与教师能力标准；教师多元文化教育实践能力现状调研；回族多元文化教育实践；多元文化教师教育课程、教学策略及教育实践能力培养；教师多元文化培训等。下面简要谈谈选择以上这些研究主题的缘由。

第一，多元文化教育理论研究。新的教育思想提出或教学方法创新，通常要有一定的理论作指导，使教育思想或教学方法更加科学、合理，有可操作性、实践性和有效性。所以，本书从多元文化教育、主体间性和理解教育，建构了多元文化教师教育的理论基础；同时，依据多元文化课程理论与美国多元文化课程资源开发的实践个案，提出多元文化背景下教师教育课程资源开发的原则、实施、评价等。在此基础上，提出多元文化教师教育一体化发展的构想，建构了职前教师多元文化培养与在职教师培训模式，为研究多元文化背景下的教师教育提供理论基础。

第二，多元文化背景下的教师能力标准研究。大多数研究者和教师认为，多元文化背景下的教师能力是"普通教师专业能力"加上"多元文化教学能力"。实际上，这种观点受传统定式思维影响，表面上看似乎正确，但实质上是不正确的。多元文化背景下的教师能力是一种综合能力，并非各种能力的简单相加。所以，多元文化背景下的教师教育研究应探讨教师进行多元文化教育所需的教育理念、文化知识素养、实践技能等。本书依据国内外对多元文化背景下的教师教育研究趋向、国内教师能力标准（《教师资格证标准》《中小学教师教育技术能力标准（试行）》《教师教育课程标准（试行）》和《教师专业标准》）以及国外多元文化教师能力标准，尝试建构了中国民族地区多元文化背景下的教师能力标准，主要内容包括：态度与责任、知识与理解、技能与实践三个维度。其中"态度与责任"是价值导向；"知识与理解"是基础；"技能与实践"是目标。

第三，教师多元文化教育实践能力现状调研。在多元文化环境中，中小学教师应具备多元文化教学能力。所以，先要了解教师对社会文化多样性和多元文化教育的态度和认识，了解教师是否具有多元文化知识及教学实践能力，是否有多元文化教育培训及其存在的问题等。以上这些方面的现状调查为民族地区多元文化教师培养与培训提供了依据，可以更好地促进教师专业发展，提高教育教学质量。

第四，回族多元文化教育实践研究。回族信仰伊斯兰教，伊斯兰教文化不仅是一种宗教、社会意识形态，而且也是回族穆斯林的生产和生活方式，具有民族性特点。教育一般包括学校教育、社会教育和家庭教育三种形式，通过这些教育使人们掌握社会生活的基本知识和技能，成为合格的国家公民。纵观回族穆斯林教育，也包含了以上三种教育。其中家庭教育传授回族穆斯林的生产方式、生活习惯、礼仪修养、处事态度等；"经堂教育"是以学习经文为主的寺院教育，相当于学校教育，普及伊斯兰教文化知识，培养宗教职业者，传承伊斯兰教传统社会文化；回坊是构成回族穆斯林的基层组织，等同于社会教育，具有凝聚社区民心，规范和约束社区民众的生活行为，维护社区的秩序稳定，减少社会犯罪的作用。以上这三种教育具有双重文化性，不仅使回族后代成为合格的穆斯林，而且使其成为合格的国家公民。因此，很有必要研究回族多元文化教育实践。

第五，多元文化教师教育课程研究。教师教育改革的核心是职前教师的人才培养模式改革，而人才培养模式改革主要是通过课程改革实现的。因此，课程建设对教师队伍培养具有举足轻重的作用。由于中国教师教育课程在组织形式和教学内容上高度统一，以主流文化为中心，少数民族文化知识相对较少，多元文化课程缺失，致使职前教师缺乏多元文化教育理念及教学实践能力，缺乏解决文化冲突的专业知识和技能。所以，师范院校很有必要开设教师多元文化课程。本书借鉴了美国多元文化教师教育的成功经验，结合民族地区的实际情况，建构了多元文化教师教育课程体系，主要包括在基础课程中增开人类学、文化人类学等课程；同时，在通识课程中增开相关专题课程，加强多元文化教育的开放性和民主性，促进教师形成相应的多元文化教育知识，提高其多元文化教学实践能力，促进其教师专业发展。

第六，多元文化教学策略研究。多元文化教育的目的是培养学生对不同文化形成积极的态度、正确的认知以及提高人际沟通的技能。多元文化课堂教学策略应以学生为中心，尊重学生的多元和差异，回归学生的生活世界，运用讨论合作教学方法，给学生营造一种民主、自由的学习环境等。课堂教学是提高多元文化教育质量的过程保证，因此，教师要树立多元文化教育教学理念，具备多元文化教学设计能力，采用适宜的教学方法和策略，正确引导学生课堂讨论、协助学生合作学习，提高多元文化教学效果，提升人才培养质量。

第七，教师多元文化培训研究。多元文化教师是实施多元文化教育的前提条件。目前，民族地区教师缺乏多元文化教育实践能力。因此，不仅要提高职前教师的多元文化教学实践能力；同时，还要加强在职教师的多元文化教育培训。学校既是学生学习的场所，也是教师专业的发展场所，因而教师专业发展离不开学校。民族地区教师多元文化教育培训应根据实际需求，整合教师培训资源，充分发挥教学、科研和培训对教师专业成长的作用，提出以"校本培训、专题培训"为主，基于社区文化、校园文化和校本课程的教师多元文化教育能力提高模式。培训形式要灵活多样，如专题讲座、学术报告、专题发言与研讨、观摩点评、实践研修等多种形式，更新教师的教育理念，提高教师的多元文化教育教学实践能力，丰富和发展多元文化教育智慧。

第八，师范生多元文化教育实践能力研究。目前，中国民族地区高师院校的师范生实习形式仅局限于课堂，他们大多数时间是帮助指导教师完成班级管理和常规教学工作，而忽略了教育对象的文化差异对其学习的影响因素。多元文化教育要求师范生将所学多元文化理论知识恰当地运用于实践，在真实的多元文化教学环境中培养解决多元文化教育问题。在教育实习中，师范生要实地了解、学习不同民族学生的文化背景，有效地与学生家庭沟通，吸收、利用社会和家庭资源，对学生实施良好的教育。所以，要加强师范生多元文化教育实践方面的研究。

三　研究方法的反思

本书采用量化和质性研究相结合的方法——主要包括文献研究法、田野调查法和跨文化比较研究法。通过多种渠道广泛查阅、搜集国内外与教师多元文化教育相关的文献资料和研究成果，获得全面、真实、准确的文献资料。同时，参照中国台湾学者江雪龄、中国澳门学者田野、中国大陆学者王艳玲和孟凡丽等相关问卷，编制了调查问卷和访谈提纲，对样本中小学教师的多元文化教育现状进行了调查研究。回族穆斯林使用汉语，这样与回族老师之间的交流没有语言上的障碍，畅所欲言；笔者在中学任教21年，熟知中小学校的生活场景，了解中小学教师的情况，能够根据研究内容需要选择最合适的访谈对象；由于笔者有在中学任教的经历，与访谈的其他中学老师有共同的经历，一些访谈的教师也是笔者在中学工作期间的好友，一些访谈的教师还是我的学生，他们对我没有戒备心理，容易沟通和交流。因此，本研究中的访谈资料有一定的效度和信度，内容客观真实；与此同时，笔者深入样本中小学课堂，通过实地考察、了解课堂教学中多元文化教育及其教师专业发展的现状、存在的问题等，收集到了第一手真实的原始资料。

另外，为了保护研究对象、遵守学术研究的伦理，本书中所有访谈的学校、教师都采用化名。对样本地区中小学教师的多元文化教育现状进行了真实的再现和阐释，没有褒贬、虚假的描述，尽力做到表述客观真实。

但是，每一种研究方法既有其独特的优势，也有不足。费孝通的《江村经济》村落研究方法对本研究有一定的启示，费先生通过对一定时空的村落研究，反映了中国社会变迁的大问题，用"小地方"反映"大社会"，通过村落研究认识中国社会。本研究也存在相同的问题——如何解决研究样本的大小问题。多元文化涉及少数民族的文化，范围比较广泛。但本研究仅局限于回族多元文化背景下的教师教育，没有对我国其他主要少数民族多元文化进行综合研究，缺乏比较性、缺乏整体性。

四 研究结论的反思

不同民族的文化特点不同，其课程内容也各异，课程设置也理应不同，不存在一个内容统一的多元文化教育课程。这样，不同文化背景下的教师培养、培训模式也不相同。本书选取以宁夏回族地区多元文化教师教育作为研究对象，深入探讨了回族多元文化背景下的教师教育课程设置、培养模式、培训模式等，研究结论相对更具体。如果选取两种以上的文化作为研究对象，研究结论会变得抽象、概括，难以达到理想的研究目标。

多元文化教育内涵主要包含两个方面：首先，强调不同文化群体的差异性，即将不同种族、民族、性别、社会阶层、残疾人等群体视为不同的文化群体；其次，要充分尊重和理解这种差异性，并致力于创设一定的教育环境，运用恰当的教育方式让所有学生都能得到平等的教育机会，并得到全面的发展。多元文化课程涉及领域很广泛，不仅包括教育学科基础和课程论基础，而且涉及文化学、人类学、哲学等领域。因此，本书中的研究结论有一定的局限性和地域性，对其他民族地区的多元文化教师教育只能作为参考。

另外，由于个人能力所限、时间仓促、研究问题复杂等因素影响，虽然书稿付梓了，但还有遗憾和不足，或缺乏更深层次的理性思考，研究结论仅仅是对多元文化教师教育的初步探索，还有待于进一步丰富、发展和完善。

附录　多元文化背景下的教师教育研究调查问卷

尊敬的老师：

您好！为全面了解民族地区多元文化背景下的中小学教师教育现状，特设计了这份调查问卷。此项问卷调查只为研究提供真实、客观的数据，答案是匿名的，无对错之分，结果不反馈相关教育主管部门，只用于学术研究。请您不要有任何顾虑，选出符合您实际情况的选项，并写出自己的真实想法。非常感谢您的合作与支持！

问卷填写说明：下面各题选项：A 极同意；B 同意；C 中立；D 不同意；E 极不同意。请在符合您意见的英文字母下面打"√"。

一　基本资料

1. 您的性别____民族____年龄____教龄____学历____职称____是否是班主任____您所教科目____。

2. 您所在学校位于____县/市/区，位于____城区/乡镇/农村，属于____（高中、城区初中、农村初中、中心小学、村小）。

3. 您所在的班级学生是否由不同民族构成____（是/否）。如果是，少数民族学生约占班级总人数的____%。

4. 您了解回族教育知识和技能的途径主要来自（符合的请打）

□教育书籍 □工作经验 □培训课程 □同事 □教育事件 □教科书 □其他。

二　教师对多元文化和多元文化社会的态度

1. 人际间的民族文化差异并不影响彼此间的友谊和了解。

A B C D E

2. 喜欢与不同族群的人相处。　　　　　　　　A B C D E
3. 生活在多民族社会，要学会相互包容和尊重。　A B C D E
4. 少数族群应保存自身文化，学会和谐相处。　　A B C D E
5. 信仰自由是多元文化社会特色之一。　　　　　A B C D E
6. 从不同文化背景族群那里学到很多东西。　　　A B C D E
7. 与文化背景不同的族群相处是件困难的事。　　A B C D E
8. 少数民族应放弃自身文化传统，融入主流社会和文化。
　　　　　　　　　　　　　　　　　　　　　A B C D E
9. 住在单一民族地区比多民族地区好。　　　　　A B C D E
10. 多元族群社会应展示文化的多样性和丰富性。 A B C D E

三　教师对回族多元文化教育的态度

1. 教师在回族学生组成的学校任教获益良多。　　A B C D E
2. 为满足回族学生学习的需要，应采取不同教学方法。
　　　　　　　　　　　　　　　　　　　　　A B C D E
3. 加强对回族文化的了解有助于与回族学生相处。A B C D E
4. 教师有责任了解回族学生的文化背景。　　　　A B C D E
5. 鼓励回族学生为自己的文化而骄傲不是教师的责任。
　　　　　　　　　　　　　　　　　　　　　A B C D E
6. 学生的民族文化差异越大，教学就越有挑战性。A B C D E
7. 为满足回族学生学习的需要，教师需扮演更多的角色。
　　　　　　　　　　　　　　　　　　　　　A B C D E
8. 从回族文化背景家庭学生那里学到很多知识。　A B C D E
9. 要做一名好教师，必须了解回族学生的文化习俗。A B C D E
10. 教学生不同民族文化知识只会引发课堂内的冲突。A B C D E
11. 所有学生都应该知道回族地区文化的多元性。 A B C D E
12. 了解回族文化知识对我所教科目没有帮助。　 A B C D E
13. 只要教学方式方法得当，回族学生也能取得好成绩。
　　　　　　　　　　　　　　　　　　　　　A B C D E
14. 教育、教学方法应与回族学生的文化特性相符。A B C D E

四　回族多元文化背景下的教师知识

1. 了解回族的历史文化。　　　　　　　　　　　A B C D E

2. 了解回族学生的家庭背景及其社区文化。　　　A B C D E
3. 了解所教班级中回族学生的学习特点。　　　　A B C D E
4. 在备课时会考虑回族学生的民族特性。　　　　A B C D E
5. 在教育教学中会注意回族禁忌。　　　　　　　A B C D E
6. 目前我国教材中缺乏回族文化内容。　　　　　A B C D E
7. 在教育教学中会给每位学生平等参与的机会。　A B C D E
8. 自己熟知所教学科中哪些部分与回族特性有关。A B C D E

五　回族多元文化背景下的教师技能

1. 在教学中能够适当将回族学生的文化结合起来。　A B C D E
2. 会结合回族学生的民族特点举例或补充内容。　　A B C D E
3. 采取不同的教学方法，以满足回族学生的需要。　A B C D E
4. 能有效解决不同民族学生之间的隔阂。　　　　　A B C D E
5. 删减或变通教材中不符合回族文化内容的表述。　A B C D E
6. 在教学策略和方法上体现出对回族学生的关注。　A B C D E
7. 教学中充分利用本地或学生家庭中的回族文化资源。A B C D E
8. 在教学中努力传承回族穆斯林的优秀文化。　　　A B C D E
9. 能够与回族学生的家长交流。　　　　　　　　　A B C D E
10. 能够根据回族学生的民族特点进行沟通。　　　A B C D E
11. 在我的课堂上每一种民族文化都能获得承认和发扬。
　　　　　　　　　　　　　　　　　　　　　　　A B C D E

六　教师接受回族多元文化教育培训现状

1. 认为自己在回族文化知识及其教育技能方面的培训不足。
　　　　　　　　　　　　　　　　　　　　　　　A B C D E
2. 曾经接受过回族教育方面的培训。　　　　　　　A B C D E

七　多元文化教师教育课程

1. 高师院校有必要开设地方课程或校本课程。　　　A B C D E
2. 高师院校应有多元文化的课程和活动。　　　　　A B C D E

八　开放题

1. 请您谈谈民族地区中小学教师应具备哪些多元文化教育知识和教学技能？

2. 请您谈谈民族地区中小学教师多元文化教育培训,包括的培训内容、形式等。

参考文献

一 译著和论著

1. [法]维克多埃尔:《文化概念》,康新文、晓文译,上海人民出版社1988年版。
2. [美]约翰·R.霍尔、玛丽·乔·尼兹:《文化:社会学的视野》,周宪、许钧译,商务印书馆2002年版。
3. 《全球教育发展的历史轨迹——国际教育大会60年建议书》,赵中建等译,教育科学出版社1999年版。
4. 《全球教育发展的历史轨迹——联合国教科文组织国际教育大会建议书专集》,赵中建等译,教育科学出版社2005年版。
5. 联合国教科文组织国际教育发展委员会:《学会生存》,华东师范大学比较教育研究所译,教育科学出版社1996年版。
6. 联合国教科文组织:《教育——财富蕴藏其中》,联合国教科文组织中文科译,教育科学出版社1996年版。
7. [德]伽达默尔:《真理与方法》,王才勇译,辽宁人民出版社1987年版。
8. [德]伽达默尔:《哲学解释学》,夏镇平、宋建平译,上海译文出版社1994年版。
9. [美]弗莱德·R.多迈尔:《主体性的黄昏》,万俊人等译,上海人民出版社1992年版。
10. 倪梁康:《现象学及其效应——胡塞尔与当代德国哲学》,生活·读书·新知三联书店1994年版。
11. [德]海德格尔:《存在与时间》,陈嘉映、王节庆译,生活·读书·新知三联书店 1987 年版。
12. ［法］让·华尔：《存在哲学》，翁绍军译，生活·读书·新知三联书店 1987 年版。
13. ［法］布尔迪厄：《文化资本和社会炼金术》，包亚明译，上海人民出版社 1997 年版。
14. ［法］布尔迪厄、［美］康华德：《实践与反思——反思社会学导引》，李猛、李康译，中央编译出版社 1998 年版。
15. ［法］布尔迪厄、J. C. 帕斯隆：《再生产：一种教育系统理论的要点》，邢克超译，商务印书馆 2002 年版。
16. ［美］露丝·本尼迪克：《文化模式》，何锡章等译，华夏出版社 1987 年版。
17. ［美］杰克·肖克夫、黛博拉·菲利普斯：《从神经细胞到社会成员：儿童早期发展的科学》，方俊明、李伟亚译，南京师范大学出版社 2007 年版。
18. ［英］马林诺夫斯基：《文化论》，费孝通译，中国民间文学出版社 1987 年版。
19. ［英］詹姆斯·林奇：《多元文化课程》，黄政杰等译，台湾师大书苑有限公司 1996 年版。
20. ［美］詹姆斯·班克斯：《课程统整》，单文经译，华东师范大学出版社 2003 年版。
21. ［美］詹姆斯·班克斯：《多元文化教育概述》，李苹绮译，台北心理出版社 1998 年版。
22. ［美］詹姆斯·班克斯：《多元文化教育——议题与观点》，李苹绮译，台北心理出版社 2008 年版。
23. ［美］詹姆斯·班克斯：《文化多样性与教育：基本原理、课程与教学》，荀渊等译，华东师范大学出版社 2010 年版。
24. ［美］杜威：《民主主义与教育》，王承绪译，人民教育出版社 2001 年版。
25. ［美］大卫·布莱特：《课程设计：教育专业手册》，黄铭敦、张惠芝译，桂冠图书 2004 年版。
26. ［德］克林伯格：《社会主义学校（学派）的教学指导性与主动

性》，顾明远译，德国科学出版社1962年版。

27. ［美］戴维·斯沃茨：《文化与权力：布尔迪厄的社会学》，陶东风译，上海译文出版社2006年版。
28. ［美］威廉·F. 派纳等：《理解课程》，张华译，教育科学出版社2004年版。
29. ［美］吉鲁：《教师作为知识分子——迈向批判教育学》，朱红文译，教育科学出版社2008年版。
30. ［瑞士］皮亚杰：《发生认识论原理》，王宪钿等译，商务印书馆1981年版。
31. ［美］L. A. 怀特：《文化科学》，曹锦清等译，浙江人民出版社1988年版。
32. 《简明国际教育百科全书：课程》，江山野译，教育科学出版社1991年版。
33. ［英］约翰·洛克：《教育漫话》，傅任敢译，教育科学出版社1999年版。
34. ［德］西美尔：《货币哲学》，陈戎女等译，华夏出版社2002年版。
35. 陈美如：《多元文化课程的理念与实践》，台湾师大书苑有限公司2000年版。
36. 江雪龄：《迈向二十一世纪的多元文化教育》，台湾师大书苑有限公司1996年版。
37. 黄政杰：《多元社会课程取向》，台湾师大书苑有限公司1995年版。
38. 哈经雄、滕星：《民族教育学通论》，教育科学出版社2001年版。
39. 王鉴、万明钢：《多元文化教育比较研究》，民族出版社2006年版。
40. 张华：《课程与教学论》，上海教育出版社2000年版。
41. 靳玉乐：《活动课程与学生素质发展》，重庆出版社2001年版。
42. 李超杰：《理解生命——狄尔泰哲学引论》，中央编译出版社1994年版。
43. 辞海编辑委员会：《辞海》，上海辞书出版社1979年版。
44. 《中国大百科全书》，中国大百科全书出版社1985年版。
45. 《世界教育百科全书》，贵州人民出版社1990年版。
46. 夏建中：《文化人类学理论学派》，中国人民大学出版社1997年版。

47. 张岱年、方克立：《中国文化概论》，北京师范大学出版社 1994 年版。
48. 张岱年：《中国传统文化简论》，浙江人民出版社 1989 年版。
49. 庄孔韶：《人类学通论》，山西教育出版社 2003 年版。
50. 洪汉鼎主编：《理解与解释——诠释学经典文选》，东方出版社 2006 年版。
51. 郑金洲：《教育文化学》，人民教育出版社 2000 年版。
52. 郑金洲：《多儿文化教育》，天津教育出版社 2004 年版。
53. 陈晓莹：《融合·发展——加拿大多元文化教育解读》，民族出版社 2008 年版。
54. 赵中建：《教育的使命——面向 21 世纪的教育宣言和行动纲领》，科学教育出版社 1996 年版。
55. 钟启泉、张华：《经验课程论》，上海教育出版社 2000 年版。
56. 钟启泉：《现代课程论》，上海教育出版社 2003 年版。
57. 钟启泉、李雁冰：《课程设计基础》，山东教育出版社 2000 年版。
58. 叶澜：《中国教师新百科·中学教育卷》，中国大百科全书出版社 2002 年版。
59. 朱旭东、李琼：《教师教育标准体系研究》，北京师范大学出版社 2011 年版。
60. 王艳玲、苟顺明：《多元文化背景下的教师能力——以中国西部少数民族地区为例》，人民教育出版社 2013 年版。
61. 韩延明：《大学理念论纲》，人民教育出版社 2003 年版。
62. 李森：《现代教学论纲要》，人民教育出版社 2005 年版。
63. 成中英：《本体诠释学》，北京大学出版社 2003 年版。
64. 殷鼎：《理解的命运——解释学初论》，生活·读书·新知三联书店 1988 年版。
65. 陈忆芬：《师资培育中的多元文化教育之研究》，秀威资讯科技股份有限公司 2003 年版。
66. 薛晓源、曹荣湘：《全球化与文化资本》，社会科学文献出版社 2005 年版。
67. 杨玉经：《宁夏回族文化艺术博览》，宁夏人民出版社 2008 年版。

68. 束锡红：《宁夏回族文化图史》，宁夏人民出版社 2008 年版。
69. 姚秀颖：《文化变迁视角下的呼和浩特回族的教育策略选择》，中央民族大学出版社 2009 年版。
70. 吴明海：《中外民族教育政策史纲》，中央民族大学出版社 2006 年版。
71. 黄威：《教师教育体制——国际比较研究》，广东高等教育出版社 2003 年版。
72. 熊川武等主编：《教育研究的新视域》，辽海出版社 2003 年版。
73. 史静寰：《走进教材和教学的性别世界》，教育科学出版社 2004 年版。
74. James A. Bank, Multicultural Education: Historical Development, Dimensions, and practical, M James and cheery A. Mc Gee (Eds.), *Handbook of Research on Multicultural Education*, New York: Macmillan, 1995.
75. Rivlin, H. N. and Fraser, D. M., *Education and Teacher Education for Cultural Pluralism*, In Stent, M. D., et al., (eds). *Cultural Pluralism in Education*, *A Mandate Change*, New York: Meredith Corp, 1973.
76. Banks, J. A., Multicultural Education: Historical Development, Dimensions and Practice, *Handbook of Research on Multicultural Education*, New York: Macmillan Publishing, 1996.
77. Banks, J. A., *Multicultural Education: Theory and Practice*, Boston: Allyn and Bacon, 1988.
78. Habermas, J., *Knowledge and Human Interests*, Boston: Beacon Press, 1971.
79. Gallagher, S., *Hermeneutics and Education*, Albany: State University of New York Press, 1992.
80. Dilthey, W., *Selected Works: Introduction to the Human Sciences*, R. A. Malckrell et al. (eds.), Princeton: Princeton University Press, 1989.
81. Nieto, S., *Affirming diversity: The Sociopolitical Context of Multicultural Education*, New York: Longman, 1996.
82. Sleeter, C. E. & Grant, C. A., *Making Choices for Multicultural*; Five

Approaches to Race Class and Gender (2nd. ed.), Columbus, H. Merrill, 1994.
83. Gadamer, H. G., *Truth and Method*, Translated by Joel Weinsheimer, Donald G, Marshall, Continuum International Publishing Group, 1999.
84. James Lynch, *Multicultural Education in A Global Society*, the Falmer Press, 1997.
85. Dilthey, W., *Selected Workers: Introduction to the Human Sciences*, R. A. Malckrell et al. (eds.), Princeton: Princeton University Press, 1989 (1).

二　论文

1. ［美］席蔚华:《美国学校的多元文化教育》,《陕西师范大学学报》（哲学社会科学版）2000 年第 3 期。
2. ［德］托比亚斯·吕尔克尔:《多元文化教育：课程及其改革战略》,《教育展望》（中文版）1993 年第 1 期。
3. ［德］哈贝马斯:《评伽达默尔的〈真理与方法〉》,《哲学译丛》1986 年第 3 期。
4. ［美］白蓓莉:《中国穆斯林妇女问题探析》,《回族研究》1995 年第 4 期。
5. 顾明远:《师范教育的传统与变迁》,《高等师范教育研究》2003 年第 3 期。
6. 潘懋元、吴玫:《从师范教育到教师教育》,《中国高教研究》2004 年第 7 期。
7. 管培俊:《关于教师教育改革发展的十个观点》,《教师教育研究》2004 年第 4 期。
8. 钟启泉:《为了未来教育家的成长——论我国教师教育课程创新的课题》,《教育发展研究》2011 年第 18 期。
9. 果红、熊继华:《多元文化教育视角下民族地区教师培训课程的目标价值探究》,《世界教育信息》2007 年第 7 期。
10. 果红、熊继华:《多元文化教育视角下民族地区教师培训课程的目标价值探究》,《教育研究》2007 年第 5 期。
11. 王鉴:《我国民族地区地方课程开发研究》,《教育研究》2006 年第 4 期。
12. 王鉴:《美国多元文化教育背景下的教师培训》,《外国中小学教育》2007 年第 10 期。
13. 王鉴:《多元文化教育:西方民族教育的实践及其启示》,《民族教育研究》2003 年第 6 期。
14. 何克抗:《中小学教师教育技术能力标准(试行)》,《中国电化教育》2005 年第 2 期。
15. 郝文武:《师生主体间性建构的哲学基础和实践策略》,《北京师范大学学报》(社会科学版)2005 年第 4 期。
16. 郝文武:《教育民主的主体间性本质和方式》,《教育理论与实践》2009 年第 2 期。
17. 岳伟、王坤庆:《主体间性:当代主体教育的价值追求》,《华东师范大学学报》2004 年第 6 期。
18. 郭文安:《主体教育思想发展的回顾与前瞻》,《教育研究与实验》2006 年第 5 期。
19. 郑金洲:《基础教育改革与发展的世纪走向》,《华东师范大学学报》(教育科学版)2000 年第 9 期。
20. 郑金洲:《多元文化教育的西方探索与中国实践》,《教育文化论坛》2009 年第 1 期。
21. 熊川武:《"理解教育"的实质、步骤与发现》,《教育科学研究》2005 年第 10 期。
22. 邹慧明、刘要悟:《在多元中融通 在理解中共生——多元文化背景下的国际理解教育》,《大学教育科学》2014 年第 5 期。
23. 徐辉、王静:《国际理解教育研究》,《西南师范大学学报》(人文社会科学版)2003 年第 6 期。
24. 余新:《国际理解教育发展的研究》,《外国教育研究》2002 年第 8 期。
25. 孙银莲:《家庭文化资本对学生成长的影响》,《湖南师范大学教育学院学报》2006 年第 4 期。

26. 萧放：《传统节日：一宗重大的民族文化遗产》，《北京师范大学学报》（社会科学版）2005 年第 5 期。
27. 于兴国：《教师教育发展的趋势、因素及其策略研究》，《教师教育研究》2010 年第 6 期。
28. 刘捷：《教师职业专业化与我国师范教育》，《天津师范大学学报》（社会科学版）2001 年第 2 期。
29. 马晓雄：《关于师范教育向教师教育转型的几点思考》，《高等师范教育研究》2003 年第 4 期。
30. 何喜刚、王鉴：《如何理解中华民族多元一体教育》，《民族教育研究》1999 年第 3 期。
31. 高曼曼：《澳大利亚多元文化教育的发展及其启示》，《云南民族大学学报》2009 年第 3 期。
32. 靳淑梅：《多元文化教育理念下教师的培养目标及其启示》，《外国教育研究》2009 年第 3 期。
33. 靳淑梅：《美国多元文化教师教育发展综述》，《外国教育研究》2008 年第 12 期。
34. 靳淑梅、孙启林：《美国多元文化背景下中小学教师教育实习方式述评》，《外国中小学教育》2008 年第 9 期。
35. 靳淑梅：《延边大学多元文化课程构建》，《教育评论》2011 年第 4 期。
36. 孟凡丽：《文化适应性教学探析——以美国多元文化教学策略为例》，《新疆师范大学学报》2006 年第 3 期。
37. 孟凡丽：《论少数民族地区跨文化教师的培养》，《教师教育研究》2007 年第 3 期。
38. 孟凡丽、于海波：《国外多元文化背景下教师教学能力培养的探索及启示》，《高等教育研究》2008 年第 2 期。
39. 沈小碚：《我国多元文化课程研究的现状及其发展对策》，《西南师范大学学报》（社会科学版）2005 年第 6 期。
40. 沈小碚：《对多元文化课程构建的理性思考》，《民族教育研究》2008 年第 2 期。
41. 张学强：《多元文化教育的实质与民族地区教师的文化品性》，《民族教育研究》2009 年第 3 期。

42. 张学强、富婷：《多元文化教育的教师——美国的经验及启示》，《外国教育研究》2009 年第 3 期。

43. 白亮：《多元文化视野中的教师教育》，《民族教育研究》2008 年第 5 期。

44. 桑镛炳：《"重心后移"：师范教育改革的必然选择》，《教育发展研究》2003 年第 1 期。

45. 赵琳琳、谌启标：《美国基于多元文化的教师教育改革新动向》，《外国中小学教育》2008 年第 7 期。

46. 陈建涛：《论主体间性》，《人文杂志》1993 年第 4 期。

47. 孙杰：《论文化资本对农村义务教育均衡发展的影响——布尔迪厄文化资本理论的启示》，《山西大学学报》（社会科学版）2011 年第 5 期。

48. 魏建国、罗朴尚、宋映泉：《家庭背景与就读大学机会关系的实证研究》，《教育发展研究》2009 年第 21 期。

49. 庄国土：《多元文化或同化：亨廷顿的族群文化观与东南亚华族》，《南洋问题研究》2003 年第 2 期。

50. 邵晓霞：《从运动到制度化：多元文化教育发展的历程》，《教育与教学研究》2011 年第 11 期。

51. 刘友女：《主体间性视野下"和谐教育"之建构》，《教育评论》2007 年第 2 期。

52. 杨春时：《从客体性到主体性到主体间性——西方美学体系的历史演变》，《烟台大学学报》2004 年第 4 期。

53. 宋德如、姚计海：《中小学生师生关系发展特征研究》，《心理科学》2007 年第 4 期。

54. 孙清萍：《建构在主体间性视角下的师生交往关系》，《教育广角》2006 年第 11 期。

55. 宋德如、姚计海：《中小学生师生关系发展特征研究》，《心理科学》2007 年第 4 期。

56. 郭英、刘宪俊：《师生交往：彰显教育主体间性的基本途径》，《四川师范大学学报》2006 年第 5 期。

57. 罗安佳：《思想政治教育的主体间性转向及其实现方式》，《世纪桥》2010 年第 2 期。
58. 周文莉、王军：《新课改背景下的中学生师生关系调查》，《学校管理与发展》2009 年第 9 期。
59. 王淑娟：《从"主体间性"看新课程中的师生关系》，《教学与管理》2009 年第 2 期。
60. 廖辉：《教师多元文化教育态度的个案分析》，《教学与管理》2005 年第 10 期。
61. 姚俭建、岑文忠：《文化资本的积累机制探微》，《上海师范大学学报》（哲学社会科学版）2004 年第 3 期。
62. 王艳霞：《家庭文化资本对子女学业成就的影响》，《教育评论》2007 年第 8 期。
63. 李全生：《布尔迪厄的文化资本理论》，《东方论坛》2003 年第 1 期。
64. 高飞：《农民工家庭教育资源现状研究》，《中国家庭教育》2005 年第 3 期。
65. 钟启泉：《儿童心目中的教师》，《全球教育展望》2009 年第 3 期。
66. 智洁：《学校多元文化教育背景下的教师个性反思》，《涪陵师范学院学报》2006 年第 3 期。
67. 特古斯：《多元文化教育视野中少数民族教师素质的重建》，《民族教育研究》2007 年第 5 期。
68. 王辉：《多元文化教育与多元文化教师》，《通化师范学院学报》2004 年第 6 期。
69. 林素卿：《从新住民女性议题谈多元文化教育师资之培育》，《研习资讯》1995 年第 10 期。
70. 孙传远：《学会用多元文化视角进行教学：美国中小学教师教育中的必修课》，《外国中小学教育》2007 年第 3 期。
71. 刘晶波：《这样做，你才能胜任——美国多元文化教育模式中的教师培训》，《早期教育》2003 年第 5 期。
72. 王新俊、姜峰：《美国教师的多元文化教育》，《中国民族教育》2010 年第 1 期。

73. 王丹丹：《多元文化教育背景下的教师专业素养》，《当代教育论坛》（综合研究）2011 年第 9 期。
74. 杨超有：《论师生关系紧张的成因与消除策略》，《教育与职业》2006 年第 17 期。
75. 阮志孝：《传播学视野下的传统教育学派与现代教育学派》，《现代远程教育研究》2006 年第 2 期。
76. 王树人：《关于主体、主体性与主体间性的思考》，《江苏行政学院学报》2002 年第 2 期。
77. 《2000 年中国环境状况公报》（摘录），《环境教育》2001 年第 4 期。
78. 吕朝阳：《在中小学实施国际理解教育的实践与思考》，《教师博览》2013 年第 3 期。
79. 廖辉：《多元文化背景中的课程资源开发》，《民族教育研究》2005 年第 2 期。
80. 张秀雄：《多元文化教育与公民教育》，《公民训育学报》2004 年第 15 期。
81. 李阿利：《建立研究生导师有效激励机制的系统思考》，《学位与研究生教育》2005 年第 10 期。
82. 古广灵：《本科院校教学质量保障体系的构建与运行探索》，《高教探索》2007 年第 1 期。
83. 刘颂华：《试论师范教育转型与教师教育课程体系的构建》，《教育学研究》2006 年第 5 期。
84. 郑威：《对话在多元文化课程设计和实施中的作用》，《教育探索》2003 年第 5 期。
85. 刘生全：《教育批评的教育基础刍议》，《北京师范大学学报》2001 年第 2 期。
86. 李森、王宝玺：《综合实践活动课程论纲》，《学科教育》2003 年第 3 期。
87. 李纯：《从适应维持型文化到批判反思型文化——论多元文化背景中教师文化的转向》，《当代教育科学》2010 年第 5 期。
88. 李雁冰：《质性课程评定的典范：档案袋评定》，《外国教育资料》

2000 年第 6 期。

89. Smith, W. A., Intersubjectivity and Community: Some Implications from Gadamer's Philosophy for Religious Education, *Religious Education*, 1993 (88).

90. Ingram, D., Hermeneutics and Truth, *Journal of the British Society for Phenomenology*, 1984 (15).

91. Lynne Parmenter, Structuring Students' Knowledge Base of the World: The Effect of Internationalization on the Japanese School Curriculum, *Educational Journal*, Summe, 1999 (2).

92. James A. Banks, Multicultural Education and Curriculum Transformation, *The Journal of Negro Education*, 1995 (4).

93. James A. Banks, Diversity, Group Identity, and Citizenship Education in a Global Age, *Educational Researcher*, 2008 (3).

94. James A. Banks, Transforming the Mainstream Curriculum, *Educational Leadership*, 1994 (8).

95. Faith Lamb Parker, Boak, Alison Y, Learning Environment and School Readiness, *School Psychology Review*, 1999 (3).

96. Boyle – Base, M. & Sleeter, C., Community – based Service Learning for Multicultural Teacher Education, *Educational Foundations*, 2000 (14).

97. Edwards, S. & Kuhlman, W., Culturally Responsive Teaching: Do We Walk Our Talk? *Multieultural Education*, 2007 (14).

98. Rowls, M. & Swlek, K., Designing Teacher Education Course Syllabli That Integrate Service Learning, *Journal of Instructional Psychology*, 2000 (27).

99. Faith Lamb Parker, Alison Y Boak, and Kenneth W Griffin, Parent – child Relationship, Home Learning Environment and School Readiness, *School Psychology Review*, 1999 (3).

100. Banks J. A., *Multicultiural Education: Characteristics and Goals*, In Banks, J. A. & Banks, C. A. M. (eds.), *Multicultiural Education: Issues and Perspectives*, Boston: Allyn and Bacon, 1993.

三 学位论文

1. 田野：《多元文化与幼儿教育：澳门幼儿课程发展模式》，华东师范大学 2002 年博士学位论文。
2. 欧群慧：《云南省黎明市孟波镇中学多元文化教师民族之研究》，中央民族大学 2009 年博士学位论文。
3. 李纯：《多元文化视域中的教师专业发展研究》，西南大学 2009 年博士学位论文。
4. 孟凡丽：《多元文化背景中地方课程开发研究》，西北师范大学 2003 年博士学位论文。
5. 靳淑梅：《教育公平视角下美国多元文化教育研究》，东北师范大学 2009 年博士学位论文。
6. 周莉莉：《甘肃民族地区教师多元文化素养的质性研究》，西南大学 2014 年硕士学位论文。
7. 刘茜：《多元文化课程的建构与发展》，西南大学 2007 年博士学位论文。
8. 赵琳琳：《美国多元文化教师教育理论和实践研究》，福建师范大学 2010 年教育硕士学位论文。
9. 陈月明丹：《多元文化教育视野下的校本课程研究》，云南师范大学 2004 年硕士学位论文。
10. 蔡向颖：《新疆少数民族地区多元文化教师教育研究》，新疆师范大学 2012 年硕士学位论文。
11. 王侠：《西方多元文化教育理论的阐释》，中央民族大学 2005 年硕士学位论文。
12. 常红梅：《多元文化教育背景下民族初中地方课程开发与实施研究——以呼和浩特地区为例》，内蒙古师范大学 2007 年硕士学位论文。
13. 弓巧平：《美国大学多元文化教育发展研究》，河北大学 2004 年硕士学位论文。
14. 王洪兰：《家庭文化资本的传承研究》，华中科技大学 2006 年硕士学位论文。

15. 周汶霏：《跨文化交际视野下的国际理解教育》，山东大学 2010 年硕士学位论文。
16. 唐智芳：《文化视域下的对外汉语教学研究》，湖南师范大学 2012 年博士学位论文。
17. 王丹丹：《西南民族地区师范生多元文化素养培育策略研究》，西南大学 2012 年硕士学位论文。
18. 潘旭娟：《民族教育中教师多元文化素质的培养及对策研究》，西南大学 2011 年硕士学位论文。
19. 王新俊：《美国多元文化教师教育研究》，西北师范大学 2010 年硕士学位论文。
20. 廖辉：《西南少数民族地区多元文化课程开发的个案研究》，西南大学 2004 年硕士学位论文。
21. 庞丽：《多元文化课程实施中教学方式的研究》，西南大学 2010 年硕士学位论文。
22. 唐颖：《澳大利亚中小学多元文化课程设计研究》，华东师范大学 2007 年硕士学位论文。
23. 张杰：《陕西省中小学综合实践活动课程制度与运行机制建设研究》，陕西师范大学 2010 年硕士学位论文。
24. 陆娜：《家庭文化资本对小学生发展的影响研究》，山东师范大学 2013 年硕士学位论文。
25. 马菱：《进程农民工孩子家庭文化资本研究》，华东师范大学 2010 年硕士学位论文。
26. 马连奇：《农村家庭文化资本与初中英语学习效果关系的研究》，西南大学 2008 年硕士学位论文。
27. 黄毅志、曾诗涵：《代际不平等的再制与维持：检证 Bowels 与 Gintis，Kohn 的理论对国小学童的适用性》，台东大学教育研究所 2004 年硕士学位论文。
28. 于胜男：《家庭文化资本对学生学习习惯的影响研究》，东北师范大学 2012 年硕士学位论文。
29. 周汶霏：《跨文化交际视野下的国际理解教育》，山东大学 2010 年硕士学位论文。
30. 邢晓阳：《地方高校硕士生课程质量保障体系建构研究》，广西师范大学 2005 年硕士学位论文。
31. 王颖：《美国多元文化教育的形成与发展对中国民族教育的启示》，陕西师范大学 2001 年硕士学位论文。
32. 庞丽：《多元文化课程实施中教学方式的研究》，西南大学 2010 年硕士学位论文。

后　　记

　　2012年有幸获中华人民共和国国家留学基金委资助，我去美国印第安纳州立大学访学一年，访学内容是教育理论与教育哲学。学校在印第安纳州的布鲁明顿镇，我到学校时，夏季学期即将结束。我在教育学院听的第一节课是Tom Huston博士的《多元文化教育》，该课程是为本科生开设的。美国是个移民国家，学生来自不同文化背景的民族和地区，实施的是多元文化教育。因此，多元文化课是美国教师教育的必修课。这偶遇的一节课，使我对多元文化教育产生了兴趣，开始关注多元文化教育问题。

　　到了秋季学期，接着又选修了Kathryn Engebretson教授的多元文化课程，这是对硕士和博士研究生开设的。学生来自中国、美国、俄罗斯、印度、韩国、日本、印度尼西亚、南非等国家，同样有着不同的文化背景，他们自身就是很好的多元文化教育资源。授课方式以学生讨论为主。通过这门课程学习，不仅开拓了我的视野，丰富了我的多元文化知识，而且提升了我之后的施教能力。同时，我还选修了印第安纳大学东亚研究所主任Heidi Ross类似的课程，她对中国教育、性别与教育颇有研究。

　　在访学期间，我庆幸获得了中华人民共和国教育部"优秀人才支持计划"项目资助，其研究内容是关于教师多元文化教育，有助于我对多元文化教师教育的深入研究。这一年我收集了大量相关多元文化课程资料，为后来的研究奠定了基础。回汉民族是宁夏的主要民族成分，民族文化、生活习俗、宗教信仰等有差异；同时，随着经济文化的发展、社会变迁、移民等因素的影响，即使在同一地区，来自不同社会阶层的学生，因为家庭经济与文化背景的不同，在文化结构上也会呈现多元性。这成为我研究这个课题的地域情节。

2012年，我开始接触并思考多元文化教育研究方面的内容，也得到了在这个领域里有研究成果的热心人所给予的帮助。2014年，我去华东师范大学教育学部"教育文化与社会"研究所访学，丁钢教授给予了很多关心和指导，进一步开阔了我的学术视野。同时，也得到了熊川武教授的指导。在华东师大访学的肖健勇和林群教授，胡志琪、柴军应、周应杰等博士也提出了诸多宝贵意见和建议，经过多次修改，最后确立了该书稿的框架。

2015年11月，中国人类学民族学研究会"教育人类学专业委员会"第二届年会在广西民族大学召开，期间有幸认识了中央民族大学教育人类学专业委员会理事长滕星教授，我就该书请教了先生，并请他赐序，先生欣然同意。书稿寄去后，滕先生在百忙之中拨冗审阅书稿，并提出了许多宝贵的修改意见。郭鹏责编也提出了很多宝贵的建议和意见，并做了大量的编校工作，付出了心血。

在本书的写作过程中，得到了固原市教育局张树宏副局长、固原市第二中学张文学校长、固原市回民中学姚宗亮老师、原州区五中姚宗智老师、原州区五小马国良校长，彭阳县一中景桂芳校长和秋平老师，隆德县一中曹创业老师、隆德县一小张健老师，西吉县一中曹占国老师，泾源县一中者永生校长和六盘镇中心学校全兴琴老师，吴忠市教研室白忠明主任，中卫市海原县一中高伟老师，李旺中学田彦宝校长等很大的帮助，他们或帮我收集材料，或接受访谈，提供了很多有价值的资料。妻子张玉霄既要上班，又要照顾女儿，几乎承担了全部家务，本书的出版也凝结着她的辛劳和付出。

本书付梓之际，对于各位先生、老师、朋友和家人的关心和帮助，表示衷心的感谢。

薛正斌
于本书付梓之际